新選明文東洋古典大系

新完譯

蒙 求

上

李民樹 譯

明文堂

〔上〕 **몽구**(蒙求) 돈황본(敦煌本). 파리도서관 소장.

〔中〕 **제갈공명상**(諸葛孔明像) 촉(蜀)나라 황제에 오르게 되는 유비(劉備)는 삼고초려(三顧草廬) 끝에 제갈공명을 맞아들이어 군사(軍師)로 삼는다. 제갈공명은 한실(漢室)의 피를 이어 받은 유비를 도와 천하통일을 위해 힘쓴다.(p.38 孔明臥龍 참조)

〔下〕 **백제성**(白帝城)**의 유비상**(劉備像) 221년 촉나라 제위(帝位)에 오른 유비는 그 이듬해 형주(荊州)를 잃고 관우(關羽)가 전사하자 대거 출병하여 오(吳)나라를 쳤으나 대패하고 백제성에서 제갈공명에게 후사를 부탁하고 죽는다.(p.38 孔明臥龍 참조)

소무(蘇武)**와 이릉**(李陵)**의 결별**(訣別) 흉노(匈奴)에 사신으로 갔던 소무는 그들의 술수에 의해 감금당하고 19년동안 억류된 생활을 했다. 이릉 장군은 흉노를 치러 갔다가 중과부적으로 사로잡혔다. 끝까지 절조를 지킨 소무는 귀국할 수 있었지만 이릉은 돌아오지 못했다. 그들은 시(詩)로 화답하며 이별을 슬퍼했다.(p.62 李陵初詩 참조)

〔上左〕 **유방**(劉邦) 한(漢)나라를 개국한 고조(高祖).

〔上右〕 **한고조 입관도**(漢高祖入關圖) 유방은 항우(項羽)보다 한걸음 앞서 관중(關中)에 입성했다.

〔下〕 **유방과 항우의 쟁패성지**(爭霸城址) 기원전 203년 홍구(鴻溝)를 사이에 두고 대결했던 성지는 하남성(河南省) 정주시(鄭州市) 서북쪽 교외 황하 강가에 남아 있다. 왼쪽이 한왕성(漢王城)인데 동서로 약 1200m이고 홍구의 깊이는 약 200m. 부근에서는 지금도 예리한 동월(銅鉞)이 발견된다고 한다.(이상 p.120 蕭何定律 참조)

[上] **번쾌**(樊噲)**의 분투** 홍문지회(鴻門之會)에서 위태로워진 유방(劉邦)을 구하기 위해 분투하는 번쾌. 유방은 이때 위기를 모면하고 자기 진영으로 돌아갔다.

[中] **홍문지회**(鴻門之會)**의 유적** 함양(咸陽)에 먼저 입성한 유방을 항우(項羽)는 홍문으로 불러내어 죽이려고 했었다. 섬서성 서안(西安) 동쪽 30km 홍문보촌(鴻門堡村)에 진막(陣幕)을 복원해 놓았다.(이상 p.130 樊噲排闥 참조)

[下] **청동부차상**(青銅斧車像) 차길이 36cm. 1969년 감숙성 무위현(武威縣) 동한묘(東漢墓)에서 발견. 선봉에는 이런 부차가 섰었다.(p.255 蔡裔隕盜 참조)

〔上〕 **왕희지**(王羲之) 자(字)가 일소(逸少)인 왕희지는 고금을 통하여 예서(隸書)의 제1인자이다.

〔中〕 **왕우군사**(王右軍祠) 왕희지의 벼슬이 우군장군(右軍將軍)이었기 때문에 그의 사당을 '왕우군사'라고 한다.

〔下〕 **난정**(蘭亭) 영화(永和) 9년(353) 3월 3일 왕희지는 당시의 명사 41명을 이 난정에 초대하고 잔치를 벌였으며 상류에서 술잔을 띄우고 그 잔이 자기 앞에 올 때 시 한 수씩을 짓게 했는데 그 유명한 서문을 왕희지가 썼다.(이상 p.243 逸少傾寫 참조)

〔上〕 **공자**(孔子)**의 묘소가 있는 공림**(孔林) 곡부(曲阜)에 있는 이 공림은 공자의 여러 제자들이 각각 고향에서 나무를 가져다가 심었다고 한다.(p.73 程孔傾蓋 참조)

〔下左〕 **제선왕**(齊宣王)**에게 유세하는 맹자**(孟子) 맹자는 제선왕을 비롯, 양혜왕(梁惠王) 등에게 왕도(王道)를 권했다.(p.190 孟軻養素 참조)

〔下右〕 **맹모단직기**(孟母斷織機) 휴가를 얻어 집에 온 맹자를 보자 그의 어머니는 짜고 있던 베를 칼로 잘랐다.(p.217 軻親斷機 참조)

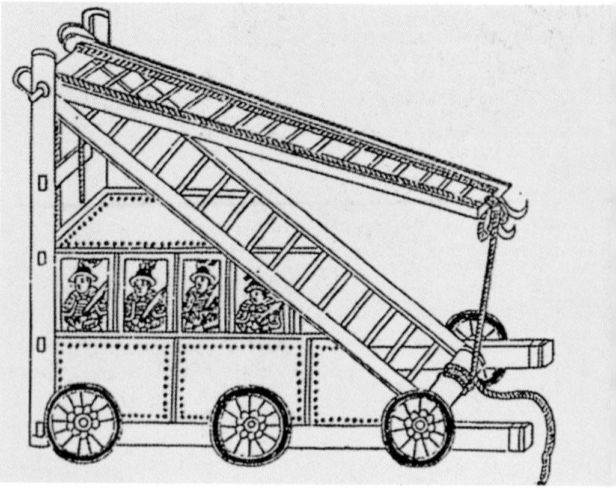

〔上左〕 **문왕**(文王) 주(周)나라 문왕은 서백(西伯)으로 있을 때 점을 치고 사냥을 나갔다가 태공망(太公望)을 만났다. (p.40 呂望非熊 참조)

〔上右〕 **운제**(雲梯) 초(楚)나라의 공수(公輸)가 운제를 만들어 송(宋)나라를 치려 하자 묵자(墨子)는 그 방어술을 제시했다.(p.251 魯般雲梯 참조)

〔中〕 **창힐상**(蒼頡像) 처음으로 문자를 만든 창힐.(p.327 蒼頡制字 참조)

〔下左〕 **죽림칠현**(竹林七賢) 진(晉)나라 때 뜻이 맞는 사람들끼리 죽림에 모여 청담을 나누던 자가 7명이었다.(p.114 叔夜玉山 참조)

〔下右〕 **맹종죽**(孟宗竹) 효자였던 맹종은 겨울철에 어머니가 죽순을 먹고 싶어하자 대숲에 들어가 한탄했던바 죽순이 돋아났다고 한다.(p.303 孟宗寄鮓 참조)

머 리 말

—해제(解題)를 겸하여—

《몽구(蒙求)》라는 이름은 주역 몽괘(蒙卦)에서 나왔다. 내가 동몽(童蒙)에게 가르침을 구하는 것이 아니요, 동몽이 나에게 가르침을 구한다. '비아구동몽 동몽구아(匪我求童蒙 童蒙求我)'라고 했는데 여기에서 딴 말이다. 동몽(童蒙), 즉 어리고 무지(無智)한 사람이 찾아 구(求)하는 것을 쓴다는 것이 된다.

저자(著者)에 대해서는 당(唐)나라의 이한(李翰)과 진(晉)나라의 이한(李瀚) 등 이설(二說)이 있으나 이량(李良)의 '천몽구표(薦蒙求表)'와 이화(李華)의 서문(序文)에는 이한(李翰)으로 되어 있다. 이 글의 내용에 대해서는 서문(序文)에 자세히 나와 있으므로 여기에 사족(蛇足)을 달 것이 없으나 도합 5백96구로 이루어진 이 글은 교훈적(敎訓的)이고 흥미로운 사실을 모아서 동몽(童蒙)의 교육서로 널리 세상에 전해지고 있다.

전자 이한(李翰)에 대해서는 그 사적이 그다지 분명치 않다. 다만 당(唐)나라 왕족(王族)의 자손으로서 숙종(肅宗) 때의 재상 이면(李勉)과 동종(同宗)이며 안평(安平)에 살았고 벼슬길에도 그다지 나가지 않았다. 현종조(玄宗朝)에 신주(信州)의 사마창참군(司馬倉參軍)이 되기도 했으나 사직 후에는 요주(饒州)에서 나그네로 머물렀고 요주자사(饒州刺史) 이량(李良)이 그 재학(才學)을 애석히 여겨 표문(表文)을 올려 그를 중용(重用)하도록 말한 일도 있으나 만년(晚年)의 일은 분명치 않다. 다만 《몽구집주(蒙求集註)》에 있는 장순붕

(張淳鵬)의 발문(跋文)에 의하면 이한(李翰)은 진사(進士)를 거쳐 한림학사(翰林學士)를 역임(歷任)했다고 했다.

이제 이 책의 번역을 마치면서 생각해보니 이 책의 원 서문(序文)에는 모두 동몽(童蒙)에 대한 필요한 글이라고 했으나 우리나라의 한문 실력을 살펴보면 이 글은 적어도 전문분야의 한학자가 아니고서는 도저히 읽을 수 없다고 생각된다. 아무튼 역사 연구에 있어서 아주 필요한 자료라는 것을 말해둔다.

譯者 李民樹

차 례

상권(上卷)

천몽구표(薦蒙求表)
-《몽구》를 추천하는 표문

신(臣) 양(良)은 말합니다. 신(臣)은 듣자오니 벼슬을 세우고 어진이를 고르는 것은 스스로 유래(由來)하는 것이며, 또 표문(表文)을 올리고 선비를 천거하는 것은 신하의 의(義)로서 의리에 혹 칭찬해야 할 일입니다. 그러나 옛일을 생각해보면 주(周)나라로부터 한(漢)나라에 이르기까지 다투어서 뛰어난 인재(人才)를 부름에 있어 모두 유교(儒敎)를 소중히 여겼습니다. 그런데 신(臣)이 그윽히 보건대 이전에 신주(信州)의 사창참군(司倉參軍)이었던 이한(李瀚)은 학문이 널리 통하고 이치와 식견(識見)을 정밀하게 연구했습니다. 옛사람의 자취를 저술하고 음운(音韻)을 편집하여 이루고 대(對)를 맞추어 일을 구별했는데 역사의 사실이 아닌 것이 없습니다. 이것을 이름하여 《몽구(蒙求)》라고 했사온데 약 3천언(言)이 되고 주(註)의 아래에 서로 알기 쉽게 설명한 것이 1만여 가지 일이나 됩니다.

이한은 집의 아이들이 3, 4세된 자도 모두 잘 읽고 외우며 옛날의 사건을 이야기하는 것이 홍유(鴻儒)만 못하지 않다고 했습니다. 본래부터 외워 아는 자가 아니면 신(神)이 통한 것이 아닌가 의심할 정도입니다.

사봉원외랑(司封員外郎) 이화(李華)는 당대(當代)의 문종(文宗)으로서 명망(名望)이 일찍부터 나타났는데 서문(序文)을 지어 말하기를, 책 읽기만 하고 천하의 일을 알 수 있게 되는 것은 이 《몽구》가 아니겠느냐고 했습니다. 한(漢)나라 시대의 왕자연(王子淵)이 〈동소부(洞簫賦)〉를 짓자 한제(漢帝)는 그 글이 아름답다고 하여 궁인(宮人)으로 하여금 외워 익히게 했고 근대(近代)의 주흥사(周興嗣)는 〈천자문(千字文)〉을 지어 역시 천하에 널리 폈지만 어찌 《몽구》만 하겠습니까? 경사(經史)를 서로 섞고 편의에 따라 훈석(訓釋)해서 동자(童子)들에게는 진실로 널리 유익한 것이 많고 노성(老成)한 사람들도 또한 읽어 크게 도움이 됩니다. 족적(族籍)은 감히 황족(皇族)의 지예(支裔)에 이어지며 벼슬은 자사(刺史)로서 천자의 수호를 맡고 있습니다.

신(臣)의 항상 널리 듣고 멀리 보아서 다른 것을 모으고 기이한 것을 찾아 일찍이 한 사람도 인재로 빠뜨리지 않고 조그만 착한 일도 가리지 않고 가히 모아 기록할 것이 있으며 감히 갖추어 아뢰지 않은 것이 없사오니 폐하께서는 신(臣)의 붉은 정성을 살피시고 널리 사방의 총명한 의리를 통달시키시와 한(瀚)으로 하여금 학문에 뜻을 두고 착한 사람의 문을 열어 권장하게 하시옵소서. 엎드려 원하옵건대 한 직책을 헤아려 제수하시와 조금이라도 권하고 경계하는 뜻을 보이시옵소서. 신(臣) 양(良)은 진실로 황송하고 진실로 두려워서 머리를 조아리고 머리를 조아려 삼가 아뢰옵니다.

천보(天寶) 5년 8월 1일에 요주자사(饒州刺史) 이량(李良)은 표(表)를 올리나이다.

原文 臣良言, 臣聞建官擇賢, 其來有素. 抗表薦士, 義或可稱. 爰自宗周逮炎漢競徵茂異, 咸重儒術.

竊見, 臣境內寄住客, 前信州司倉參軍李瀚, 學藝淹通, 理識精究. 撰古人狀跡, 編成音韻, 屬對類事, 無罪典實. 各曰蒙求. 約三千言, 無非典實. 向萬餘事. 瀚家兒童三數歲者, 皆善諷誦, 談古策事, 無減鴻儒. 不素諳知, 謂疑神遇.

司封員外郎李華當代文宗, 名望夙著. 與作序云, 不出卷而知天下, 其蒙求哉. 漢朝王子淵製洞簫賦. 漢帝美其文, 令宮

人誦習. 近代周興嗣撰千字文, 亦頒行天下, 豈若蒙求哉. 錯綜經史, 隨便訓釋. 童子則固多弘益, 老成亦頗覽起臣屬忝宗枝, 職備藩扞. 每廣聽遠視, 採異訪奇, 未嘗遺一才蔽片善, 有可甄錄, 不敢不具狀奏. 陛下察臣丹誠, 廣達四聰之義 令瀚志學開奬善之門, 伏願量援一職, 微示勸誡. 臣良誠惶誠恐頓首頓首謹言. 天寶五年八月一日. 饒州刺史李良上表.

註解 ㅇ表(표)－표문(表文). 임금 또는 정부에 올리는 글. ㅇ李瀚(이한)－당(唐)나라 사람. 문장으로 발탁되어 진사(進士)가 되고 방관(房琯)·장섭(章涉)과 함께 천거되어 사관(史官)이 되었다. 뒤에 여러번 벼슬이 옮겨 한림학사(翰林學士)가 되었다. ㅇ文宗(문종)－문장의 우두머리. ㅇ周興嗣(주흥사)－양(梁)나라 항현(項縣) 사람. 자는 사찬(思纂). 글을 잘 지어 무제(武帝) 때 황제가 매양 그로 하여금 글을 짓게 했는데 동표명(銅表銘)·책당갈(柵塘碣)·격위문(檄魏文) 등이 있고 왕희지(王羲之)가 쓴 천자문(千字文)을 차운(次韻)했다. ㅇ訓釋(훈석)－새겨 해석함.

* 이상의 표문 다음에 고주(古注)《몽구》·준고주(準古注)《몽구》서고주사본(徐古注寫本) 등 몇 종에는 다음과 같은 글이 부기(付記)되어 있다. 책에 따라 다르며 그 이동(異同)이 심한데 대체적인 것을 갖추어 게재한다.

양(良)은 이 표문이 중요하다고 생각하여 국자사업(國子司業) 육선경(陸善經)에게 부탁해서 쓰도록 했다. 표문은 완성되었는데 천자에게 바치기 전에 양(良)이 전근되었으므로 이한(李瀚) 추천의 건은 없었던 일이 되었다.

原文 **良令國子司業陸善經爲表. 表末行而良援替, 事因寢.**

註解 ㅇ國子司業(국자사업)－국자감(國子監)의 교수. 국자감은 귀족의 자제 또는 나라 안의 준재(俊才)들을 교육시키기 위해 도읍에 설치했던 학교. 고주(古注) 《몽구》는 '국자감사업(國子監司業)'으로 기록한 책도 있다. ㅇ陸善經(육선경)－당시의 학자로서 《맹자육자주(孟子陸子注)》《신자림(新字林)》《고금동성명록(古今同姓名綠)》 속보(續補) 등의 저서가 있다. 이 기록에 의하면 이양(李良)의 표문은 육선경의 대작(代作)임을 알 수 있다.

몽구서(蒙求序)

－조군이화(趙郡李華)

안평(安平) 이한(李瀚)이 《몽구(蒙求)》 한 편(篇)을 저술했는데 거기에는 옛사람들의 언행(言行)과 아름답고 악(惡)한 것을 열거하고 성률(聲律)까지 겸했는데 이로써 아동용으로 썼고 주석을 달아놓았다. 그 시작과 끝을 편집한 것을 보면 경사(經史)와 백가(百家)의 중요한 것이 10에서 4, 5를 차지하고 있다. 미루어서 이끌고 근원에서 흘러나와 외우기에 쉽게 하고 장구(章句)에 나타내어 책만 훑어보아도 천하를 알게 되는 것은 이 《몽구》가 아니겠는가?

《주역(周易)》에 '동몽(童蒙)이 나를 요구한다'는 뜻이 있었는데 이공자(李公子)는 그 글의 작은 것을 감히 경솔히 통달하게 아는 자에게는 전하지 못하고 훈몽(訓蒙)에만 힘쓸 뿐이다. 그런 까닭에 《몽구》라고 이름하여 그 머리에 쓰고 또한 줄마다 두 구절의 인명(人名)을 쓰고 외전(外傳) 중에 있는 별다른 일 중에서 기록할 만한 일이 있기에 또한 여기에 붙여서 쓰는데 비록 위의 글에는 예속시키지 않았으나 자료가 넓기에 절운(切韻)을 좇아 동(東) 자에서 시작하여 운(韻)마다 네 글자로 하여 모두 5백96구(句)라고 했다.

原文 安平李瀚, 著蒙求一篇, 列古人言行美惡, 參之聲律, 以援幼童, 隨而釋之. 比其終始, 則經史百家之要, 十得其四五矣. 推而引之, 源而流之. 易於諷誦形於章句, 不出卷知天下, 其蒙求哉.

周易, 有童蒙求我之義. 李公子以其文碎, 不敢輕傳達識者, 所務訓蒙而已. 故以蒙求爲名, 題其首. 亦每行注兩句人名外, 傳中有別事可記者, 亦此附敍之. 雖不配上文, 所資廣博. 從切韻東字起, 每韻四字, 凡五百九十六句云爾.

註解 ㅇ經史(경사)－경서(經書)와 사서(史書). ㅇ百家(백가)－유가(儒家)의 정계(正系) 이외에 일가(一家)의 설(說)을 세운 많은 사람들. ㅇ章句(장구)－글의 장(章)과 구(句). 장(章)을 나누고 구(句)를 가르는 일. ㅇ周易(주역)－오경(五經)의 하나. 주대(周代)에 문왕(文王)·주공(周公)·공자(孔子)에 의하여 대성(大成)한 역학(易學). 또 그 책. 모두 9권. 위(魏)나라 왕필(王弼)의 주(註), 당(唐)나라 이정조(李鼎祚)의 집해(集解) 등이 있음.《역경(易經)》. ㅇ童蒙(동몽)－아이. ㅇ訓蒙(훈몽)－아이나 초학자(初學者)를 가르침. ㅇ切韻(절운)－수(隋)나라 육법언(陸法言)이 찬(撰)한 운서(韻書). ㅇ云爾(운이)－문장의 말미에 사용하여 '위에서 말한대로임'이란 의미.

解說 위에 든 서문에는 조군이화서(趙郡李華序)라고 밝히는 한편 기몽구재(其蒙求哉)에서 일단 끊고 행(行)을 바꾸어 주역운운(周易云云)으로 시작하는 후반부의 글이 독립되어 있어서 이 후반부는 이한(李瀚)의 자서(自序)로 볼 수 있다.

자광서(子光序)

옛날 사람의 말한 것이나 행한 행적들은 경사(經史)에 실려있어서 빛나는 것이 단청(丹靑)과 같다. 그러나 책에 실린 것이 크고 넓어서 쉽게 연구할 수가 없으니 참다운 것을 쌓고 힘을 오래 들이지 않고서는 그 요점을 잡을 수가 없다.

이에 당(唐)나라 이한(李瀚)이 수많은 책들에 실려있는 것을 찾아서 취하고 옛사람들의 행한 일을 모아서 저술하여 《몽구(蒙求)》라고 했는데 성운(聲韻)을 헤아리고 유사한 사건들을 대구(對句)로 나누었으며 번거롭고 거칠은 것을 잘라 없애고 정밀하고 꽃다운 것을 뽑으니 일의 자취가 선명해서 뚜렷이 상고할 수가 있은즉 글을 짓고 갖추어 보는 데에 유익함이 없지 않다. 그러나 근본의 뿌리를 새롭게 연구하기에는 잘못된 것이 많아서 보는 자들이 이것을 병으로 여겼으니 이것이 어찌 이한이 쓴 것이겠는가. 이는 또한 후세(後世) 사람들이 전하고 물려받는 데에서 생긴 잘못인 것이다.

내가 일찍이 그 뜻을 쓴 것은 아름답게 여겼으나 그 갖추어지지 못한 것을 애석히 여겨, 이에 사전(史傳)을 상고하고 곁으로 백가서(百家書)에서 구하여 근본을 연구하고 근원을 찾아 꽃다운 것과 열매에 비교할 만한 것들을 보충했다. 대체로 전기(傳記)에 보이지 않는 기사(記事)로서 말이 천박한 것은 정정했다. 서적에 실린 것에 이르러서는 실상을 가히 들을 수가 있는 것은 여기에 그 하나나 두가지의 큰 것을 채택하여 첨부했다. 그렇게 함으로써 거의 비쳐지는 것이 마치 해와 별이 하늘에 비치는 것과 같아서 환하게 가히 볼 수가 있을 것이리라. 주석서(注釋書)를 이름하여 보주(補注)라고 했다. 장차 유망(遺忘)에 갖추고 토론(討論)을 도울 것이니 또한 모범이 될 만한 지름길이 아니겠는가.

기유(己酉 : 淳熙 16년) 중동(仲冬 : 11월) 신묘길일(辛卯吉日)에 서자광(徐子光)은 서문(序文)을 쓰다.

原文 前言往行, 載在經史. 炳若丹青. 然蘭編浩博, 未易研究. 非眞積力久, 莫能撮其要.

唐李瀚搜羅載籍, 采古人行事, 著爲蒙求. 揣議聲韻, 以類折偶, 剪剔煩蕪, 掊擷精英. 事跡粲然, 斑斑可攷. 其於屬辭備閱不爲無補矣. 然鮮究本根, 類多舛訛. 覽者病焉. 豈瀚之所載然歟, 抑亦後世傳襲之誤也.

予嘗嘉其用意, 而惜其未備. 於是漁獵史傳, 旁求百家, 窮本探源, 摭華食實. 大抵傳記無見, 而語淺診妄者, 就加是正. 至於載籍之中, 間有故實可以概擧者, 仍掇其一二大者附焉. 庶幾照然若日星之麗天煥然可覩. 命曰補注. 將以備遺忘而助討論. 不亦文範之捷徑歟. 時己酉仲冬之月辛卯吉日, 徐子光序.

註解 ㅇ丹靑(단청)－붉은 빛과 푸른 빛. 즉 채색으로 그린 그림. ㅇ李瀚(이한)－후진(後晉)의 면족(勉族) 사람. 벼슬은 한림학사(翰林學士)에 이르고 많은 술을 마셨다. 《몽구집주(蒙求集註)》를 저술했다. ㅇ聲韻(성운)－소리와 운(韻). 운은 한자를 그 발음(發音)의 유사(類似)에 따라 백여섯으로 구별한 것. ㅇ史傳(사전)－역사의 전기(傳記). ㅇ是正(시정)－잘못된 것을 바로잡음. ㅇ補註(보주)－주석의 부족한 것을 보충함. ㅇ遺忘(유망)－잊음. ㅇ討論(토론)－사람들이 모여서 각자의 의견을 내세워 그것이 마땅한지 아닌지를 의논함.

몽구
蒙求

上

1. 왕융간요(王戎簡要)

–왕융(王戎)은 간단하고 요령이 있었다

《진서(晉書)》에 보면, 왕융(王戎)의 자(字)는 준충(濬沖)이니 낭야(琅邪) 임기(臨沂) 사람이다. 어려서부터 뛰어나게 총명하고 정신과 안색이 남달랐으며 안력(眼力)이 날카로워서 태양을 한참 보고 있어도 눈이 부시는 법이 없었다. 배해(裵楷)가 그를 보고 평하여 말하기를, "왕융의 눈은 빛나서 마치 바위 아래에서 번개를 보는 것과 같다."라고 했다.

완적(阮籍)은 왕융의 아버지 왕혼(王渾)과 친한 사이였다. 왕융의 나이 15세 때에 왕혼을 따라서 낭사(郎舍)에 살고 있었다. 왕혼은 완적보다 20세나 젊었으나 완적은 왕융과 사귀고 있었다. 완적이 매양 왕혼을 찾을 때마다 왕융의 방에 잠시 들러 이야기하는 것이었다. 그리고 왕혼에게 말하기를, "준충(濬沖)은 머리가 맑고 뛰어나서 그대의 유(類)가 아닐세. 그대와 이야기하는 것보다 융과 이야기하는 편이 훨씬 낫네."라고 했다. 왕융은 뒤에 여러 벼슬을 거쳐 사도(司徒)에 이르렀다.

原文 **晉書, 王戎字濬沖, 琅邪臨沂人. 幼而穎悟, 神彩秀徹, 視日不眩. 裵楷見而目之曰, 戎眼爛爛如巖下電. 阮籍素與戎父渾爲友. 戎年十五ㅊ隨渾在郎舍. 少籍二十歲, 籍與之交. 籍每適渾去, 輒過視戎, 良久然後出. 謂渾曰, 濬沖淸賞, 非卿倫也. 共卿言, 不如共阿戎談. 歷官至司徒.**

註解 ㅇ晉書(진서)–진(晉)나라의 역사책. 《진서》〈열전(列傳)〉 13에

있는 이야기임. ㅇ琅邪(낭야)–'낭아'로도 읽는다. 산동성(山東省) 제성현(諸城縣)에 있음. ㅇ裵楷(배해)–진(晉)나라 문희(聞喜) 사람. 밝고 총명하여 아는 것이 많았다. 사람들이 그를 옥인(玉人)이라고 일렀다. 젊어서부터 왕융(王戎)과 함께 이름이 높았다. ㅇ阮籍(완적)–진대(晉代)의 명사(名士)로서 죽림칠현(竹林七賢)의 한 사람임. ㅇ司徒(사도)–육경(六卿)의 하나로서 교육을 맡은 최고의 벼슬.

2. 배해청통(裵楷清通)

–배해(裵楷)는 맑고 통달했다

진(晉)나라 배해(裵楷)의 자(字)는 숙칙(叔則)이니 하동(河東) 문희(聞喜) 사람이다. 총명하고 슬기롭고 식견(識見)과 도량(度量)이 있어 젊었을 때 왕융(王戎)과 한가지로 이름이 있었다. 종회(鍾會)가 문제(文帝)에게 천거하여 재상의 속관(屬官)으로 임명되었다. 이부랑(吏部郎)이 결원(缺員)이었는데 문제(文帝)가 적임자를 종회에게 묻자 종회는 말하기를, "배해는 맑고 사리에 정통하며 왕융은 간략하고 요령이 있사오니 이들이 모두 그 뽑힘에 마땅하옵니다."라고 했다. 이에 배해를 올려 썼다.

배해는 풍채(風采)와 정신이 남보다 뛰어나고 용모와 태도가 남다르게 맑았으며 널리 많은 서적을 읽었는데 특히 이치와 의리에 밝았다. 당시 사람들은 그를 옥인(玉人)이라 했고, 또 칭찬하기를 숙칙(叔則)을 보면, 마치 옥의 산에 가까워지는 것 같아서 사람을 비치는 것과 같다고 했다. 중서랑(中書郎)으로 옮겼고 관청을 출입하는데 그를 보는 자들은 엄숙하게 얼굴을 고쳤다.

무제(武帝)가 제위(帝位)에 오르자 점을 쳐서 세상의 운수의 많고 적은 것을 물었는데 이윽고 일(一)이란 괘가 나왔다. 황제는 불길하다며 기뻐하지 않았다. 많은 신하들도 역시 얼굴빛을 바꾸며 근심했다. 이때 배해가 말하기를 "신(臣)은 듣자오니 하늘은 하나를 얻어 맑은 덕으로써 만물을 기르고, 땅은 하나를 얻어서 만물을 편안하게 기르고 있사온데, 이와 같이 왕후(王侯)는 하나를 얻어서 천하를 곧게 다스린다고 했습니다."라고 했다. 이에 무제는 크게 기뻐했다. 그후에 벼슬이 여러 번 승진되어 중서령(中書令)과 시중(侍中)이 되었다.

原文 **晉裵楷字叔則, 河東聞喜人. 明悟有識量. 少與戎齊名. 鍾會薦於文帝, 辟相國掾. 及吏部郎缺, 帝問鍾會. 曰, 裵楷清通, 王戎簡要, 皆其選也. 於是用楷. 楷風神高邁, 容儀俊爽, 博涉群書, 特精理義. 時謂之玉人. 又稱, 見叔則如近玉山, 照映人也. 轉中書郎, 出入官省, 見者肅然改容. 武帝登祚, 探策以卜世數多少. 旣而得一不悅. 群臣失色. 楷曰, 臣聞, 天得一以清, 地得一以寧, 王侯得一以爲天下貞. 帝大悅. 累遷中書令·侍中.**

註解 ㅇ晉(진)-《진서》〈열전〉 5에 있는 이야기임. ㅇ鍾會(종회)-위(魏)나라 영천(潁川) 사람. 사마씨(司馬氏)를 좇아 촉(蜀)과 싸워 공이 있어서 벼슬이 황문시랑(黃門侍郞)에 이르고 다시 등애(鄧艾)와 길을 나누어 촉(蜀)을 쳐서 멸하여 벼슬이 사도(司徒)에 이름. ㅇ文帝(문제)-진(晉)나라 문제(文帝). 이름은 사마소(司馬昭). ㅇ玉人(옥인)-옥과 같은 사람. ㅇ武帝(무제)-문제(文帝)의 아들. 진(晉)나라의 제1대 황제. 문제는 실상 위(魏)의 실권은 쥐었지만 아직 황제는 되지 못했고 아들 무제에 이르러 위나라를 빼앗아 황제가 되었는데 무제가 그 아버지를 높여 문제라 일컬음.

3. 공명와룡(孔明臥龍)

—공명(孔明)은 누워 있는 용(龍)

〈촉지(蜀志)〉에 보면 제갈량(諸葛亮)의 자(字)는 공명(孔明)이니 낭야(琅邪) 양도(陽都) 사람이다. 몸소 밭을 갈면서 〈양보음(梁父吟)〉 읊기를 좋아하고 늘 자신을 관중(管仲)과 악의(樂毅)에 비교했다. 그때의 사람들이 아무도 그렇게 인정하는 사람이 없었는데 오직 최주평(崔州平)과 서서(徐庶)만이 제갈량과 깊이 사귀었다 하니 그 말을 믿을 만하다.

이때 선주(先主)가 신야(新野)에 머물러 있었는데 서서(徐庶)가 그를 보고 말했다. "제갈공명(諸葛孔明)은 와룡(臥龍)이오니 장군(將軍)께서 어찌 보기를 원하지 않으십니까? 이 사람은 가히 찾아보거나 가히 불러볼 것이 아니오니 마땅히 수레를 몰고 찾아가 보시옵소서." 선주는 이에 드디어 공명을 찾았는데 세 번 가서야 비로소 만났다. 이에 사람을 물리치고 함께 일을 계획했으며 좋다고 했다. 이로부터 정의가 좋아 날로 친밀해지니 관우(關羽)와 장비(張飛) 등은 좋아하지 않았다. 선주는 말하기를, "나에게 공명이 있는 것은 마치 물고기에게 물이 있는 것과 같으니 바라건대 다시 말하지 마라." 고 했다. 그 뒤에 선주가 황제(皇帝)의 칭호를 일컫기에 이르러 제갈량으로 승상(丞相)을 삼았다. 《한진춘추(漢晉春秋)》에 말하기를 공명의 집은 남양(南陽)의 등현(鄧縣) 양양성(襄陽城) 서쪽에 있었는데 산 이름을 따서 융중(隆中)이라고 호(號)를 지었다.

原文 蜀志, 諸葛亮字孔明, 琅邪陽都人. 躬耕隴畝, 好爲梁父吟, 每自比管仲 · 樂毅. 時人莫之許. 惟崔州平 · 徐庶與亮友善, 謂爲信然. 時先主屯新野. 徐庶見之謂曰, 諸葛孔明臥

龍也. 將軍豈願見之乎. 此人可就見, 不可屈致. 宜枉駕顧之. 先主遂詣亮. 凡三往乃見. 因屛人與計事善之. 於是情好日密. 關羽·張飛等不悅. 先主曰, 孤之有孔明, 猶魚之有水也. 願勿復言. 及稱尊號, 以亮爲丞相. 漢晉春秋曰, 亮家南陽鄧縣襄陽城西, 號曰隆中.

註解 ㅇ蜀志(촉지)－《삼국지(三國志)》〈촉지〉 제15권에 있는 이야기임. ㅇ梁父吟(양보음)－공명(孔明)이 지은 시(詩). 양보(梁父)는 양보(梁甫)로도 쓰는데 성(城)의 이름이다. 이 양보성(梁父城) 가까이에 옛날 춘추시대(春秋時代) 제(齊)나라 경공(景公)의 신하인 공손첩(公孫捷)·전개강(田開疆)·고야자(古冶子) 등 세 용사(勇士)의 무덤이 있다. 이들 세 의사(義士)는 충의(忠義)의 신하였으나 참언(讒言)을 당하여 자살했다. 공명(孔明)은 이 세 사람을 거울삼아 난세(亂世)에 재앙이 몸에 미칠 것을 두려워하여 이 글을 지어 항상 읊었던 것이다. ㅇ管仲(관중)－춘추시대(春秋時代) 제(齊)나라 환공(桓公)에게서 벼슬하여 환공을 제후(諸侯)의 패자(覇者)로 만든 영걸(英傑). ㅇ樂毅(악의)－연왕(燕王)을 도와 연(燕)나라를 한때 융성하게 만든 명장(名將). ㅇ許(허)－공명(孔明)이 관중과 악의에 비교할 만한 사람이라는 것을 마음속으로 허락함. ㅇ崔州平(최주평)－최주평과 서서(徐庶) 모두 공명의 친구. ㅇ先主(선주)－촉한(蜀漢)은 이때 이미 망했기 때문에 선주(先主)·후주(後主)라고 했다. 선주는 소열황제(昭烈皇帝), 즉 유비(劉備)를 말함. ㅇ臥龍(와룡)－누워있는 용(龍)으로서 시기를 얻어서 일어나면 구름과 비를 만들고 크게 활동하는 것이니 영웅이 때를 얻지 못하여 숨어 있는 것에 비유한 것임. ㅇ將軍(장군)－선주(先主)인 유비(劉備)를 가리킴. 이때는 아직 촉한(蜀漢)의 황제가 되기 전이어서 아직 장군의 한 사람이었음. ㅇ關羽(관우)·張飛(장비)－유비(劉備)가 군사를 일으켰을 때부터 세 사람은 형제를 맺어 친밀했다. ㅇ漢晉春秋(한진춘추)－〈촉지〉 본전(本傳)의 주(注)에서 인용한 것임. ㅇ隆中(융중)－산이름, 제갈량은 산 이름을 따서 자기 호를 지은 것임.

4. 여망비웅(呂望非熊)

—여망(呂望)은 곰이 아니었다

《육도(六韜)》에 말하기를, 문왕(文王 : 昌)이 장차 사냥을 나가려 하는데 태사(太史) 사편(史編)이 점을 치고 말하기를, "왕께서 위수(渭水) 남쪽에서 사냥을 하면 장차 큰 것을 얻을 것입니다. 그것은 용(龍)도 아니고 이무기[彲]도 아니며 범도 아니고 큰 곰[羆]도 아닙니다. 점에 나타난 것은 공후(公侯)를 얻을 것이니 하늘이 전하의 스승을 보내서 전하를 돕고 나아가서는 전하를 삼대(三代)에 이르도록 하는 것입니다."라고 했다.

문왕이 말하기를, "점이 이러한 것을 나타내는가?"라고 하자 사편이 말하기를, "저의 선조(先祖) 사주(史疇)가 순(舜)임금을 위하여 점을 쳐서 고요(皐陶)를 얻었으므로 점을 쳐서 이에 비교하는 것입니다."라고 했다. 이에 문왕은 3일동안 제계(齋戒)를 하고 위수(渭水) 남쪽에서 사냥을 하다가 점과 같이 태공(太公)을 보니 그는 띠풀 위에 앉아서 낚시를 드리우고 있었다. 문왕은 위로한 다음 수레에 태워가지고 돌아와서 스승으로 세웠다.

原文 **六韜曰, 文王將田. 史編布卜曰, 田於渭陽, 將大得焉. 非龍, 非彲, 非虎, 非羆. 兆得公侯, 天遺汝師, 以之佐昌, 施及三王. 文王曰, 兆致是也. 史編曰, 編之太祖史疇爲舜占得皐陶. 兆比於此. 文王乃齊三日, 田於渭陽, 卒見太公坐茅以漁. 文王勞而問之, 乃載與歸, 立爲師.**

註解 ㅇ六韜(육도)—병법서(兵法書). 태공망(太公望)이 지은 것이라

고 하는데 혹 후세(後世)의 위작(僞作)이라고도 한다. ○彲(이)－이무기. 뿔이 없는 용. ○羆(피)－큰 곰. 보통 곰보다 큰 곰을 가리킴. ○昌(창)－문왕(文王)의 이름. ○皐陶(고요)－순(舜)임금의 명신(名臣). '고요'라고 읽는다. 순(舜)의 정치를 도와준 사람. ○齊(제)－제계(齋戒). 부정(不淨)을 기(忌)하고 몸을 깨끗이 함. ○太公(태공)－태공망(太公望). 성명은 강상(姜尙). 그의 선조(先祖)가 여(呂) 땅에 봉해져서 여상(呂尙)이라고도 했다. 문왕(文王)이 위수(渭水)에서 그를 만났을 때, '나의 선군(先君)인 태공(太公)이 그대를 바라기〔望〕가 오래였다'면서 그를 스승으로 삼았고 태공망(太公望)이라 불렀다. 오늘날 낚시꾼을 '강태공'이라고 하는 것은 여기에서 유래되었다.

5. 양진관서(楊震關西)

－양진(楊震)은 관서(關西)의 공자(孔子)이다

후한(後漢) 양진(楊震)의 자(字)는 백기(伯起)이니 홍농(弘農) 화음(華陰) 사람이다. 어려서부터 학문을 좋아하고 경서(經書)에 밝았으며 널리 보고 깊이 연구하지 않은 것이 없었으니 여러 선비들이 그를 가리켜 말하기를 "관서(關西)의 공자(孔子)는 양백기(楊伯起)이다."라고 했다. 항상 나그네로 호북(湖北)에 있었는데 고을에서 벼슬을 주려고 해도 받지 않은 지가 수십 년이 되고 보니 모든 사람들이 이르기를 벼슬이 늦었다고 했다. 그러나 그는 뜻이 더욱 도타웠다. 그 뒤 황새가, 세 마리의 뱀장어를 물고 그가 강의하는 강당(講堂) 앞에 날아와 모였다. 도강(都講)이 물고기를 갖다가 바치고 말하기를, "뱀장어는 경대부(卿大夫)의 옷 모양이요, 수가 셋이라는 것은 삼공(三公)을 뜻하는 것이니 선생님은 이로부터 출세하시어 삼공에 오르실 것입니다."라고 했다. 이에 나이 50에 비로소 고을에 벼슬을 하였고 안제(安帝) 때에 태위(太尉)가 되었다.

原文 後漢楊震字伯起, 弘農華陰人. 少好學明經, 博覽無不窮究. 諸儒爲之語曰, 關西孔子楊伯起. 常客居於湖, 不答州郡禮命數十年, 衆謂之晩暮. 而志愈篤. 後有鸛雀, 銜三鱣魚, 飛集講堂前. 都講取魚進曰, 蛇鱣者卿大夫服之象也. 數三者法三台也. 先生自此升矣. 年五十乃始仕州郡, 安帝時爲太尉.

註解 ㅇ後漢(후한)－《후한서(後漢書)》〈열전(列傳)〉 44에 있는 이야기임. ㅇ弘農(홍농)－지명(地名). ㅇ關西(관서)－중국 함곡관(函谷關)의 서쪽. ㅇ楊伯起(양백기)－백기(伯起)는 양진(楊震)의 자(字). 사지(四知)의 고사(故事)로도 유명한 사람이다. ㅇ鸛雀(관작)－황새. 학과 같은데 목이 길고 부리가 붉다. ㅇ集講堂前(집강당전)－강당 앞에 모이다. ㅇ都講(도강)－학사(學舍)의 어른을 말함. ㅇ三台(삼태)－삼공(三公). 후한(後漢) 때는 태위(太尉)·사도(司徒)·사공(司空)을 삼공이라고 했음. ㅇ太尉(태위)－삼공의 하나.

6. 정관역동(丁寬易東)

－정관(丁寬)은 주역이 동쪽으로 가게 했다

전한(前漢) 때 정관(丁寬)의 자(字)는 자양(子襄)이니 양(梁) 땅 사람이다. 처음에 양(梁)의 항생(項生)이 당대 역학(易學)의 대가인 전하(田何)를 좇아서 역학을 배웠는데 이때 정관은 항생의 종자(從者)로서 역(易)을 읽기로 작정했다. 민첩하게 하여 재주가 항생에 지나치자 드디어 전하를 섬기다가 학문이 이루어지자 동쪽으로 돌아왔다. 전하는 문인(門人)들에게 이르기를, "역학은 이미 동쪽으로 갔다."고 말했다. 정관은 다시 주왕손(周王孫)을 좇아서 고의(古義)를 배웠는데 이를 이름하여 〈주씨전(周氏傳)〉이라고 한다. 경제(景帝)

때에 양(梁)의 장군이 되어 역설(易說) 3만언(三萬言)을 지었는데 대의(大誼)를 훈고(訓詁)했을 뿐이었다.

原文 **前漢丁寬字子襄, 梁人. 初梁項生從田何受易. 時寬爲項生從者. 讀易精敏, 材過項生. 遂事何. 學成東歸. 何謂門人曰, 易已東矣. 寬復從周王孫受古義, 號周氏傳. 景帝時爲梁孝王將軍. 作易說三萬言. 訓詁擧大誼而已.**

註解 ㅇ前漢(전한)-《전한서(前漢書)》〈열전〉58, 〈유림전(儒林傳)〉에 있는 이야기임. ㅇ周王孫(주왕손)-낙양(洛陽) 사람. 전하(田何)에게서 역학(易學)을 배웠다. ㅇ周氏傳(주씨전)-전(傳)은《춘추좌씨전(春秋左氏傳)》의 전(傳)처럼 주석(注釋)이란 뜻이다. ㅇ訓詁(훈고)-글의 큰 뜻. ㅇ大誼(대의)-의(誼)는 의(義)와 통용함. 대의(大誼)는 대의(大義)와 같음. 큰 뜻이란 말.

7. 사안고결(謝安高潔)

-사안(謝安)은 높고 깨끗했다

《진서(晉書)》에 보면 사안(謝安)의 자(字)는 안석(安石)이니 진국(陳國) 양하(陽夏) 사람이다. 나이 4세 때에 환이(桓彝)가 그를 보고 탄복하기를, "이 아이는 풍채가 빼어나고 밝으니 뒤에 마땅히 왕동해(王東海)에 뒤지지 않을 것이다."라고 하니 왕도(王導)도 또한 깊이 그를 인재(人材)로 여겼다.

이로부터 소년인 그는 두터운 명망(名望)이 있었다. 처음에 불러서 벼슬을 제수했으나 모두 병을 핑계하고 사양했다. 이에 유사(有司)가 임금에게 아뢰기를, "사안이 부름을 입은 지가 여러 해인데도 오지 않으니 금고(禁錮)하여 평생동안 벼슬길에 나오지 못하도록 하시옵소서."라고 했다. 그래서 드디어 동쪽 땅에 머물러 살았다. 항상 임안산(臨安山) 속에 가 언덕과 구덩이에서 회포를 풀었다. 그러나 언제나 놀 때면 반드시 기녀(妓女)가 따르게 했다. 이때 아우 사만(謝萬)은 서중낭장(西中郎將)이 되어 번임(藩任)의 무거움을 모두 맡았는데 사안은 비록 형문(衡門)에 살고 있었으나 이름은 그 위로 나와 삼공(三公)의 명망(名望)이 있었다.

나이 40이 넘어서 비로소 벼슬에 뜻이 있었는데 이때 정서대장군(征西大將軍) 환온(桓溫)이 청해다가 사마(司馬)를 삼으니 조정 선비들이 모두 전송했다. 그러나 중승(中丞) 고숭(高崧)은 그를 희롱하기를, "그대는 여러 번 조정의 뜻을 어기고 높이 동쪽 산에 은둔하고 있었어. 여러 사람들이 항상 서로 말하기를 안석(安石)이 즐겨 나가지 않으니 장차 창생(蒼生)들은 또한 어찌 되겠는가라고 했는데 이번에는 벼슬길에 나갔어. 그러니 만민이 그대를 어찌 보겠는가?" 라고 하니 사안은 부끄러운 빛이 있었다.

뒤에 이부상서(吏部尙書)에 임명되었는데 이때 효무제(孝武帝)가 황제의 자리에 있었으나 정치가 자기에게서 나오지 않고 환온의 위엄이 안팎에 떨쳐졌다. 그러나 사안은 충성을 다하며 도와서 마침내 능히 황제와 환온 사이를 화목케 했다. 중서감(中書監)에 승진하고 녹상서사(錄尙書事)에 기록되었다. 부견(苻堅)이 무리를 거느리고 회비(淮肥)로 나왔는데 사안에게 정토대도독(征討大都督)을 더했다. 사안이 부견을 깨뜨리자 그 공으로써 총통(總統)에서 태보(太保)에 승진했다. 죽은 뒤에는 태부(太傅)를 증직(贈職)했으며 시호(諡號)는 문정(文靖)이었다.

原文 晉書, 謝安字安石, 陳國陽夏人. 年四歲桓彝見而嘆曰, 此兒風神秀徹. 後當不減王東海. 王導亦深器之. 由是少有重名. 初辟除, 並以疾辭. 有司奏, 安被召歷年不至, 禁錮終身. 遂棲遲東土. 常往臨安山中, 放情丘壑. 然每遊賞必以妓女從. 時弟萬爲西中郎將, 總藩任之重. 安雖處衡門, 名出其右, 有公輔望. 年四十餘始有仕志. 征西大將軍桓溫請爲司馬. 朝士咸送. 中丞高崧戲之曰, 卿屢違朝旨, 高臥東山. 諸人每相與言, 安石不肯出, 將如蒼生何. 今蒼生亦將如卿何. 安有愧色. 後拜吏部尙書. 時孝武立, 政不自自己. 桓溫威振內外. 安盡忠匡翼, 終能輯穆. 進中書監錄尙書事. 苻堅率衆, 次淮肥. 加安征討大都督. 旣破堅, 以總統功進太保. 薨贈太傅, 諡文靖.

註解 ㅇ晉書(진서)－《진서》〈열전〉 47에 있는 이야기임. ㅇ桓彝(환이)－진(晉)나라 용항(龍亢) 사람. 성질이 통달하고 명랑하여 인륜을 아는 지식이 있었다. 벼슬이 상서이부랑(尙書吏部郞)에 이르렀다. ㅇ風神(풍신)－풍채(風采). ㅇ王東海(왕동해)－왕승(王承)의 호(號)가 동해(東海)임. 양(梁)나라 사람. 자는 안기(安期). 당시 사람들은 문학을 좋아했는데 승(承)은 홀로 유업(儒業)을 좋아하여 벼슬이 국자박사(國子博士)에 이르고 뒤에 동해태수(東海太守)가 됨. ㅇ禁錮(금고)－벼슬길을 막음. ㅇ衡門(형문)－두 개의 기둥에 한 개의 횡목(橫木)을 가로질러서 만든 허술한 문. ㅇ桓溫(환온)－진(晉)나라 용항(龍亢) 사람. 환이(桓彝)의 아들. 명제(明帝) 때 촉(蜀)을 쳐서 정서대장군(征西大將軍)이 되고 벼슬이 대사마도독(大司馬都督) 중외제군사(中外諸軍事)에 이르러 남군공(南郡公)에 봉하고 구석(九釋)을 더하여 위엄과 세력이 크게 빛났다. 이에 신하 노릇을 하지 않을 마음이 있더니 뒤에 연(燕)나라를 치다가 패해서 돌아왔다. 이때 제(帝) 혁(奕)을 폐하고 간문제(簡文帝)를 세우는데 찬탈(簒奪)할 것을 꾀하다가 이루지 못하고 죽었다. ㅇ安石(안석)－사안(謝安)의 자(字). ㅇ蒼生(창생)－백성. ㅇ苻堅(부견)－부진(符秦)의 군주. 처음엔 왕맹(王猛)을 등용하여 세력을 떨치다가 진(晉)

에게 망했다.

8. 왕도공충(王導公忠)

—왕도(王導)는 공변되고 충성스러웠다

진(晉)나라 왕도(王導)의 자(字)는 무홍(茂弘)이니 광록대부(光祿大夫) 왕람(王覽)의 손자이다. 젊어서부터 풍채(風采)와 사람을 아는 식감(識鑒)이 밝고 원대했다. 진류(陳留)의 고사(高士) 장공(張公)이 그를 기이하게 여겨 그 종형(從兄) 왕돈(王敦)에게 이르기를, "이 아이는 용모와 의지와 기개가 장상(將相)의 그릇이다."라고 했다. 원제(元帝)가 낭야왕(琅邪王)이 되었는데 왕도로 더불어 본래부터 친한 사이였다. 왕도는 천하가 이미 어지러운 것을 알고 드디어 마음을 기울여 받들었는데 은밀히 나라를 일으켜 회복할 뜻이 있었고 황제도 역시 평시에도 서로 재능으로 여기고 소중히 여겼다. 마침 황제가 나와 하비(下邳)로 진무(鎭撫)하러 가는데 왕도를 청하여 안동사마(安東司馬)를 삼았다. 그는 군(軍)의 비밀한 계책을 알고 있었으며 하지 않는 것이 없었다. 이에 황제는 항상 이르기를 "그대는 나의 소하(蕭何)이다."라고 했다. 여러번 벼슬을 옮겨 중서감(中書監) 녹상서사(錄尙書事)가 되었다. 황제가 즉위하자 백관(百官)들이 모시고 벌려섰는데 황제는 왕도에게 명하여 어상(御床)에 올라와 같이 앉자고 했다. 그러나 왕도는 굳이 사양하여 말하기를, "만일 해가 아래로 내려와 만물과 같이한다면 백성들은 무엇을 우러러 받들겠습니까?"라고 하자 황제는 비로소 중지하고 벼슬을 사공(司空)으로 올렸다.

原文 晉王導字茂弘, 光祿大夫覽之孫. 少有風鑒, 識量淸遠. 陳留高士張公見而奇之, 謂其從兄敦曰, 此兒容貌志氣將相之器也. 元帝爲琅邪王, 與導素相親善. 導知天下已亂, 遂傾心推奉, 潛有興復之志. 帝亦雅相器重. 會帝出鎭下邳, 請導爲安東司馬. 軍謀密策, 知無不爲. 帝常謂曰, 卿吾之蕭何也. 累遷中書監·錄尙書事. 及帝登尊號, 百官陪列, 命導升御床共坐. 導固辭曰, 若太陽下同萬物, 蒼生何由仰照. 帝乃止. 進位司空.

註解 ㅇ晉(진)－《진서(晉書)》〈열전〉 35에 있는 이야기임. ㅇ陳留(진류)－지명(地名). 지금의 안휘성(安徽省), 수현(壽縣) 남쪽. ㅇ將相(장상)－장수와 재상. 문무의 최고 지위. ㅇ下邳(하비)－지금의 강소성(江蘇省) 비현(邳縣)의 동쪽. ㅇ蕭何(소하)－한대(漢代) 삼걸(三傑)의 하나, 고조(高祖)를 도와 천하를 다스렸다. ㅇ御床(어상)－임금의 자리.

9. 광형착벽(匡衡鑿壁)

－광형(匡衡)이 벽을 뚫다

전한(前漢) 광형(匡衡)의 자(字)는 치규(稚圭)이니 동해군(東海郡) 승현(承縣) 사람이다. 그 아버지까지는 대대로 농부였는데 광형에 이르러 학문을 좋아했으나 집이 가난해서 품을 팔아 쓰는 비용으로 썼다. 더욱이 정력(精力)이 사람들보다 뛰어나게 지나쳐서 모든 선비들이 그를 위하여 말하기를, "《시경(詩經)》을 말하지 마라. 광형이 지금 오고 있다."라고 했다. 광형이 《시경》을 말하면 사람들의 웃음을 그치지 않게 하더니 사책갑과(射策甲科)에 합격하여 원제(元帝) 때에 승상(丞相)이 되었다. 《서경잡기(西京雜記)》에 말하기를, '광형은 학문에 부지런했으나 촛불이 없었다. 이웃집에 촛불이 있지만 불빛이 광형에게까지 미치지를 못했다. 이에 광형은 벽을 뚫고 그 불빛을 끌어다가 책을 읽었다. 이때 마을의 부자 문불식(文不識)이라는 사람은 부자이고 책이 많기로 이름이 높았다. 이에 광형은 그 사람을 위하여 품팔이를 하는데 품값 대신 그 사람의 책을 빌려서 두루 읽기를 원한다고 하자 주인은 감탄하여 책을 주었기 때문에 큰 학자가 되었다'라고 했다.

原文 **前漢匡衡字稚圭, 東海承人. 父世農夫. 至衡好學家貧, 庸作以供資用. 尤精力過絶人. 諸儒爲之語曰, 無說詩, 匡鼎來. 匡說詩解人頤. 射策甲科. 元帝時爲丞相. 西京雜記曰, 衡勤學無燭. 隣舍有燭而不逮. 衡乃穿壁, 引其光而讀之. 邑大姓文不識名家富多書. 衡乃與其客作, 而不求償. 願得書遍讀之. 主人感歎, 資給以書, 遂成大學.**

註解 ㅇ前漢(전한)－《전한서(前漢書)》〈열전〉 51에 있는 이야기임. ㅇ射策(사책)－경서(經書)의 의의(疑義), 또는 시무책(時務策)에 관한 여러 문제를 여러 개의 댓조각에 하나씩 써서 늘어놓고 응시자(應試者)로 하여금 하나씩 쏘아 맞히게 하고 그 댓조각에 나온 문제에 대하여 답안을 쓰도록 하는 과거. ㅇ西京雜記(서경잡기)－전한(前漢)의 잡사(雜事)를 기록한 책. 6권. 한(漢)나라의 유흠(劉歆), 또는 진(晉)나라 갈홍(葛洪)의 저술이라고 한다.

10. 손경폐호(孫敬閉戶)

－손경(孫敬)이 문을 닫다

《초국선현전(楚國先賢傳)》에 의하면 손경(孫敬)의 자(字)는 문보(文寶)이다. 항상 문을 닫고 글을 읽다가 졸음이 오면 노끈으로 목을 매어 대들보 위에 매달았다. 일찍이 저자에 들어갔더니 저자 사람들이 그를 보고 모두 말하기를, "폐호선생(閉戶先生)이 왔다."라고 했다. 임금의 명령으로 불렀으나 나가지 않았다.

原文 **楚國先賢傳, 孫敬字文寶. 常閉户讀書. 睡則以繩繫頸, 懸之梁上. 嘗入市. 市人見之皆曰, 閉户先生來也. 辟命不至.**

註解 ㅇ楚國先賢傳(초국선현전)－진(晉)나라 장방현(張方賢)이 찬(撰)한 책. ㅇ閉戶先生(폐호선생)－문을 닫고 글을 읽었기 때문에 이른 말임.

11. 질도창응(郅都蒼鷹)

－질도(郅都)는 푸른 매이다

전한(前漢)의 질도(郅都)는 하동(河東) 대양(大陽) 사람이다. 경제(景帝) 때에 중랑장(中郎將)이 되었는데 천자를 통렬하고 곧게 간했으며, 과실이 있는 대신(大臣)을 간하여 크게 꺾었다. 중위(中尉)로 옮겨졌는데 이때 백성들은 여기에 자극을 받아 죄를 두려워하여 스스로 몸조심을 했다. 그러나 질도는 홀로 임하고 혹독하게 법을 행하여 귀척(貴戚)을 피하지 않으니 열후(列侯)와 종실(宗室)들이 모두 이름을 지어 말하기를 '창응(蒼鷹 : 푸른 매)'이라고 했다.

안문태수(鴈門太守)에 임명되자 흉노(匈奴)들이 본래 질도의 성질을 아는터라, 변방의 군사를 거느리고 돌아갔다. 마침내 질도가 죽었는데도 안문(鴈門)에는 가까이 오지 못했고 흉노가 오면 나무로 허수아비를 만드는데 질도의 모습으로 만들고 말탄 사람이 달리다가 쏘게 했으나 이를 쏘지 못했으니 그 놀이를 보인 것이 이와 같아서 흉노가 이를 걱정했다. 그런데 두태후(竇太后)는 질도가 자기 아들인 임강왕(臨江王)을 자살케 했다하여 한(漢)나라 법으로써 마침내 그를 베었다.

原文 前漢郅都河東大陽人. 景帝時爲中郎將, 敢直諫面折大臣於朝. 遷中尉. 是時民樸畏罪自重. 而都獨先嚴酷, 致行法, 不避貴戚. 列侯宗室見都, 皆側目而視, 號曰蒼鷹. 拜鴈門大守. 匈奴素聞都節, 擧邊爲引去, 竟都死不近鴈門. 匈奴至爲偶人象都, 令騎馳射莫能中. 其見憚如此. 匈奴患之. 竇太后乃中都以漢法, 卒斬之.

註解 ㅇ前漢(전한)－《전한서(前漢書)》〈혹리열전(酷吏列傳)〉 60, 《사기(史記)》〈혹리열전〉 62에 있는 이야기임. ㅇ列侯(열후)－여러 제후(諸侯)들. ㅇ宗室(종실)－임금의 일가. ㅇ蒼鷹(창응)－여기에서는 사납고 무서운 관리를 말함. ㅇ匈奴(흉노)－인종(人種)의 이름. 기원전 3세기경부터 약 3백년간 지금의 몽고(蒙古) 지방에서 유목(遊牧)하던 터키족의 일종. ㅇ竇太后(두태후)－후한(後漢) 환제(桓帝)의 후(后).

12. 영성유호(寗成乳虎)

－영성(寗成)과 호랑이의 젖

전한(前漢)의 영성(寗成)은 남양(南陽) 양(穰) 땅 사람으로서 낭알자(郎謁者)가 되어 경제(景帝)를 섬겼는데 협기(俠氣)를 좋아했다. 처음에 소리(小吏)가 되었는데 반드시 장리(長吏)를 업신여겼다. 사람됨이 위에 있으면 아랫사람을 엄하게 다루었는데 마치 젖은 나무를 손쉽게 묶듯 마구 하는 것이었다. 중위(中尉)가 되자 그 정치는 질도(郅都)를 본받았으나 그 청렴함은 그만 못했다.

무제(武帝)가 황제의 자리에 오르자 벼슬이 옮겨져 내사(內史)가 되었는데 외척(外戚)들이 그의 단점을 많이 헐뜯어 죄에 부닥뜨리니 황제가 그를 군수(郡守)로 삼으려 했다. 그러자 공손홍(公孫弘)이 말하기를, "신(臣)이 소리(小吏)가 되었을 때 영성이 제남도위(濟南都尉)가 되었는데 그 다스림이 이리가 양을 치는 것과 같았은즉 그로 하여금 백성을 다스리게 하는 것은 옳지 못합니다."라고 하자 황제는 이에 관문(關門)의 도위(都尉)를 삼았다. 그러자 관동(關東)의 이예(吏隷)의 군국(郡國)을 출입하는 자가 말하기를 "차라리 젖먹이는 호랑이를 볼지언정 영성의 노한 경우를 보지 마라."고 하였다. 그 사납기가 이와 같았다.

原文 **前漢甯成南陽穰人. 以郎謁者事景帝. 好氣, 爲小吏必陵其長吏, 爲人上操下急, 如束濕薪. 爲中尉. 其治効郅都, 其廉弗如. 武帝卽位, 徙爲內史. 外戚多毁其短抵罪. 後上欲以爲郡守. 公孫弘曰, 臣爲小吏時, 成爲濟南都尉. 其治如狼牧羊, 不可使治民. 上乃拜爲關都尉. 歲餘關東吏隷郡國出入關者, 號曰, 寧見乳虎無値甯成之怒. 其暴如此.**

註解 ○前漢(전한)－《전한서(前漢書)》〈혹리열전(酷吏列傳)〉 60, 《사기(史記)》〈혹리열전(酷吏列傳)〉 62에 있는 이야기이다. ○小吏(소리)－지위가 낮은 벼슬아치. 아전(衙前). ○氣(기)－협기(俠氣). 호협(豪俠)한 기상. ○內史(내사)－궁중의 기록을 맡은 벼슬. ○外戚(외척)－모계(母系)의 겨레붙이를 일컬음. ○都尉(도위)－관명(官名). 각 군(郡)에 둔 군사(軍事) 담당관.

13. 주숭낭항(周嵩狼抗)

–주숭(周嵩)은 이리를 막을 만했다

《진서(晉書)》에 보면 주숭(周嵩)의 자(字)는 중지(仲智)요, 형인 주의(周顗)의 자는 백인(伯仁)이니 여남(汝南) 안성(安成) 사람이다. 원제(元帝)가 진(晉)나라를 중흥(中興)시켰을 때 주의 등이 모두 귀한 지위에 있었는데 일찍이 동지(冬至) 날 술을 차려놓고 어머니가 술잔을 들어 세 아들에게 주면서 말하기를, "내가 본래 양자강을 건너올 때 발붙일 곳이 없었는데 이제 너희들이 모두 내 눈앞에서 귀한 사람의 반열에 있으니 내가 다시 무엇을 근심하겠느냐?"라고 했다. 이때 주숭이 일어나서 말하기를, "두렵건대 높으신 뜻과 같지 않습니다. 형 백인은 뜻은 크지만 재주가 짧고 이름은 무겁지만 아는 것은 어두워서 사람을 이기는 폐단을 좋아합니다. 저도 성질이 강직하고 곧기만 해서 또한 세상에 용납되지 않습니다. 오직 아노(阿奴)는 평범하고 모가 나지 않아서 남에게 해를 끼치지 않을 것이며 마땅히 어머님 슬하에서 효도할 것입니다."라고 했다. 아노(阿奴)는 주숭의 아우 주모(周謨)의 자(字)이다. 뒤에 주의와 주숭은 모두 역신(逆臣) 왕돈(王敦)에게 해를 입었고 주모는 시중(侍中) 호군(護軍)을 역임했다. 《세설신어(世說新語)》에서는 항직(抗直)을 낭항(狼抗)이라 했고 《진서(晉書)》의 〈주의전(周顗傳)〉에 보면 처중(處仲)은 굳세고 강퍅하고 강하고 잔인한 낭항(狼抗)으로서 군왕을 업신여겼다고 한다. 처중(處仲)은 왕돈의 자(字)이다.

原文 晉書, 周嵩字仲智, 兄顗字伯仁, 汝南安成人. 中興時, 顗等並列貴位. 嘗冬至置酒. 其母擧觴賜三子曰, 吾本渡江, 託足無所. 不謂爾等並貴, 列吾目前. 吾復何憂. 嵩起曰, 恐

不如尊旨. 伯仁志大而才短, 名重而識闇, 好乘人之弊. 非自全之道. 嵩性抗直, 亦不容於世. 唯阿奴碌碌, 當在阿母目下耳. 阿奴嵩弟謨小字也. 後顗·嵩並爲王敦所害. 謨歷侍中·護軍. 世說抗直作狼抗. 晉書周顗傳, 處仲剛愎强忍, 狼抗無上. 處仲王敦字也.

註解 ㅇ晉書(진서)－《진서》〈열전〉 31, 66에 있는 이야기임. ㅇ顗(의)－주의(周顗). 진(晉)나라 안성(安成) 사람. 자(字)는 백인(伯仁). 젊어서 명성이 높았으나 몹시 술을 좋아했다. 원제(元帝) 때 상서좌복야(尙書左僕射)가 되었으나 술로 인하여 죄를 입었다. ㅇ伯仁(백인)－주의(周顗)의 자(字). ㅇ中興(중흥)－쇠퇴한 국가를 다시 일으킴. ㅇ阿奴(아노)－주모(周謨)의 자(字). ㅇ王敦(왕돈)－진(晉)나라 임기(臨沂) 사람. 자는 처중(處仲). 무제(武帝)의 사위. 종형(從兄) 왕도(王導)와 함께 마음을 합해서 두도(杜弢)의 난을 평정하여 정남대장군(征南大將軍)이 되고 시중(侍中)에 임명되었다. 그러나 이미 뜻을 얻자 공을 믿고 권세를 마구 휘두르고 계속하여 조정 일을 마음대로 하던 끝에 마침내 찬탈을 도모하다가 명제(明帝)에게 쫓겨났는데 끝내는 병으로 죽자 그 시체에 형벌을 내림.

14. 양기발호(梁冀跋扈)

－양기(梁冀)는 제어하기 어려웠다

후한(後漢) 양기(梁冀)의 자(字)는 백탁(伯卓)이니 포친민후(褒親愍侯) 양소(梁竦)의 증손(曾孫)이다. 사람됨이 올빼미의 어깨에 승냥이의 눈으로서, 통한 정기(精氣)로 똑바로 보고 곁눈질도 하며 말더듬이여서 말이 분명치 않았다. 대장군(大將軍)에 임명되었는데 사치하고 사납기가 몹시 심했다. 충제(冲帝)가 죽자 양기는 질제(質

帝)를 세웠는데 질제는 어릴 때부터 총명하고 슬기로웠다.

질제는 양기의 교만하고 방자함을 알았는데 일찍이 여러 신하들과 조회를 열었을 때 양기를 평하여 말하기를, "이는 발호장군(跋扈將軍)이다."라고 하니 양기가 이 말을 듣고 몹시 미워하여 드디어 짐주(鴆酒)를 먹여 죽이고 다시 환제(桓帝)를 세우고 나서 태위(大尉) 이고(李固), 두교(杜喬)를 억울하게 해치니 나라 안이 슬퍼하고 두려워했다. 그 사방에서 거두는 세금은 사시마다 모두 우선 첫째로 양기에게 보내고 천자(天子)에게는 그 다음에 보냈다.

그 일문(一門)의 번영을 보면 전후에 7명을 후(侯)로 봉했고 3명의 황후(皇后)와 6명의 귀인(貴人), 2명의 장군(將軍)을 세웠다.

그 지위에 있은 지 20여년에 영화(榮華)는 극도에 달했고 위엄이 안팎에 행해지니 백관(百官)들은 눈을 돌리되 감히 명령을 어기지 못하고 천자는 아무것도 하는 일이 없이 친히 참여하지 못했다. 그러나 황제가 이미 불평하다가 뒤에는 노염이 생겨서 양기를 베고 안팎의 종친(宗親)들은 어른과 젊은이 가리지 않고 모두 저자에 버렸다. 그밖에도 그와 관련된 공경(公卿)과 모든 교위(校尉)와 자사(刺史)와 2천석 받는 자에까지 미쳐서 죽은 자가 수십 명이요, 양기가 썼던 관리와 빈객(賓客)으로서 면직당한 자가 3백여 명이나 되었다. 이렇게 하여 조정이 비었는데 양기의 재화(財貨) 30여만을 거두어 나라의 창고를 채우고 천하의 세금의 반을 감해 주었다.

原文 **後漢梁冀字伯卓, 褒親愍侯竦之曾孫. 爲人鳶肩豺目, 洞精矘眄, 口吟舌言. 拜大將軍. 侈暴滋甚. 冲帝崩, 冀立質帝. 少聰惠, 知冀驕橫. 嘗朝群臣, 目冀曰, 此跋扈將軍也. 冀聞深惡之. 遂鴆殺, 復立桓帝, 而枉害大尉李固·杜喬. 海內嗟懼. 其四方調發, 歲時貢獻, 皆先輸上弟於冀, 乘輿乃其次焉. 一門前後七封侯, 三皇后·六貴人·二將軍. 在位二十餘**

年, 窮極滿盛, 威行內外, 百僚側目, 莫敢違命, 天子恭己, 不得有所親豫. 帝旣不平之. 後發怒誅冀, 中外宗親, 無長少皆弃市. 他連及公卿·列校·刺史·二千石, 死者數十人, 故吏賓客免黜者三百餘人. 朝廷爲空, 收冀財貨三十餘萬, 以充王府, 用減天下租稅之半.

註解 ㅇ後漢(후한)—《후한서(後漢書)》〈열전〉 24에 있는 이야기임. ㅇ跋扈(발호)—힘이 세어 제어할 수가 없음. ㅇ鴆酒(짐주)—짐새의 깃을 술에 담가 만드는 독주. ㅇ貴人(귀인)—황후(皇后)의 다음가는 여관(女官). ㅇ刺史(자사)—주(州)의 장관, 또는 태수(太守). ㅇ校(교)—교위(校尉). 둔병(屯兵)을 관리하는 벼슬 이름. ㅇ故吏(고리)—본래 벼슬아치이던 사람. 여기서는 양기가 쓰던 관리를 가리킴. ㅇ賓客(빈객)—손님. ㅇ財貨(재화)—재물.

15. 치초염참(郗超髥參)

—치초(郗超)는 수염난 참군(參軍)이었다

《진서(晉書)》에 보면 치초(郗超)의 자(字)는 경흥(景興)이니 태위(大尉) 치감(郗鑒)의 손자이다. 젊었을 때 재지(才知)에 뛰어나 얽매이는 일이 없었으며 세상에 드문 도량(度量)이 있었다. 또 이야기를 잘했는데 의리가 정밀했다. 대사마(大司馬) 환온(桓溫)이 불러다가 참군(參軍)을 삼았는데 환온은 본래 영특한 기운이 뛰어나서 남을 추천하는 일이 드물었으나 치초와 말해보고 항상 뜻을 기울여 예로 대우하니 치초도 역시 깊이 스스로 맺어서 받아들였다. 이때 왕순(王珣)이 환온의 주부(主簿)가 되어 역시 환온의 소중히 여기는 바가 되었더니 관청 안에서 사람들이 이르기를, 염참군(髥參軍) 단

주부(短主簿)라고 하니, 능히 공(公 : 환온)으로 하여금 기쁘게도 하고 능히 공으로 하여금 노엽게도 했다. 이는 치초는 수염이 있고 왕순(王珣)은 키가 작은 까닭에 생긴 말이었다.

原文 晉書, 郗超字景興, 大尉鑒之孫. 少卓犖不羈, 有曠世之度. 善談論, 義理精微. 大司馬桓溫辟爲參軍. 溫英氣高邁, 罕有所推, 與超言, 常謂不能測. 遂傾意禮待. 超亦深自結納. 時王珣爲溫主簿, 亦爲溫所重. 府中語曰, 髥參軍短主簿, 能令公喜, 能令公怒. 超髥珣短故也.

註解 ㅇ晉書(진서)－《진서》〈열전〉 37에 있는 이야기임. ㅇ大司馬(대사마)－중국 주(周)나라 때 군사(軍事)에 관한 일을 맡은 무관(武官)의 으뜸 벼슬. 후세에는 병부상서(兵部尙書)의 별칭. ㅇ參軍(참군)－훈련원(訓練院)의 정7품 벼슬. ㅇ王珣(왕순)－진(晉)나라 왕흡(王洽)의 아들. 약관(弱冠)에 환온(桓溫)의 속관(屬官)이 되었고 여러 벼슬을 거쳐 산기상시(散騎常侍)에 이르렀다.

16. 왕순단부(王珣短簿)

－왕순(王珣)은 키가 작은 주부(主簿)이다

진(晉)나라 왕순(王珣)의 자(字)는 원림(元琳)이니 승상(丞相) 왕도(王導)의 손자이다. 약관(弱冠)에 사현(謝玄)과 함께 환온(桓溫)의 속관(屬官)이 되었는데 환온이 일찍이 이르기를, "사현은 나이 40이면 반드시 주목(州牧)의 책임을 맡을 것이요, 왕순은 마땅히 삼공(三公)이 될 것이니 이들은 모두 쉽게 얻을 인재가 아니다."라고 했다.

효무제(孝武帝) 때에 복야(僕射)가 되어 이부(吏部)를 거느리게 되었는데 황제는 본래 전적(典籍)을 좋아하던 터였으므로 재주와 학문과 문장으로 황제와 가까워졌다. 왕순은 어느 때 꿈속에서 어떤 사람이 큰 붓으로 서까래 같은 것을 써주는 것이었다. 꿈에서 이미 깨자 사람들에게 말하기를, "이는 틀림없이 중대한 문장을 기초할 일이 생길 것이다."라고 하더니 이윽고 황제가 죽으니 애책(哀冊)과 시호(諡號)를 의논했는데 이는 모두 왕순(王珣)이 기초(起草)하게 되었다.

사현(謝玄)의 자는 유도(幼度)인데 어려서부터 뛰어나게 총명하여 숙부(叔父) 사안(謝安)이 소중히 여겼다. 사안이 일찍이 아들과 조카들을 경계하기를, "너희 자신을 선량하게 만드는 것은 너희 자신이 할 일이지 다른 사람이 할 일이 아니다. 그러나 나는 노파심에서 너희를 선량하게 만들고자 훈계하는 것이야."라고 했는데 여러 사람들은 말하는 자가 없었으나, 사현이 대답하기를, "비유컨대 지초와 난초와 홰나무는 마당의 뜰에 나고자 하는 것입니다."라고 하니 사안이 기뻐했다.

이때 부견(苻堅)이 침입하자 조정에서 문무(文武)의 양장(良將) 중에 가히 북쪽 지방을 진정시키고 적을 막을 사람을 구했다. 사안이 이에 사현을 천거하니 여러번 승진하여 관군장군(冠軍將軍)이 되고 또 전봉도독(前鋒都督)이 되어 종제(從弟) 보국장군(輔國將軍) 사염(謝琰)과 함께 비수(肥水) 남쪽에서 승부를 결단하는 싸움을 했다. 부견의 무리가 무너져 갑옷을 버리고 밤에 도망했다. 그들은 바람소리와 학의 울음소리에도 겁을 먹고 모두 천자(天子)의 군사가 이미 왔다고 했다. 승진하여 전장군(前將軍)이라는 칭호를 받았다.

原文 **晉王珣字元琳, 丞相導之孫. 弱冠與謝玄爲溫掾. 溫**

嘗謂之曰, 謝掾年四十必擁旄杖節. 王掾当作黑頭公. 皆未易才也. 孝武時, 爲僕射領吏部. 帝雅好典籍, 以才學文章見昵. 夢人以大筆如椽與之. 旣覺語人曰, 此當有大手筆事. 俄而帝崩. 哀冊謚議皆珣所草. 玄字幼度. 少穎悟, 爲叔父安所器重. 安嘗戒約子姪, 因曰, 子弟亦何預人事, 而正欲使其佳. 諸人莫有言者. 玄答曰, 譬如芝蘭玉樹, 欲使其生於庭堦耳. 安悅. 時苻堅入寇. 朝廷求文武良將可以鎭禦北方. 安乃以玄應擧. 累進冠軍將軍, 爲前鋒都督, 與從弟輔國將軍琰決戰肥水南. 堅衆奔潰, 弃甲宵遁. 聞風聲鶴唳, 皆以爲王師已至. 進號前將軍.

註解 ㅇ晉(진)-《진서(晉書)》〈열전〉 35에 있는 이야기임. ㅇ弱冠(약관)-나이 20세를 말함. ㅇ掾(연)-속관(屬官). 부하의 관원. ㅇ僕射(복야)-진(秦)나라 때 야(射)를 관장하는 관청이며 관리였다. 한대(漢代)에 이르러 상서성(尙書省)에 좌우(左右) 복야를 나누어 두고 차관(次官)의 임무를 맡게 하면서부터 그 임무가 무거워졌다. ㅇ哀冊(애책)-재궁(梓宮)을 옮기는 글. ㅇ謚(시)-시호(謚號). 죽은 뒤에 공덕(功德)을 기리어 주는 이름.

17. 복파표주(伏波標柱)

-복파(伏波)가 기둥에 표를 하다

후한(後漢) 마원(馬援)의 자(字)는 문연(文淵)이니 부풍(扶風) 무릉(茂陵) 사람이다. 젊어서부터 큰 뜻이 있어 일찍이 손님들에게 이르기를 “장부(丈夫)가 뜻을 가지면 궁할수록 더욱 굳고 늙으면 마땅히 더욱 씩씩해야 한다.”라고 했다. 건무(建武) 연중에 호분중랑장

(虎賁中郎將)에 임명되었고 황제를 자주 알현했다.

사람됨이 수염과 머리칼이 아름답고 눈과 눈썹이 그림과 같은데 진퇴응대(進退應待)에 뛰어났었다. 또 군사 쓰는 계략에 능했다. 황제가 일찍이 말하기를, "복파(伏波)가 군사를 의논하면 나와 뜻이 합한다."라고 했다. 그러므로 그가 계획할 일이 있으면 일찍이 그 의견을 쓰지 않은 일이 없었다. 뒤에 교지(交阯)의 여자 징칙(徵側) 등이 반란을 일으키자 만이(蠻夷)들이 모두 호응했다. 이에 마원(馬援)으로 복파장군(伏波將軍)을 삼아 쳐서 깨고 그를 신식후(新息侯)에 봉했다. 마원은 이에 소를 잡고 술을 걸러 군사들을 위로하고 술을 먹였다.

누선(樓船)의 전사들을 거느리고 나가서 남은 무리를 쳐서 삼남쪽을 모두 평정했다. 뒤에 다시 무릉오계(武陵五溪)의 오랑캐를 치겠다고 청했는데 이때 그의 나이 62세였다. 황제가 그의 늙은 것을 안타깝게 여기어 허락하지 않자 마원은 말하기를, "신(臣)은 오히려 능히 갑옷을 입고 말에 오를 수 있습니다."라고 했다. 황제가 그로 하여금 시험해보게 하니 마원은 안장에 의지하여 황제를 돌아다보며 가히 쓸모가 있음을 보이니 황제는 웃으면서 말하기를, "용맹스럽도다. 이 늙은이여!"라며 드디어 보내서 치게 했다. 호두산(壺頭山)으로 나가서 영채를 치게 했더니 마침 더위가 심해서 병들어 졸(卒)했다. 《광주기(廣州記)》에 말하기를, '마원이 교지(交阯)에 이르러 구리기둥〔銅柱〕을세워 한(漢)나라의 끝의 경계로 삼았다'라고 했다.

原文 **後漢馬援字文淵, 扶風茂陵人. 少有大志. 嘗謂賓客曰, 丈夫爲志, 窮當益堅, 老當益壯. 建武中歷虎賁中郎將, 數被進見. 爲人明鬚髮, 眉目如畫, 閑於進對. 又善兵策. 帝嘗言, 伏波論兵, 與我意合. 有謀未嘗不用. 後交阯女子徵側等反, 蠻夷皆應之. 拜援爲伏波將軍, 擊破之, 封新息侯. 援**

乃擊牛釃酒, 勞饗軍士. 將樓船戰士, 進擊餘黨, 嶠南悉平. 後復請擊武陵五溪蠻夷. 時年六十二. 帝愍其老. 援曰, 臣尙能被甲上馬. 帝令試之. 援據鞍顧眄, 以示可用. 帝笑曰, 矍鑠哉是翁也. 遂遣征之. 進營壺頭, 會暑甚中病卒. 廣州記曰, 援到交阯, 立銅柱爲漢之極界.

註解 ㅇ後漢(후한)－《후한서(後漢書)》〈열전〉 14에 있는 이야기임. ㅇ交阯(교지)－한(漢)나라 때의 고을 이름. 지금의 베트남 북부의 통킹·하노이 지방. ㅇ徵側(징칙)－시색(詩索)의 처(妻). 남편이 교지태수에게 포박당하자 여동생 징이(徵貳)와 함께 모반을 일으켰다. ㅇ蠻夷(만이)－오랑캐. ㅇ樓船(누선)－망루(望樓)가 있는 배. ㅇ壺頭(호두)－산 이름. ㅇ廣州記(광주기)－책 이름.

18. 박망심하(博望尋河)

－박망후(博望侯)가 하수를 찾다

전한(前漢)의 장건(張騫)은 한중(漢中) 사람이다. 건원(建元) 연중에 낭관(郎官)이 되었는데 무제(武帝)가 바야흐로 북방의 흉노(匈奴)를 멸하고자 하여 이에 능히 사신으로 갈 자를 모집했다. 장건이 모집에 응하여 월지국(月氏國)에 사신으로 가게 되었는데 길이 흉노의 나라를 거치게 되었다.

흉노에게 붙잡히어 머무른 지 10여년에 한(漢)나라 부절(符節)을 지닌 채 잃지 않고 그 관속(官屬)과 함께 도망하여 월지국으로 갔다가 뒤에 다시 도망하여 본국으로 돌아와서 태중대부(太中大夫)에 임명되었다. 장건의 몸이 이른 곳은 대완(大宛)·대월지(大月氏)와 대하(大夏)·강거(康居) 등 여러 나라로서 전해들으니 그 곁에 있는 큰 나라 5, 6개나 된다고 했다. 그는 그 나라들의 지세(地勢)와 산물 등을 모두 천자(天子)에게 자세히 보고했다. 원삭(元朔) 연간에 교위(校尉)로서 대장군(大將軍)을 좇아 흉노를 쳤는데 그는 과거 경험에 의하여 물과 풀이 있는 곳을 알고 있었으므로 군사들이 이로 인하여 먹을 것이 모자라지 않았다. 이에 박망후(博望侯)에 봉해졌다.

《후한서》〈장건전(張騫傳)〉의 찬(贊)에 말하기를, '우본기(禹本紀)에 말했다. 하수(河水)가 곤륜(崑崙)에서 나왔으니 곤륜이 높다. 2천5백 리가 넘는데, 해와 달이 서로 피하며 숨어서 번갈아가며 빛을 비춘다고 했다. 장건이 대하(大夏)에 사신으로 간 뒤로 하수의 근원이 끝났지만 어떻게 이른바 곤륜의 높이를 가늠할 수 있었겠는가!'라고 했다. 《몽구》 구주(舊注)에 이르기를, '지기석(支機石)을 얻어가지고 돌아왔다 했으나 어디에서 나돈 말인지 자세하지 않다'고 했다.

原文 **前漢張騫漢中人. 建元中爲郎. 武帝方欲事滅胡, 廼募能使者. 騫應募, 使月氏, 徑匈奴, 留十餘歲, 持漢節不失. 因與其屬亡鄉月氏. 後亡歸, 拜太中大夫. 騫身所至者, 大宛·大月氏·大夏·康居, 而傳聞其旁大國五六, 具爲天子言其地形所有. 元朔中以校尉從大將軍擊匈奴, 知水草處, 軍得以不乏. 封博望侯. 贊曰, 禹本紀言, 河出崑崙. 崑崙高二千五百里餘, 日月所相避隱爲光明也. 自張騫使大夏之後, 窮河源. 惡睹所謂崑崙者乎. 舊注云, 得支機石歸. 未詳所出.**

註解 ㅇ前漢(전한)－《전한서》〈열전〉 31과 《사기(史記)》〈열전〉에도 있는 이야기임. ㅇ漢中(한중)－한중군(漢中郡). ㅇ建元(건원)－한(漢)나라 무제(武帝) 원년. 기원전 140년. ㅇ胡(호)－중국의 북부에 살던 만족

(蠻族), 여기서는 흉노(匈奴)를 가리킴. ㅇ大宛大月氏(대완대월지)－대완(大宛)은 서역제국(西域諸國)의 하나. 북쪽은 강거(康居)와 통하고 서남으로는 대월지(大月氏)와 접해 있었다. 대월지는 한대(漢代) 서역(西域)의 나라 이름. ㅇ大將軍(대장군)－여기의 대장군은 위청(衛靑)을 가리킴. ㅇ崑崙(곤륜)－서장(西藏)에 있는 산. 미옥(美玉)이 난다고 함. ㅇ大夏(대하)－사서(史書)에 보이는 서역(西域)의 한 나라. 기원전 3세기경에 월지(月氏)에게 침략당했음. ㅇ支機石(지기석)－전하는 말에 의하면 이는 직녀(織女)가 쓰던 베틀의 높이라고 한다.

19. 이릉초시(李陵初詩)

－이릉(李陵)이 처음 지은 시(詩)

전한(前漢)의 이릉(李陵)의 자(字)는 소경(少卿)이니 전 장군(前將軍 : 前軍의 장군) 이광(李廣)의 손자이다. 젊어서 시중건장감(侍中建章監)이 되었는데 말타고 활쏘기에 능했다. 겸손하여 초야(草野)에 있으면서 크게 명예를 얻었는데 무제(武帝)는 이광의 풍도가 있다 하여 그를 기도위(騎都尉)에 임명했다. 천한(天漢) 2년에 보졸(步卒) 5천 명을 거느리고 흉노(匈奴)를 치다가 싸움에 패하여 드디어 항복하게 되었다.

처음에 이릉이 소무(蘇武)와 함께 시중(侍中)이 되어 친분이 있었다. 소무가 흉노에 사신으로 간 이듬해에 이릉은 항복했다. 뒤에 소제(昭帝)가 황제의 지위에 서자 흉노와 화해했다. 소무는 한(漢)나라로 돌아오게 되었다. 이때 이릉이 시를 지어 송별(送別)하기를, '손을 잡고 다리에 오르니 노니는 사람들 저물게 어디로 가는가? 시냇길 가에 서성이면서, 사모하여 작별하지 못하네. 새벽 바람은 북쪽 숲에서 울고, 반딧불이는 동남쪽으로 날아가네. 뜬구름에 해가 천 리인데, 어찌 내 마음 슬픈 것을 알랴?'라고 하니 소무는 이릉을 작별하는 시에 말하기를, '쌍오리가 모두 북쪽으로 나는데, 한 오리는 홀로 남쪽으로 날아가네. 그대는 마땅히 이곳에 머물지만 나는 응당 고향으로 돌아가리. 한번 헤어진 곳이 먼 오랑캐 땅인데, 만나보기가 어찌 끝이 있겠는가? 슬프게 간절한 회포에 눈물이 옷깃에 젖는 것을 깨닫지 못하네. 원컨대 그대는 길이 노력하여, 말하고 웃는 것을 서로 잊지 말게'라고 했다. 오언시(五言詩)가 대개 여기에서 시작되었다.

原文 前漢李陵字少卿, 前將軍廣之孫. 少爲侍中建章監. 善騎射, 愛人, 謙遜下士, 甚得名譽. 武帝以爲有廣之風, 拜騎都尉. 天漢二年將步卒五千人征匈奴. 戰敗遂降焉. 初陵與蘇武俱爲侍中. 武使匈奴, 明年陵降. 後昭帝立, 與匈奴和親. 武得還漢. 陵以詩贈別曰, 携手上河梁. 游子暮何之. 徘徊蹊路側, 悢悢不得辭. 晨風鳴北林, 熠燿東南飛. 浮雲日千里, 安知我心悲. 武別陵詩曰, 雙鳧俱北飛, 一鳧獨南翔. 子當留斯館, 我當歸故鄕. 一別如秦胡, 會見何渠央. 愴恨切中懷. 不覺淚霑裳. 願子長努力, 言笑莫相忘. 五言詩蓋自此始.

註解 ○廣(광)-이광(李廣). 서한(西漢)의 무장(武將). 무제(武帝) 때 북평태수(北平太守)가 되었는데 흉노(匈奴)와 대소 70여 회의 전투에서 베고 사로잡은 자가 많아, 흉노는 그를 비장군(飛將軍)이라 부르면서 매우 두려워했음. ○侍中建章監(시중건장감)-건장(建章)이란 대궐 이름. ○天漢(천한)-기원전 100년. 천한 2년은 기원전 99년. ○蘇武(소무)-한(漢)나라 사람. 무제(武帝) 때 중랑장(中郎將)으로서 흉노(匈奴)에 사신으로 갔다가 억류되어 19년만에 돌아오니 소제(昭帝)는 그가 절개를 지킨 공을 기리어 전속국(典屬國)의 벼슬을 내렸음.

20. 전횡감가(田横感歌)

–전횡(田横)이 감동하여 탄식하다

전한(前漢) 전횡(田横)은 적현(狄縣) 사람이니 옛날 제(齊)나라 임금 전씨(田氏)의 일가이다. 진(秦)나라 말년에 스스로 서서 제(齊)나라 왕이 되었다. 이때 한(漢)나라 장수 관영(灌嬰)이 전횡의 군사를 깨고 드디어 제나라 땅을 평정했다. 이에 전횡은 죽음을 당할까 두려워하여 그 무리들과 함께 바다의 섬 속에서 살았다.

이때 고제(高帝)가 불렀다. 그는 그 식객(食客) 두 사람과 함께 부름을 받고 낙양(洛陽)으로 가서 사자(使者)에게 사례하기를 "내가 처음에 한왕(漢王)과 함께 모두 남면(南面)하고 고(孤)라고 일컬었었는데 지금 왕(王)은 천자(天子)가 되었고 나는 오랑캐 땅으로 도망했으니 그 부끄럼이 매우 심하다."하고는 스스로 목을 매어 죽고 두 명의 식객으로 하여금 그 머리를 받들고 아뢰게 했다.

이에 고제(高帝)는 그를 위하여 눈물을 흘리고 왕의 예법(禮法)으로 장사를 지내주는 한편 그 두 명의 식객을 임명하여 도위(都尉)를 삼았다. 그러나 이미 장사가 끝나자 두 식객은 그 무덤의 옆을 뚫고 모두 스스로 목을 졸라 죽었고 그 나머지 5백 명도 바다 안에서, 전횡이 죽었다는 말을 듣고 모두 스스로 목숨을 끊었다. 이주한(李周翰)이 《문선(文選)》의 주(注)에서 다음과 같이 말했다. 전횡이 스스로 목숨을 끊자 따르던 자들은 감히 울지도 못하면서 슬픔을 이기지 못했기 때문에 슬픈 노래를 만들어 심정을 풀었는데 후인(後人)이 이것을 널리 퍼뜨리어 만가(輓歌)로써 이 노래를 부르며 장사를 지냈다. 그후 이연년(李延年)에 이르러 이것을 나누어 2장으로 만들었는데 해로(薤露)는 왕공(王公)과 귀인(貴人)을 보낼 때, 호리(蒿

里)는 사대부(士大夫)와 서인(庶人)을 보낼 때 널을 잡는 자들이 이것을 노래했다. 이로 인하여 만가(輓歌)로 부르게 되었다.

原文 前漢田横狄人. 故齊王田氏之族. 秦末自立爲齊王. 漢將灌嬰敗横軍, 遂平齊地. 横懼誅, 與其徒居海島中. 高帝召之. 廼與其客二人乘傳詣洛陽, 謝使者曰, 横始與漢王俱南面稱孤. 今王爲天子, 而横爲亡虜, 其愧已甚. 遂自剄, 令客奉其頭奏之. 高帝爲之流涕, 以王禮葬之, 拜其二客爲都尉. 旣葬. 二客穿其冢旁, 皆自剄. 其餘五百人在海中. 聞横死, 亦皆自殺. 李周翰曰, 横自殺. 從者不敢哭, 而不勝哀. 故爲悲歌以寄情. 後廣之爲薤露蒿里歌, 以送終. 至李延年, 分爲二等, 薤露送王公貴人, 蒿里送士大夫庶人. 挽柩者歌之. 因呼爲挽歌.

註解 ㅇ前漢(전한)—《전한서》〈열전〉 3에 있는 이야기임. ㅇ灌嬰(관영)—한(漢)나라 수양(睢陽) 사람. 처음에 고조(高祖)를 좇아 여러번 공을 세웠는데 뒤에 여후(呂后)가 붕(崩)하고 여록(呂祿) 등이 난을 일으키자 진평(陳平)·주발(周勃)과 함께 여러 여씨(呂氏)를 베고 문제(文帝)를 세워서 그 공으로 태위(太尉)로 승진하고 주발의 뒤를 이어 승상이 되었다. ㅇ南面(남면)—임금이 신하에 대하여 남쪽을 향해서 앉기 때문에 임금의 자리를 말함. ㅇ孤(고)—임금이 자기를 일컫는 말. ㅇ李周翰(이주한)—당(唐)나라 사람. 《문선(文選)》의 주석자(註釋者). 이 대목은 《문선》 28에 보인다. ㅇ李延年(이연년)—한(漢)나라 중산(中山) 사람. 처음에 급사감(給事監)이 되었는데 그 누이 이부인(李夫人)이 무제(武帝)의 총애를 받게 되고 무제가 바야흐로 일어나면서 천지의 여러 사당을 세우는 데 이연년은 그 뜻을 받들어 시곡(詩曲)을 만들었으며 협률도위(協律都尉)가 되어 인수(印綬)를 차더니 점점 중인(中人)들과 난을 일으켜 베임을 당했다. ㅇ薤露(해로)—상여줄을 잡고 부르는

노래. 조가(弔歌). ㅇ貴人(귀인)－황후의 다음가는 귀한 사람. ㅇ挽歌(만가)－죽음을 슬퍼하는 노래.

21. 무중불휴(武仲不休)

－무중(武仲)이 쉬지 않음

후한(後漢) 부의(傅毅)의 자(字)는 무중(武仲)이니 부풍무릉(扶風茂陵) 사람이다. 젊어서부터 많이 배웠는데 숙종(肅宗)이 널리 문학(文學)하는 선비를 부르던 중 부의도 불렀는데 난대령사(蘭臺令史)를 삼고, 낭중(郎中)에 임명하니 반고(班固)·가규(賈逵)와 함께 교서(校書)의 일을 주장했다. 부의는 명제(明帝)를 추미(追美)하여 공덕(功德)이 가장 컸었다. 그러나 묘송(廟頌)이 아직 서있지 않았었다. 부의는 이에 《시경(詩經)》의 청묘(淸廟)에 따라 현종송(顯宗頌) 10편을 지어서 이것을 연주(演奏)했다. 이로 인해서 문아(文雅)함이 조정에 나타났다.

위(魏)나라 문제(文帝)의 전론(典論)에 말하기를, '문인(文人)들이 상대방을 서로 가볍게 여기는 것은 옛날로부터 그러했거니와 부의와 반고(班固)의 사이는 형과 아우의 사이와 같은데 반고가 모자란다'라고 했다. 반고가 그 아우 반초(班超)에게 보낸 글에 말하기를, '무중(武仲)이 능히 글을 지어 난대영사(蘭臺令史)가 되었는데 재주가 모자라서 붓을 잡으면 스스로 쉬지를 못하고 계속해서 써야 했다'라고 했다.

原文 **後漢傅毅字武仲, 扶風茂陵人. 少博學. 肅宗博召文學之士, 以毅爲蘭臺令史. 拜郎中, 與班固·賈逵共典校書. 毅追美明帝功德最盛, 而廟頌未立. 乃依淸廟, 作顯宗頌十篇奏**

之. 由是文雅顯於朝廷. 魏文帝典論曰, 文人相輕, 自古而然. 傅毅之於班固, 伯仲之閒耳. 而固小之, 與弟超書曰, 武仲以能屬文, 爲蘭臺令史, 下筆不能自休.

註解 ㅇ後漢(후한)－《후한서》〈문원전(文苑傳)〉 70 상(上)에 있는 이야기임. ㅇ蘭臺令史(난대영사)－주문(奏文) 및 인공(印工)의 문서를 맡은 벼슬. ㅇ班固(반고)－후한(後漢) 초기의 역사가·학자. 함양(咸陽) 사람, 자는 맹견(孟堅). 아버지 반표(班彪)의 유지(遺志)를 받들어 20년에 걸쳐 《한서(漢書)》를 완성하고 뒤이어 《백호통의(白虎通義)》를 찬집(撰集)했음. ㅇ賈逵(가규)－후한(後漢) 전기(前期)의 유자(儒者). 평릉(平陵) 사람. 가의(賈誼)의 9세손(九世孫). 《좌씨전(左氏傳)》과 오경(五經)에 정통했음. 삼국시대 위(魏)나라에 중용(重用)되어 예주자사(豫州刺史)로 영명(令名)을 떨쳤음. ㅇ校書(교서)－책을 교정함. ㅇ追美(추미)－사후에 그 사람의 공을 칭송함. ㅇ廟頌(묘송)－사당 앞에서 아뢰는 조상의 송덕(頌德)의 악곡. ㅇ淸廟(청묘)－《시경(詩經)》〈주송(周頌)〉에 있는 시편(詩篇). 주문왕(周文王)의 덕을 찬미한 아악.

22. 사형환다(士衡患多)

－사형(士衡)은 근심이 많았다

진(晉)나라 육기(陸機)의 자는 사형(士衡)이니 오군(吳郡) 사람으로서 대사마(大司馬) 육항(陸抗)의 아들이다. 키가 7척이며 그 목소리가 종소리와 같았다. 젊어서 이상한 재주가 있고 문장(文章)이 세상에 뛰어났다. 아우 운(雲)과 같이 낙양(洛陽)에 들어가 태상(太常) 장화(張華)를 찾게 되었는데 장화는 본래부터 그 이름을 소중히 여겨 예부터 서로 아는 것과 같았다. 그는 말하기를, "오(吳)나라를 치는 싸움에 뛰어난 두 사람을 얻은 것이 이익이었다."라고 했다. 그가 또 시중(侍中) 왕제(王濟)를 가서 만나자 왕제는 양락(羊酪)을 가리키면서 이르기를, "오(吳) 땅의 시골에서는 이것에 필적하는 것으로 어떤 것이 있는가?"라고 하자 대답하기를, "천리호(千里湖)에서 나는 순채(蓴菜)의 국은 이 된장 맛만 못하지 않습니다."라고 하니 당시 사람들은 '좋은 대구(對句)이다'라고 했다.

육기는 타고난 재주가 뛰어나고 문장(文章)이 크고 화려하여 장화는 일찍이 이르기를, "사람들이 문장을 하는 데는 항상 재주 적은 것을 한스럽게 여겼지만 이 사람은 오히려 재주가 많은 것이 걱정이다."라고 했다. 아우 육운(陸雲)도 일찍이 글을 보내어 말하기를, "'군묘(君苗)가 형의 글을 보면 갑자기 그 붓과 벼루를 불에 태우고 싶어집니다."라고 했다. 장화가 여러 공(公)들에게 천거하였으므로 그는 여러번 벼슬을 옮겨 중서랑(中書郎)이 되었다.

뒤에 성도(成都)의 왕 영(穎)이 군사를 일으켜 장사왕(長沙王) 예(乂)를 치자 육기를 후장군(後將軍) 하북대도독(河北大都督)으로 임명했다. 이에 육기는 오나라에서 온 이른바 나그네의 군자로서 벼슬에 들어가 갑자기 선비들의 위에 있으니 모두 원망하는 마음이 일어 왕 영(穎)에게 참소하자 영은 노하여 사람을 시켜 육기를 거두게 하니 육기는 탄식하기를, "화정(華亭)에서 학이 우는 소리를 어찌 다시 들을 수 있으랴!"하고 드디어 화를 당했다.

처음에 육기에게 발빠른 개가 있어 이름이 황이(黃耳)였었는데, 이미 나그네로 서울에 있게 되어 오래도록 집 소식을 듣지 못하자 웃으면서 개에게 말하기를, "우리집에서 편지가 없으니 네가 능히 편지를 가지고 집에 가서 소식을 가지고 올 수 있겠느냐?"라고 하니 개는 꼬리를 흔들면서 소리를 질렀다. 이에 육기는 편지를 써서 대통에 넣어 그 목에 걸어주었더니 개는 길을 찾아 남쪽으로 달려가 집에 이르러 회답을 얻어 서울로 돌아왔거니와 그후로 언제나 편지를 가지고 왕래했다.

原文 晉陸機字士衡, 吳郡人, 大司馬抗之子. 身長七尺, 其聲如鐘. 少有異才, 文章冠世. 與弟雲俱入洛, 造太常張華. 華素重其名, 如舊相識. 曰, 伐吳之役, 利獲二俊. 又詣侍中王濟, 濟指羊酪謂曰, 吳中何以敵此. 答云, 千里蓴羹, 未下鹽豉. 時人稱名對. 機天才秀逸, 辭藻宏麗. 華嘗謂之曰, 人之爲文, 常恨才少. 而子更患其多. 弟雲嘗與書曰, 君苗見兄文輒欲燒其筆硯. 華薦之諸公. 累遷中書郎. 後成都王穎起兵, 討長沙王乂, 假機後將軍河北大都督. 機以羈旅入宦, 頓居群士之右. 皆有怨心, 譖之於穎. 穎怒使人收機. 機歎曰, 華亭鶴唳豈可復聞乎. 遂遇害. 初機有駿犬. 名黃耳. 旣羈寓京師, 久無家問, 笑語犬曰, 我家絶無書. 汝能齎書取消息否. 犬搖尾作聲. 機乃爲書以竹筒盛之, 繫其頸, 犬尋路南走, 遂至家, 得報還洛. 後以爲常.

註解 ㅇ晉(진)—《진서(晉書)》〈열전〉 24에 있는 이야기임. ㅇ太常(태상)—여러 가지의 예(禮)를 맡은 벼슬. 종묘(宗廟) 등의 제사를 맡은 벼슬. 구경(九卿)의 하나. ㅇ張華(장화)—진(晉)나라 방성(方城) 사람. 학업이 넓고 많이 보아 아는 것이 많으니 당시 사람들이 자산(子産)에 비교했다. 혜제(惠帝) 때 태자소부(太子少傅)가 되었는데 조(趙)나라 왕륜(王倫)에게 해를 당함. ㅇ王濟(왕제)—진(晉)나라 사람. 왕혼(王渾)의 아들. 젊어서부터 문재(文才)가 있고 용력(勇力)이 뛰어났다. 무제(武帝)의 사위로서 항상 무제를 모셨는데 일찍이 사람과 의논하지 않았다. ㅇ羊酪(양락)—양유(羊乳). ㅇ君苗(군묘)—육운(陸雲)의 어렸을 때의 자(字). ㅇ華亭鶴唳(화정학려)—진(晉)나라의 육기(陸機)가 살해당할 때 그의 고향 화정(華亭)에서 학의 우는 소리를 다시 들을 수 없다고 한탄한 말.

23. 환담비참(桓譚非讖)

―환담(桓譚)은 참언(讖言)하지 않았다

후한(後漢) 환담(桓譚)의 자(字)는 군산(君山)이니 패국(沛國) 상현(相縣) 사람이다. 음률(音律)을 좋아하여 세조(世祖 : 光武帝)가 즉위하자 의랑급사중(議郞給事中)에 임명되었다. 뒤에 조서(詔書)로 불러 영대(靈臺)가 있는 곳에서 회의(會議)를 하게 되었다. 이때 세조(世祖)는 바야흐로 참기(讖記)를 믿어서 이것으로 많이 의심나는 일을 결정하는데 환담에게 이르기를, "짐(朕)은 참기(讖記)로 일을 결정하고자 하는데 어떠한가?"라고 하자 환담은 말하기를, "신(臣)은 참기(讖記)를 읽지 못했나이다."라고 했다. 이에 황제가 그 까닭을 묻자 환담은 다시 참서(讖書)가 정당한 것이 아니라고 간곡히 말하니 황제는 크게 노하여 말하기를, "환담은 내가 믿는 참서를 옛날 성인(聖人)의 책이 아니라며 비난했다. 법도가 없고나."하고 장차 내려보내고 베려 하자 환담은 머리를 땅에 부딪쳐 피가 흘러서 비로소 면할 수가 있었는데 이 일로 육안군승(六安郡丞)이 되었다가 그 길로 졸(卒)했다.

原文 **後漢桓譚字君山, 沛國相人. 好音律. 世祖卽位, 拜議郞給事中. 後詔會議靈臺所處. 時帝方信讖, 多以決定嫌疑. 謂譚曰, 吾欲讖決之何如. 譚曰, 臣不讀讖. 帝問其故. 譚復極言讖之非經. 帝大怒曰, 譚非聖無法. 將下斬之. 叩頭流血, 乃得解. 出爲六安郡丞卒.**

註解 ㅇ後漢(후한)―《후한서》〈열전〉 18에 있는 이야기임. ㅇ靈臺(영

대)－천문대(天文臺). ㅇ讖(참)－참기(讖記). 미래의 일을 예언(豫言)한 글.

24. 왕상지와(王商止訛)

－왕상(王商)이 거짓말을 중지시키다

전한(前漢)의 왕상(王商)의 자(字)는 자위(子威)이니 탁군(涿郡) 여오(蠡吾) 사람이다. 성제(成帝) 때에 좌장군(左將軍)이 되었는데 도읍 백성들이 까닭없이 서로 놀라서 말하기를, "큰물이 온다."고 하여 백성들이 분주히 서로 짓밟고, 늙은이와 어린이는 소리치고 울어서 장안(長安) 안이 크게 어지러웠다. 이에 천자(天子)가 공경(公卿)들을 불러 의논하니 대장군(大將軍) 왕봉(王鳳)이 말하기를, "태후(太后)마마와 황제폐하 및 후궁(后宮)들께서는 배로 거둥하시고 관리와 백성들은 장안성(長安城) 성곽 위로 올라가게 하여 물을 피하게 하소서."라고 했다. 그러나 왕상은 말하기를, "예로부터 무도(無道)한 나라에서도 물이 오히려 성곽(城郭)을 범하지 않았는데 지금 정치가 화평하고 세상에 전쟁이 없어 위아래가 서로 편안한데 어찌 큰물이 갑자기 온단 말입니까? 이는 반드시 거짓된 말일 것입니다."라고 하여 황제를 비로소 중지케 했더니 과연 소문은 거짓말이었다.

황제는 왕상이 자설(自說)을 굳게 지킨 것을 아름답고 장하게 여겨 자주 그 의논을 칭찬하니 왕봉은 크게 부끄러워했다. 뒤에 승상(丞相)이 되었는데 사람됨이 질박한 점이 많고 위엄의 무게가 있었다. 키가 8척이 넘고 몸이 크고 용모가 사람들보다 뛰어났다. 선우(單于)가 내조(來朝)했는데 왕상이 미앙궁(未央宮) 조정 안에 앉아 있자니 선우가 앞으로 나가서 왕상에게 절하고 우러러보고 크게 두려워하여 조금 있다가는 물러나갔다. 이에 황제가 듣고 탄식하기를,

"참으로 한(漢)나라 정승이로다."라고 했다. 그러나 왕봉은 왕상을 원망하여 비밀히 그의 단점(短點)을 찾더니 마침내 그의 계략에 말려들어 정승을 그만두게 되었고 이내 죽었다.

原文 前漢王商字子威, 涿郡蠡吾人. 成帝時爲左將軍. 京師民無故相驚, 言大水至. 百姓奔走相蹂躪, 老弱號呼, 長安中大亂. 天子召公卿議. 大將軍王鳳以爲太后與上及后宮可御船. 令吏民上長安城以避水. 商曰, 自古無道之國, 水猶不冒城郭. 今政治和平, 世無兵革, 上下相安. 何因有大水暴至. 此必訛言. 上廼止. 果訛言. 上美壯商之固守. 數稱其議. 而鳳大慙. 後爲丞相. 爲人多質而有威重. 長八尺餘, 身體鴻大, 容貌過人. 單于來朝, 商坐未央廷中, 單于前拜謁商, 仰視大畏之, 遷延却退. 上聞歎曰, 眞漢相矣. 鳳怨商, 陰求其短. 卒爲所中, 免相薨.

註解 ㅇ前漢(전한)－《전한서》〈열전〉52에 있는 이야기임. ㅇ公卿(공경)－여기에서는 높은 벼슬아치를 말함. ㅇ無道(무도)－인도(人道)에 어긋남. ㅇ單于(선우)－흉노(匈奴)의 왕의 칭호.

25. 혜여명가(嵇呂命駕)

－혜강(嵇康)과 여안(呂安)이 수레를 부르다

《진서(晉書)》에 보면 혜강(嵇康)의 자는 숙야(叔夜)이니 초국(譙國) 질현(銍縣) 땅 사람이다. 성질이 재주가 있고 쇠 녹이는 일을 좋아했다. 집안에 버드나무 하나가 있어 몹시 무성하자 물을 주어 동산을 만들고 여름이면 항상 그 밑에서 쇠를 달구어 그릇을 만들었다.

이때 동평(東平)의 여안(呂安)이 그의 높은 운치에 탄복하여 늘 한번 만날 것을 생각하다가 문득 천 리 길을 멀다 않고 수레를 준비하여 갔다. 혜강 역시 마음이 통하여 벗으로 삼아 사이좋게 지냈다.

原文 **晉書, 嵆康字叔夜, 譙國銍人. 性巧而好鍛. 宅中有一柳樹. 甚茂. 乃激水圜之, 每夏月居其下以鍛. 東平呂安服其高致. 每一相思. 輒千里命駕. 康友而善之.**

註解 ㅇ晉書(진서)－《진서》〈열전〉 19에 있는 이야기임. ㅇ嵆康(혜강)－56. 〈숙야옥산(叔夜玉山)〉항에 혜강에 관한 기사가 있으며 죽림칠현(竹林七賢)의 한 사람. 또 175. 〈여안제봉(呂安題鳳)〉의 항에도 혜강과 여안(呂安) 등 두 사람의 교우(交友)관계 기사가 있음. ㅇ駕(가)－말을 수레에 매는 것.

26. 정공경개(程孔傾蓋)

－정공(程孔)이 수레를 멈추다

《공자가어(孔子家語)》에 말하기를, 공자(孔子)가 염(郯)나라에 가던 중 길에서 정자(程子)를 만나 수레를 멈추고 종일토록 말하는데 서로 아주 친했다. 공자는 자로(子路)를 돌아보고 말하기를, "속백(束帛)을 갖다가 선생에게 드리라."고 했다.

原文 **家語曰, 孔子之郯, 遭程子於塗, 傾蓋而語, 終日甚相親. 顧謂子路曰, 取束帛以贈先生.**

註解 ㅇ家語(가어)－《공자가어(孔子家語)》. 공자(孔子)의 언행(言

行)·일사(逸事) 및 문인(門人)과의 문답한 말을 수록한 책. 이 기사는 《공자가어》 권2 〈치사편(致思篇)〉에 있음. ㅇ程子(정자)－여기에 나오는 정자(程子)는 《논어(論語)》에 나오는 정자가 아니요, 이름은 목(木)이고, 자는 자화(子華)로서 진(晉)나라 사람이다. 《장자(莊子)》에도 나온다. ㅇ子路(자로)－노(魯)나라 변현(卞縣) 사람으로 성은 중(仲), 이름은 유(由)로서 자로는 그의 자. 공자의 제자로 특히 정사(政事)에 뛰어남. ㅇ束帛(속백)－비단 다섯 필을 묶은 것으로서 옛날에는 가장 값나가는 예물로 여겼다.

27. 극맹일적(劇孟一敵)

－극맹(劇孟)은 하나의 적국

전한(前漢)의 극맹(劇孟)은 낙양(洛陽) 사람이니 협기(俠氣)가 있기로 이름났었다. 오(吳)나라와 초(楚)나라가 반란을 일으키자 이때의 조후(條侯) 주아부(周亞夫)는 태위(太尉)가 되어 동쪽으로 장차 하남(河南)에 이르러 극맹(劇孟)을 얻고 기뻐하여 말하기를, "오(吳)나라와 초(楚)나라가 큰 일을 일으키면서 극맹을 구하지 않기로 나는 그들이 능히 할 일을 하지 못할 것을 알았다. 천하가 소요스러운데 대장(大將)이 된 내가 그를 얻었으니 한 나라를 물리친 것과 같다."라고 했다.

原文 **前漢劇孟洛陽人. 以俠顯. 吳楚反時, 條侯周亞夫爲大尉, 東將至河南, 得劇孟喜曰, 吳楚擧大事而不求劇孟. 吾知其無能爲已. 天下騷動, 大將軍得之, 若一敵國.**

註解 ㅇ前漢(전한)－《전한서》 〈유협전(游俠傳)〉 62에 있는 이야기임. ㅇ俠(협)－호협한 기운. ㅇ條侯(조후)－봉후(封侯)의 이름. ㅇ周亞夫(주

아부)－한(漢)나라 패현(沛縣) 사람. 주발(周勃)의 아들. 조후(條侯)에 봉해짐. 경제(景帝) 때 오초(吳楚) 7국이 반란을 일으키자 이를 쳐서 깨치고 승상에 임명됨. ㅇ將軍(장군)－여기에서는 주아부(周亞夫)를 말함.

28. 주처삼해(周處三害)

－주처(周處)는 세 가지 해로움이다

진(晉)나라 주처(周處)의 자는 자은(子隱)이니 의흥(義興) 양선(陽羨) 사람이다. 완력이 남보다 뛰어나 미세한 행동을 닦지 않으니 고을 안에서 그를 걱정스럽게 여겼다. 이에 주처는 스스로 남의 미움을 받는다는 것을 알고 분개하여 힘써 고칠 뜻이 있었다. 그는 마을의 노인들에게 이르기를, “지금 때가 화락하고 연사가 풍년인데 어찌해서 괴로워하며 즐거워하지 않습니까?”라고 하자 노인들은 탄식하기를, “세 가지 해로운 것을 없애지 못했으니 무슨 즐거운 일이 있겠는가?”라고 하는 것이었다. 주처가 말하기를, “무엇을 말하는 것이오?”라고 하니 대답하기를, “남산(南山)에 이마가 흰 사나운 범과 장교(長橋) 다리 밑에 있는 교룡과 그대를 합쳐 셋이다.”라고 했다.

이에 주처는 말하기를, “내가 능히 없앨 것이오.”하고는 이내 산에 들어가 사나운 범을 쏘아 죽이고 물에 들어가 교룡을 때려 죽이고 드디어 뜻을 다듬어 학문을 좋아하여 글할 생각이 있고 뜻은 의열(義烈)에 두었다. 말을 하면 반드시 충신(忠信)을 말하며 극기(克己) 1년이 되자 고을 관청에서 다투어 불러서 진(晉)나라에 벼슬하여 어사중승(御史中丞)이 되었는데 모든 규탄하고 탄핵해야 할 자는 주군의 사랑받는 신하나 귀척(貴戚)을 가리지 않았다.

지인(氐人)의 우두머리인 제만년(齊萬年)이 반란을 일으키자 조정 신하들은 주처의 강직한 것을 미워해서 모두 말하기를, “주처는 명장(名將)의 아들로서 충열(忠烈)하고 과단성이 있고 과감합니다.” 라며 임금에게 천거했다. 이에 장군 하후준(夏侯駿)에게 소속시켜 서쪽을 치게 하니 복파장군(伏波將軍) 손수(孫秀)가 그에게 이르기를, “그대는 늙은 어머니가 있으니 가히 이로써 사양하라.”고 했으나 주처는 말하기를, “충성과 효도의 길을 어찌 두 가지가 다 온전할 수가 있겠는가? 이에 어버이를 작별하고 임금을 섬기는데 부모가 어떻게 자식으로 여길 수 있겠는가?”라며 충고를 거절했다.

이윽고 싸움에 패하자 좌우 사람들이 퇴각하라고 권했으나 주처는 칼을 안고 말하기를, “이는 충절(忠節)을 다하여 목숨을 바칠 때인데 어찌 퇴각하리요? 또 옛날에 훌륭한 장수가 명령을 받으면 흉문(凶門)으로 나갔으니 이것은 대개 나가는 것은 있어도 물러감이 없다는 것이외다. 여러분도 믿음을 저버리면 형세가 반드시 떨치지 못할 것이니 내가 대신(大臣)이 되어 몸으로써 나라에 바치는 것은 또한 옳지 않겠소?”라며 드디어 힘껏 싸우다가 죽으니 평서장군(平西將軍)을 추증(追贈)했다.

原文 晉周處字子隱, 義興陽羨人. 膂力絶人, 不修細行, 州曲患之. 處自知爲人所惡, 慨然有改勵之志, 謂父老曰, 今時和歲豊. 何苦而不樂. 父老歎曰, 三害未除, 何樂之有. 處曰, 何謂也. 答曰, 南山白額猛虎, 長橋下蛟, 幷子爲三矣. 處曰, 吾能除之. 乃入山射殺猛虎, 投水搏殺蛟, 遂勵志好學有文思. 志存義烈, 言必忠信, 克己朞年. 州府交辟. 仕晉爲御史中丞. 凡所糾劾不避寵戚. 及氐人齊萬年反, 朝臣惡處强直, 皆曰, 處名將子, 忠烈果毅. 乃使隷夏侯駿西征. 伏波將軍孫秀謂之曰, 卿有老母, 可以此辭. 處曰, 忠孝之道安得兩全. 旣辭親事君, 父母安得而子乎. 已而戰敗, 左右勸退. 處按劒曰, 此

吾效節授命之日. 何退之爲. 且古者良將受命凶門以出. 蓋有進無退也. 諸君負信, 勢必不振. 我爲大臣, 以身殉國, 不亦可乎. 遂力戰而沒. 追贈平西將軍.

註解 ㅇ晉(진)－《진서(晉書)》〈열전〉 28에 있는 이야기이다. ㅇ義烈(의열)－뛰어난 충의(忠義). ㅇ氐人(지인)－파촉(巴蜀) 부근에 살던 민족. 뒤에 번성하여 오호(五胡)의 하나로 꼽힘. ㅇ齊萬年(제만년)－지인(氐人) 중에 강성하던 사람. ㅇ凶門(흉문)－곧 상문(喪門). 임금이 친히 큰 도끼와 작은 도끼를 주면서 장수에 임명하면 장차 떠날 때 이 상문으로 나가서 감히 살아서 돌아오지 않겠다는 뜻을 보여주었다고 함. ㅇ追贈(추증)－죽은 뒤에 벼슬을 내림.

29. 호광보궐(胡廣補闕)

－호광(胡廣)은 없는 것을 채우다

후한(後漢)의 호광(胡廣)의 자는 백시(伯始)이니 남군(南郡) 화용(華容) 사람이다. 효렴과(孝廉科)에 뽑혀 천자에게 올리는 글을 맡으니 안제(安帝)는 호광을 천하의 제1인자로 여겼다. 여러번 삼공(三公)이 되니 나이가 이미 80세였으나 마음과 힘이 아직도 씩씩했다. 성품이 따뜻하고 부드럽고 삼가고 소박하여 항상 겸손한 말과 공손한 빛으로 대했다. 일의 대체에 통달하고 익숙했으며 조정의 법을 해득하여 비록 강직한 풍도는 없어도 여러번 잘못된 것을 보충하는 우직함이 있었다.

그런 까닭에 도읍의 속담에 말하기를, '만 가지 일의 이치가 아닌 것은 백시(伯始)에게 묻고, 천하의 중용(中庸)은 호공(胡公)이 있네.'라고 했다. 이고(李固)·조계(趙戒)·두교(杜喬)와 함께 의논하여 청하왕(淸河王) 산(蒜)을 세웠는데 여오후(蠡吾侯 : 桓帝)가 양기(梁冀)의 누이를 취하자, 실력자가 된 양기는 여오후를 제위(帝位)에 앉히려고 했다. 그러자 호광은 양기를 경계하고 꺼려했다. 이에 모두 말하기를, "오직 장군의 명령대로 하겠습니다."라고 했으나 오직 이고와 두교 등 두 사람만이 굳게 근본 의논을 지켜 여오후(蠡吾侯)를 세웠으니 이가 곧 환제(桓帝)이다.

이로써 당시에 비난과 헐뜯음을 당했으나 스스로 정승의 자리에 있은 지 30여년에 안(安)·순(順)·충(沖)·질(質)·환(桓)·영(靈)의 여섯 황제를 섬겼으되 모두 한결같이 했다. 사공(司空)이 되고 두 번 사도(司徒)가 되고 세 번 태위(太尉)에 오르고 또 태부(太傅)가 되었는데 그가 부르라고 명령한 것은 모두 천하의 명사(名士)로서 그가 원래 썼었던 관리인 진번(陳蕃)·이함(李咸)도 함께 모두 삼사(三司)가 되었다. 진번 등이 늘 조회 때마다 문득 병이라 일컫고 호광을 피하니 당시 사람들은 이를 보고 호광을 영화롭게 여겼다.

原文 後漢胡廣字伯始, 南郡華容人. 察孝廉試章奏. 安帝以廣爲天下第一. 累爲三公. 年已八十而心力克壯. 性溫柔謹素, 常遜言恭色. 達練事體, 明解朝章. 雖無謇直之風, 屢有補闕之益. 故京師諺曰, 萬事不理問伯始, 天下中庸有胡公. 及共李固·趙戒·杜喬議立淸河王蒜, 而蠡吾侯志取梁冀妹, 冀欲立之. 廣·戒憚冀, 皆曰, 惟大將軍令. 獨固與喬, 堅守本議, 竟立蠡吾侯, 是爲桓帝. 以此譏毁於時. 自在公臺三十餘年, 歷事安·順·沖·質·桓·靈六帝, 凡一履司空, 再作司徒, 三登大尉, 又爲太傅, 其所辟命, 皆天下名士. 與故吏陳蕃·李咸, 並爲三司. 蕃等每朝會輒稱疾避廣. 時人榮之.

註解 ㅇ後漢(후한)-《후한서》〈열전〉34에 있는 이야기임. ㅇ伯始(백

시)—호광(胡廣)의 자. ㅇ孝廉(효렴)—과거를 보이는 과목. 한(漢)나라 무제(武帝)가 효행이 있고 청렴한 사람을 뽑는 과거를 설치한 데서 시작되었음. ㅇ三公(삼공)—가장 높은 세 가지 벼슬. 곧 대사도(大司徒)·대사마(大司馬)·대사공(大司空)을 말함. ㅇ中庸(중용)—과불급(過不及)이 없는 중정(中正)의 도(道). ㅇ司空(사공)—삼공(三公)의 하나.

30. 원안의뢰(袁安倚賴)

—원안(袁安)은 남들이 의지하고 믿었다

후한(後漢) 원안(袁安)의 자는 소공(邵公)이니 여남(汝南) 여양(汝陽) 사람이다. 엄중하고 위엄이 있어서 고을 사람들의 공경을 받았다. 숙종(肅宗) 말년에 사공(司空)이 되었다가 사도(司徒)가 되었고 화제(和帝) 때에 죽었다. 처음에 원안은 천자(天子)가 어리고 약해서 외척(外戚)이 권세를 마음대로 하니 항상 조회(朝會) 때에 나가서 보고 공경(公卿)들과 함께 국가의 일을 말하면 일찍이 탄식하고 눈물을 흘리지 않는 때가 없고, 천자로부터 대신(大臣)에 이르기까지 모두 그를 믿고 의지했는데 그가 죽자 조정이 아프고 애석해했다.

처음에 원안의 아버지가 죽어서 장사지낼 땅을 구하러 가는데 세 사람의 서생(書生)을 만났다. 원안에게 어디에 가느냐고 묻자 원안이 사실대로 말하니 서생이 한 곳을 가리키면서 말하기를, "이 땅에 장사를 지내면 틀림없이 대대로 상공(上公)이 될 것이오."라고 하더니 금시에 보이지 않았다. 원안은 이상히 여기고 그 땅에 장사지냈기 때문에 여러 대를 융성했다.

原文 後漢袁安字邵公, 汝南汝陽人. 嚴重有威. 見敬於州里. 肅宗末爲司空, 遷司徒, 和帝時薨. 初安以天子幼弱, 外戚擅權, 每朝會·進見及與公卿言國家事, 未嘗不噫嗚流涕. 自天子及大臣皆倚賴之. 及薨, 朝廷痛惜焉. 初安父沒, 訪求葬地, 道逢三書生. 問安河之. 安告之. 生乃指一處云, 葬此地, 當世爲上公. 須臾不見. 安異之. 於是葬其地. 故累世隆盛.

註解 ㅇ後漢(후한)－《후한서》〈열전〉35에 있는 이야기임. ㅇ外戚(외척)－황후(皇后)의 친척. 모계(母系)의 일가. ㅇ倚賴(의뢰)－남에게 의지함.

31. 황패정수(黃霸政殊)

－황패(黃霸)의 정치는 특수했다

전한(前漢) 황패(黃霸)의 자는 차공(次公)이니 회양(淮陽) 양하(陽夏) 사람이다. 무제(武帝) 말년에 대조(待詔)로서 전상관(錢賞官)으로 들어가 시랑알자(侍郎謁者)에 임명되었다. 그후 다시 곡식을 바치고 도읍 동쪽을 다스리는 관청에서 2백 석을 받는 졸사(卒史)로 임명받았다. 그러나 여기서는 그가 곡식을 바치고 벼슬을 얻었기에 이를 가볍게 보아 고위직을 주지 않고 군(郡)의 금전과 곡물을 계산하는 직책을 맡겼다. 그런데 청렴하기로 일컬어져서 선제(宣帝) 때에 양주자사(楊州刺史)로 발탁되었고 현량과(賢良科)의 우등이라고 해서 영천태수(潁川太守)가 되었다.

그가 다스리는 방법은 가급적 덕정(德政)을 펴서 주민들을 교화하고 주벌(誅罰)은 뒤로 미루었다. 또 밖으로는 너그럽고 안으로 밝아서 관리된 백성들의 마음을 얻으니 호구(戶口)가 해마다 늘어나서 다스리는 것이 천하의 제일이 되었다. 이에 경조윤(京兆尹)이 되었다가 벼슬자리가 깎이어 영천(潁川)으로 돌아온 지 전후 8년에 고을

안이 더욱 잘 다스려졌다.

이때 봉황, 즉 성스러운 새가 자주 고을에 보이는데 영천(潁川)이 더욱 많았다. 이에 천자는 황패가 정치와 행동이 장자(長者)로서 자격이 충분하다 하여 조서를 내려 칭송하는 한편 벼슬을 내려 관내후(關內侯)를 삼고 황금 1백 근과 녹봉으로 2천 석을 내렸는데 뒤에 승상이 되었다. 황패는 재목이 백성다스리는 데 능했는데 정승이 되자 강기(綱紀)와 호령을 도맡아 시행했다. 그는 풍채(風采)가 비록 병길(丙吉)이나 위상(魏相)·우정국(于定國)에는 미치지 못했으나 공명(功名)은 고을 다스리기에는 아까웠다.

原文 **前漢黃霸字次公, 淮陽陽夏人. 武帝末以待詔入錢賞官, 補侍郞謁者. 後復入穀, 補左馮翊二百石卒史. 馮翊以霸入財爲官, 不署右職, 使領郡錢穀計. 簿書正, 以廉稱. 宣帝時擢楊州刺史, 以賢良高第爲潁川太守. 力行教化, 而後誅罰, 外寬内明, 得吏民心, 户口歲增, 治爲天下第一. 徵守京兆尹. 坐貶秩歸潁川. 前後八年, 郡中愈治. 是時鳳凰·神爵數集郡國, 潁川尤多. 天子以霸治行終長者, 下詔稱揚, 賜爵關内侯·黃金百斤·秩中二千石. 後爲丞相. 霸材長於治民. 及爲相總綱紀號令, 風采不及丙·魏·于定國. 功名損於治郡.**

註解 ㅇ前漢(전한)―《전한서》〈순리전(循吏傳)〉 19에 있는 이야기임. ㅇ待詔(대조)―재주와 기술로 부름을 받았으나 아직 정당한 벼슬을 얻지 못한 자. ㅇ錢賞官(전상관)―돈을 바치고 얻은 벼슬. ㅇ綱紀(강기)―국가의 큰 법과 사회의 도덕. ㅇ京兆尹(경조윤)―도읍 장안(長安)을 다스리는 데, 좌풍익(左馮翊)·우부풍(右扶風)·경조(京兆) 등 3구역으로 나누었었다. 이것을 삼보(三輔)라고 한다. 좌풍익의 좌(左)는 도읍 좌측으로서 동쪽, 풍(馮)은 보(輔), 익(翊)은 위(衛)라는 뜻에서 이름지어진 것이

다. ㅇ丙魏(병위)－병길(丙吉)과 위상(魏相)은 모두 전한(前漢)의 정승. ㅇ于定國(우정국)－전한(前漢)의 정승. ㅇ功名(공명)－공적과 명예.

32. 양습치최(梁習治最)

－양습(梁習)은 다스리는 것이 가장 뛰어났다

《위지(魏志)》에 보면 양습(梁習)의 자(字)는 자우(子虞)이니 진군(陳郡)의 척현(柘縣) 사람이다. 별부사마(別部司馬)로서 병주자사(幷州刺史)를 겸했었다. 병주는 전(前) 자사 고간(高幹)이 황폐시켜 놓은 곳인데다가 호적(胡狄)이 경계에 있으면서 발호(跋扈)하니 관리와 백성들이 도망하고 배반하여 호적의 부락(部落)으로 들어가는가 하면 군인들은 무리를 거느리고 침입하여 백성들을 해치고 다시 서로 선동(煽動)하며 가끔 여럿이 마주 바라보며 버티고 있었다.

이에 양습은 관청에 나가서 이들을 달래어 깨우치고 불러다가 모두 예의로 대우하자 그 세력 있는 사람들은 차츰 서로 천거하여 그들로 하여금 막부(幕府)로 나가게 해서 변방지방이 숙청(肅淸)되고 백성들이 들에 나가 농사와 뽕나무 심는 일을 부지런히 하도록 권하여 명령하는 일이 행해지고 금하는 일이 중지되었다. 이리하여 추천을 받은 명사(名士)들이 세상에 나타나게 되었다. 이에 태조(太祖)가 이를 아름답게 여겨 관내후(關內侯)의 벼슬을 주고 다시 병주(幷州)의 진자사(眞刺史)를 삼았다.

이에 장로(長老)들은 이를 칭찬하고 읊어서 이르기를, "스스로 들어서 아는 자사(刺史)는 아직 양습에 미치는 자가 없었다."고 했다. 문제(文帝) 때에 다시 자사가 되었는데 정치에 있어서는 황제가 그를 천하에서 가장 뛰어나다고 했다. 《몽구》 구본(舊本)에 양습(梁習)의 습(習)자가 집(集)자로 되어 있는 것은 잘못임.

原文 魏志, 梁習字子虞, 陳郡柘人. 以別部司馬, 領幷州刺史. 承高幹荒亂之餘, 胡狄在界張雄跋扈. 吏民亡叛入其部落, 兵家擁衆作爲寇害, 更相扇動, 往往棊跱. 習到官, 誘喩招納, 皆禮召其豪右, 稍相薦擧, 使詣幕府. 邊境肅清, 百姓布野. 勤勸農桑, 令行禁止. 貢達名士, 咸顯於世, 太祖嘉之, 賜爵關内侯. 更拜爲眞. 長老稱詠以爲自所聞識刺史, 未有及習者. 文帝時, 復爲刺史. 政治常爲天下最. 舊本習作集誤.

註解 ㅇ魏志(위지)-《위지》 권15에 있는 이야기이다. ㅇ別部司馬(별부사마)-《후한서(後漢書)》〈백관지(百官志)〉에 이르기를, 대장군(大將軍)이 오부(五部)를 거느리고 부(部)마다 교위(校尉)와 군사마(軍司馬)가 각각 한 사람씩 두었는데 교위(校尉)를 두지 않는 부(部)에는 다만 군사마(軍司馬) 한 사람씩을 두고 거기에서 따로 거느리는 것을 별부사마라고 한다고 했다. ㅇ承高幹(승고간)-고간(高幹)의 뒤를 잇다. 고간은 본디 병주자사로서 일단 조조(曹操)에게 항복한 뒤에 배반했다가 멸망당했다. 양습은 이 고간의 후임이다. ㅇ胡狄(호적)-북방 오랑캐의 이름. ㅇ跋扈(발호)-멋대로 날뜀. ㅇ兵家(병가)-군인의 집안. ㅇ扇動(선동)-부추김. ㅇ幕府(막부)-장군이 집무(執務)하는 곳. ㅇ肅清(숙청)-난리를 평정하여 세상을 깨끗이 함. ㅇ名士(명사)-명성이 높은 사람.

33. 묵자비사(墨子悲絲)

34. 양주읍기(楊朱泣岐)

—묵자(墨子)는 실을 보고 슬퍼하고, 양주(楊朱)는 갈림길을 만나면 울었다

《회남자(淮南子)》에 말하기를, 양자(楊子)는 갈림길을 보면 울었다

하고 그 주(註)에 양자의 이름은 주(朱)라고 했다. 이것은 갈림길은 가히 남쪽으로도 가고 가히 북쪽으로도 갈 수 있기 때문이다.

또 묵자(墨子)는 표백한 실을 보면 울었으니 이는 가히 누렇게도 할 수 있고 가히 검게도 할 수 있기 때문이다. 묵자의 이름은 적(翟)이다. 고유(高誘)는 말하기를, "이들은 그 근본은 같으나 결과는 다르기 때문이다."라고 했다.

原文 淮南子曰, 楊子見逵路而哭之. 爲其可以南可以北. 墨子見練絲而泣之. 爲其可以黃可以黑. 高誘曰, 憫其本同而末異.

註解 ㅇ淮南子(회남자)－책 이름. 전한(前漢) 때 회남왕 유안(劉安)이 여러 학자들을 모아 함께 지었다는 책. 여러 학설이 들어있는데 노장(老莊)의 색채가 가장 두드러진다. 〈설림훈편(說林訓篇)〉에 이 내용이 들어있다. ㅇ楊子(양자)－이름은 주(朱). 전국시대의 개인주의자. ㅇ高誘(고유)－후한(後漢) 때 사람. 《회남자》 주석서를 썼다.

35. 주박오집(朱博烏集)

－주박(朱博)에게는 까마귀가 모이다

전한(前漢) 주박(朱博)의 자는 자원(子元)이니 두릉(杜陵) 사람이다. 애제(哀帝) 때 어사부(御史府)의 집 백여 채에 우물물이 모두 말랐다. 또 그 마을 속에 서있는 잣나무에는 항상 들까마귀 수천 마리가 있어 그 위에 집을 짓고 사는데 새벽에 나갔다가 저물어서야 오기 때문에 이를 이름하여 조석오(朝夕烏)라고 했다. 이 까마귀들이 가고 돌아오지 않은 지가 두어 달이 되니 장로(長老)들이 이를 이상히 여겼다.

그후 2년이 넘어 주박은 대사공(大司空)이 되었는데 아뢰기를, "고황제(高皇帝)께서 어사대부(御史大夫)를 두셨었는데 지위가 승상의 다음이었습니다. 지금은 그 어사대부를 폐하시었으므로 녹봉(祿俸) 2천 석의 군수(郡守)가 어사대부를 거치지 않고 직접 승상이 되고 있습니다. 권위가 가벼우면 나라의 정사를 소중히 여길 수가 없는 것입니다. 신(臣)은 생각하기에 대사공(大司空)의 벼슬은 가히 없애시고 옛 제도를 좇아 받들어주시면 신은 원컨대 힘을 다하여 이로써 백관(百官)의 표본이 되겠나이다."라고 했다. 황제는 이 말을 좇아 다시 주박을 어사대부에 임명했더니 뒤에 승상이 되었다가 일에 연좌되어 자살했다.

原文 **前漢朱博字子元, 杜陵人. 哀帝時, 御史府吏舍百餘區, 井水皆竭. 又其府中列柏樹, 常有野烏數千, 棲宿其上, 晨去暮來. 號曰朝夕烏. 烏去不來者數月, 長老異之. 後二歲餘, 博爲大司空. 奏言, 高皇帝置御史大夫, 位次丞相. 今中二千石, 未更御史大夫而爲丞相, 權輕. 非所以重國政也. 臣以爲大司空官可罷. 復置御史大夫, 遵奉舊制. 臣願盡力, 以爲百僚率. 從之. 廼更拜博御史大夫. 後爲丞相, 坐事自殺.**

註解 ○前漢(전한)-《전한서》〈열전〉 53에 있는 이야기이다. ○去不來者數月(거불래자수월)-까마귀가 날아가고 돌아오지 않은 지 몇 달이란 뜻. 이는 어사대부(御史大夫)를 폐지한 징조에 응한 것. ○大司空(대사공)-삼공(三公)의 하나. 애제(哀帝) 바로 앞의 성제(成帝) 때 어사대부를 폐하고 대사공(大司空)으로 했었다.

36. 소지치수(蕭芝雉隨)

–소지(蕭芝)에게 꿩이 따라옴

소광제(蕭廣濟)의 《효자전(孝子傳)》에 보면 소지(蕭芝)는 지극히 효성스러워 상서랑(尙書郞)에 임명되었는데 꿩 수천 마리가 그의 집에 내려와 물을 마시고 먹이를 쪼으면서 자고 쉬더니 상직(上直) 날을 당하자 갈림길까지 따라오고 하직(下直) 날에 이르러서는 문으로 들어와 수레 앞에서 날며 울었다.

原文 **蕭廣濟孝子傳, 蕭芝至孝. 除尙書郞. 有雉數千頭, 飮啄宿止. 當上直, 送至岐路, 及下直入門, 飛鳴車前.**

註解 ○蕭芝(소지)–전한(前漢) 때 사람. 자(字)는 영모(英髦)이다. ○上直(상직)–관청에 출근하는 일. ○下直(하직)–일이 끝나서 퇴근하는 것.

37. 두후생치(杜后生齒)

–두후(杜后)는 뒤늦게 이가 남

《진서(晉書)》에 보면 성공(成恭) 두황후(杜皇后)의 휘(諱)는 능양(陵陽)이니 진남장군(鎭南將軍) 두예(杜預)의 증손(曾孫)이다. 후(后)는 젊었을 때 용모와 얼굴이 아름다웠으나 장성한 뒤에도 오히려 이가 나지를 않았다. 그래서 혼인을 청하는 자가 있다가도 문득 중지되었다. 그러나 황제(皇帝)가 혼인을 청하는 날이 되자 하룻밤에 이가 모두 났거니와 황후의 자리에 있은 지 6년이 되어도 아들이 없었다.

이보다 먼저 세 오씨(吳氏)의 딸이 서로 흰 꽃을 꽂았는데 바라보면 흰 오얏과 같았다. 전하는 말에 하늘의 직녀(織女)가 죽어서 이를 위하여 복(服)을 입는 것이라 하더니 이때에 이르러 황후(皇后)가 붕(崩)했다.

原文 **晉書, 成恭杜皇后諱陵陽, 鎭南將軍預曾孫. 后少有姿色, 然長猶無齒. 有來求婚者, 輒中止. 及帝納采之日, 一夜齒盡生. 在位六年無子. 先是三吳女子相與簪白花, 望之如素柰. 傳言天公織女死. 爲之著服. 至是而后崩.**

註解 ㅇ晉書(진서)-《진서》〈열전〉 2에 있는 이야기임. ㅇ成恭(성공)-두황후(杜皇后)의 시호(諡號).

38. 영왕출자(靈王出髭)

-영왕(靈王)은 태어나면서 윗수염이 났다

《좌씨전(左氏傳)》에 보면 왕자(王子) 조(朝)가 말하기를, '주(周)나라 정왕(定王) 6년에 진(秦)나라 사람이 요망한 말을 퍼뜨리기를, "주(周)나라에 태어나면서부터 윗수염이 난 임금이 있어서, 또한 능히 그 직책을 수행했네. 제후(諸侯)들이 복종하여 2세(世)에 걸쳐 직책을 받들었네. 왕실(王室)에 왕의 자리를 빼앗는 자가 있어, 제후들은 뜻밖에 그 난리의 재앙을 받네."라고 했다. 정왕의 손자 영왕(靈王)은 과연 태어나면서부터 윗수염이 있었다. 왕은 몹시 신성(神聖)하여 제후들의 미움을 받지 않았으며, 영왕과 경왕(景王)은 능히 그 세대를 마쳤다'라고 했다.

原文 **左氏傳, 王子朝曰, 定王六年, 秦人降妖曰, 周其有髭王, 亦克能修其職, 諸侯服享, 二世供職. 王室其有閒王位, 諸侯不圖, 而受其亂災. 至于靈王, 生而有髭. 王甚神聖, 無惡於諸侯, 靈王·景王, 克終其世.**

註解 ㅇ左氏傳(좌씨전)－정확하게는 《춘추좌씨전(春秋左氏傳)》, 약하여 《좌씨전》 또는 《좌전(左傳)》이라고도 한다. 주(周)나라 춘추시대의 역사가 이 《춘추》로서 오경(五經)의 하나이다. 이 《춘추》에 좌구명(左丘明)이란 사람이 주석을 붙였으므로 《춘추좌씨전》이라고 한다. 이 이야기는 소왕(昭王) 20년의 일. ㅇ靈王(영왕)－태어나면서부터 수염이 나있었다는 것은 영묘(靈妙)한 일이라 하여 영왕(靈王)이란 시호가 바쳐졌다. 그러나 이 수염은 솜털 자체가 이상하게도 진했던 것이었으리라.

39. 가의기복(賈誼忌鵩)

－가의(賈誼)는 올빼미를 꺼려했다

전한(前漢)의 가의(賈誼)는 낙양(雒陽) 사람이다. 나이 18세에 능히 《시경(詩經)》·《서경(書經)》을 외우고 글을 지으니 고을 안에서 칭찬을 받았다.

하남태수(河南太守) 오공(吳公)이 그가 수재(秀才)임을 듣고 불러서 문하(門下)에 두었더니 그가 정위(廷尉)가 되자 이에 말하기를, "가의는 나이가 젊은데도 자못 제가(諸家)의 글에 능통합니다." 라고 해서 문제(文帝)가 불러다가 박사(博士)를 삼았다.

항상 조서(詔書)와 영(令)을 내리고 의논할 일이 있을 때에는 여러 노선생(老先生)이 미처 말하기 전에 가의가 모두 능히 대답하는데 사람마다 각각 그들의 뜻에서 나온 것같이 하니 여러 노선생들과 황제는 기뻐했다. 그를 계급을 초월하여 세중(歲中)으로 옮기고 벼슬이 태중대부(太中大夫)에 이르렀다. 가의는 이에 말하기를, "한(漢)나라가 일어났으니 마땅히 정삭(正朔)을 고치고 복색(服色)과 제도(制度)를 바꾸고 관명(官名)을 정하고 예악(禮樂)을 일으켜야 한다."며 이에 그 의식(儀式)을 초하여 올렸는데 제(帝)는 "제위(帝位)에 오른 지 얼마 안되는 데다가 정무(政務)에 쫓기어 그럴 틈이 없소."라며 사양했다.

그러나 여러 법령(法令)을 다시 정한 것은 모두 가의에게서 나왔으므로 가의를 공경(公卿)의 자리에 임명했더니 주발(周勃)·관영(灌嬰) 등이 이를 해쳐서 이에 제(帝)도 또한 그를 멀리하여 그의 의논을 쓰지 않고 장사왕(長沙王)의 태부(太傅)로 삼았다. 그가 태부로 있기 3년, 올빼미가 집으로 날아들어와 방석 귀퉁이에 앉았는데 올빼미는 물수리와 같아서 상서롭지 못한 새이다.

가의가 이미 장사(長沙)로 귀양온 뒤에 땅이 낮고 습기가 많아서 스스로 상심하고 슬퍼하여 생각하기를 수(壽)가 길지 못하겠다고 했다. 이에 부(賦)를 지어 이로써 스스로 마음을 넓혔다. 그런 지 1년이 넘어 황제는 가의를 생각하고 불러서 들어와 보게 했다. 황제는 바야흐로 제사음식을 받기 위하여 선실(宣室)에 앉았다가 귀신의 일에 감동하여 귀신의 근본에 대해서 묻자 가의는 그러한 까닭에 대하여 갖추어 말했다.

밤이 깊자 황제는 앞자리로 가의를 오게 했는데 이에 자리가 파하자 가생은 퇴출했다. 황제는 말하기를, "내가 오랫동안 가생(賈生)을 보지 않아서 스스로 생각하기를 내 학문이 그보다 나을 줄 알았는데 그의 말을 듣고 보니 미치지 못함을 알았다."고 했다. 그리고 가의를 양왕(梁王)의 태부(太傅)로 삼았다. 그가 죽은 해는 나이 33세였다. 공장(孔臧)의 악부(鶚賦)에 이르기를, '옛날에 가생(賈生)은 유식(有識)한 선비인데 이 복조(服鳥)는 꺼려했다'라고 했다.

原文 前漢賈誼雒陽人. 年十八. 能誦詩書, 屬文, 稱於郡中. 河南守吳公聞其秀材, 召置門下, 及爲廷尉, 迺言, 誼年少頗通諸家書. 文帝召爲博士. 每詔令議下, 諸老先生未能言, 誼盡爲之對, 人人各如其意所出. 諸生以爲能. 帝說之. 超遷歲中至太中大夫. 誼以爲漢興當改正朔, 易服色·制度, 定官名, 興禮樂. 迺草具其儀. 帝謙讓未皇也. 然諸法令所更定, 皆誼發之. 天子以誼任公卿之位. 絳灌之屬害之. 於是上亦疎之, 不用其議, 以爲長沙王太傅. 三年有服飛入舍, 止於坐隅. 服似鴞不祥鳥也. 誼旣適居. 長沙卑濕, 自傷悼, 以爲壽不得長. 迺爲賦以自廣. 歲餘帝思誼徵之. 入見上方受釐坐宣室. 因感鬼神事而問鬼神之本. 誼具道所以然之故. 至夜半帝前席. 旣罷, 曰, 吾久不見賈生, 自以爲過之, 今不及也. 迺拜誼梁王大傅. 死年三十三. 孔臧鴞賦云, 昔賈生有識之士, 忌茲服鳥.

註解 ㅇ前漢(전한)-《한서(漢書)》〈열전〉 18에, 그리고 《사기(史記)》〈열전〉에도 있는 이야기이다. ㅇ秀材(수재)-재주가 뛰어난 남자. ㅇ門下(문하)-제자(弟子). ㅇ廷尉(정위)-형옥(刑獄)을 맡은 벼슬 이름. ㅇ諸家(제가)-여러 유파(流派). ㅇ歲中(세중)-벼슬 이름. ㅇ正朔(정삭)-정월(正月)과 삭일(朔日). 즉 1년의 시작과 끝을 의미하는데 전(轉)하여 역(曆)을 가리킨다. 왕자(王者)가 새로 건국(建國)하면 반드시 고쳐 천하에 반포(頒布)하여 그 달력이 통치권이 행해지는 영역에서 쓰이므로 신민이 되는 것을 봉정삭(奉正朔)이라 했다. ㅇ服色(복색)-옷의 빛깔. ㅇ制度(제도)-국가의 법칙. ㅇ官名(관명)-벼슬 이름. ㅇ禮樂(예악)-예절과 음악. 행동을 신중히 하게 하는 예의와 마음을 온화하게 하는 음악. ㅇ絳(강)-주발(周勃). 한(漢)나라 패현(沛縣) 사람. 고조(高祖)를 도와 천하를 평정하자, 강후(絳侯)에 봉해졌다. ㅇ灌(관)-관영(灌嬰). 한(漢)나라 수양(睢陽) 사람. 고조(高祖)를 따라 여러 번 공적을 나타내어 영음후(潁陰侯)에 봉해짐. ㅇ長沙(장사)-지금의 호남성(湖

南省) 장사현(長沙縣). ㅇ受釐(수리)－천지에 제사지낼 때 천자가 스스로 제사에 가지 않고 제사 음식은 천자에게 돌려보내는 것. ㅇ宣室(선실)－중앙 앞의 정실(正室). ㅇ賈生(가생)－가의(賈誼)를 가리킴.

40. 장주외희(莊周畏犧)

－장주(莊周)는 제사에 쓸 짐승을 두려워함

《장자(莊子)》에 말했다. 어떤 사람이 장자(莊子)를 찾았더니 장자는 그 사람에게 묻기를, "그대는 희생(犧牲)에 쓰는 소를 보았는가? 무늬를 아름답게 수놓은 옷을 입고 꼴과 콩을 먹다가 끌려가서 태묘(太廟)로 들어가면 비록 외로운 송아지 신세가 되려고 해도 되겠는가?"라고 했다.

《사기(史記)》에 장주(莊周)는 몽현(蒙縣) 사람이라고 했다. 일찍이 칠원리(漆園吏)가 되었는데 때는 양(梁)나라 혜왕(惠王)과 같은 시대, 그 학문은 노자(老子)에 근본을 두었고 저술한 책은 모두 우언(寓言)으로서 넓고 크며 스스로 그 뜻을 담았다. 그런 까닭에 왕공(王公)과 대인(大人)이 능히 그를 쓰지 못했다.

초(楚)나라 위왕(威王)이 장주의 어질다는 말을 듣고 사자(使者)를 시켜 후한 폐백으로 맞아 정승이 되는 것을 허락했으나, 장주는 앞에서 말한 희생소의 이야기를 비유로 들어가며 그 사자에게 대답했던 것이다. 곽상(郭象)은 말하기를, "살기를 즐기는 자는 희생 소가 되는 것을 두려워하여 청하는 것을 사양했다."라고 했다.

原文 莊子曰, 或聘於莊子. 莊子應其使曰, 子見夫犧牛乎. 衣以文綉, 食以芻菽. 及其牽而入於太廟, 雖欲爲孤犢, 其可得乎. 史記曰, 莊周蒙人. 嘗爲蒙漆園吏. 與梁惠王同時. 其

學本於老子. 著書率寓言. 洸洋自恣以適己. 故王公大人不能器之. 楚威王聞周賢, 使使厚幣迎之, 許以爲相. 周引此辭應之. 郭象云, 犧生者, 畏犧而辭聘.

註解 ㅇ莊子(장자)－여기의 장자는 《장자(莊子)》라는 책 이름으로 〈열어구편(列禦寇篇)〉에 나오는 이야기임. ㅇ犧牛(희우)－천지(天地)나 종묘(宗廟)의 제사에 쓰는 소. ㅇ孤犢(고독)－어미를 잃고 외로워서 슬퍼하는 송아지를 말함. ㅇ老子(노자)－주(周)나라 말기의 철학자. 성은 이(李), 이름은 이(耳), 자는 백양(伯陽), 시호는 담(聃). 도가(道家)의 시조. ㅇ使(사)－여기에서는 심부름꾼. ㅇ郭象(곽상)－서진(西晉)의 학자. 하남(河南) 사람. 자는 자현(子玄). 노장(老莊)을 좋아하여 《장자》의 주해(註解)를 지었음.

41. 연소축대(燕昭築臺)

－연소왕(燕昭王)이 대(臺)를 쌓았다

《사기(史記)》에 보면, 연소왕(燕昭王)이 즉위하자 몸을 낮추고 폐백을 후하게 하여 이로써 어진 자를 불렀는데 곽외(郭隗)에게 이르기를, "제(齊)나라가 내 나라의 어지러움으로 인해서 연(燕)나라를 습격하여 깨쳤는데 내가 알기에 연나라는 나라가 작고 힘이 모자라서 족히 원수를 갚지 못할 것이오. 그러나 진실로 어진 선비를 얻어서 나라를 함께하여 선왕(先王)의 부끄러움을 씻는 것이 나의 원하는 바이오. 그러니 선생은 가히 나라를 함께할 자를 보아 얻으면 이 몸이 섬기겠소이다."라고 했다.

이에 곽외는 말하기를, "왕(王)께서 반드시 선비를 부르고자 하신다면 먼저 이 곽외로부터 시작하십시오. 그러면 저보다 어진 사람들이 어찌 먼 길을 달려오지 않겠습니까?"라고 했다. 이에 소왕은 곽외를 위하여 궁(宮)을 고쳐서 짓고 스승으로 섬기니 악의(樂毅)는 위(魏)나라에서 오고, 추연(鄒衍)은 제(齊)나라에서 오고 극신(劇辛)은 조(趙)나라에서 오는 등 선비들이 다투어 연(燕)나라로 모여서 뒤에 진(秦)·초(楚)와 삼진(三晉)과 꾀를 합하여 제(齊)나라를 쳐서 깨쳤다. 제나라 성 가운데 항복하지 않은 것은 오직 요(聊)·거(莒)와 즉묵(卽墨)뿐이요 나머지는 모두 연(燕)나라에 소속되었다.

공문거(孔文擧)가 조공(曹公 : 曹操)에게 보낸 글에 말하기를, '소왕(昭王)이 대(臺)를 쌓아 곽외를 존경했소이다'라 했고 포소(鮑昭)의 악부(樂府)에 말하기를, '어찌 저 백벽(白璧)을 주랴. 장차 황금(黃金)의 대(臺)를 세우리라'고 했으며, 주(注)에 말하기를, '연소왕이 천금(千金)을 대(臺) 위에 놓아두고 천하의 선비를 맞았다'라고 했다.

原文 **史記, 燕昭王卽位, 卑身厚幣, 以招賢者. 謂郭隗曰, 齊國因孤之國亂而襲破燕. 孤極知燕小力少, 不足以報. 然誠得賢士以共國, 以雪先生王之恥, 孤之願也. 先生視可者, 得身事之. 隗曰, 王必欲致士, 先從隗始. 況賢於隗者, 豈遠千里哉. 於是昭王爲隗改築宮而師事之. 樂毅自魏往, 鄒衍自齊往, 劇辛自趙往. 士爭趍燕. 後與秦·楚·三晉合謀伐齊敗之. 齊城之不下者, 唯聊·莒·卽墨. 餘皆屬燕. 孔文擧與曹公書曰, 昭王築臺以尊郭隗. 鮑昭樂府曰, 豈伊白璧賜, 將起黃金臺, 注云, 燕昭王置千金於臺上, 以延天下之士.**

註解 ㅇ史記(사기)－《사기》〈연세가(燕世家)〉에 있는 이야기이다. ㅇ樂毅(악의)－전국시대의 명장(名將). 연소왕(燕昭王)의 상장군(上將軍)이 되어 제(齊)나라의 70여 개의 성(城)을 쳐서 깨침. ㅇ鄒衍(추연)－전국시대 제(齊)나라의 음양오행가(陰陽五行家). 연(燕)의 소왕

(昭王)이 갈석궁(碣石宮)을 지어놓고 그에게 사사(師事)했음. ㅇ劇辛(극신)－한(漢)나라 낙양(雒陽) 사람. 협기(俠氣)가 있기로 제후(諸侯)들에게 알려짐. ㅇ孔文擧(공문거)－공융(孔融)의 자가 문거(文擧)임. 공자(孔子)의 후손. 젊어서부터 뛰어난 재주가 있었고 10세 때 이응(李膺)에게 가서 뵈니 거기에 모인 빈객들이 모두 기이해하지 않는 자가 없었다.

42. 정장치역(鄭莊置驛)

－정장(鄭莊)이 역마(驛馬)를 두다

전한(前漢) 정당시(鄭當時)의 자(字)는 장(莊)이니 진현(陳縣) 사람이다. 효문제(孝文帝) 때에 협기(俠氣)가 있는 것으로 스스로 기뻐했다. 장우(張羽)를 험한 일에서 벗어나게 해주었는데 이 소문이 양(梁)나라 · 초(楚)나라 사이에 들렸다. 효경왕(孝景王) 때에 태자(太子)의 사인(舍人)이 되었는데 항상 5일인 휴가일에는 역마(驛馬)를 장안(長安)의 여러 교리(郊里)에 두고는 빈객(賓客)들을 청하여 밤낮으로 계속 대접하되 두루 미치지 못할까 두려워했다.

그가 아는 벗은 모두 조부(祖父)와 같은 연배로서 천하에 이름 있는 선비들이었다. 무제(武帝) 때에 대사농(大司農)으로 옮겨졌다가 대리(大吏)가 되었다. 문하(門下) 사람들에게 경계하여, "손님이 오면 귀하고 천한 것을 가리지 말고 집안에 들어오게 하라."고 일렀다. 집안에서 머무르는 자는 빈주(賓主)의 예를 다하고 또 속관(屬官) · 소리(小吏)를 천거하는데 항상 자기보다 뛰어난 사람을 추천했다. 남의 착한 말을 들으면 위에 올려서 오직 늦을까 두려워했다.

산동(山東)의 여러 공(公)들이 이로써 모두 정장(鄭莊)을 칭찬했다. 뒤에 죄에 빠졌으나 다시 여남태수(汝南太守)에 올랐는데 여기에서 졸(卒)하니 집에 남은 재산이 없었다. 이보다 먼저 하규(下邽)

의 적공(翟公)이 정위(廷尉)가 되었는데 빈객(賓客)들이 역시 문을 메우더니 벼슬을 그만두자 문밖에 새잡는 그물을 칠 정도였다. 그 뒤에 다시 정위(廷尉)가 되자 빈객들이 그의 집에 가려고 했다. 적공은 큰 글씨로 그 문에 쓰기를, '한번 죽고 한번 사는 데에서 비로소 사귀는 정을 알겠고, 한번 가난하고 한번 부자가 되는 데에서 비로소 사귀는 태도를 알겠고, 한번 귀하고 한번 천한 데에서 사귀는 정을 비로소 볼 수가 있다'라고 했다.

原文 前漢鄭當時字莊, 陳人. 孝文時, 以任俠自喜. 脫張羽阨, 聲聞梁楚閒, 孝景時爲太子舍人. 每五日洗沐, 常置驛馬長安諸郊, 請謝賓客, 夜以繼日, 常恐不徧. 其知友皆大父行, 天下有名之士. 武帝時, 遷大司農. 當時爲大吏, 戒門下, 客至亡貴賤, 亡留門者. 執賓主之禮, 以其貴下人. 其推轂士及官屬丞史, 常引以爲賢於己. 聞人之善言, 進之上, 唯恐後. 山東諸公以此翕然稱鄭莊. 後陷罪, 起爲汝南太守卒. 家亡餘財. 先是下邽翟公爲廷尉, 賓客亦塡門. 及廢門外可設爵羅. 後復爲廷尉. 客欲往. 翟公大署其門曰, 一死一生, 廼知交情, 一貧一富, 廼知交態, 一貴一賤, 交情乃見.

註解 ㅇ前漢(전한)-《전한서》〈열전〉 20에 있는 이야기임. ㅇ張羽(장우)-양(梁)나라 효왕(孝王)의 장수. 초(楚)나라 정승의 아우이다. ㅇ郊(교)-교리(郊里). 교외(郊外)의 마을. ㅇ大司農(대사농)-농사와 곡식을 맡은 높은 벼슬아치. ㅇ大吏(대리)-큰 관리. 《사기(史記)》에서는 태사(太史)로 적고 있다. ㅇ賓主(빈주)-손님과 주인. ㅇ丞史(승사)-장관(長官)의 속료(屬僚). ㅇ翟公(적공)-한(漢)나라 하규(下邽) 사람. 그가 정위(廷尉)가 되었을 때와 그만두었을 때의 감회를 문에 쓴 것으로 유명함.

43. 관정이묘(瓘靖二妙)

—위관(衛瓘)과 색정(索靖), 두 사람 모두 묘함

《진서(晉書)》에 보면, 위관(衛瓘)의 자(字)는 백옥(伯玉)이니 하동(河東) 안읍(安邑) 사람이다. 무제(武帝) 때 상서령(尙書令)에 임명되었고 시중(侍中)을 더했다. 그는 성질이 엄격하고 단정하였는데 법으로써 아랫사람을 거느리고 상서(尙書) 보기를 마치 하급 관속(官屬)을 보듯이 하고 상서랑(尙書郎)을 보기를 아전을 보듯 했다. 위관은 학문이 깊고도 넓었는데 문예(文藝)를 밝게 익혔거니와 상서랑(尙書郎) 색정(索靖)과 함께 모두 초서(草書)에 능하니 당시 사람들은 한 대(臺)에 두 묘한 사람이라고 했다.

한(漢)나라 말년에 장지(張芝 : 伯英)도 역시 초서를 잘 썼는데 의논하는 자들이 이르기를 위관(衛瓘)은 백영(伯英)의 심줄을 얻었고 색정은 백영(伯英)의 고기를 얻었다고 했다. 위관의 글씨는 색정보다 나았으나 그 법도에 있어서는 멀리 색정에 미치지 못했다.

색정의 자(字)는 유안(幼安)이니 돈황(敦煌) 사람이다. 젊어서 무리 중 뛰어난 국량이 있어서 동향(同鄕) 사람 범충(氾衷)・장표(張彪)・색개(索紒)・색영(索永)과 모두 대학(大學)에 들어갔는데 온 나라 안에 이름을 날리니 '돈황오룡(敦煌五龍)'이라고 일컬었다. 색정은 경서와 역사를 널리 알아서 현량과(賢良科)에 뽑혔는데 대책(對策)의 높은 과목에 합격했고 여러 번 벼슬이 옮겨져 유격장군(遊擊將軍)이 되었다. 백영(伯英)은 장지(張芝)의 자(字)이다.

原文 晉書, 衛瓘字伯玉, 河東安邑人. 武帝時, 拜尙書令, 加侍中. 性嚴整以法御下. 視尙書若參佐, 朗若掾屬. 瓘學問深博, 明習文藝, 與尙書郎索靖俱善草書. 時號一臺二妙. 漢末張芝亦善草書. 論者謂, 瓘得伯英筋, 靖得伯英肉. 瓘筆勝靖. 然有楷法遠不能及靖. 靖字幼安, 敦煌人. 少有逸群之量. 與鄕人氾衷·張彪·索紟·索永俱詣大學, 馳名海内, 號稱敦煌五龍. 靖該博經史. 擧賢良, 對策高第, 累遷遊擊將軍. 伯英芝字也.

註解 ㅇ晉書(진서)-《진서》〈열전〉 6에 있는 이야기임. ㅇ張芝(장지)-한(漢)나라 주천(酒泉) 사람. 자는 백영(伯英). 젊었을 때부터 높은 지조가 있고, 특히 초서(草書)에 능했는데 필력이 날아 움직였다. 당시에 초성(草聖)이라고 일컬었다. ㅇ大學(대학)-여기에서는 학궁(學宮)을 말함. ㅇ賢良(현량)-현량과. 경학(經學)에 밝고 덕행이 높은 사람을 뽑는 과거.

44. 악담연벽(岳湛連璧)

-반악(潘岳)과 하후담(夏侯湛)은 한 쌍의 구슬이었다

진(晉)나라 반악(潘岳)의 자(字)는 안인(安仁)이니 형양(滎陽) 중모(中牟) 사람이다. 젊어서 재주가 있고 총명하기로 일컬어지더니 고향 고을에서 신동(神童)이라 했고 가의(賈誼)의 짝이라고 했다. 한편 하후담(夏侯湛)의 자는 효약(孝若)이니 초국(譙國) 초현(譙縣) 사람으로서 어려서부터 뛰어난 재주가 있고, 문장이 넓고 풍부해서 새로운 사구(詞句)를 잘 창작 구성했다. 얼굴과 모습이 아름다웠는데 반악과 친하게 사귀어 항상 행하고 그칠 때마다 수레와 자리를 같이하니 도읍에서 이르기를 연벽(連璧)이라고 했다.

반악은 모양과 행동이 아름답고 글이 몹시 고왔다. 젊었을 때 항상 활을 끼고 도읍 길로 나가면 만나는 부인마다 모두 손을 잡고 돌면서 과일을 던지니 과일을 수레에 가득히 담아가지고 돌아왔다. 수재(秀才)로 과거에 뽑혀서 이름이 세상에 뛰어나자 무리들의 미워하는 바가 되어 10년동안 쉬다가 나가서 하양현령(河陽縣令)이 되었는데 그 재주를 믿고 자부했으나 벼슬이 낮아서 우울하여 뜻을 얻지 못하다가 뒤에 황문시랑(黃門侍郞)에 이르렀다. 하후담은 현량(賢良)에 천거되고 대책(對策)에 중(中)으로 합격하여 산기상시(散騎常侍)로 마쳤다.

原文 晉潘岳字安仁, 滎陽中牟人. 少以才穎見稱, 鄕邑號爲奇童, 謂終賈之儔也. 夏侯湛字孝若, 譙國譙人也. 幼有盛才. 文章宏富, 善構新詞. 美容觀, 與潘岳友善. 每行止同輿接茵. 京都謂之連璧. 岳美姿儀, 辭藻絶麗. 少時常挾彈出洛陽道. 婦人遇之者, 皆連手縈繞, 投之以果, 滿車而歸. 擧秀才, 名冠世. 爲衆所疾, 棲遲十年, 出爲河陽令, 負其才, 鬱鬱不得志. 後至黃門侍郞. 湛擧賢良, 對策中第, 終散騎常侍.

註解 ㅇ晉(진)－《진서(晉書)》〈열전〉 25에 있는 이야기임. ㅇ秀才(수재)－재주가 뛰어난 남자. ㅇ黃門侍郞(황문시랑)－천자(天子)의 좌우에서 시종(侍從)하며 출납업무를 담당하는 벼슬아치. 궁궐의 소문(小門)은 황색으로 칠했는데 그 문 안에서 일을 하므로 이런 명칭이 붙여졌다. ㅇ散騎常侍(산기상시)－산기성(散騎省)의 장관(長官).

45. 극선일지(郤詵一枝)

—극선(郤詵)은 계수나무의 한 가지이다

《진서(晉書)》에 극선(郤詵)의 자는 광기(廣基)이니 제음(濟陰) 단보(單父) 사람이다. 넓게 배우고 재주가 많아서 뛰어났으며 기이하고 기개가 커서 조그만 행동에 구애하지 않았으며 고을에서 부르는데 모두 응하지 않았다. 태시(泰始) 연중에 현량과(賢良科)에 뽑혔고 대책(對策)에서 좋은 성적을 얻어 의랑(議郎)에 임명되었다가 옹주자사(雍州刺史)로 옮겨졌다. 무제(武帝)가 동당(東堂)에 신하들을 모으고 그를 보낼 때 극선에게 묻기를, "그대는 스스로 어떻게 생각하는가?"하자 극선은 대답하기를, "신(臣)이 현량과의 대책에 뽑혔으니 천하의 제1로 생각합니다. 그러나 이것은 오히려 계수나무 숲의 한 가지로서 곤륜산(崑崙山)의 한 조각 옥일 뿐입니다."라고 하니 황제는 웃었다.

극선은 책임을 맡고 있을 때 위엄이 엄하고 밝게 판단하여 명성(名聲)과 칭찬을 많이 얻었다.

原文 **晉書, 郤詵字廣基, 濟陰單父人. 博學多才, 瓌偉倜儻, 不拘細行, 州郡禮命並不應. 泰始中擧賢良, 對策上第. 拜議郎, 遷雍州刺史. 武帝於東堂會送, 問詵曰, 卿自以爲何如. 對曰, 臣擧賢良, 對策爲天下第一, 猶桂林一枝一崑山片玉. 帝笑. 詵在任威嚴明斷, 甚得聲譽.**

註解 ㅇ晉書(진서)－《진서(晉書)》〈열전〉 22에 있는 이야기임. ㅇ倜儻(주당)－중인(衆人)과 달리 기량(器量)이 큰 것. 즉 재기(才氣)가 넘쳐 중인들 위에 빼어나고 구속되지 않는 것임. ㅇ東堂(동당)－강경(講經)의 시험을 보는 곳.

46. 대빙중석(戴憑重席)

－대빙(戴憑)이 자리를 포개다

후한(後漢) 대빙(戴憑)의 자는 차중(次中)이니 여남(汝南) 평여

(平輿) 사람이다. 광무제(光武帝) 때에 명경과(明經科)에 뽑혀 박사(博士)가 되었다. 뒤에 시중(侍中)에 임명되었는데 정월 초하룻날 조하(朝賀)에 백료(百僚)들이 모두 모였을 때 황제(皇帝)가 여러 신하들에게 명령하여 능히 경서를 해설할 자가 있으면 다시 서로 묻지 못하게 하고 뜻을 알지 못하는 것이 있으면 문득 그 자리를 빼앗고 아는 자를 앉게 하라고 했다. 이때 대빙이 드디어 50여 자리를 거듭 앉으니 이 까닭에 도읍에서 그를 위하여 말하기를, "경서를 푸는 데 막힘이 없는 사람은 대시중(戴侍中)."이라고 했다. 《몽구》 구본(舊本)에 빙(憑)자를 풍(馮)자로 쓴 것은 잘못이다.

原文 **後漢戴憑字次中, 汝南平輿人. 光武時擧明經, 試博士. 後拜侍中. 正旦朝賀, 百僚畢會. 帝令群臣能說經者, 更相難詰, 義有不通, 輒奪其席, 以益通者. 憑遂重坐五十餘席. 故京師爲之語曰, 解經不窮戴侍中. 舊本憑作馮誤.**

註解 ㅇ後漢(후한)-《후한서》〈열전〉 69에 있는 이야기임. ㅇ明經(명경)-과거 보이는 과목(科目). 경서를 분명히 아는 것을 말함. ㅇ博士(박사)-교학(敎學)을 맡은 벼슬아치. ㅇ朝賀(조하)-군신(群臣)이 입조(入朝)하여 천자에게 하례함. ㅇ百僚(백료)-백관(百官).

47. 추양장거(鄒陽長裾)

-추양(鄒陽)의 긴 옷자락

전한(前漢)의 추양(鄒陽)은 제(齊)나라 사람이다. 사람됨이 지혜와 꾀가 있고 강개(慷慨)하여 구차히 인기에 영합하지 않았다. 한(漢)나라가 일어나자 제후왕(諸侯王)이 모두 스스로 백성을 다스려 어진이를 불렀다. 오왕(吳王) 비(濞)는 벼슬하지 않고 돌아다니는 사방의 선비를 불러모았다. 추양은 오(吳)나라에서 벼슬하여 문장과 변론으로 이름이 났는데 오래된 뒤에 태자(太子)의 일로 원망하여 병을 핑계하고 조회에 나가지 않았다.

이때 비밀히 간사한 꾀를 가진 자가 있었다. 이에 추양이 글로 몰래 간했는데 그 대략에 말하기를, '이제 신(臣)이 지혜를 다하고 모두 의논하여 생각을 쉽게 하고 생각을 극진히 하면 벼슬하지 못할 나라가 없고 고루(固陋)한 마음을 장식하면 어느 왕의 문에 가히 옷자락을 길게 끌지 못하겠습니까? 그러나 신이 두루 여러 왕의 조정을 거치고서, 회수(淮水) 천 리 길을 등에 하고 여기에 온 것은 신의 나라(제나라)를 미워하고 오(吳)나라 백성이 되는 것을 즐거워하는 것이 아니옵니다. 듣잡건대 대왕(大王)의 행하심이 고상하시다 하고 더욱이 대왕의 의리를 기뻐하기에 온 것이니이다. 원컨대 대왕께서는 신의 말을 소홀히 여기지 마시옵소서'라고 했으나, 왕은 받아들이지 않았으므로 추양은 이에 그곳을 떠나 양(梁)나라 효왕(孝王)을 좇아서 끝내 상객(上客)이 되었다.

原文 **前漢鄒陽齊人. 爲人有智略. 慷慨不苟合, 漢興, 諸侯王皆自治民聘賢. 吳王濞招致四方游士. 陽士吳, 以文辯著名. 久之吳王以太子事怨望, 稱疾不朝. 陰有邪謀. 陽奏書諫. 略曰, 今臣盡智畢議, 易精極慮, 則無國不可奸, 飾固陋之心, 則何王之門, 不可曳長裾乎. 然臣所以歷數王之朝, 背淮千里而自致者, 非惡臣國而樂吳民也. 竊高下風之行, 尤說大王之義, 願大王無忽. 王不納. 陽乃去, 從梁孝王, 卒爲上客.**

註解 ㅇ前漢(전한)－《전한서》〈열전〉 21에 있는 이야기임. ㅇ慷慨(강개)－의분에 북받치어 슬퍼하고 한탄함. ㅇ吳王濞(오왕비)－한고조(漢高祖)의 형의 아들. 오초칠왕(吳楚七王)의 난을 일으킨 왕 중 한 사람.

ㅇ固陋(고루)－고집이 있고 성행(性行)이 비루함.

48. 왕부봉액(王符縫掖)

－왕부(王符)는 큰 소매이다

후한(後漢) 왕부(王符)의 자는 절신(節信)이니 안정(安定) 임경(臨涇) 사람이다. 젊어서 학문을 좋아하고 지조가 높았으며 강용(剛勇)하고 세속에 부화뇌동하지 않았다. 이 때문에 벼슬이 승진되지 못하여 숨어 살면서 30여편(篇)의 책을 저술하여 이로써 당시 정치와 도덕의 장단점을 지적하니 이를 이름하여 《잠부론(潛夫論)》이라 했다.

뒤에 도료장군(度遼將軍) 황보규(皇甫規)가 벼슬을 내놓고 돌아왔다. 또 동향(同鄕) 사람으로서 돈을 쓰고 안문태수(鴈門太守)가 된 사람이 있었는데 이 사람도 역시 벼슬을 내놓고 집에 돌아왔다. 명함에 서명을 하여 황보규를 만나고자 했으나 황보규는 누워서 맞지 않았다. 그 사람이 들어오자 묻기를, "그대가 전에 안문(鴈門)의 태수로 있었는데 그곳의 이름높은 기러기를 먹었을 게요. 그 맛이 좋습디까?"라고 했다.

이때 왕부가 문밖에 있다는 전갈이 있었다. 황보규는 본래 왕부의 이름을 들었던 터라, 이에 급히 일어나 옷에 미처 띠도 띠지 못하고 신도 신지 못한 채 나가서 맞아 왕부의 손을 잡고 돌아왔다. 그리고 자리를 같이하여 몹시 즐겼다. 이에 당시 사람들이 말하기를, "한갓 2천 석의 보잘것없는 태수를 만나기보다 유복(儒服)을 입은 유자(儒者)를 만나는 편이 낫다."라고 했으니 이는 서생(書生)의 도의(道義)가 귀하다는 것을 말한 것이다. 그 뒤에 왕부는 끝내 벼슬하지 않았다.

原文 後漢王符字節信, 安定臨涇人. 少好學. 有志操. 耿介不同於俗. 以此遂不得升進. 乃隱居著書三十餘篇, 以譏當時失得, 號潛夫論. 後度遼將軍皇甫規解官歸. 鄕人有以貨得鴈門太守者. 亦去職還家, 書刺謁規. 規臥不迎. 旣入而問, 卿前在郡食鴈美乎. 有頃文曰, 王符在門. 規素聞符名. 乃驚遽而起, 衣不及帶, 屣履出迎, 援符手而還, 與同坐極歡. 時人爲之語曰, 徒見二千石, 不如一縫掖. 言書生道義之爲貴也. 後竟不仕.

註解 ㅇ後漢(후한)－《후한서》〈열전〉 39에 있는 이야기임. ㅇ耿介(경개)－지조가 굳어 변하지 않는 모양. ㅇ潛夫論(잠부론)－책 이름. 10권 35편. 왕부(王符)가 세상에 받아들여지지 않는 점에 발분하여, 난세(亂世)를 비난하고 당시의 폐정(弊政)을 통론(痛論)한 책이다. ㅇ以貨(이화)－돈을 바치고 벼슬을 얻음. ㅇ縫掖(봉액)－소매 아래를 양 겨드랑이 모두 꿰맨 옷. 유복(儒服)이며 공자(孔子)도 이 옷을 입었다고 함.

49. 명학일하(鳴鶴日下)
50. 사룡운간(士龍雲間)

－우는 학은 해의 아래요, 사룡(士龍)은 구름 사이에 있다

《진서(晉書)》에 보면, 육운(陸雲)의 자는 사룡(士龍)이다. 6세에 능히 글을 짓고 성질이 맑고 바른데다가 재주와 이치가 있었다. 젊어서 그 형 육기(陸機)와 명성이 가지런했는데 비록 문장은 육기에 미치지 못했으나 굽히지 않는 이론은 형보다 뛰어나서 이들을 '이륙(二陸)'이라고 했다.

어렸을 때 오(吳)나라 상서(尙書) 민홍(閔鴻)이 그를 보고 기이

히 여겨 말하기를, "이 아이는 만일 용(龍)의 새끼가 아니면 봉(鳳)의 새끼일 것이다."라고 했다. 뒤에 육운이 현량과(賢良科)에 합격했고 오나라가 평정되자 낙양(洛陽)으로 들어갔다. 이때 육운과 순은(荀隱)과는 서로 알지 못하는 사이였다. 일찍이 장화(張華)네 집에 같이 앉았는데 장화가 말하기를, "오늘 서로 만났으니 가히 평범한 말은 하지 말 것이오."하니 육운이 이에 손을 들고 말하기를, "나는 이름 그대로 구름 사이의 육사룡(陸士龍)이로다."라고 하자 순은은 말하기를, "나는 해 아래의 순명학(荀鳴鶴)이로다."라고 했는데, 명학(鳴鶴)은 은(隱)자와 통하므로 하늘을 나는 학(鶴)이라고 한 것이다.

육운은 또 말하기를, "이미 푸른 구름을 열고 흰 꿩을 본 바에야 어찌하여 용(龍)에 올라타 그대 활을 당기고 그대의 화살을 매기지 않는가?"라고 하자 순은은 말하기를, "본래 이 구름과 용은 날랜 말인데 알고보니 이는 곧 산의 사슴과 들의 순록(馴鹿)이다. 짐승은 작고 큰 활은 강하기 때문에 그래서 쏘는 것이 늦었소."하니 장화는 손뼉을 치면서 크게 웃었다.

자사(刺史) 주준(周浚)이 육운을 불러 종사(從事)를 삼았는데 사람들에게 이르기를, "사룡(士龍)은 지금의 안자(顔子)이다."라고 했다. 벼슬이 중서시랑(中書侍郎)에 이르렀더니 형 육기와 같이 해를 입었다.

처음에 육운이 일찍이 길을 가다가 친구의 집에서 묵으려고 했다. 밤이 어두워 길을 헤매는데 어딘지 알지 못하겠더니 갑자기 바라보자 풀속에서 불이 비치므로 한 집에 이르러 하룻밤을 잤다. 한 나이 젊은 소년이 모양이 아름다운데 함께 《노자(老子)》에 대해서 이야기하는데 그 말이 깊고 먼 데까지 이르렀다.

새벽이 되어 작별하고 나와서 10리쯤 가다가 친구의 집에 이르렀다. 그가 어젯밤 《노자》에 대한 이야기를 했더니 친구가 말하기를,

"이 수 10리 사이에는 사람 사는 곳이 없다."고 한다. 이에 육운은 마음속으로 비로소 깨닫고 문득 어제 잤던 집을 찾아가니 곧 왕필(王弼)의 무덤에 이르렀다. 육운은 본래 《노자》의 학문이 없었는데 이로부터 《노자》를 이야기하는 것이 자못 진보했다.

原文 晉書, 陸雲字士龍, 六歲能屬文. 性淸正有才理. 少與兄機齊名. 雖文章不及機, 而持論過之, 號二陸. 幼時吳尙書閔鴻見而奇之曰, 此兒若非龍駒是鳳雛. 後擧雲賢良. 吳平入洛. 雲與荀隱未相識. 嘗會張華坐. 華曰, 今日相遇, 可勿爲常談. 雲因抗手曰, 雲閒陸士龍. 隱曰, 日下荀鳴鶴. 鳴鶴隱字也. 雲又曰, 旣開靑雲覩白雉. 何不張爾弓挾爾矢. 隱曰, 本謂是雲龍騤騤. 乃是山鹿野麋, 獸微弩强. 是以發遲. 華撫手大笑. 刺史周浚召爲從事. 謂人曰, 士龍當今之顔子也. 官至中書侍郞, 與機同被害. 初雲嘗行逗宿故人家, 夜暗迷路, 莫知所從. 忽望草中有火趣之, 至一家寄宿. 見一年少美風姿, 共談老子, 辭致深遠. 向曉辭去, 行十許里, 至故人家. 云, 此數十里中無人居. 雲意始悟. 卻尋昨宿處, 乃王弼冢. 雲本無玄學. 自此談老殊進.

註解 ㅇ晉書(진서)－《진서》〈열전〉 24에 있는 이야기임. ㅇ閔鴻(민홍)－진(晉)나라 광릉(廣陵)에 들어갔더니 사공(司空) 장화(張華)가 그를 보고 탄식하기를, "이는 남쪽의 금(金)이다."라고 했다 한다. ㅇ荀隱(순은)－진(晉)나라 영천(潁川) 사람. 자는 명학(鳴鶴). 그는 육운(陸雲)과 서로 알지 못하는 사이였는데 함께 장화(張華)의 집에서 만나 유명한 문답이 있었다. ㅇ張華(장화)－진(晉)나라 방성(方城) 사람. 학업이 뛰어나고 넓은데다가 도위(圖緯)와 방서(方書)의 학문에 능하여 당시 사람들이 자산(子産)에 비교했다. ㅇ隱(은)－은어(隱語). 사물(事物)을

바로 말하지 않고 은연중(隱然中)에 그 뜻을 깨닫게 하는 것. ㅇ周浚(주준)－진(晉)나라 안성(安城) 사람. 처음에 위(魏)나라에서 벼슬하여 양주자사(楊州刺史)가 되고 뒤에 오(吳)나라를 친 공으로 성무후(成武侯)에 봉해졌다. ㅇ從事(종사)－자사(刺史)의 속관(屬官)으로 기록하는 일을 맡음. ㅇ顏子(안자)－안회(顏回), 또는 안연(顏淵). 공자(孔子)의 제자로서 십철(十哲)의 으뜸으로 통했고, 덕행(德行)으로 이름이 높았음. 하나를 들으면 열을 알았다고 한다. ㅇ老子(노자)－주(周)나라 말기의 철학자. 성은 이(李), 이름은 이(耳). 자는 백양(伯陽), 시호는 담(聃). 도가(道家)의 시조. 노자가 지은 책《노자(老子)》는 두 권으로 되어 있음. ㅇ王弼(왕필)－삼국시대 위(魏)나라 산양(山陽) 사람. 유도(儒道) 말하기를 좋아하고 재주가 뛰어나서 상서랑(尙書郎)이 되었으나 34세에 병으로 죽었다. 일찍이《주역(周易)》의 주(注)를 달았고 노장(老莊)의 학을 좋아하여 후래(後來)의 현처(玄處)의 학문의 시조가 되었다.

51. 진선낭고(晉宣狼顧)

－진(晉)나라 선제(宣帝)가 이리같이 뒤를 돌아봄

진(晉)나라 선황제(宣皇帝)의 휘(諱)는 의(懿)요 자는 중달(仲達)이니 하내(河內) 온현(溫縣) 효경리(孝敬里) 사람이고 성(姓)은 사마씨(司馬氏)이다. 젊어서 총명하고 큰 계략이 있으며 널리 배우고 두루 들었다.

한(漢)나라 말년이 되어 크게 어지럽자 항상 개연(慨然)히 천하를 근심하는 마음이 있었다. 위(魏)나라 무제(武帝 : 曹操)가 승상이 되었을 때 불러서 문학직(文學職)의 속관이 되었고 차츰 승진하여 상국(相國)이 되었다. 진무제(晉武帝)가 위원제(魏元帝)로부터 제위(帝位)를 물려받자 높은 칭호를 올려 선황제(宣皇帝)라고 했다.

황제는 속으로는 조급하나 밖으로는 너그러웠고, 남을 시기하고 권모(權謀)와 기변(機變)이 많았다. 위나라 무제는, 황제가 웅장하고 호걸스러운 뜻이 있는 것을 알았는데 이리처럼 돌아다보는 상(相)이 있다는 것을 듣고 시험해 보고자 하여 이에 제(帝)를 불러 앞에 가게 하고 바로 뒤를 향하도록 했는데 몸을 움직이지 않았다.

위 무제는 또 일찍이 꿈을 꾸니 세 마리의 말이 한 구유[槽]에서 같이 먹고 있었다. 꿈을 깬 다음 제(帝)를 몹시 미워했는데 태자(太子) 비(丕)에게 이르기를, "사마의(司馬懿 : 사마중달. 즉 晉宣帝)는 남의 신하로 있을 사람이 아니니 반드시 너는 집안 일을 미리 준비하라."고 했다. 태자는 본래 제(帝)와 사이가 좋아서 항상 서로 온전히 도왔기 때문에 제(帝)는 화를 면했다.

原文 **晉宣皇帝諱懿字仲達, 河內溫縣孝敬里人. 姓司馬氏. 少聰朗多大略, 博學洽聞. 漢末大亂. 常慨然有憂天下心. 魏武爲丞相, 辟爲文學掾, 累遷相國. 武帝受禪, 上尊號曰宣皇帝. 帝內急而外寬. 猜忌而多權變. 魏武察帝有雄豪志, 聞有狼顧相, 欲驗之. 乃召使前行, 令反顧, 面正向後而身不動. 又嘗夢三馬同食一槽, 甚惡焉. 因謂太子丕曰, 司馬懿非人臣也. 必預汝家事. 太子素與帝善. 每相全佑, 故免.**

註解 ○晉(진)－《진서(晉書)》〈본기(本紀)〉 1에 있는 이야기임. ○魏武(위무)－위(魏)나라 무제(武帝). 곧 조조(曹操). ○文學掾(문학연)－연(掾)은 속관(屬官). 즉 하급관리. ○槽(조)－말먹이의 그릇. 조(槽)와 조(曹)는 음(音)이 같으므로 세 마리의 말, 즉 사마의(司馬懿)·사마사(司馬師)·사마소(司馬昭) 등 세 마리의 말이 조조(曹操)의 밥을 먹는다는 뜻.

52. 한조용안(漢祖龍顔)

−한고조(漢高祖)는 용의 얼굴임

전한(前漢) 고조(高祖)의 휘(諱)는 방(邦)이요, 자는 계(季)이니 패현(沛縣) 풍읍(豊邑) 중양리(中陽里) 사람으로서 성(姓)은 유씨(劉氏)이다. 그 어머니가 일찍이 큰 못의 언덕에서 쉬는데 꿈에 신(神)과 만났다. 이때 우레와 번개가 일고 어두우므로 아버지 태공(太公)이 가보았더니 용(龍)이 하늘로 올라가는 것이 보였다. 이윽고 고조를 낳았는데 코가 높고 용(龍)의 얼굴을 가졌으며 수염이 아름답고 좌편 넓적다리에 72개의 검은 점이 있었다. 너그럽고 사람을 사랑했으며 뜻이 커서 항상 큰 국량이 있어서인지 가족을 위해서 생산을 하거나 일을 하지 않았다.

原文 **前漢高祖諱邦字季, 沛豊邑中陽里人. 姓劉氏. 母媼嘗息大澤之陂, 夢與神遇. 是時雷電晦冥. 父太公往視, 則見交龍於上. 已而有娠. 遂產高祖. 隆準而龍顔. 美鬚髯, 左股有七十二黑子. 寬仁愛人, 意豁如也. 常有大度, 不事家人生產作業.**

註解 ㅇ前漢(전한)−《한서(漢書)》〈고제기(高帝紀)〉 제1 상(上)에 있는 이야기임. ㅇ隆準(융준)−코가 높은 것. 준(準)은 코이고 융(隆)은 높다는 말.

53. 포정기정(鮑靚記井)

-포정(鮑靚)은 우물을 기억했다

《진서(晉書)》에 보면 포정(鮑靚)의 자는 태현(太玄)이니 동해(東海) 사람이다. 나이 5세에 부모(父母)에게 말하기를, "저는 본래 곡양(曲陽)의 이씨(李氏) 집 아이인데 9세 때에 우물에 떨어져서 죽었습니다."라고 했다. 이에 그 부모가 이씨(李氏)의 집을 찾아가서 그 일을 물어보니 모두 맞는 말이었다.

포정은 안팎의 학문을 겸하고 천문(天文)과 하락(河洛)의 글에 밝았다. 뒤에 남해태수(南海太守)에 옮겨졌다. 어느 때 음군(陰君)이라는 선인(仙人)이 도결(道訣)을 주더니 그것으로 양생(養生)을 하여 백여 세까지 살다가 죽었다.

原文 **晉書, 鮑靚字太玄, 東海人. 年五歲語父母云, 本是曲陽李家兒. 九歲墮井死. 其父母訪問, 皆符驗. 靚學兼內外, 明天文 · 河洛書. 後遷南海太守, 嘗見仙人陰君, 授道訣, 百餘歲卒.**

註解 ㅇ晉書(진서)-《진서》〈열전〉65에 있는 이야기임. ㅇ內外(내외)-유학(儒學)과 노장(老莊)의 학문. ㅇ河洛(하락)-하도낙서(河圖洛書). 낙서(洛書)는 하우씨(夏禹氏)의 구년치수(九年治水) 때 낙수(洛水)에서 나온 신귀(神龜)의 등에 있었다는 글로서 《서경(書經)》 중 홍범구주(洪範九疇)의 기원(起源)이 된 것. 하도(河圖)는 복희씨(伏羲氏) 때 황하(黃河)에서 길이 6척이 넘는 용마(龍馬)가 등에 지고 나왔다는 그림으로 《주역(周易)》의 팔괘(八卦)의 근원이 됨. ㅇ道訣(도결)-방술(方術)의 요법(要法).

54. 양호식환(羊祜識環)
—양호(羊祜)는 고리가 있는 곳을 알다

진(晉)나라 양호(羊祜)의 자는 숙자(叔子)이니 태산(泰山) 남성(南城) 사람이다. 대대로 벼슬을 하여 2천 석을 받았으며 양호에 이르기까지 구세(九世)가 되는데 모두 맑은 덕으로 이름이 났다. 양호는 나이 5세 때에 유모(乳母)로 하여금 금으로 만든 장난감 고리를 가져다 달라고 하자 유모는 말하기를, "너에게는 그런 장난감이 없었다."고 했는데 양호는 즉시 이웃 사람 이씨(李氏)의 집 동쪽 담의 뽕나무밭에 가서 찾아냈다. 이에 주인이 놀라서 말하기를, "이것은 우리 죽은 아들이 잃어버린 물건인데 어찌해서 가져가느냐?"라고 했다. 유모가 갖추어 내력을 말하니 이씨는 슬퍼하고 한탄했거니와 당시 사람들은 이를 이상히 여기어 말하기를, "이씨의 아들은 곧 양호의 전신(前身)이다."라고 했다.

양호는 널리 배우고 능히 글을 지었는데 위(魏)나라 고귀향공(高貴鄕公) 때에 공거(公車)로 불러다가 중서시랑(中書侍郎)에 임명했다. 이때 무제(武帝)는 오(吳)나라를 멸(滅)할 뜻이 있어서 양호를 도독형주제군사(都督荊州諸軍事)를 삼아 남하(南夏)에 나가게 했다. 그는 여러 번 승진하여 정남대장군 남성후(征南大將軍南城侯)가 되었는데 졸(卒)한 뒤에는 태부(大傅)를 증직(贈職)했다.

처음에 묘(墓)자리를 잘보는 자가 있어 말하기를, "조상의 묘소(墓所)에 제왕(帝王)의 기상이 있는데 만일 이것을 파면 후손이 없으리라."고 했는데 양호가 이 자리를 팠다. 묘자리를 보는 자가 이것을 보고 말하기를, "오히려 팔 부러진 삼공(三公)이 나올 수 있소."라고 하더니 양호가 마침내 말에서 떨어져서 팔이 부러졌고, 벼슬은 공경(公卿)에 이르렀으나 아들이 없었다.

양호는 산과 물을 좋아하여 항상 좋은 경치를 만나면 반드시 산에 가서 술자리를 벌이고 시(詩)를 읊었는데 해가 마치도록 싫증내지 않았다. 양양(襄陽)의 백성들은 그가 평생 놀고 쉬던 곳이라 하여 비석을 세우고 사당을 세워 때때로 제사를 지내니 그 비석을 바라보는 자는, 눈물 흘리지 않는 자가 없었다. 이에 두예(杜預)가 이로 인해 타루비(墮淚碑)라고 했으니 형주(荊州) 사람들이 양호를 존경하여 그 이름 자인 호(祜)자를 사용하지 아니했다.

原文 晉羊祜字叔子, 泰山南城人. 世吏二千石. 至祜九世, 並以清德聞. 祜年五歲時, 令乳母取所弄金環. 乳母曰, 汝先無此物. 祜卽詣隣人李氏東垣桑樹中探得之. 主人驚曰, 此吾亡兒所失物, 云何持去. 乳母具言之. 李氏悲惋. 時人異之, 謂李氏子卽祜之前身也. 祜博學能屬文. 魏高貴鄕公時, 公車徵, 拜中書侍郎. 武帝有滅吳之志, 以祜都督荊州諸軍事, 出鎭南夏. 累進征南大將軍南城侯. 卒贈大傅. 初有善相墓者. 言祜祖墓所有帝王氣. 若鑿之則無後. 後遂鑿之. 相者見曰, 猶出折臂三公. 祜竟墮馬折臂, 仕至公, 而無子. 祜樂山水, 每風景必造峴山, 置酒言詠, 終日不倦. 襄陽百姓於祜平生遊憩之所建碑立廟, 歲時享祀. 望其碑者, 莫不流涕. 杜預因名爲墮淚碑. 荊州人爲祜諱名云.

註解 ㅇ晉(진)-《진서(晉書)》〈열전〉 4에 있는 이야기임. ㅇ世吏(세리)-대대로 벼슬하여 관리가 되는 것. ㅇ前身(전신)-전세(前世)에 태어났던 몸. ㅇ公車(공거)-공거의 관소(官所). 천자(天子)의 수레를 두었던 곳이므로 이런 이름이 붙었다. 벼슬 줄 사람을 이곳으로 불러다가 그 재능을 시험해 보았다. ㅇ武帝(무제)-여기에서는 진(晉)나라 무제

(武帝)를 말함. ㅇ大傅(태부)－삼공(三公)의 하나. 천자를 도와 덕으로 인도한다는 뜻으로 이런 이름을 지었음.

55. 중용청운(仲容青雲)

－중용(仲容)은 뜻이 높고 먼 곳에 있었다

《진서(晉書)》에 보면 완함(阮咸)의 자는 중용(仲容)이니 진류(陳留) 위씨(尉氏) 사람이다. 성품이 통달하여 구속받지 않았다. 숙부(叔父) 완적(阮籍)과 함께 죽림(竹林) 속에서 청유(淸游)를 하니 당시 세상에서 그들의 행동을 책망했다. 완함과 완적은 길 남쪽에 살았고 그밖의 여러 완씨(阮氏)는 길 북쪽에 살았는데 북쪽의 여러 완씨들은 부자였고 남쪽에 사는 완함은 가난했다.

7월 7일에 북쪽의 완씨들은 관습에 따라 모두 옷을 햇볕에 쬐는데 비단무늬로 눈이 부셨다. 그러나 완함은 낚싯대에 큰 무명의 쇠코잠방이를 걸어놓고 말하기를, "나 역시 능히 속기(俗氣)를 면치 못했구나."라고 했다.

산기시랑(散騎侍郎)을 지냈다. 음률(音律)에 정밀하게 능하고 비파(琵琶)를 잘 타서 비록 세상살이에는 사람들과 잘 사귀지 못했으나 오직 친지(親知)들과 함께 현악기(絃樂器)를 타면서 노래하고 잔치할 뿐이었다.

순욱(荀勗)이 늘 완함과 함께 음률에 대하여 의논하다가 스스로 생각하기에 멀리 미치지 못한다 하여 그를 미워했다. 그는 조정에서 나가 치평태수(治平太守)가 되었는데 안연년(顔延年)이 오군영(五君詠)을 지었다. 그 하나에 말하기를, '중용(仲容)은 청운(青雲)의 그릇이나, 실은 백성들 중에서도 빼어난 것을 가지고 태어났네. 통달한 음률(音律)은 어찌 그리 깊단 말인가? 사람 마음의 미묘한 것을 아는 것은 실로 음악에 있네. 곽혁(郭奕)은 이미 중용의 청미(淸美)함에 심복(心腹)했고, 산공(山公)은 중용을 헛되이 본 것이 아니네. 여러번 천거했는데도 무제는 등용하지 않았는데 한번 불려가더니 비로소 수령(守令)으로 나갔네'라고 했다.

原文 **晉書, 阮咸字仲容, 陳留尉氏人. 任達不拘. 與叔父籍爲竹之游. 當世譏其所爲. 咸與籍居道南, 諸阮居道北. 北阮富而南阮貧. 七月七日北阮盛曬衣服, 錦綺粲目. 咸以竿挂大布犢鼻於庭曰, 未能免俗. 歷散騎侍郞. 妙解音律, 善彈琵琶. 雖處世, 不交人事. 唯共親知絃歌酣宴而已. 荀勗每與咸論音律, 自以爲遠不及. 疾之出補治平大守. 顏延年作五君詠. 其一曰, 仲容青雲器, 實稟生民秀. 達音何用深. 識微在金奏. 郭奕已心醉. 山公非虛覯, 屢薦不入官. 一麾乃出守.**

註解 ○晉書(진서)－《진서》〈열전〉 19에 있는 이야기임. ○籍(적)－완적(阮籍). 진(晉)나라 초기 죽림칠현(竹林七賢)의 으뜸. 노장(老莊)을 좋아했으며 호주가(好酒家)로서 거문고를 잘 탔음. 벼슬은 보병교위(步兵校尉)에 이르렀음. 죽림칠현(竹林七賢)이라 함은 진(晉)나라 초기에 노장(老莊)의 허수(虛數)한 학문을 숭상한 완적(阮籍)·혜강(嵇康)·산도(山濤)·상수(向秀)·유령(劉伶)·왕융(王戎)·완함(阮咸) 등 일곱 사람. 죽림(竹林)에서 놀았으므로 이런 이름으로 부름. ○俗(속)－속된 기풍(氣風). ○音律(음률)－음악의 곡조. 가락. ○絃(현)－줄을 걸어 타거나 쳐서 소리를 내는 악기(樂器). ○荀勗(순욱)－진(晉)나라 사람. 위(魏)나라에서 벼슬하여 시중(侍中)에 오르고, 진(晉)나라에 들어가 제국군공(濟國郡公)에 봉해졌다. 또 광록대부(光祿大夫)에 올라 악사(樂士)를 맡았는데 율려(律呂)를 닦고 아악(雅樂)을 바로잡았다. ○顏延年(안연년)－이름은 연지(延之)이고 연년(延年)은 그의 자임. 진(晉)나라 임기(臨沂) 사람. 젊었을 때 외롭고 가난했으나 글읽기를 좋

아했고 문장의 아름다움이 당시의 으뜸이었다. 효건(孝建) 연중에 금자광록대부(金紫光祿大夫)에 이르렀다. ㅇ五君詠(오군영)－오군(五君)이란 완적(阮籍)·혜강(嵇康)·유령(劉伶)·완함(阮咸)·상수(向秀)임.

56. 숙야옥산(叔夜玉山)

－숙야(叔夜)는 옥으로 이루어진 산이다

진(晉)나라 혜강(嵇康)의 자는 숙야(叔夜)이니 기이한 재주가 있고 아주 뛰어나서 무리와 달랐으며 문장이 아름답고 풍채가 있었다. 겉모양을 스스로 꾸미지 않으니 사람들은 그를 두고 준수한 풍채와 타고난 바탕이 자연스럽다고 했다.

평온하고 조용하며 욕심이 없고 때를 숨기고 티를 감추고 너그럽고 간결하여 큰 도량이 있었다. 널리 보고 두루 통하고 노장(老莊)을 깊이 좋아했다. 위(魏)나라 종실(宗室)과 혼인하여 중산대부(中散大夫)에 임명되었는데 같이 사귀는 자는 오직 완적(阮籍)·산도(山濤)였고 그 다음으로 상수(向秀)·유령(劉伶)·완함(阮咸)·왕융(王戎) 등과 죽림(竹林)의 놀이를 하니 이것이 세상에서 말하는 죽림칠현(竹林七賢)이다.

왕융과 숙야는 산양(山陽)에서 산 지 20년이 되었으나 일찍이 그 기뻐하고 노하는 안색을 보지 못하니 《세설신어(世說新語)》에 말하기를, '숙야는 사람됨이 뛰어나서 외로운 소나무가 홀로 서 있는 것과 같고 그가 취하면 큰산이 무너져서 마치 옥으로 이루어진 산이 장차 무너지는 것과 같다'고 했다.

原文 晉嵇康字叔夜. 有奇才. 遠邁不群, 美詞氣. 有風儀, 而土木形骸, 不自藻飾. 人以爲龍章鳳姿, 天質自然, 恬靜寡欲, 含垢匿瑕, 寬簡有大量. 博覽該通, 長好老莊. 與魏宗室婚, 拜中散大夫. 所與交者, 唯阮籍·山濤. 預其流者, 向秀·劉伶·阮咸·王戎, 爲竹林之遊. 世所謂竹林七賢也. 戎與叔夜居山陽二十年, 未嘗見其喜慍之色. 世說曰, 叔夜之爲人巖巖若孤松之獨立, 其醉也傀俄若玉山之將頹.

註解 ㅇ晉(진)-《진서(晉書)》〈열전〉 19에 있는 이야기임. ㅇ土木(토목)-자연 그대로 두고 수식(修飾)하지 않음. ㅇ山濤(산도)-동진(東晉)의 고사(高士)로서 죽림칠현(竹林七賢)의 한 사람. 자는 거원(巨源)이고 벼슬이 이부상서(吏部尙書)에 이름. ㅇ向秀(상수)-진(晉)나라 회현(懷縣) 사람. 자는 자기(子期). 벼슬이 산기상시(散騎常侍)에 이르렀고 죽림칠현의 한 사람. 혜강(嵇康)·여안(呂安)과 가까웠고 《장자(莊子)》의 주(註)를 달았다. ㅇ劉伶(유령)-진(晉)나라 패현(沛縣) 사람. 자는 백륜(伯倫). 태시(泰始) 초년에 대책(對策)에 합격했고 죽림칠현의 한 사람. 마음대로 행동하고 뜻을 자유롭게 했었다. 더욱이 술을 좋아하여 일찍이 술병을 차고 수레를 타면서 시종으로 하여금 삽을 가지고 따르게 하며 말하기를, "내가 죽으면 그곳에 나를 묻어 달라."고 했다.

57. 모의봉격(毛義奉檄)

-모의(毛義)가 격서(檄書)를 받들다

후한(後漢) 모의(毛義)의 자는 소절(少節)이니 여강(廬江) 사람이다. 집이 가난했으나 효행(孝行)으로 일컬어졌다. 남양(南陽)의 장봉(張奉)이 그 이름을 사모하여 찾아와서 앉았는데, 부(府)의 격서(檄書)가 마침 왔고 모의를 수령(守令)으로 삼는다고 했다. 이때 모의는 격서를 받들고 들어가는데 기뻐서 얼굴빛을 움직이니, 장봉은 뜻이 고상한 선비인지라 마음으로 그를 천하게 여기고 스스로 온 것을 한스럽게 여겨 굳이 사양하고 가 버렸다.

모의의 어머니가 죽자 벼슬을 버리고 상복(喪服)을 입었는데 관청에서 자주 현령(縣令)으로 불렀지만 나가고 물러가는 것을 반드시 예로써 했다. 뒤에 현량과(賢良科)에 뽑혀 관청에서 수레를 보내어 불러도 가지 않았다. 이에 장봉이 탄식하기를, "어진 사람의 마음은 진실로 헤아리지 못하겠구나. 지난날 벼슬길에 나가는 것을 기뻐한 것은 곧 부모를 위하여 그랬던 것이었도다. 이른바 집이 가난하고 어버이가 늙었으면 자리를 가리지 않고 벼슬한다는 것이로다." 라고 했다.

장제(章帝) 때에 조서(詔書)를 내려 모의를 칭찬하고 사랑하여 곡식 1천 석을 하사하고 매년 8월이면 장리(長吏)를 보내어 안부를 묻고 거기에 더하여 양고기와 술을 하사했다. 수(壽)대로 살다가 집에서 죽었다.

原文 **後漢毛義字少節, 盧江人. 家貧以孝行稱. 南陽張奉慕其名, 往候之. 坐定而府檄適至, 以義爲守令. 義奉檄而入, 喜動顔色. 奉者志尙士也. 心賤之, 自恨來, 固辭而去. 及義母死, 去官行服. 數辟公府爲縣令, 進退必以禮. 後擧賢良, 公車徵不至. 張奉歎曰, 賢者固不可測, 往日之喜, 乃爲親屈. 所謂家貧親老, 不擇官而仕者也. 章帝下詔, 褒寵義, 賜穀千斛, 常以八月, 長吏問起居, 加賜羊酒. 壽終于家.**

註解 ㅇ後漢(후한)－《후한서》〈열전〉 29에 있는 이야기임. ㅇ檄(격)－격서(檄書). 여기에서는 모의(毛義)를 부르는 글. ㅇ長吏(장리)－관리의 우두머리. ㅇ起居(기거)－기거 동작. 행동. 안부(安否).

58. 자로부미(子路負米)

-자로(子路)가 쌀을 지다

《공자가어(孔子家語)》에 보면 중유(仲由)의 자(字)는 자로(子路)이다. 그가 공자(孔子)를 보고 말하기를, “무거운 짐을 지고 먼 길을 가려면 땅을 가리지 않고 쉬며, 집안이 가난하고 어버이가 늙었으면 녹(祿)을 가리지 않고 벼슬을 한다고 했습니다. 지난날 제가 두 어버이를 섬길 때에는 항상 명아주와 콩잎을 먹고 어버이를 위하여 백 리 밖에서 쌀을 지고 왔었습니다. 부모가 돌아가신 후에는 남쪽 초(楚)나라에 가서 벼슬을 하여 수레가 백 대요, 곡식 만 석을 쌓아놓았는가 하면 자리를 포개놓고 앉았으며 솥을 여러 개나 걸어놓고 먹을 수 있었습니다. 명아주나 콩잎을 먹으며 친히 쌀을 지려고 해도 효도를 할 수가 없었습니다.”하니 공자가 말하기를, “유(由)야. 어버이를 섬기는 것은 가히 살아서 섬기는 데는 힘을 다하고 죽어서 섬기는 데는 생각을 다해야 하는 것이니라.”고 했다.

原文 **家語, 仲由字子路. 見孔子曰, 負重涉遠, 不擇地而休, 家貧親老, 不擇祿而仕. 昔由事二親之時, 常食藜藿之實, 爲親負米百里之外. 親沒之後, 南遊於楚. 從車百乘, 積粟萬鍾, 累茵而坐, 列鼎而食. 願欲食藜藿, 爲親負米, 不可得也. 子曰, 由也事親, 可謂生事盡力, 死事盡思者也.**

註解 ㅇ家語(가어)-《공자가어(孔子家語)》. 공자의 언행(言行)과 일사(逸事) 및 그의 문인(門人)과 문답한 말 등을 수록한 책. 위(魏)나라의 왕숙(王肅)이 공안국(孔安國)의 이름을 빌어 위작(僞作)한 것이라고

한다. 제2 〈치사편(致思篇)〉에 이 글이 있음.

59. 강혁거효(江革巨孝)

—강혁(江革)은 큰 효자임

후한(後漢) 강혁(江革)의 자는 차옹(次翁)이니 제(齊)나라 임치(臨淄) 사람이다. 젊어서 아버지를 잃고 홀로 어머니와 살았다. 난리를 만나 어머니를 업고 피난하는데 막히고 험한 곳을 모두 지나가면서 항상 이삭을 주워 모아서 이것으로 어머니를 봉양했다. 여러 차례 도적을 만났는데 혹은 곡식을 빼앗아가려 하면 강혁은 문득 울면서 말하기를 늙은 어머니가 있다고 했다. 말이 삼가고 정성스러워서 족히 사람을 감동시키니 도적들도 차마 범하지 못했다.

강혁은 하비(下邳)에 가서 나그네 생활을 하는데 궁하고 가난해서 맨발로 품팔이를 하며 어머니를 봉양하다가 건무(建武) 말년에 어머니와 함께 고향으로 돌아왔다. 제때에 이르러 고을에서 호구조사를 하는데 어머니는 늙었으므로 수레 속에서 흔들리며 가게 할 수 없다며 수레 끌채에 어머니를 태우고 우마(牛馬) 대신 자신이 수레를 끌었다. 이로 인하여 고향 마을에서 강혁을 큰 효자로 일컬었다.

어머니가 죽자 현량(賢良)의 방정과(方正科)에 합격했고 사공장사(司空長史)로 옮겼는데 숙종(肅宗)은 높은 예로 대우하여 간의대부(諫議大夫)에 임명하고 집에 돌아가도록 특별 배려했다. 그러나 병으로 벼슬을 사양하니 항상 8월이면 장사(長史)를 보내되 양고기와 술을 보내서 그 몸을 마치게 했으니 큰 효자의 칭송이 천하에 널리 퍼졌다.

《몽구》 구본(舊本)에 거(巨)자를 충(忠)자로 적은 것은 잘못이다.

原文 後漢江革字次翁, 齊國臨淄人. 少失父, 獨與母居. 遭亂負母逃難, 備歷阻險, 常採拾以爲養. 數遇賊, 或劫欲將去. 革輒涕泣言有老母. 辭氣愿款, 有足感動人者. 賊不忍犯之. 革轉客下邳. 窮貧, 裸跣行傭以供母. 建武末, 與母歸鄉里. 至歲時, 縣當案比, 革以母老不欲搖動, 自在轅中輓車, 不用牛馬. 由是鄉里稱江巨孝. 及母終, 擧賢良方正, 遷司空長史. 肅宗崇禮之, 拜諫議大夫, 賜告歸. 因謝病. 常以八月長史存問, 致羊酒, 以終厥身. 巨孝之稱行於天下. 舊本巨作忠非.

註解 ㅇ後漢(후한)－《후한서》〈열전〉 29에 있는 이야기임. ㅇ建武(건무)－동한(東漢) 광무황제(光武皇帝)의 연호(年號). ㅇ案比(안비)－비교조사 하는 것. 호구조사 하는 것. ㅇ方正(방정)－한(漢)나라 때 과거의 과목(科目).

60. 왕람우제(王覽友弟)

－왕람(王覽)은 형제간에 우애가 있었다

진(晉)나라 왕람(王覽)의 자는 현통(玄通)이다. 어머니 주우(朱遇)는 전실 자식인 형 왕상(王祥)을 심하게 구박했다. 왕람의 나이 두어 살 때 왕상이 회초리로 매맞는 것을 보고 문득 울면서 그를 껴안고 늘 그 어머니이게 간하니 어머니는 흉악하고 사나운 것을 다소 그쳤다. 그러나 어머니 주씨는 이치가 아닌 것으로 왕상을 부리니 왕람은 문득 형과 함께 행동했다. 그후 왕상의 아내를 사납게 부리니 이번에는 왕람의 아내가 또한 따라가서 그와 함께 그 일을 했다. 주씨는 이를 걱정하여 이에 중지했다.

왕상의 아버지가 죽은 후에는 점점 사람들의 칭찬이 자자했다. 주씨는 몹시 이를 미워해서 비밀리에 사람을 시켜 독약을 넣은 술을 왕상에게 주었는데, 왕람이 이것을 알고 지름길로 가서 술을 빼앗으려고 하자 왕상은 거기에 독이 있는가 의심하여 다투고 주지 않으니 주씨는 갑자기 빼앗아 쏟아 버렸다.

그후로 주씨가 왕상에게 반찬을 주면 왕람이 문득 먼저 맛보곤 했다. 왕람은 이와같이 효도와 우애가 공경하고 삼가 이름이 왕상의 다음이었다. 벼슬이 광록대부(光祿大夫)에 이르고 문에 행마(行馬)를 설치했다.

原文 **晉王覽字玄通. 母朱遇兄祥無道. 覽年數歲, 見祥被楚撻, 輒涕泣抱持, 每諫其母. 母少止凶虐. 朱屢以非理使祥. 覽輒與俱. 又虐使祥妻, 覽妻亦趨而共之. 朱患之乃止. 祥喪父. 後漸有時譽. 朱深疾之, 密使酖祥. 覽知之, 徑起取酒. 祥疑其有毒, 爭而不與. 朱遽奪反之. 自後朱賜祥饌, 覽輒先嘗. 覽孝友恭恪, 名亞於祥, 仕至光祿大夫, 門施行馬.**

註解 ㅇ晉(진)－《진서(晉書)》〈열전〉 3에 있는 이야기임. ㅇ母朱(모주)－왕상의 아버지 왕융(王融)은 처음에 설씨(薛氏)를 맞이하여 왕상을 낳았는데 설씨가 죽은 다음 여강(廬江)의 주씨(朱氏)를 맞아 왕람을 낳았다. ㅇ無道(무도)－사람의 도리가 없음. ㅇ行馬(행마)－귀인(貴人)의 집이나 관서(官署)의 문앞에 베푼 말을 매어두는 제구.

61. **소하정률**(蕭何定律)

－소하(蕭何)가 법률을 정하다

전한(前漢)의 고조(高祖)가 처음 관(關)에 들어가자 약법(約法) 삼장(三章)을 만들었는데 거기에 말하기를, 사람을 죽인 자는 죽이고, 사람을 상하거나 도둑질한 자는 죄를 주고, 번거롭고 까다로운 법은 없앤다는 것이다. 이에 진(秦)나라 백성은 크게 기뻐했으나 그 후에 사이(四夷)가 아직 따르지 않고 전쟁이 쉬지 않아서 이것만으로는 간사한 것을 막을 수가 없었다.

이에 상국(相國) 소하(蕭何)가 진나라 법을 수습하고 그 당시에 마땅한 것을 취해서 법률 구장(九章)을 만들었다. 고조가 포의(布衣)로 있을 때 소하는 자주 관리의 일로 고조를 보좌했고 고조가 패공(沛公)이 되자 소하는 일찍이 정승이 되어 일을 감독했다.

패공이 함양(咸陽)에 들어가자 모든 장수들은 앞다투어 금과 비단과 재물이 있는 창고로 가서 이것을 나누었다. 그러나 소하는 홀로 먼저 진나라의 승상(丞相)과 어사(御史)의 율령(律令)과 도서(圖書)를 챙기고 간직했다. 이 때문에 패공이 천하의 견고한 요새(要塞)와 호구(戶口)의 다소와 강약과, 백성들의 싫어하고 괴로워하는 것을 갖추어 알게 되었는데 그것은 소하가 진나라의 도서를 얻은 때문이었다. 고조(高祖)가 즉위하여 논공(論功)하고 행봉(行封)하는데 소하의 공이 가장 크다고 하여 먼저 찬후(酇侯)에 봉했다.

原文 **前漢高祖初入關, 約法三章. 曰, 殺人者死, 傷人及盜抵罪. 蠲削煩苛. 秦民大說. 其後四夷未附, 兵革未息, 三章之法不足以禦姦. 於是相國蕭何攈摭秦法, 取其宜於時者, 作律九章. 高祖布衣時, 何數以吏事護高祖. 高祖爲沛公, 何嘗爲丞督事. 沛公至咸陽, 諸將皆爭走金帛財物之府分之. 何獨先入收秦丞相·御史律令圖書藏之. 沛公具知天下阸塞, 戶口多少强弱處, 民所疾苦者, 以何得秦圖書也. 高祖卽位, 論功行封, 以何功最盛, 先封酇侯.**

註解 ㅇ前漢(전한)－《한서(漢書)》〈고조기(高祖紀)〉'형법지(刑法志)'

에 있는 이야기임. ㅇ約法(약법)－약속한 법. 약장(約章)이라고도 한다. ㅇ三章(삼장)－세 조목. ㅇ四夷(사이)－사방에 있는 오랑캐. 곧 동이(東夷)·북적(北狄)·서융(西戎)·남만(南蠻) 등을 이름. ㅇ相國(상국)－백관(百官)의 장(長). 진시황(秦始皇)이 여불위(呂不韋)를 임용한 데서 시작됨. ㅇ沛公(패공)－한고조(漢高祖)가 제위(帝位)에 오르기 전의 칭호. 패(沛) 땅에서 기병(起兵)했으므로 패공이라 했음. ㅇ律令(율령)－율(律)과 영(令). 대강(大綱)을 율, 조분(條分)된 것을 영(令)이라고 함. ㅇ塞(새)－요새(要塞). 국방상(國防上) 필요한 곳에 쌓은 성. 변경(邊境)의 둔영(屯營). ㅇ行封(행봉)－두루 봉(封)함.

62. 숙손제례(叔孫制禮)

－숙손통(叔孫通)이 예범(禮範)을 제정하다

전한(前漢)의 숙손통(叔孫通)은 설현(薛縣) 사람이다. 진(秦)나라 때 문학(文學)으로 대조박사(待詔博士)가 되었고 한(漢)나라에 항복하여 박사(博士)에 임명되었으며 직사군(稷嗣君)으로 불려졌다.

한왕(漢王)이 황제(皇帝)가 되어 진나라의 의법(儀法)을 모두 버리고 간단하고 쉽게 하니 여러 신하들이 술을 마시고 공을 다투곤 했는데 취하면 함부로 소리치고 칼을 빼어 기둥을 치기도 했는데 황제는 더욱 흐뭇해했다. 숙손통이 황제에게 진언했다. "바라옵건대 노(魯)나라의 여러 유학자(儒學者)들을 부르시고 신(臣)의 제자들과 함께 조정의 의례를 정하게 하시오소서. 그러려면 하(夏)·은(殷)·주(周)의 고례(古禮)와 진(秦)나라의 예법을 절충토록 하는 것이 좋겠나이다."

황제는 노나라에서 제생(諸生)을 부르게 하고 숙손통의 제자들과 함께 야외(野外)에서 면체(綿蕝)하여 익힌 지 한달이 넘었다. 숙손통이 말하기를, "상(上)께서는 시험해 보시옵소서."라고 했다. 이리하여 고조 7년에 장락궁(長樂宮)이 이루어진 다음 제후(諸侯)와 여러 신하가 조회를 하고 10월에 예를 마치고 술을 놓고서 높고 낮은 차례대로 장수(長壽)를 비는 술을 돌렸는데 술잔이 아홉 번 돈 뒤에 알자(謁者 : 사회자)가 술이 끝났다고 말했다.

어사(御史)가 법에 따라 규정된 예의와 같지 않은 자는 골라서 문득 끌어내게 하니 마침내 조정에서 감히 시끄럽게 떠들어 예를 잃는 자가 없었다. 이에 황제가 말하기를, "내 비로소 오늘에야 황제가 귀하다는 것을 알았다."하고 숙손통을 임명하여 봉상(奉常)을 삼고 금 5백 근을 하사했다.

原文 **前漢叔孫通薛人. 秦時以文學待詔博士, 降漢拜博士, 號稷嗣君. 漢王爲皇帝, 悉去秦儀法, 爲簡易, 群臣飮爭功, 醉或妄呼, 拔劒擊柱. 上益饜之. 通說上, 願徵魯諸生, 與臣弟子共起朝儀, 頗采古禮與秦儀, 雜就之. 上使徵魯諸生, 與其弟子爲綿蕝野外, 習之月餘. 通曰, 上可試觀. 七年長樂宮成. 諸侯群臣朝十月, 行禮畢置酒, 以尊卑次起上壽. 觴九行, 謁者言罷酒. 御史執法, 擧不如儀者輒引去. 竟朝無敢喧譁失禮者. 帝曰, 吾乃今日知爲皇帝之貴也. 拜通爲奉常, 賜金五百斤.**

註解 ㅇ前漢(전한)－《한서》〈열전〉 13에 있는 이야기임. 《사기(史記)》에도 보인다. ㅇ待詔博士(대조박사)－진(秦)나라 이후에 생긴 벼슬로서 경학(經學)과 문장(文章)에 뛰어난 선비가 임명되어 문장을 취급하고 천자의 하문(下問)에 응대함. ㅇ稷嗣君(직사군)－직사(稷嗣)는 고을 이름. ㅇ弟子(제자)－숙손통(叔孫通)의 제자. ㅇ綿蕝(면절)－야외(野外)에서 예(禮)를 강(講)할 때에 띠[茅]를 베어 묶어서 죽 세워 존비(尊卑)의 차서를 표시하는 일. ㅇ諸侯(제후)－봉건시대에 봉토(封土)를 받아 그 지역 내의 백성을 다스리던 작은 나라의 임금. ㅇ謁者(알자)－응접(應接)

을 맡은 벼슬.

63. 갈풍자거(葛豊刺擧)

—제갈풍(諸葛豊)은 악한 것을 꾸짖고 착한 것을 천거했다

전한(前漢) 제갈풍(諸葛豊)의 자는 소계(少季)이니 낭야(琅耶) 사람이다. 명경(明經)으로 고을의 문학연(文學掾)이 되었는데 우뚝 서고 강직(剛直)해서 원제(元帝)가 발탁하여 사예교위(司隷校尉)를 삼았다. 그는 악한 것은 물리치고 착한 것은 천거하는 데 피하는 것이 없었다. 이에 도읍에서 말하기를 "어찌 그렇게 제갈(諸葛) 만나기가 오래되었던가?"라고 했다. 이에 황제는 그 절개를 아름답게 여겨 벼슬을 더하여 광록대부(光祿大夫)를 삼았다.

原文 **前漢諸葛豊, 字少季, 琅邪人. 以明經爲郡文學. 特立剛直. 元帝擢爲司隷校尉. 刺擧無所避. 京師爲之語曰, 閒何闊, 逢諸葛. 上嘉其節, 加秩光祿大夫.**

註解 ㅇ前漢(전한)—《한서》〈열전〉 47에 있는 이야기임. ㅇ明經(명경)—과거의 과목. 경서(經書)에 밝은 것을 말함. ㅇ文學(문학)—《사물기원(事物起原)》에 '한(漢)나라 때는 군국(郡國)에 모두 문학연(文學掾)을 두었다'라고 되어 있다.

64. 식궁역저(息躬歷詆)

—식부궁(息夫躬)은 일일이 비방함

전한(前漢) 식부궁(息夫躬)의 자는 자미(子微)이니 하내(河內)

하양(河陽) 사람이다. 젊어서 박사(博士)의 제자가 되어《춘추(春秋)》를 배우고 널리 전기(傳記) 및 제가(諸家)의 책을 읽었다. 애제(哀帝)가 발탁하여 광록대부(光祿大夫)·급사중(給事中)을 삼았다.

이에 소(疏)를 올려 공경대부(公卿大夫)들을 두루 배척하기를, "지금 승상(丞相) 왕가(王嘉)는 건장하면서도 일에 인색하여 가히 쓸 수가 없고, 어사대부(御史大夫) 가연(賈延)은 기력이 없고 약해서 직책을 맡길 수가 없으며, 좌장군(左將軍) 공손록(公孫祿)과 사예(司隷) 포선(鮑宣)은 모두 밖으로는 곧고 강하다는 이름이 있으나 안으로는 실상 어리석어서 정사(政事)를 알지 못하오며, 그밖의 여러 조[曹] 이하는 단점(短點)투성이여서 족히 수로 셀 것도 못됩니다. 만약 강한 활이 성을 포위하고 긴 창이 대궐로 향하게 되면 폐하께서는 누구와 함께 이를 방비하시렵니까?"라고 했다.

原文 **前漢息夫躬字子微, 河内河陽人. 少爲博士弟子, 受春秋, 通覽記書. 哀帝擢光祿大夫·給事中. 上疏歷詆公卿大臣曰, 方今丞相王嘉健而蓄縮, 不可用. 御史大夫賈延墮弱不任職. 左將軍公孫祿·司隷鮑宣皆外有項之名, 内實騃不曉政事. 諸曹以下, 僕遫不足數. 卒有强弩圍城, 長戟指闕, 陛下誰與備之.**

註解 ㅇ前漢(전한)-《한서》〈열전〉15에 있는 이야기임. ㅇ博士(박사)-당시 한(漢)나라 무제(武帝)는 오경박사(五經博士)를 두고 자제(子弟)들을 가르쳤다.

65. 관영할석(管寧割席)

—관영(管寧)이 자리를 자르다

《세설신어(世說新語)》에 의하면 관영(管寧)의 자는 유안(幼安)이다. 친구 화흠(華歆)과 함께 채소밭을 매다가 땅을 보니 금(金)이 있었다. 관영은 그대로 호미를 휘두르면서 그 금을 돌처럼 보았다. 한편 화흠은 주워 올렸는데 생각을 고치고 던져 버렸다.

또 일찍이 같은 자리에서 글을 읽다가 보니 초헌(軺軒)을 타고 면류관(冕旒冠)을 쓰고서 문앞을 지나가는 사람을 보았다. 이때 관영은 그대로 앉아서 글을 읽었으나 화흠은 책을 덮고 그것을 바라보았다. 이에 관영은 자리를 잘라 나누어 앉으면서 말하기를, "그대는 내 벗이 아니다."라고 했다.

그후 관영과 화흠과 병원(邴原)이 같이 유학(遊學)을 가서 세 사람이 서로 친했기 때문에 당시 사람들은 한 마리의 용(龍)이라고 했다. 그리고 관영은 용의 머리가 되고 병원은 용의 배가 되고 화흠은 용의 꼬리가 된다고 했다.

原文 **世說, 管寧字幼安. 與華歆共園鋤菜. 見地有金. 寧揮鋤與瓦石不異. 歆捉而擲之. 又嘗同席讀書. 有乘軒冕過門者. 寧讀書如故. 歆廢書而看. 寧割席分坐曰, 子非吾友也. 寧·歆·邴原俱遊學, 三人相善. 故時人號爲一龍, 謂寧爲龍頭, 原爲龍腹, 歆爲龍尾.**

註解 ○世說(세설)—《세설신어(世說新語)》〈덕행편(德行篇)〉에 있는 이야기임. ○華歆(화흠)—삼국 때 위(魏)나라 고당(高唐) 사람. 효렴과

(孝廉科)에 뽑혀 벼슬이 태위(太尉)에 올랐다. ㅇ軒(헌)－초헌(軺軒). 대부(大夫) 이상이 타는 수레. ㅇ冕(면)－면류관(冕旒冠). 여기서는 대부(大夫) 이상이 쓰는 예관(禮冠). ㅇ邴原(병원)－동한(東漢) 주허(朱虛) 사람. 처음에 황건적(黃巾賊)을 피하여 요동(遼東)에서 지냈고 뒤에 조조(曹操)를 섬겨 오관장(五官將)의 장사(長史)가 되었다.

66. 화교전거(和嶠專車)

－화교(和嶠)가 수레를 홀로 타다

진(晉)나라 화교(和嶠)의 자는 장여(長輿)이니 여남(汝南) 서평(西平) 사람이다. 젊어서 풍채와 인격(人格)이 있고 스스로 깊이 자중(自重)하여 세상에 장한 이름이 있었는데 조정과 민간에서 그가 능히 풍속을 정돈하고 인륜(人倫)을 다스릴 것이라는 인정을 받았다. 유애(庾敳)가 그를 보고 탄식하기를, "화교는 우뚝 서서 천 길의 소나무와 같도다. 남다르게 굉이가 많지만 큰 집 짓는 데에 쓴다면 들보 노릇을 하겠도다."라고 했다. 여러 번 벼슬이 옮겨져서 중서령(中書令)이 되었는데 무제(武帝)가 깊이 소중히 여겨 대우했다. 그 전까지는 중서감(中書監)과 중서령(中書令)이 나란히 함께 수레를 타고 조회에 들어오도록 되어 있었다.

이때 순욱(荀勗)이 중서감이 되었는데 화교는 그 사람됨을 비루하게 여겨 의기(義氣)로써 대우하여 매양 수레를 같이 탈 때에는 박음의 나무를 높이 해서 수레자리를 혼자서 차지하고 앉았다. 이에 감(監)과 영(令)으로 하여금 다른 수레를 타게 했거니와 이것은 화교로부터 시작된 일이다.

原文 晉和嶠字長輿, 汝南西平人. 少有風格, 厚自崇重. 有盛名於世. 朝野許其能整風俗理人倫. 庾敳見而歎曰, 嶠森

森如千丈松. 雖磥砢多節目, 施之大廈, 有棟梁之用. 累遷中書令. 武帝深器遇之. 舊監令共車入朝. 時荀勗爲監. 嶠鄙其爲人, 以意氣加之. 每同乘高抗專車而坐. 乃使監令異車自嶠始也.

註解 ㅇ晉(진)-《진서(晉書)》〈열전〉 15에 있는 이야기임. ㅇ許(허)-마음속으로 허락함. 인정을 받다. ㅇ庾敳(유애)-진(晉)나라 사람. 유민(庾珉)의 아우. 벼슬이 이부랑(吏部郞)에 이르렀으며 석륵(石勒)의 난리 때 죽음을 당함. ㅇ荀勗(순욱)-진(晉)나라 사람. 중서감(中書監)이 되고 광록대부(光祿大夫)에 올랐다. ㅇ意氣(의기)-득의(得意)한 마음.

67. 시묘유독(時苗留犢)

-시묘(時苗)가 송아지를 남겨두다

《위략(魏略)》에 보면 시묘(時苗)의 자는 덕주(德胄)이니 거록(鉅鹿) 사람이다. 젊었을 때 청백(淸白)하고 사람됨이 악을 미워했다. 건안(建安) 연중에 수춘(壽春)의 현령(縣令)이 되었는데 명령이 행해지기를 마치 바람에 나부끼듯 저절로 따랐다.

처음 관청에 나갈 때 덮개가 얇은 수레를 탔는데 누런색의 암소가 수레를 끌었고 무명 주머니를 띠고 갔을 뿐이다. 1년이 지나자 송아지 하나를 낳았는데 그가 임지를 떠날 때 그 송아지를 남겨두고 주부(主簿)에게 이르기를, "내가 올 때에는 본래 이 송아지가 없었으며 이 송아지는 회남(淮南)에서 낳은 것이다."라고 했다. 이에 당시 사람들이 모두 지나치다고 했으나 이 일로 해서 이름이 천하에 알려졌고 뒤에 중랑장(中郞將)으로 옮겨졌다.

原文 **魏略, 時苗字德胄, 鉅鹿人. 少淸白, 爲人疾惡. 建安**

中爲壽春令. 令行風靡. 其始之官, 乘薄笨車, 黃牸牛布被囊. 歲餘牛生一犢. 及去留其犢, 謂主簿曰, 令來時本無此犢. 犢是淮南所生. 時人皆以爲激. 然由是名聞天下. 後遷中郞將.

註解 ㅇ魏略(위략)－위(魏)나라 역사책인데 현재는 전해지지 않는다. 진수(陳壽)의 《삼국지(三國志)》는 이것에 바탕을 두고 쓰여진 것이다. ㅇ壽春(수춘)－회안군(淮安郡)에 있는 지명(地名). ㅇ中郞將(중랑장)－전문(殿門)과 숙위(宿衛)의 일을 맡은 벼슬의 장관(長官).

68. 양속현어(羊續懸魚)

－양속(羊續)이 물고기를 뜰에 매달다

후한(後漢) 양속(羊續)의 자는 흥조(興祖)이니 태산(太山) 평양(平陽) 사람이다. 남양태수(南陽太守)가 되어 정령(政令)을 널리 펴서 백성들의 이해득실(利害得失)을 두루 살피면서 정사를 폈다. 그리하여 백성들은 탄복했다. 그는 항상 낡은 옷과 초라한 음식을 먹었는데 말과 수레는 야위고 헐었었다. 부(府)의 관리가 일찍이 살아있는 생선을 바치면 양속은 받아서 뜰에 걸어놓고 뒤에 또 바치면 양속은 이에 먼저 걸어놓은 것을 떼줌으로써 뇌물 바치는 뜻을 막았다.

영제(靈帝)가 그를 태위(太尉)로 삼으려 했다. 그러나 당시는 삼공(三公)에 임명되는 자는 모두 동원(東園)에 예전(禮錢)으로 천만 냥(千萬兩)을 바치도록 되어 있었다. 즉 임명하기 전에 중사(中使)로 하여금 이것을 독촉하게 했는데 이것을 이름하여 좌추(左騶)라고 했거니와 이 중사가 오면 맞아서 예로 공경하고 후하게 뇌물을 주었다. 양속은 이 사자(使者)를 낡은 거적 자리에 앉히고 솜을 둔 도포를 들어 보이면서 말하기를, "신(臣)의 재물은 오직 이것뿐입니다." 라고 했다. 이 까닭에 공(公)의 지위에 오르지 못했다.

原文 後漢羊續字興祖, 太山平陽人. 爲南陽太守, 班宣政令, 候民病利. 百姓歎服. 常敝衣薄食車馬羸敗. 府丞嘗獻其生魚. 續受而懸之於庭. 後又進之. 續乃出前所懸者, 以杜其意. 靈帝欲以爲太尉. 時拜三公者, 皆輸東園禮錢千萬, 令中使督之. 名爲左騶. 其所之往輒迎致禮敬, 厚加贈賂, 續乃坐使於單席, 擧縕袍示之曰, 臣所資唯斯而已. 以此故不登公位.

註解 ㅇ後漢(후한)－《후한서》〈열전〉 21에 있는 이야기임. ㅇ東國禮錢(동국예전)－후한 환제(桓帝) 무렵, 조정의 재정이 궁핍해지자 동쪽 원중(園中)에 관소를 설치하고 벼슬을 받는 자들에게 예금(禮金)을 헌납토록 했다. 2천 석의 임관(任官)에는 2천만 전(錢), 4백 석의 임관에는 4백만 전을 바치게 했던 것이다. 즉 벼슬을 판 셈인데 그 방법은 동원의 추(騶 : 騎士)를, 임명 예정자에게 보내어 예금의 유무를 확인한 다음에 정식으로 임명의 조서를 내렸었다. ㅇ中使(중사)－환관(宦官).

69. 번쾌배달(樊噲排闥)

－번쾌(樊噲)가 궁중의 문을 밀치다

전한(前漢)의 번쾌(樊噲)는 패현(沛縣) 사람이다. 개잡는 것으로 직업을 삼다가 고조(高祖)를 좇아 천하를 평정하고 그 공으로 무양후(舞陽侯)에 봉해졌다. 고조가 일찍이 병이 있어서 사람 만나기를 싫어하고 금중(禁中)에 누워있었다. 조서(詔書)를 내리어 제신(諸臣)들도 들이지 않으니 여러 신하들 중에 주발(周勃)·관영(灌嬰)도 감히 들어가지 못한 지가 10여 일이 되었다.

이때 번쾌가 문을 밀치고 바로 들어가니 대신(大臣)들도 따라서 들어갔다. 고조는 홀로 한 환관(宦官)만을 데리고 누워 있다. 이에 번쾌 등은 눈물을 흘리면서 말하기를, "처음에 폐하께서 신(臣) 등과 함께 풍패(豊沛)에서 일어나시어 천하를 평정하셨으니 얼마나 장한 일입니까? 이제 천하를 이처럼 정하셨으니 또 얼마나 고달픈 일이었겠습니까! 하온데 폐하께서 병환이 중하신데, 신(臣)들을 부르시어 일을 계획하지 않으시고 홀로 한 사람의 환관과 함께 계심은 어찌된 일입니까? 또 어찌 조고(趙高)의 일을 생각하지 않으십니까?"라고 하니 고조는 웃고 일어났다.

처음에 황제(皇帝)가 이미 관중(關中)을 평정하자 항왕(項王)이 와서 노하여 치려고 했는데 황제는 백여기(百餘騎)를 거느리고 항우(項羽)를 홍문(鴻門)에서 만났다. 항우의 아부(亞父) 범증(范增)이 항장(項莊)으로 하여금 칼을 빼들고 춤을 추게 하여 황제를 치려고 했으나 항백(項伯)이 그때마다 막아 가리었다.

이때 번쾌가 일이 급하다는 말을 듣고서 방패를 가지고 바로 들어갔는데 몹시 노해 있었다. 항우는 이를 장하게 여겨 잔에 술을 따라주고 돼지의 어깨살을 주니 번쾌는 술을 마시고 칼을 빼어 고기를 베어 먹으며 말하기를, "신(臣)은 죽는 것도 또한 사양치 않는데 어찌 다만 잔을 사양하겠습니까?"라고 했다. 이때 황제는 변소에 가는 척하고 번쾌를 불러냈다. 그리고 홀로 말을 타고 달려갔고 번쾌 등은 걸어서 따라 산 아래로 달리어 패상(覇上)의 군사에게로 돌아왔는데 이날 번쾌가 아니었으면 거의 위태로울 뻔했다.

原文 前漢樊噲沛人. 以屠狗爲事. 從高祖定天下, 以功封舞陽侯. 帝嘗病, 惡見人臥禁中, 詔户者無得入群臣. 群臣絳·灌等莫敢入十餘日. 噲乃排闥直入, 大臣隨之. 上獨枕一宦者臥. 噲等流涕曰, 始陛下與臣等起豊·沛定天下. 何其壯也.

今天下已定, 又何憊也. 且陛下病甚, 不見臣等計事, 顧獨與一宦者絶乎. 且獨不見趙高之事乎. 帝笑而起. 初帝已定關中. 項王至, 怒欲攻之. 帝從百餘騎見羽鴻門. 亞父范增令項莊拔劒舞欲擊帝. 項伯帝屛蔽之. 噲聞事急, 持盾直入怒甚. 羽壯之, 賜以巵酒彘肩. 噲飮酒拔劒切肉食之曰, 臣死且不辭. 豈特巵酒乎. 帝如厠, 麾噲出, 獨騎馬. 噲等步從山下走, 歸霸上軍. 是日微噲幾殆.

註解 ㅇ前漢(전한)－《한서》〈열전〉 21에 있는 이야기임. 《사기(史記)》〈열전〉에도 있음. ㅇ禁中(금중)－궁중(宮中). ㅇ宦者(환자)－궁형(宮刑)을 당하고 궁중에서 일하는 소리(小吏), 지위가 비천(卑賤)하지만 항상 천자(天子) 및 후궁(後宮)에 근접(近接)하여 왕왕 큰 세력을 잡아 중국 역사상의 중대한 관계가 있는 계급이기도 하다. ㅇ關中(관중)－지금의 섬서성(陝西省) 지방. ㅇ項王(항왕)－항우(項羽). 항적(項籍). 우(羽)는 그의 자(字). 진말(秦末)에 진승(陳勝)과 오광(吳廣)이 군사를 일으키자 숙부 항량(項梁)과 오중(吳中)에서 군사를 일으키어 진군(秦軍)을 격파하고 스스로 서초(西楚)의 패왕(霸王)이라 일컬음. 한고조(漢高祖)와 천하를 다투다가 해하(垓下)에서 패사(敗死)함. ㅇ亞父(아부)－항우(項羽)가 그 부하 범증(范增)을 이렇게 불렀음. ㅇ鴻門(홍문)－한고조가 항우와 잔치한 곳. ㅇ范增(범증)－초(楚)나라 항우의 모신(謀臣). 아부(亞父)라 불림. 뒤에 항우의 의심을 받자 벼슬을 내놓고 물러나 병으로 죽었다. ㅇ項莊(항장)－항우의 종제(從弟). 홍문연(鴻門宴)에서 검무(劍舞)를 추다가 한고조(漢高祖)를 해치려고 했으나 항백(項伯)이 몸으로 가려서 뜻을 이루지 못함. ㅇ項伯(항백)－항우(項羽)의 계부(季父). 홍문연(鴻門宴)에서 항우를 위하여 검무(劍舞)를 추다가 한고조(漢高祖)를 죽이려 하는 항장(項莊)의 칼을 몸으로 가려 고조의 위험을 구함.

70. 신비인거(辛毘引裾)
—신비(辛毘)가 옷자락을 잡아당기다

《위지(魏志)》에 보면 신비(辛毘)의 자는 좌치(佐治)이니 영천(潁川) 양적(陽翟) 사람이다. 문제(文帝)가 임금의 자리에 오르자 시중(侍中)으로 옮겼는데 문제는 기주(冀州)의 민가(民家) 10만 호(戶)를 옮겨다가 하남(河南)을 채우려고 했다. 이때 해마다 계속해서 황충(蝗蟲)이 일어 백성이 주리므로 여러 관리들이 옳지 않다고 간했으나 황제의 뜻은 몹시 고집스러웠다.

이에 신비는 조정 신하들과 함께 황제를 만나기를 요구했으나 황제는 신하들이 간하려 하는 것을 알고 노한 기운을 띠며 만나니 모두 감히 말을 하지 못했다. 그래서 신비가 말하기를, "폐하께서는 신(臣)을 못났다고 여기시지 않고 좌우에 두시고 일을 계획하는 관원에 섞어 두셨사온데 어찌 신과 의논하지 않으십니까? 신이 말하는 것은 사사로운 것이 아니옵고 곧 사직(社稷)을 위하는 걱정이옵니다."라고 했으나 황제는 대답하지 않고 일어나서 내전(內殿)으로 들어갔다.

이에 신비는 따라가면서 그 옷깃을 잡았으나 황제는 드디어 옷을 뿌리치고 돌아서지 않고 들어갔다. 그리고 한참만에 다시 나와서 말하기를, "경(卿)은 짐(朕)에게 간하는 것이 어찌 그토록 급하게 하는가?"하니 신비가 말하기를, "지금 백성들을 옮기는 것은 곧 백성들의 마음을 잃게 되는 것이옵고 또 먹을 것이 없습니다."라고 하니 황제는 드디어 그 절반만을 옮겼다.

일찍이 신비가 황제를 따라 꿩을 잡는데 황제가 말하기를, "꿩 잡는 것이 즐거운고?"라고 하자 신비는 말하기를, "폐하께오는 몹시 즐거우신 일이오나 여러 아랫사람에게는 몹시 괴로운 일이옵니다.”
라고 하니 황제는 잠자코 아무 말도 없었다. 그 뒤로 드디어 사냥하는 일이 드물게 되었다. 신비는 위위(衛尉)로 벼슬살이를 마쳤다.

原文 魏志, 辛毗字佐治, 潁川陽翟人, 文帝踐阼, 遷侍中, 帝欲徙冀州士家十萬户實河南. 時連蝗民饑. 群司以爲不可. 而帝意甚盛. 毗與朝臣俱求見. 帝知其欲諫作色以見之. 皆莫敢言. 毗曰, 陛下不以臣不肖, 置之左右, 厠之謀議之官. 安得不與臣議. 臣所言非私, 乃社稷之慮也. 帝不答, 起入内. 毗隨而引其裾. 帝遂奮衣不還. 良久乃出曰, 卿持我何太急邪. 毗曰, 今徙旣失民心, 又無以食. 帝遂徙其半. 嘗從帝射雉. 帝曰, 射雉樂哉. 毗曰, 於陛陸下甚樂, 群下甚苦. 帝默然. 後遂乃爲之稀出. 終衛尉.

註解 ㅇ內(내)－내전(內殿). 대궐 안 깊숙이 있는 궁전. ㅇ衛尉(위위)－구경(九卿)의 하나. 대궐 문의 경비 및 병영(兵營)를 맡은 관직.

71. 손초수석(孫楚漱石)

－손초(孫楚)는 돌로 양치질한다고 했다

《진서(晉書)》에 보면 손초(孫楚)의 자는 자형(子荊)이니 태원(太原) 중도(中都) 사람이다. 재주가 남보다 뛰어났는데 무리에서 뛰어나지 못한 사람을 업신여기고 거만하게 굴어서 고향 사람들의 칭찬을 받지 못했다. 나이 40이 넘어 비로소 진동군사(鎭東軍事)에 참여하여 풍익태수(馮翊太守)로 마쳤다.

손초는 젊었을 때 숨어 살려 하여 왕제(王濟)에게 이르기를, 마땅히 돌을 베개삼고 흐르는 물에 양치질한다고 할 것을 잘못하여 돌에 양치질하고 흐르는 물을 베개한다고 하니 왕제가 말하기를, "흐르는 물을 베개 삼을 수가 없고 돌은 양치질할 수가 없는 것이다."라고 했다. 손초는 말하기를, "흐르는 물을 베개 삼는다는 것은 그 귀를 씻으려 해서이고 돌로 양치질한다고 한 것은 그 이를 단단하게 하려는 것이지."라고 했다.

原文 **晉書, 孫楚字子荊, 太原中都人. 才藻卓絶, 爽邁不群, 多所陵傲, 缺鄕曲之譽. 年四十餘始參鎭東軍事, 終馮翊太守. 初楚少時欲隱居, 謂王濟曰, 當欲枕石漱流, 誤云漱石枕流. 濟曰, 流非可枕, 石非可漱. 楚曰, 所以枕流, 欲洗其耳. 所以漱石, 欲厲其齒.**

註解 ㅇ晉書(진서)－《진서》〈열전〉 26에 있는 이야기임. ㅇ王濟(왕제)－진(晉)나라 사람. 자는 무자(武子). 젊었을 때 용맹과 힘이 남보다 뛰어났는데 무제(武帝)의 딸 상산공주(常山公主)에게 장가들어 항상 무제(武帝)를 모시고 있었다. 함부로 인물(人物)에 대해서 말하지 않고 청담(淸談)을 잘했으며 말을 다듬고 빗대서 의논하여 임금의 뜻을 순하게 했는데, 조정 신하들 중 능히 그에 미칠 자가 없었다.

72. 학륭쇄서(郝隆曬書)

－학륭(郝隆)이 서적을 볕에 쬐다

《세설신어(世說新語)》에 의하면 학륭(郝隆)이 7월 7일에 밖에 나가서 해를 보고 누워 있었다. 사람들이 그 까닭을 묻자 대답하기를, "나는 나의 배 속에 있는 책을 볕에 쬐는 것이다."라고 했다.

原文 **世說, 郝隆七月七日, 出日中仰臥, 人問其故, 曰, 我曬腹中書也.**

註解 ○世說(세설)-《세설신어》〈배조편(排調篇)〉에 있는 이야기임. ○郝隆(학륭)-자는 사치(仕治), 급군(汲郡) 사람. 벼슬하여 정서장군(征西將軍) 환온(桓溫)의 참군(參軍)이 되었다.

73. 매고예궐(枚皐詣闕)

-매고(枚皐)가 대궐에 들어감

전한(前漢) 매고(枚皐)의 자는 소유(少孺)이다. 장안(長安)에 이르러 북궐(北闕)에 글을 올려 스스로 말하기를, '매승(枚乘)의 아들입니다'라고 밝혔다. 그렇게 한 것은 지난날 매승이 무제(武帝)의 부름을 받았을 때 너무 노쇠하여 수레를 타고 오다가 죽고 말았는데, 그때 황제는 매승의 문재(文才)를 아까워하며 조서(詔書)를 내려 묻기를 매승의 아들 중 능히 글을 잘하는 자가 있느냐고 했다. 그런데 매승이 양(梁)나라에 살고 있을 때 매고의 어미를 데려다가 첩으로 삼고 매고를 낳았었다. 그후 매승이 동쪽으로 돌아오게 되었는데 매고의 어미는 즐겨 따라오려 하지 않아서 어미와 매고는 고향에 남아 있게 되었던 것이다.

이에 상(上)께서는 이것을 보고 크게 기뻐하여 불러 보고 대조(待詔)를 시켰다. 그리고 문재(文才)를 시험하기 위해 대궐 안에 대해서 글을 지으라 하자 그는 평락관(平樂館)에 대해서 부(賦)를 지었다. 이것을 좋다고 하고 임명하여 낭(郎)을 삼아 흉노(匈奴)에 사신으로 보냈는데 매고는 경술(經術)에 통하지 못하여 농하고 웃는 것이 배우(俳優)와 같았다. 그 위에 시를 읊고 외우고 음란한 희롱을 좋아했는데 그 까닭에 천자의 사랑을 받은 것은 동방삭(東方朔)·곽사인(郭舍人) 등에게 비교되었다.

原文 **前漢枚皐字少孺. 至長安上書北闕, 自陳枚乘之子. 始乘死, 詔問乘子. 無能爲文者. 乘在梁時, 取皐母爲小妻, 及東歸, 皐母不肯隨. 留與母居. 上得大喜, 召入見待詔. 因賦殿中, 詔使賦平樂館. 善之, 拜爲郞, 使匈奴. 皐不通經術, 詼笑類俳倡. 爲賦頌好嫚戱. 以故得媟黷貴幸, 比東方朔・郭舍人等.**

註解 ㅇ北闕(북궐)－대궐의 북문(北門). 상주(上奏)・알현(謁見) 등을 하는 자가 출입하는 곳. 대궐의 칭호로 쓰임. ㅇ枚乘(매승)－한(漢)나라 회음(淮陰) 사람. 자는 숙(叔). 글을 잘 지었다. 처음에 경제(景帝) 때 벼슬하여 오왕(吳王) 비(濞)의 낭중(郎中)이 되었으나 비가 받아들이지 않자 양(梁)나라 효왕(孝王)에게로 가서 벼슬하고 칠발(七發)을 지어 풍간(諷諫)함. ㅇ小妻(소처)－소실・첩. ㅇ待詔(대조)－여기에서는 벼슬 이름. 경학(經學) 문장이 뛰어난 선비가 임명되어 문장을 취하고 천자의 하문(下問)에 응대함. ㅇ經術(경술)－경학(經學)과 그 응용. ㅇ東方朔(동방삭)－전한(前漢) 때의 사람. 자는 만청(曼倩). 무제(武帝)를 섬겨 금마문시중(金馬門侍中)이 되었으며 해학(諧謔)과 변설(辨舌)에 능했음. ㅇ郭舍人(곽사인)－한(漢)나라 사람. 무제의 사랑을 받은 배우. 재치가 있고 말이 유창하여 항상 무제의 좌우에 있다. 일찍이 동방삭(東方朔)과 석복(射覆)놀이를 했음. 석복은 덮어서 가린 물건을 알아맞히는 유희.

74. 충국자찬(充國自贊)

－충국(充國)이 스스로 자신을 칭찬하다

전한(前漢) 조충국(趙充國)의 자는 옹손(翁孫)이니 농서(隴西) 상규(上邽) 사람이다. 말타고 활쏘기에 능하여 우림(羽林)에 임명되었다. 사람됨이 침착하고 용맹스러웠으며 큰 꾀가 있었다. 젊어서 장수의 법도를 좋아하여 병법(兵法)을 배워 사이(四夷)의 일을 모두 알았다. 선제(宣帝) 때 후장군(後將軍)이 되어 영평후(營平侯)에 봉해졌다.

신작(神爵) 초년에 여러 오랑캐들이 반란을 일으켜 국경을 침범했는데 이때 조충국의 나이 70이 넘었다. 황제는 그를 늙었다고 하여 어사대부(御史大夫) 병길(丙吉)로 하여금 누가 가히 장수가 되겠느냐고 물어보게 했더니 충국이 대답하기를, "늙은 신하보다 나은 자가 없을 것이니 신(臣)이 원컨대 금성(金城)으로 달려가서 방략(方略)을 세워 올리겠습니다."라고 했다.

조충국은 항상 멀리서 척후(斥候)하는 것을 임무(任務)로 삼아 다니면 반드시 전비(戰備)를 하고 그치면 반드시 진영(陣營)과 벽루(壁壘)를 단단히 했다. 더욱 능히 신중하게 하고 사졸(士卒)들을 사랑하고 먼저 계획한 뒤에 싸워서 드디어 서부(西部)의 도위부(都尉府)에 이르러 날마다 군사들을 대접하니 군사들은 모두 충국을 위해 공을 세우고자 했다.

오랑캐들이 자주 싸움을 걸어 왔으나 조충국은 굳게 지키기만 했다. 적군 중 포로로 잡힌 자가 말하기를, "오랑캐의 호족(豪族)들이 서로 권하고 있습니다. '너희들은 배반하지 말라. 지금 천자가 조장군(趙將軍)을 보내왔는데 나이가 8, 90인데도 군사를 잘 부린다고 하거니와 이제 결전을 벌이고 싶지만 상대방이 나오려고 하지 않는다'라고 합니다."라고 했다. 조충국은 때가 왔다며 군사를 이끌고 선령(先零)에 이르자 오랑캐들은 무겁게 짐을 실은 수레를 버리고 물에 빠져 죽은 자가 수백이요, 항복해서 베인 것이 5백이 넘었는데 후에 한견(罕幵)은 군사를 번거롭게 하지 않고도 그대로 항복했다.

드디어 둔전(屯田)에 편리한 12가지 일을 써서 올렸더니 황제가 그 계획을 들어주었다. 뒤에 둔병(屯兵)을 폐지하고 군사를 정돈해

가지고 돌아왔다. 이에 사직(辭職)하기를 청하자 안거(安車)와 사마(駟馬)와 황금(黃金)을 하사했다. 그는 벼슬을 그만두고 집으로 돌아갔다. 매양 사이(四夷)들의 큰 의논이 있으면 항상 참병(參兵)과 함께 의논해서 주책(籌策)을 물었다. 훙(薨)하니 시호(諡號)를 장후(壯侯)라고 했다.

처음에 충국이 공덕(功德)으로써 곽광(霍光) 등과 함께 화상을 미앙궁(未央宮)에 그려놓았었는데 성제(成帝) 때에 서강(西羌)에 사변이 있자 황제는 경비하러 나가는 장수의 일을 생각하여, 일찍이 군공을 세웠던 조충국을 사후(死後)에 칭송하되 이에 황문랑(黃門郎) 양웅(揚雄)을 불러 그의 화상 옆에 글을 쓰게 하여 칭송했다.

原文 前漢趙充國字翁孫, 隴西上邽人. 善騎射, 補羽林. 爲人沈勇有大略. 少好將帥之節而學兵法, 通知四夷事. 宣帝時爲後將軍, 封營平侯. 神爵初諸羌背叛犯塞. 時充國年七十餘. 上老之, 使御史大夫丙吉問誰可將者. 充國對曰, 亡踰於老臣者. 臣願馳至金城, 圖上方略. 充國常以遠斥候爲務. 行必爲戰備, 止必堅營壁, 尤能持重, 愛士卒, 先計而後戰. 遂至西部都尉府, 日饗軍士. 士皆欲爲用. 虜數挑戰充國堅守. 捕得生口言, 羌豪相責曰, 語汝亡反. 今天子遣趙將軍來. 年八九十矣. 善爲兵. 今請欲一鬪而死, 可得邪. 充國引兵至先零. 虜弃車重, 赴水溺死者數百, 降斬五百餘. 後罕幵不煩兵而下. 遂上屯田便宜十二事. 上聽其計, 後罷屯兵, 振旅而還, 乞骸骨, 賜安車駟馬黃金, 罷就第. 每有四夷大議, 常與參兵謀問籌策. 薨諡壯侯. 初充國以功德, 與霍光等列畫未央宮. 成帝時西羌有警. 上思將帥之臣, 追美充國, 迺召黃門郎揚雄, 卽圖畫而頌之.

註解 ㅇ前漢(전한)－《한서》〈열전〉 39에 있는 이야기임. ㅇ羽林(우림)－천자의 숙위(宿衛). 숙위란 숙직하면서 지키는 것. ㅇ神爵(신작)－한(漢)나라 효선제(孝宣帝)의 연호. ㅇ方略(방략)－방책(方策). 꾀. ㅇ斥候(척후)－적군의 형편을 엿봄. 그 군사를 척후병(斥候兵)이라고 함. ㅇ戰備(전비)－전쟁의 준비. ㅇ壁(벽)－벽루(壁壘). 작은 성. 성채(城砦). ㅇ都尉府(도위부)－도위(都尉)는 벼슬 이름. 군사(軍事)·경찰(警察)을 맡은 벼슬. ㅇ豪(호)－호족(豪族). 그 지방에서 세력이 있는 겨레. ㅇ先零(선령)－서강(西羌)의 일종. ㅇ罕幵(한견)－역시 서강(西羌)의 일종. ㅇ屯田(둔전)－군대가 머물러 수비하면서 농사짓는 밭. ㅇ屯兵(둔병)－주둔해 있는 군사. ㅇ安車(안거)－편안히 앉아서 타고 가는 수레. ㅇ駟馬(사마)－네 필의 말, 또 네 필의 말이 끄는 수레. ㅇ籌策(주책)－계책(計策). 책략(策略). ㅇ諡(시)－시호(諡號). 제왕·공경·유현(儒賢) 등의 공덕(功德)을 기리어 죽은 뒤에 주는 이름. ㅇ霍光(곽광)－전한(前漢) 때 사람. 곽거병(霍去病)의 이복제(異腹弟). 무제(武帝)의 유조(遺詔)를 받들어 대사마대장군(大司馬大將軍)으로서 소제(昭帝)를 도왔으며 다음 창읍왕(昌邑王)이 음란하므로 그를 폐위시키고 선제(宣帝)를 세웠음. 이리하여 궁중에 출입한 지 20여년에 기린각공신(麒麟閣功臣)의 으뜸으로 꼽힘. ㅇ揚雄(양웅)－한(漢)나라 성도(成都) 사람. 자는 자운(子雲). 사람됨이 간결했으며 널리 배우고 깊이 생각하여 문장으로 세상에 이름이 났는데 성제(成帝) 때 황제의 부름을 받아 많은 사부(詞賦)를 지었고 뒤에 《태현경(太玄經)》을 지었다.

75. 왕연풍감(王衍風鑒)

－왕연(王衍)은 풍채가 좋았다

《진서(晉書)》에 보면 왕연(王衍)의 자는 이보(夷甫)이다. 마음이 맑게 빼어나고 풍채와 행동이 자세하고 맑았다. 일찍이 산도(山濤)를 찾았는데 이미 떠나자 산도는 눈으로 보내면서 말하기를, “어떤 늙은 할미가 이와 같은 아들을 낳았는가? 그러나 천하의 백성을 그르칠 자는 반드시 이 사람일 것이다."라고 했다.

무제(武帝)가 그 이름을 듣고 그 종형(從兄) 왕융(王戎)에게 묻기를, "이보(夷甫)는 지금의 세상에서 누구와 비교할 수 있겠소?"라고 하자 왕융은 말하기를, "그 비교할 만한 사람이 없으니 마땅히 옛사람 중에서 구해야 할 것입니다."라고 했다. 원성(元城) 현령(縣令)에 임명되었는데 온종일 청담(淸談)을 하면서도 고을의 사무 또한 잘 다스렸다.

왕연은 좋은 재주와 아름다운 얼굴을 가졌으며 밝은 깨달음이 신(神)과 같아서 항상 스스로 자공(子貢)에게 비교했다. 명성(名聲)이 자못 대단했다. 허무(虛無)한 이치를 좋아하여 오직 노장(老莊)의 일을 말하는 것으로 일을 삼았다.

항상 옥(玉) 자루의 먼지털이개를 손에 쥐었는데 손과 같은 하얀 색깔이었다. 논리에 애매한 바가 있으면 반문이 있기 전에 즉시 고치니 세상에서 일컫기를, '입 속의 자황(雌黃)이다'라고 했다. 또 조야(朝野)가 다같이 이르기를, '한 세상의 용문(龍門)이다'라고 했다.

여러 번 고위직에 올랐는데 후배들이 경모(敬慕)했다. 이어서 상서령(尙書令)에 임명되었다. 다시 태위(太尉)로 옮겨지고 무리가 함께 추대하여 원수(元帥)가 되었는데 온 군사가 석륵(石勒)에게 패한 바 되어 왕연은 목숨을 구하기 위해 석륵에게 권하여 제위(帝位)에 오르라고 하자 석륵은 노해서 말하기를, "그대가 이름이 사해(四海)를 덮었고 몸이 소중한 책임에 있으며 젊어서 조정에 올라 흰머리에 이르렀는데 어찌 세상일을 함부로 맡으라는 것인가?"라고 하고 사람을 시켜 담을 밀치고 땅에 묻어 죽었다.

왕융이 왕연에게 이르기를, "정신과 풍채가 높고 맑아서 마치 옥으로 만든 숲과 구슬로 만든 나무와 같아서 자연스럽게 풍진(風塵) 밖의 물건이다."라 했고, 왕돈(王敦)은 말하기를, "이보(夷甫)가 무리 속에 있는 것은 마치 구슬과 옥이 기와와 돌 사이에 있는 것과 같다."라고 했으며, 고개지(顧愷之)는 화상찬(畫像贊)을 지어 역시 왕연을 칭찬해서 말하기를, "높다랗게 맑고 우뚝 서서 벽과 같이 천 길 높이에 서있는 것과 같다."라고 했으니 그 사람됨을 숭상한 것이 이와 같았다.

原文 晉書, 王衍字夷甫. 神情明秀, 風姿詳雅. 嘗造山濤, 旣去. 濤目送之曰, 何物老嫗生馨兒. 然誤天下蒼生者, 未必非此人. 武帝聞其名, 問其從兄戎曰, 夷甫當世誰比, 或曰, 未見其比. 當從古人中求耳. 補元城令. 終日淸談, 縣務亦理. 衍有盛才美貌, 明悟若神. 常自比子貢. 聲名籍甚. 喜空言, 惟談老莊爲事. 每捉玉柄麈尾, 與手同色. 義理有所不安, 隨卽改更. 世號口中雌黃, 朝野翕然謂之一世龍門. 累居顯職, 後進景慕. 歷尚書令, 及石勒寇京師, 以衍都督征討諸軍事, 遷大尉. 衆共推爲元帥. 擧軍爲勒所破. 衍欲求自免, 勸勒稱尊號. 勒怒曰, 君名蓋四海. 身居重任, 少壯登朝, 至於白首. 何得言不豫世事邪. 使人夜排牆塡殺之. 王戎謂王衍, 神姿高徹, 如瑤林瓊樹. 自然是風塵表物. 王敦曰, 夷甫處衆中, 如珠玉在瓦石閒. 顧愷之作畫贊, 亦稱衍, 巖巖淸峙, 壁立千仞. 其爲人所尚如此.

註解 ㅇ晉書(진서)－《진서》〈열전〉 13에 있는 이야기임. ㅇ山濤(산도)－동진(東晉)의 고사(高士)로서 죽림칠현(竹林七賢)의 한 사람. 자는 거원(巨源)이요 벼슬은 이부상서(吏部尙書)에 이르렀음. ㅇ夷甫(이보)－왕연(王衍)의 자. ㅇ子貢(자공)－위(衛)나라 사람. 공자(孔子)의 제자. 성(姓)은 단목(端木). 이름은 사(賜). 자공은 그의 자. 구재(口才)가 있고 화식(貨殖)에 능하여 누천금(累千金)을 모았음. ㅇ老莊(노장)－노자

(老子)와 장자(莊子)를 말함. ㅇ雌黃(자황)－자구(字句)의 첨삭(添削)을 말함. ㅇ龍門(용문)－출세(出世)하는 문. ㅇ王敦(왕돈)－진(晉)나라 임기(臨沂) 사람. 자는 처중(處仲). 무제(武帝)의 딸 양성공주(襄城公主)에게 장가들어 부마도위(駙馬都尉)에 임명되고 양주자사(楊州刺史)로 나감. 두도(杜弢)의 난을 평정하고 그후에 찬역(簒逆)을 꾀하다가 병으로 죽음. ㅇ顧愷之(고개지)－동진(東晉)의 문인화가(文人畫家). 박학(博學)하고 재기(才氣)가 있었으며 특히 인물화(人物畫)에 뛰어났음. ㅇ畫贊(화찬)－화상찬(畫像贊). 인물(人物)의 그림에 칭찬의 말을 씀.

76. 허소월단(許劭月旦)

－허소(許劭)가 인물평(人物評)을 좋아하다

후한(後漢) 허소(許劭)의 자는 자장(子將)이니 여남(汝南) 평여(平輿) 사람이다. 젊어서 명절(名節)을 높이 여기고 사람을 평(評)하기를 좋아했는데 그에게 칭찬받는 사람이 많았다. 이때 곽태(郭太)도 역시 사람을 분별할 줄 알았다. 그러므로 천하에서 뛰어난 선비를 발탁하여 천거하는 자는 허(許)·곽(郭)이라고 일컬었다.

조조(曹操)가 아직 한미할 때 말을 낮추고 예(禮)를 두텁게 하여 자기의 평판을 구했는데 허소는 그 사람을 낮게 여겨 말하기를, “그대는 태평세대에서는 간사한 도적이요 어지러운 세상의 영웅(英雄)이다.”라고 하니 조조는 크게 기뻐하면서 갔다고 한다.

처음에 허소가 종형(從兄) 허정(許靖)과 함께 모두 높은 이름이 있었는데 향당(鄕黨)의 인물을 확실하게 의논하기를 좋아하여 매달 달이 바뀌기 전에 문득 다시 그 인물에 대해서 표시했기 때문에 여남(汝南)의 풍속에 ‘월단평(月旦評)’이라는 것이 있었다. 행동이 방정(方正)하고 도탑고 소박하여 벼슬에 나가지 않았다. 형 허건(許虔)도 역시 이름이 알려져서 평여(平輿)의 못에 두 용(龍)이 있다고 했다.

原文 **後漢許劭字子將, 汝南平輿人. 少峻名節, 好人倫, 多所賞識. 時郭太亦知人. 故天下言拔士者, 稱許·郭. 曹操微時, 常卑辭厚禮, 求爲己目. 劭鄙其人曰, 君清平之姦賊, 亂世之英雄. 操大悅而去. 初劭與從兄靖俱有高名. 好共覈論鄉黨人物, 每月輒更其品題. 故汝南俗有月旦評焉. 擧方正·敦樸不就. 兄虔亦知名. 汝南稱平輿淵有二龍焉.**

註解 ㅇ後漢(후한)－《후한서》〈열전〉 58에 있는 이야기임. ㅇ郭太(곽태)－후한(後漢) 계휴(界休) 사람. 고대(古代)의 전적(典籍)에 널리 통하여 제자가 수천 명이나 되었다. ㅇ曹操(조조)－후한(後漢) 사람. 자는 맹덕(孟德). 권모(權謀)에 능하고 시를 잘 지었음. 헌제(獻帝) 때 재상이 되고 위왕(魏王)으로 봉함을 받음. 그의 아들 비(丕)가 제위(帝位)에 올라 무제(武帝)라 추존(追尊)했음. ㅇ靖(정)－허정(許靖). 촉한(蜀漢) 평여(平輿) 사람. 종제(從弟) 허소와 함께 이름이 알려짐. ㅇ鄉黨(향당)－향리(鄉里). ㅇ月旦評(월단평)－인물평(人物評). ㅇ方正(방정)－언행(言行)이 바르고 점잖음.

77. 하순유종(賀循儒宗)

－하순(賀循)은 세상의 유종(儒宗)이었음

《진서(晉書)》에 보면 하순(賀循)의 자는 언선(彦先)이니 회계(會稽) 산음(山陰) 사람이다. 지조가 높고 엄한 것을 숭상했다. 어릴 때부터 무리 중에 뛰어났고 말과 행동이 남보다 진보(進步)하여 반드시 예로써 사양했다.

건무(建武) 초년에 중서령(中書令)이 되고 그 위에 산기상시(散

騎常侍)를 더했으나 굳이 사양하니 고쳐서 태상(太常)에 임명했다. 이에 조정에서는 의심나고 결정할 수 없는 일은 모두 하순에게 물으니 그는 문득 의리와 예문(禮文)에 따라 대답하여 세상의 유종(儒宗)이 되었다.

原文 **晉書, 賀循字彦先, 會稽山陰人. 操尙高厲, 童亂不群. 言行進止, 必以禮讓. 建武初爲中書令, 加散騎常侍, 固辭. 改拜太常. 朝廷疑滯皆諮之. 循輒依經禮而對. 爲世儒宗.**

註解 ○晉書(진서)－《진서》〈열전〉 38에 있는 이야기임. ○太常(태상)－구경(九卿)의 하나로서 종묘(宗廟) 등의 제사를 맡은 벼슬. ○儒宗(유종)－유학자(儒學者)의 우두머리.

78. 손작재관(孫綽才冠)

—손작(孫綽)은 재주의 우두머리였다

《진서(晉書)》에 보면 손작(孫綽)의 자는 흥공(興公)이니 풍익태수(馮翊太守) 손초(孫楚)의 아들이다. 넓게 배우고 문장에 능하여 회계(會稽)에 살며 산수(山水)에서 노닌 지 10여년이 되었다. 문학에 마음을 두어 장형(張衡)과 좌사(左思)의 부(賦)를 몹시 소중히 여겼는데 항상 "좌사의 〈삼도부(三都賦)〉 장형의 〈이경부(二京賦)〉를 가리켜 오경(五經)을 배우는 데 도움이 될 것이다."라고 했다.

일찍이 〈천태산부(天台山賦)〉를 지었는데 글 솜씨가 몹시 교묘했다. 처음에 글이 이루어지자 친구 범영기(范榮期)에게 보이면서 말하기를, "그대는 시험삼아 땅에 던져 보라. 마땅히 금석(金石)의 소리가 날 것이다."라고 했다. 범영기는 말하기를, "아마도 이 금석의 소리는 궁상(宮商 : 음률)에는 맞지 않을 것이다."라고 했다. 그러나 늘 아름다운 글귀에 이르면 문득 말하기를, "응당 이것은 우리 친구들의 말이다."라고 했다.

저작랑(著作郎)이 되었다가 뒤에 정위경(廷尉卿)으로 옮겼다. 손작은 젊어서부터 글재주로 일컬어졌는데 이때 문사(文士)들은 손작으로 그 우두머리를 삼았다. 온교(溫嶠)·왕도(王導)·치초(郗超)·유량(庾亮) 등 고공(高公)이 죽으면 반드시 손작의 글을 기다려 비문(碑文)으로 삼은 연후에 돌에 새기게 되어 있었다.

原文 **晉書, 孫綽字興公, 馮翊太守楚之子. 博學善屬文. 居會稽, 遊放山水十餘年, 絶重張衡·左思賦. 每云, 三都二京, 五經之鼓吹也. 嘗作天台山賦, 辭致甚工. 初成, 以示友人范榮期云, 卿試擲地. 當作金石聲. 榮期曰, 恐此金石非中宮商. 然每至佳句, 輒云, 應是我輩語. 除著作郎. 後轉廷尉卿. 綽少以文才稱. 于時文士, 綽爲其冠. 溫·王·郗·庾諸公薨, 必須綽爲碑文, 然後刊石焉.**

註解 ㅇ晉書(진서)-《진서》〈열전〉 38에 있는 이야기임. ㅇ張衡(장형)-동한(東漢) 서악(西鄂) 사람. 이때 천하가 승평(昇平)하여 풍속이 사치를 숭상하자 장형은 〈이경부(二京賦)〉를 지어 세상을 풍간(諷諫)했다. ㅇ左思(좌사)-진(晉)나라의 시인(詩人). 〈삼도부(三都賦)〉를 10년 걸려서 지었음. ㅇ鼓吹(고취)-사기(士氣)를 북돋움. ㅇ宮商(궁상)-음률(音律). 궁상각치우(宮商角徵羽)의 오음(五音) 중 두 음을 말함.

79. 태숙변급(太叔辯給)
80. 지중사한(摯仲辭翰)

－태숙(太叔)은 말이 넉넉하고, 지중(摯仲)은 문장이 능했다

《진서(晉書)》에 의하면 지우(摯虞)의 자는 중흡(仲洽)이니 경조(京兆) 장안(長安) 사람이다. 재주와 학문이 통달하고 넓어서 저술(著述)하기를 게을리하지 않았다. 현량과(賢良科)에 급제하여 대책(對策)으로 하제(下第)에 뽑혀 중랑(中郎)에 임명되었다. 무제(武帝)가 조서(詔書)를 내려 학자들을 동당(東堂)에 모으고 책문(策問)의 시험을 쳤다. 대답이 끝나자 태자사인(太子舍人)에 발탁되어 태상경(太常卿)까지 지냈다.

지우는 성질이 선비를 사랑하고, 사람이 나타내어 천거하는 자가 있으면 항상 그것을 써주었다. 동평(東平) 태숙광(太叔廣)은 중요한 일에 맑은 말을 했는데 숙광(叔廣)의 말에 지우가 능히 대답하지 못했고 지우가 문장을 지어 논의할 때는 숙광이 능히 대답하지 못했다. 그래서 서로 비웃었거니와 세상에서는 이 두 사람의 우열을 말함에 있어 어지러웠다.

原文 **晉書, 摯虞字仲洽, 京兆長安人. 才學通博, 著述不倦. 擧賢良, 策爲下第. 拜中郎. 武帝詔會東堂策問. 對畢, 擢太子舍人, 歷太常卿. 虞性愛人, 人有表薦者, 常爲其辭. 東平太叔廣樞機淸辯. 廣談虞不能對. 虞筆廣不能答. 更相嗤笑, 紛然於世云.**

註解 ㅇ晉書(진서)－《진서》〈열전〉21에 있는 이야기임. ㅇ策(책)－

과거의 한 조목(條目)인 대책(對策). ㅇ下第(하제)—과거에서 하등으로 급제하는 것. ㅇ東堂(동당)—과거 때 강경(講經) 시험을 보던 곳.

81. 산도식량(山濤識量)

—산도(山濤)는 학식과 도량이 있었다

《진서(晉書)》에 보면 산도(山濤)의 자는 거원(巨源)이니 하내(河內) 회현(懷縣) 사람이다. 젊어서 재간과 도량이 있고 분별이 있었는데 여느 무리와 같이하지 않았다. 나이 40에 비로소 군(郡)의 상계(上計)의 속관(屬官)이 되었다. 그후 효렴(孝廉)에 천거되었다.

무제(武帝) 때 이부상서(吏部尙書)에 옮겨졌는데 전후(前後)의 선거(選擧)에 두루 인재를 등용했고 경관(京官)과 외관(外官)으로 배치했거니와 모두 재주있는 자를 얻었다. 벼슬이 우복야(右僕射)에 이르고 사도(司徒)로 증직(贈職)되었다.

처음에 산도는 집이 가난하여 아내 한씨(韓氏)에게 이르기를, "주림과 추운 것을 참으시오. 내가 뒤에는 마땅히 삼공(三公)이 될 것이외다. 다만 그대가 견뎌내어 부인(夫人)이 되고 안 될지는 알지 못하겠소."라고 했다. 그 뒤에 영화롭고 귀하게 되었으니 한씨는 정숙(貞淑)하고 근신하고 검소하고 절약했다.

배해(裵楷)가 사람을 알아보는 안목이 있었는데 일찍이 산도에게 이르기를, "마치 산에 올라 아래를 보면 그윽하여 깊고 먼 것과 같다."라 했고 왕융(王戎)도 또한 산도를 지목하여, "마치 옥덩어리에 금을 섞은 것과 같아서 사람들이 모두 그 그릇을 부러워하지만 그 그릇의 이름을 알지 못하는 것과 같다."라고 했다.

양(梁)나라 임방(任昉)이 범운(范雲)을 위한 〈양상서이부표(讓尙書吏部表)〉에서 말하기를, '위(魏)나라에 있어서는 모개(毛玠)의 공명방정(公明方正)이요 진(晉)나라에 있어서는 산도의 학식과 도량이다. 나 같은 자를 비유한다면 어찌 이렇게 멀고 넓은가?'라고 했다.

原文 晉書, 山濤字巨源, 河內懷人. 少有器量, 介然不群. 年四十始爲郡上計掾. 擧孝廉. 武帝時遷吏部尙書, 前後選擧, 周徧內外, 並得其才. 官至右僕射, 贈司徒. 初濤布衣家貧. 謂妻韓氏曰, 忍飢寒. 我後當作三公. 但不知卿堪作夫人不耳. 及居榮貴, 貞愼儉約. 裴楷有知人鑒. 嘗謂濤, 若登山臨下, 幽然深遠. 王戎亦目濤如璞玉渾金. 人皆欽其寶, 莫知名其器. 梁任昉爲范雲讓尙書吏部表云, 在魏則毛玠公方也. 居晉則山濤識量. 以臣况之, 一何遼落.

註解 ○晉書(진서)—《진서》〈열전〉 13에 있는 이야기임. ○上計(상계)—해마다 회계장부를 조정에 바치는 관청. ○右僕射(우복야)—삼사(三司)에 딸린 벼슬아치. ○任昉(임방)—양(梁)나라 박창(博昌) 사람. 젊어서 학문을 좋아하여 일찍부터 이름이 알려졌다. 무제(武帝) 때 신안태수(新安太守)가 되었는데 정치의 칭찬이 있었다. ○公方(공방)—공명(公明)과 방정(方正).

82. 모개공방(毛玠公方)

—모개(毛玠)는 공명하고 방정했다

《위지(魏志)》에 보면 모개(毛玠)의 자는 효선(孝先)이니 진류(陳留) 평구(平丘) 사람이다. 위태조(魏太祖 : 曹操)가 정승이 되자 모개는 일찍이 동조(東曹)의 연리(掾吏)가 되어 최염(崔琰)과 함께 선거(選擧)의 일을 말았는데 그가 천거하여 쓰는 사람은 모두 맑고 바른 선비여서 아무리 장한 이름이 있어도 행동이 근본에 연유하지 않는 자는 끝내 앞으로 나가지 못했으며 검소하고 꾸밈없는 사람을 쓰기에 힘썼다.

이로 인해서 선비들은 청렴한 절개로써 스스로 힘쓰고 비록 귀하고 사랑받는 신하라도 수레와 관복을 감히 법도에 지나치게 하지 못했다. 이에 위(魏)의 태조(太祖)가 탄복해 말하기를, "사람 쓰는 것이 이와 같아서 천하 사람으로 하여금 스스로 다스리게 하니 내가 다시 무엇을 하랴?"라고 했다.

문제(文帝)가 오관장(五官將)이 되어 스스로 모개가 있는 곳에 가서 친인척되는 자를 채용해 달라고 하니 모개는 대답하기를, "노신(老臣)이 능히 직책을 지키는 것으로써 다행히 죄를 면해왔습니다. 지금 천거하신 사람은 관직에 적합한 자가 아니오며 채용하지 못하겠습니다."라고 하니 당시 사람들이 그를 두려워했다.

처음에 태조가 유성(柳城)을 평정하고 얻은 물건을 나누는데 특별히 흰 병풍과 기대는 흰 안석을 특별히 모개에게 주면서 말하기를, "그대에게 옛사람의 풍도가 있기로 그대에게 옛사람이 쓰던 것을 주노라."고 했다. 모개는 높은 지위에 있으면서도 항상 무명옷에 나물밥을 먹고 상으로 받은 것은 가난한 일가에게 베풀어 주었다.

위(魏)나라가 처음 세워지자 복야(僕射)가 되어 다시 선거(選擧)의 일을 맡았다. 이때 태자(太子)가 아직 정해지지 않았는데 임치후(臨淄侯) 조식(曹植)이 사랑을 받고 있었다. 이에 모개가 비밀히 간(諫)하기를, "지난날 원소(袁紹)가 적(嫡)과 서(庶)를 분별치 못하여 계통을 뒤집고 나라를 망쳤사오니, 폐(廢)하고 세우는 큰 일은 신하가 마땅히 할 말이 아니옵니다."라고 하니 태조가 눈으로 모개를 가리키면서 말하기를, "이 사람은 옛날의 이른바 사직(司直)이요 나의 주창(周昌)이로다."라며 칭찬했다.

原文 魏志, 毛玠字孝先, 陳留平丘人. 魏太祖爲相, 玠嘗爲東曹掾, 與崔琰並典選擧. 其擧用皆清正士. 雖有盛名, 而行不由本者, 終莫得進. 務以儉率人. 由是士以廉節自勵, 雖貴寵之臣, 輿服不敢過度. 太祖歎曰, 用人如此, 使天下人自治. 吾復何爲哉. 文帝爲五官將, 親自詣玠, 屬所親眷. 玠答曰, 老臣以能守職, 幸得免戾. 今所說人非遷次. 是以不敢奉命. 請謁不行. 時人憚之. 初太祖平柳城, 班所獲器物, 特以素屛風·素馮几賜玠曰, 君有古人之風. 故賜君古人之服. 玠居顯位, 常布衣蔬食, 賞賜以振施貧族. 魏國初建, 爲僕射, 復典選擧. 時太子未定, 而臨淄侯植有寵. 玠密諫曰, 近者袁紹以嫡庶不分, 覆宗滅國. 廢立大事. 非所宜聞. 後太祖目指曰, 此古所謂國之司直, 我之周昌也.

註解 ㅇ魏志(위지)－《위지》12에 있는 이야기임. ㅇ東曹(동조)－한(漢)나라 때 벼슬 이름. 관리의 제수와 옮기는 일을 관장함. ㅇ掾(연)－연리(掾吏). 속관(屬官). ㅇ崔琰(최염)－삼국시대 위(魏)나라 무성(武城) 사람. 정현(鄭玄)에게 사사(師事)했고 원소(袁紹)가 불러서 기도위(騎都尉)에 임명했음. ㅇ袁紹(원소)－후한말(後漢末) 군웅(群雄) 중 한 사람. 기주(冀州)에 할거(割據)하여 세력을 기르더니 위(魏)의 조조(曹操)와 관도(官渡)에서 싸워 크게 패하고 병으로 죽음. ㅇ嫡庶(적서)－본처(本妻)의 아들을 적(嫡), 첩(妾)의 아들을 서(庶)라고 한다. ㅇ司直(사직)－공명정직(公明正直)을 맡았다는 뜻으로 재판관(裁判官)을 이름. ㅇ周昌(주창)－한(漢)나라 패현(沛縣) 사람. 고조(高祖)를 따라 진(秦)나라를 깨고 중위(中尉)가 되고, 또 항우(項羽)를 쳐서 공이 있어 분음후(汾陰侯)에 봉해졌다. 고조(高祖)가 태자(太子)를 폐하려고 하자 주창은 몹시 노해서 말하기를, "신(臣)은 기어이 옳지 않다고 생각합니다."라고 했다. 뒤에 조(趙)나라의 정승이 되었다.

83. 원앙극좌(袁盎卻坐)

—원앙(袁盎)이 황후(皇后)를 이끌어 앉히다

전한(前漢) 원앙(袁盎)의 자는 사(絲)이니 안릉(安陵) 사람이다. 효문제(孝文帝) 때에 중랑장(中郎將)이 되었다. 상(上)께서 상림(上林)에 거둥하자 황후(皇后)와 신부인(愼夫人)도 따라갔는데 금중(禁中)에서는 항상 같이 앉았었으므로 낭서(郎署)에 앉게 되자 원앙(袁盎)은 부인의 자리를 다소 낮게 만들어 놓았다. 부인은 노해서 즐겨 앉으려 하지 않고 상(上)께서도 역시 노해서 일어났다.

이에 원앙은 앞으로 나가 말하기를, "신(臣)이 듣자오니 높고 낮은 것이 차서가 있으면 위와 아래가 화목한다 하옵니다. 지금 폐하께서는 이미 후(后)를 세우셨는데 첩(妾)의 신분인 부인(夫人)과 어찌 같이 앉겠습니까? 또 폐하께서 사랑하신다면 후하게 물건을 주실 일입니다. 지금 폐하께서 신부인을 위하여 하시는 것은 도리어 화(禍)를 주시는 것입니다. 어찌 지난날 척부인(戚夫人)의 일을 생각하지 않으십니까?"라고 했다.

황제는 이 말을 듣고 들어가 신부인에게 이 말을 하니 부인은 원앙에게 금 50근을 하사했다. 그러나 그후로도 역시 자주 간해서 오래 조정에 있지 못했다.

原文 前漢袁盎字絲, 安陵人. 孝文時爲中郎將. 上幸上林. 皇后·愼夫人從. 其在禁中, 常同坐. 及坐郎署, 盎引卻夫人坐. 夫人怒不肯坐. 上亦怒起. 盎因前說曰, 臣聞尊卑有序, 則上下和. 今陛下旣已立后. 夫人迺妾. 主豈可同坐哉. 且陛下幸之則厚賜之. 陛下所以爲愼夫人, 適所以禍之也. 獨不見

人豕乎. 上廼說. 入語愼夫人. 夫人賜盎金五十斤. 然亦以數諫不得久居中.

註解 ㅇ前漢(전한)－《전한서》〈열전〉 19에 있는 이야기임. ㅇ中郎將(중랑장)－대궐 문과 숙위(宿衛)의 일을 맡은 벼슬의 장관(長官). ㅇ上林(상림)－대궐 안의 동산. ㅇ郎署(낭서)－상림원(上林苑) 안에 있는 직위서(直衛署). ㅇ人豕(인시)－척부인(戚夫人). 한(漢)나라 고조(高祖)가 사랑하던 여인. 고조가 죽은 후에 여후(呂后)에게 돼지처럼 죽어가는 엄한 형벌을 받음.

84. 위관무상(衛瓘撫牀)

－위관(衛瓘)이 임금의 걸상을 어루만지다

《진서(晉書)》에 보면 위관(衛瓘)의 자는 백옥(伯玉)이니 하동(河東) 안읍(安邑) 사람이다. 무제(武帝) 때에 사공(司空)의 자리로 옮겼는데 정치하는 것이 맑고 간단하고 요령이 있어 조야(朝野)의 평판을 많이 얻었다. 혜제(惠帝)가 아직 태자(太子)의 자리에 있을 때 조정 신하들이 모두 이르기를, "순수한 바탕이어서 능히 정사를 친히 볼 수 없으실 것 같다."라고 했다. 이에 위관은 항상 이 말을 아뢰어서 폐태자(廢太子)하게 하려 했으나 감히 말을 꺼내지 못했다.

뒤에 마침 능운대(凌雲臺)에서 잔치를 벌였는데 위관은 술취한 것을 핑계하고 황제의 걸상 앞에 꿇어앉아 말하기를, '신(臣)이 아뢰올 말씀이 있습니다'라고 말을 하려다가 그만두기를 세 번 —. 결국에는 손으로 걸상을 어루만지면서 말하기를, "이 자리가 참 아깝습니다."라고 했다.

이에 황제는 깨달았지만 짐짓 못들은 척하고 말하기를, "공(公)은 정말 크게 취했는가?"라고 했는데 위관은 다시 아무 말도 하지 않았다. 태자비인 가씨(賈氏)가 이 때문에 원망했다. 위관이 뒤에 늙었음을 고하자 태보(太保)의 지위에 올라 집으로 돌아갔다. 혜제가 즉위하자 상서사(尙書事)에 임명했으나, 가후가 본래 위관을 원망하고 그의 바르고 곧은 것과 자기의 음란하고 사나운 것을 받아주지 않는 것을 꺼려서 황제에게 아뢰어 조서(詔書)를 써서 위관의 벼슬을 빼앗고 드디어 해를 입혔다.

原文 **晉書, 衛瓘字伯玉, 河東安邑人. 武帝時遷司空. 爲政清簡, 甚得朝野聲譽. 惠帝爲太子, 朝臣咸謂純質不能親政事. 瓘每欲陳啓廢之, 而未敢發. 後會宴凌雲臺. 瓘託醉, 因跪帝床前曰, 臣欲有啓. 欲言而止者三. 因以手撫床曰, 此座可惜. 帝悟, 因謬曰, 公眞大醉邪. 瓘不復有言. 賈后由是怨之. 後告老. 進位太保就第. 惠帝立, 以瓘錄尚書事. 賈后素怨瓘, 且忌其方直不得騁己淫虐, 啓帝作詔, 免瓘官. 遂被害.**

註解 ㅇ晉書(진서)—《진서》〈열전〉 6에 있는 이야기임. ㅇ司空(사공)—삼공(三公)의 하나로서 토지(土地)와 민사(民事)를 맡은 벼슬 이름. ㅇ朝野(조야)—조정과 민간. ㅇ凌雲臺(능운대)—높다란 대(臺)의 이름. ㅇ賈后(가후)—한(漢)나라 혜제(惠帝)의 비(妃). 혜제가 태자(太子)일 때 비(妃)로 책봉되었다가 혜제가 즉위하자 황후(皇后)가 되었는데 투기가 많고 사나워서 많은 사람을 죽였다.

85. 우공고문(于公高門)

—우공(于公)은 높은 문(門)이었다

전한(前漢) 우정국(于定國)의 자는 만청(曼倩)이니 동해(東海)

염현(郯縣) 사람이다. 그 아버지 우공(于公)이 현(縣)의 옥사(獄史)와 군(郡)의 결조(決曹)가 되었는데 옥(獄)의 일을 결정하는 것이 공평해서 법에 걸린 자로서 우공의 판결을 받은 자는 모두 원망하지 않았다. 이에 고을 안에서 그가 살아있을 때 사당을 세우고 제사를 지냈다. 처음에 우공이 살던 마을 입구의 문이 무너져서 부로(父老)들이 함께 수리하고자 했다.

이에 우공이 이르기를, "조금 높고 크게 출입문을 만들어서 네 필의 말과 높은 일산을 받치는 고급 수레가 출입하게 하오. 내가 옥사(獄事)를 처리하는데 음덕(陰德)이 많아서 일찍이 원망하는 자가 없었으니 자손 중에 반드시 출세하는 자가 있을 것이오."라고 했다.

그후 아들 우정국에 이르러 선제(宣帝) 때에 승상(丞相)이 되고 서평후(西平侯)에 봉해졌으며 그 아들 영(永)이 어사대부(御史大夫)가 되고 후(侯)에 봉해져서 대대로 세상에 전해졌다.

原文 **前漢于定國字曼倩, 東海郯人. 其父于公爲縣獄史郡決曹. 決獄平. 罹文法者, 于公所決皆不恨. 郡中爲之生立祠. 始其閭門壞. 父老方共治之. 于公謂曰, 小高大閭門, 令容駟馬高蓋車. 我治獄多陰德. 未嘗有所寃. 子孫必有興者. 至定國, 宣帝時爲丞相, 封西平侯. 子永爲御史大夫, 封侯傳世云.**

註解 ㅇ前漢(전한)—《전한서》〈열전〉 41에 있는 이야기임. ㅇ決曹(결조)—주로 법을 다스리는 일을 주장했음. ㅇ陰德(음덕)—세상에 알려지지 않은 덕행(德行).

86. 조삼취장(曹參趣裝)

-조삼(曹參)이 행장(行裝)을 재촉하다

전한(前漢)의 조삼(曹參)은 패현(沛縣) 사람이다. 고조(高祖)를 따라 공이 있어 할부(割符)를 내렸고 평양후(平陽侯)를 삼았다. 고조가 장자(長子) 비(肥)로 제왕(齊王)을 삼고 조삼으로써 그 상국(相國)을 삼았는데 9년동안 제나라를 잘 다스리어 백성들은 편안했다. 그 까닭에 어진 정승이라고 일컬었다.

소하(蕭何)가 죽자 조삼이 이 소식을 듣고 집사람에게 말하여 행장(行裝)을 재촉하게 하고 말하기를, "내가 이제 정승으로 들어갈 것이다."라고 하더니 얼마 안되어 과연 조삼을 불러 소하를 대신하여 정승을 삼았는데 일처리하는 것을 변경하는 것이 없이 한결같이 소하의 약속한 대로 좇아서 했다.

조삼이 죽자 백성들이 노래하기를, '소하가 정승이 되자 화합하기를 한결같이 하고, 조삼이 대신하자 지키고 잃지 않아서, 그 맑고 깨끗한 것을 역사에 실리고 백성들이 이로써 하나같이 편안하네'라고 했다.

原文 前漢曹參沛人. 從高祖有功. 割符封平陽侯, 高祖以長子肥爲齊王, 以參爲相國. 九年齊國安集, 大稱賢相. 蕭何薨. 參聞之, 告舍人, 趣治行. 吾且入相. 居無何, 果召參. 參代何爲相, 擧事無所變更, 一遵何之約束. 參薨. 百姓歌之曰, 蕭何爲相, 講若畫一. 曹參代之, 守而勿失. 載其淸淨, 民以寧一.

註解 ㅇ前漢(전한)－《전한서》〈열전〉 9에 있는 이야기임. ㅇ相國(상국)－재상의 통칭(通稱). ㅇ蕭何(소하)－고조(高祖)를 도와 천하를 다스리고 찬후(酇侯)가 됨. 한(漢)나라의 율령(律令)은 주로 그가 제정한 것임.

87. 서녀진풍(庶女振風)

－서녀(庶女)가 바람을 떨쳤다

《회남자(淮南子)》에 말하기를, '억울하게 죽은 서민의 딸[庶女]이 하늘에 고하자 우레와 번개가 내려져서 경공(景公)이 놀라 대(臺)에서 떨어지고 사지(四肢)와 몸이 상하여 부러지고 바닷물이 크게 일어 해일(海溢)이 일어났다'라고 했다.

허신(許愼)은 말하기를, 서천(庶賤)한 여자는 제(齊)나라 과부(寡婦)로서 자식이 없는데도 시집가지 않고 시어미 섬기기를 삼가고 공경히 했다. 그 시어미에게는 사내아이는 없고 딸만 있었다. 딸은 어미의 재물을 탐내어 어미를 꾀어 과부 며느리를 재가시키라고 했으나 며느리는 끝내 듣지 않았다. 딸은 은밀히 어미를 죽이고 며느리가 죽였다고 호소했다. 며느리는 자신의 무죄를 밝히지 못한 채 원통함이 사무쳐서 하늘에 고한 것이라고 했다.

原文 **淮南子曰, 庶女告天, 雷電下擊, 景公臺隕, 支體傷折, 海水大出. 許愼曰, 庶賤之女, 齊之寡婦. 無子不嫁. 事姑謹敬, 姑無男有女, 女利母財, 令母嫁婦. 婦終不肯. 女殺母以誣. 婦不能自明, 寃結告天.**

註解 ㅇ淮南子(회남자)－한(漢)나라 회남왕(淮南王) 유안(劉安)이 지

은 책. 주로 노장(老莊)의 도(道)로서 고금의 치란(治亂)·천문(天文)·이학(理學) 등을 설명했다. 《회남자》〈남명훈(覽冥訓)〉에 있는 이야기임. ㅇ庶女(서녀)－첩의 몸에서 난 딸. 여기서는 서민의 여인이란 뜻임. ㅇ景公臺(경공대)－경공(景公)의 대(臺). 경공은 춘추시대 송(宋)나라의 임금. 성(姓)은 희(姬). 이름은 두만(頭曼). ㅇ許愼(허신)－동한(東漢)의 여남(汝南) 소릉(召陵) 사람. 자는 숙중(叔重). 성질이 순박·돈독하고 널리 경적(經籍)에 능통했다.

88. 추연강상(鄒衍降霜)

－추연(鄒衍)이 서리를 내리게 하다

연(燕)나라 추연(鄒衍)이 연(燕)나라 혜왕(惠王)을 섬기는데 좌우 사람들이 참소하여 옥(獄)에 갇히었다. 이에 하늘을 우러러 우니, 더운 여름인데 하늘에서 서리를 내렸다. 강엄(江淹)의 글에 말하기를, '천한 신하가 한을 품으면 공중에 나는 서리가 연(燕)나라 땅을 치고, 서녀(庶女)가 하늘에 고하면 떨치는 바람이 제(齊)나라 궁전을 엄습한다'라고 했다.

原文 **燕鄒衍事燕惠王. 左右譖之. 被繫於獄, 仰天而哭. 盛夏天爲之降霜. 江淹書曰, 昔者賤臣叩心, 飛霜擊於燕地, 庶女告天, 振風襲於齊堂.**

註解 ㅇ燕鄒衍(연추연)－여기서부터 강상(降霜)까지가 《회남자(淮南子)》에 있는 글임. ㅇ譖(참)－남을 헐뜯어 윗사람에게 일러바침. ㅇ江淹(강엄)－남조(南朝) 고성(考城) 사람. 자는 문통(文通). 벼슬이 금자광록대부(金紫光祿大夫)에 이르고, 예릉후(醴陵侯)에 봉해짐.

89. 범염생진(范冉生塵)

-범염(范冉)에게서 티끌이 난다

후한(後漢)의 범염(范冉)은 자가 사운(史雲)이니 진류(陳留) 외황(外黃) 사람이다. 가르침을 받아 경서(經書)에 통했는데 시속(時俗)을 어기기를 좋아하고 풍속을 끊고 정도에 어긋나는 행동을 했다. 항상 양백란(梁伯鸞)과 민중숙(閔仲叔)의 사람됨을 사모하여 환제(桓帝) 때 내무장(萊蕪長)이 되었는데 어머니 초상을 당했던지라 벼슬길에 나가지 않았다.

뒤에 태위부(太尉府)에서 불렀는데 몹시 급한 성질을 고치고자 항상 부드러운 가죽을 허리에 차고 다녔다. 조정에 나갔더니 의논하는 자가 시어사(侍御史)를 삼고자 했는데 사양하고 양(梁)나라와 패현(沛縣) 사이로 도망했다.

저자에서 점을 치며 살다가 고향사람이 금고(禁錮)를 당하자 자신에게도 불똥이 튈 것을 염려하여 마침내 조그만 수레에 처자(妻子)를 싣고 밀면서 물건을 주워서 스스로 살림의 비용으로 삼고 혹 여관에서 쉬기도 하고 혹 나무 그늘에 의지해 자기도 했다.

이렇게 10여 년을 지내다가 비로소 풀로 집을 얽어가지고 지내는데 때로 양식이 떨어지는 등 궁하게 지내면서 스스로 태연했다. 이에 마을 사람들이 노래하여 말하기를, '시루 속에 먼지가 생기는 범사운(范史雲)이요, 솥 속에 물고기가 생기는 범내무(范萊蕪)라'고 했다.

原文 後漢范冉字史雲, 陳留外黃人. 受業通經. 好違時絶俗, 爲激詭之行. 常慕梁伯鸞·閔仲叔之爲人. 桓帝時爲萊蕪

長, 遭母憂, 不到官. 後辟大尉府. 以狷急, 常佩韋於朝. 議者欲以爲侍御史. 因遁逃梁沛閒, 賣卜於市. 遭黨人禁錮, 遂推鹿車載妻子, 捃拾自資. 或寓息客廬, 或依宿樹蔭. 如此十餘年. 乃結草室而居. 有時絶粒, 窮居自若. 閭里歌之曰, 甑中生塵范史雲, 釜中生魚范萊蕪.

註解 ㅇ後漢(후한)－《후한서》〈열전〉71 독행전(獨行傳)에 있는 이야기임. ㅇ梁伯鸞(양백란)－백란(伯鸞)은 양홍(梁鴻)의 자. 후한(後漢) 평릉(平陵) 사람. 젊어서 외롭고 가난했는데도 기절(氣節)이 있었고 자라면서 널리 여러 서적을 두루 섭렵하고 장구(章句)에는 일삼지 않았다. 아내 맹광(孟光)과 함께 산속에 숨어 살았다. ㅇ閔仲叔(민중숙)－후한(後漢) 태원(太原) 사람 민공(閔貢)의 자가 중숙(仲叔)임. 세상에서 절사(節士)라고 일컬음. 처음에 후패(侯覇)의 부름을 받아 나가서 정사를 보았으나 한갓 애만 쓸 뿐이므로 중숙(仲叔)은 한탄하던 끝에 벼슬을 버리고 나그네로 떠돌다가 세상을 마쳤다. ㅇ賣卜(매복)－남의 길흉(吉凶)을 점쳐 주고 돈을 받음. ㅇ禁錮(금고)－감옥 안에 가두어 두고 일을 시키지 않는 자유형(自由刑). ㅇ范史雲(범사운)－범염(范冉)의 자. ㅇ范萊蕪(범내무)－범염(范冉)의 별명. 그가 내무(萊蕪) 고을의 장(長)을 지냈으므로 이렇게 부름.

90. 안영탈속(晏嬰脫粟)

－안영(晏嬰)은 겨우 껍질만 벗긴 좁쌀을 먹었다

《안자춘추(晏子春秋)》에 말하기를, '안영(晏嬰)의 자(字)는 평중(平仲)이니 제(齊)나라 정승이 되었는데 항상 겨우 껍질만 벗긴 좁쌀을 먹고 여러 가지 반찬을 먹지 않았다'고 했다.

原文 **晏子春秋曰, 晏嬰字平仲. 爲齊相. 常食脫粟米, 不**

重味.

註解 ㅇ晏子春秋(안자춘추)－제(齊)나라 안영(晏嬰)의 언행(言行)을 기록한 책. 저자(著者) 미상(未詳). 이 이야기는 〈내편(內篇)〉 잡하(雜下) 제6에 있음.

91. 힐분흥위(詰汾興魏)

－힐분(詰汾)이 위(魏)나라를 세우다

《북사(北史)》에 보면, 위(魏)나라 성무황제(聖武皇帝)의 휘(諱)는 힐분(詰汾)인데 일찍이 산과 늪에서 사냥하다가 보니 덮개 있는 수레가 하늘로부터 내려왔다. 수레가 땅에 이르렀고 아름다운 부인 하나가 스스로 일컫기를 하늘에 사는 여자라 하고 천제(天帝)의 명령을 받았다고 했는데 서로 짝이 되어 하룻밤을 잤다. 아침이 되자 돌아가기를 청하면서 1년 후 이때에 다시 여기에서 만나자는 말을 마치고 작별했다.

1년이 되어 황제(힐분)가 먼저 사냥하던 곳에 이르니 과연 하늘의 여인이 왔고 자기가 낳은 아들을 황제에게 주면서 말하기를, "이것은 그대의 아들인데 이 세상에서 제왕(帝王)이 될 것이오."라는 말을 마치자 가버렸다. 이가 곧 시조(始祖) 신원황제(神元皇帝)인데 그런 까닭에 당시 사람들의 속담에 '힐분황제는 처가(妻家)가 없고, 역미(力微)황제는 외가(外家)가 없네'라고 했다. 역미는 신원황제의 휘(諱)이다.

原文 **北史, 魏聖武皇帝諱詰汾. 嘗田於山澤, 見輜軿自天而下. 旣至, 見美婦人. 自稱天女, 受命相偶. 旦日請還, 期年**

周時復會于此. 言終而別. 及期, 帝至先田處, 果見天女. 以所生男授帝曰, 此君之子也. 當世爲帝王. 語訖而去. 卽始祖神元皇帝也. 故時人諺曰, 詰汾皇帝無婦家. 力微皇帝無舅家. 力微神元諱.

註解 ㅇ北史(북사)－당(唐)나라 이연수(李延壽)가 지은 책이름. 모두 1백권으로서 북조(北朝)의 위(魏)·북제(北齊)·주(周)·수(隋)나라 등 4조(朝) 242년간의 사실(史實)을 편찬한 것임. 이 이야기는 〈본기(本紀)〉 권1에 있는 것임. ㅇ諱(휘)－높은 이의 이름을 부르기를 피함. 곧 높은 이의 죽은 후의 이름.

92. 별령왕촉(鼈令王蜀)

－별령(鼈令)이 촉왕(蜀王)이 되다

《촉왕본기(蜀王本記)》에 말하기를, 형(荊) 땅 사람 별령(鼈令)이 죽어서 그 시체가 강물에 떠내려갔는데 사람들이 수색했으나 찾지를 못했다. 그런데 시체는 강물을 거슬러 올라가 성도(成都)에 이르렀다. 그리고 별령은 촉왕 두우(杜宇)를 만나는데 촉왕은 별령을 세워 정승을 삼았다.

한편 두우는 망제(望帝)라고 불렸다. 그러나 스스로 자기의 덕(德)이 별령만 못하다 하여 그 나라를 별령에게 물려주니 그가 개명제(開明帝)이다. 개명제로부터 아래로 5대에 이르러 개명상(開明尙)이 있었는데 비로소 제(帝)라는 칭호를 없애고 다시 왕(王)이라 일컬었다.

原文 蜀王本記曰, 荊人鼈令死. 其屍流亡, 隨江水上至成都, 見蜀王杜宇. 立以爲相. 杜宇號望帝. 自以德不如鼈令. 以其國禪之. 開明帝下至五代, 有開明尙始去帝號, 復稱王.

註解 ㅇ蜀王本記(촉왕본기)－촉(蜀)나라 왕에 대해 기록한 책. 고주(古注) 《몽구(蒙求)》에는 《촉왕본기(蜀王本紀)》로 적고 있는데 이것이 맞는다. 양웅(揚雄) 찬(撰)이라고 한다. ㅇ杜宇(두우)－촉(蜀)나라 망제(望帝)의 이름. 죽은 후 그의 혼이 두견(杜鵑) 새가 되었다는 고사(故事)에서 두견의 이칭(異稱)으로 되었음.

93. 불의무금(不疑誣金)

－불의(不疑)가 금(金)으로 속이다

전한(前漢)의 직불의(直不疑)는 남양(南陽) 사람이다. 낭관(郎官)이 되어 문제(文帝)를 섬기는데 그 같은 방에 있는 사람이 휴가를 얻어 집에 돌아가면서 잘못하여 그 같은 방 사람의 금(金)을 가지고 갔다.

같은 숙사(宿舍)에 있는 낭관이 금이 없어진 것을 알고 불의(不疑)를 의심하자 불의는 그 말을 듣고 금을 사서 갚아주었다. 그런 뒤에 집에 갔던 자가 돌아와서 금을 돌려주니 금을 잃은 낭관(郎官)은 크게 부끄러워하여 이 때문에 불의를 덕망이 있는 사람이라고 일컫게 되었다.

차츰 중대부(中大夫)에 옮겨지자 조정에서 보는 사람이 혹 헐뜯기를 "불의는 얼굴 모습이 몹시 아름다운데 그러나 형수(兄嫂)와 사통(私通)하기를 잘하는 것은 무슨 까닭인가?"라고 했다. 불의는 이 말을 듣고 말하기를, "나는 형(兄)이 없다."라고 했을 뿐 끝내 스스로 밝히지 않았다. 경제(景帝) 말년에 어사대부(御史大夫)가 되었다.

原文 **前漢直不疑南陽人. 爲郎事文帝. 其同舍有告歸, 誤持其同舍郞金去. 已而同舍郞覺亡, 意不疑. 不疑謝有之, 買金償. 後告歸者至而歸金. 亡金郞大慙. 以此稱爲長者. 稍遷中大夫. 朝廷見, 人或毁曰, 不疑狀貌甚美. 然善盜嫂何也. 不疑聞曰, 我乃無兄. 然終不自明, 景帝末爲御史大夫.**

註解 ㅇ前漢(전한)-《전한서》〈열전〉 16에 있는 이야기임. ㅇ郞(낭)-낭관(郞官). 상서(尙書)를 보좌하여 정부에 근무하는 관원.

94. 변화읍옥(卞和泣玉)

-변화(卞和)가 옥을 보고 울다

《한비자(韓非子)》에 말하기를, 초(楚)나라 화씨(和氏)가 초산(楚山) 속에서 옥덩어리를 얻어 여왕(厲王)에게 바쳤다. 왕(王)은 옥 다듬는 사람을 시켜 살펴보라고 했는데 그 사람은 돌이라고 했다. 이에 왕은 화씨가 속였다 하여 좌편 발꿈치를 베었다. 뒤에 무왕(武王)이 즉위하자 화씨가 또 옥을 바쳤다. 무왕도 옥 다듬는 사람에게 살펴보도록 했는데 또 돌이라고 했다. 무왕 역시 화씨가 속였다 하여 그 우편 발꿈치를 잘랐다.

문왕(文王)이 즉위하자 화씨는 그 옥덩어리를 안고 초(楚)나라 산 밑에서 사흘 낮 사흘 밤을 울었더니 울음이 다하여 계속해서 피가 나왔다. 문왕이 이 말을 듣고 사람을 시켜 그 까닭을 물어 말하기를, "천하에 발꿈치를 베인 자가 많은데 그대는 어찌해서 그렇게 슬피 우느냐?"라고 했다. 화씨는 말하기를, "저는 발꿈치 벤 것을 슬퍼하는 것이 아니고 보배스러운 옥을 돌이라 하고 곧은 선비를 속였다고 한 것이 곧 저를 슬프게 한 것입니다."라고 했다. 이에 왕은 옥 다듬는 사람을 시켜 그 옥을 다듬게 하여 보물을 얻었다. 그리고 이것을 '화씨벽(和氏璧)'이라고 했다.

原文 **韓非子曰, 楚人和氏得玉璞楚山中, 奉獻厲王. 王使玉人相之. 曰, 石也. 王以和爲詐而刖其左足. 及武王卽位, 和又獻之. 王使玉人相之. 又曰, 石也. 王又以和爲詐而刖其右足. 文王卽位. 和乃抱其璞而哭於楚山之下三日三夜, 泣盡而繼之以血. 王聞之, 使人問其故曰, 天下刖者多矣. 子奚哭之悲. 和曰, 吾非悲刖也. 悲夫寶玉而題之以石, 貞士而名之以詐. 此吾所以悲也. 王乃使玉人理其璞而得寶焉. 遂命曰和氏之璧.**

註解 ㅇ韓非子(한비자)－한비(韓非)가 지은 책. 모두 20권. 원이름은 《한자(韓子)》였으나 후세에 당(唐)나라 한유(韓愈)를 한자(韓子)라 부르는 것과 구별하기 위하여 《한비자(韓非子)》라 일컫게 된 것임. 책 내용은 형명사상(刑名思想)의 제창(提唱)임.

95. 단경목후(檀卿沐猴)

－단경(檀卿)이 원숭이 춤을 추다

전한(前漢) 평은후(平恩侯) 허백(許伯)이 과거에 급제(及第)하자 승상(丞相)과 어사(御史)와 장군과 고급관료가 모두 하례했다. 이때 관요(寬饒)는 사예교위(司隸校尉)로 있었는데 가지 않았다가 허백이 청해서야 비로소 나갔다.

이에 술이 얼근해지고 풍류를 울리자 장신소부(長信少府) 단장경(檀長卿)이 일어나 춤을 추는데 원숭이가 되어 개와 싸우는 시늉을

냈다. 앉아있던 사람이 모두 크게 웃었다.

그러나 관요는 기뻐하지 않고 그대로 일어나 빨리 나가서 탄핵하여 아뢰기를 "장신소부(長信少府)가 반열의 높은 벼슬아치로서 원숭이 춤을 추었으니 예(禮)를 어기고 공손하지 못했습니다."라고 하자 선제(宣帝)가 죄를 주려고 했다. 그래서 허백이 사과했으며 비로소 풀렸다.

관요의 자는 차공(次公)이니 위군(魏郡) 사람이다. 경서에 밝고 효렴(孝廉)에 급제하여 낭관(郎官)이 되었다. 행동이 방정(方正)하고 대책(對策)에 1등으로 합격했다. 사람됨이 강직(剛直)하고 높은 지조가 있고 뜻이 봉공(奉公)에 있었다. 그러나 사람 해치는 것을 좋아하고 또 말로 남을 나무라는 것을 좋아하고 또 윗사람의 뜻을 범하는 것을 좋아했다.

이때 상(上)께서 바야흐로 형벌의 법을 쓰고 환관(宦官)을 믿어 일을 맡겼는데 관요는 아뢰기를 "지금 성인(聖人)의 도가 폐해지고 유교(儒教)의 학문이 행해지지 않사옵고, 죄수 출신인 환관으로 주공(周公)·소공(召公)을 삼고 법률만능으로서 《시경》《서경》을 삼습니다."하고, 또 한씨(韓氏)의 《역전(易傳)》을 인용해서 말하기를, "오제(五帝)는 천하에 벼슬을 하고 삼왕(三王)은 천하를 집으로 삼았습니다. 집으로써 아들에게 전하고 벼슬은 어진이에게 전했사옵구요. 그것은 마치 사시(四時)가 순서대로 돌아오듯이 공을 이룬 자는 떠나가고 덕이 있는 자가 이를 잇게 되는 것입니다."라고 했다. 이에 상(上)께서는 말이 주상을 원망하고 비방했다 하여 드디어 옥리에게 넘기니 이에 스스로 목을 베어 죽었다.

原文 前漢平恩侯許伯入第. 丞相·御史·將軍·中二千石皆賀. 蓋寬饒爲司隸校尉不行. 許伯請之廼往. 酒酣樂作. 長信少府檀長卿起舞, 爲沐猴餘狗鬪. 坐皆大笑. 寬饒不說. 因起趍出劾奏, 長信少府以列卿而沐猴舞, 失禮不敬. 宣帝欲罪少府. 許伯爲謝迺解. 寬饒字次公, 魏郡人. 明經, 以孝廉爲郎. 擧方正, 對策高第. 爲人剛直高節, 志在奉公. 然深刻喜陷害人, 又好言事刺譏, 奸犯上意. 時上方用刑法, 信任宦官. 寬饒奏曰, 方今聖道寖廢, 儒術不行, 以刑餘成周召, 以法律爲詩書. 又引韓氏易傳言, 五帝官天下, 三王家天下. 家以傳子官以傳賢. 若四時之運, 功成者去. 上以其怨謗, 遂下吏. 自剄.

註解 ○前漢(전한)－《전한서》〈열전〉 47에 있는 이야기임. ○孝廉(효렴)－효행(孝行)이 있는 사람과 청렴한 사람. 한(漢)나라 무제(武帝)가 고을에서 효행이 있는 사람과 청렴한 사람을 매년 한 명씩 천거한 일로 인연하여 그후로 과거보는 사람을 일컫게 됨. ○對策(대책)－과거에서 정치 또는 경의(經義)에 관한 문제를 내어 그 답안을 쓰게 하는 일. ○周召(주소)－주(周)나라의 주공(周公)과 소공(召公)을 말함. 이들은 모두 성왕(成王)을 도운 사람들. ○易傳(역전)－《역경(易經)》의 주해서(註解書). ○五帝(오제)－삼황(三皇)의 다음으로 대를 이은 다섯 사람의 성천자(聖天子). 곧 소호(少昊)·전욱(顓頊)·제곡(帝嚳)·요(堯)·순(舜). ○三王(삼왕)－하(夏)나라의 우왕(禹王)과 은(殷)나라의 탕왕(湯王)과 주(周)나라의 문왕(文王)·무왕(武王). 문왕과 무왕은 부자간이므로 한 임금으로 봄.

96. 사상구욕(謝尙鴝鵒)

－사상(謝尙)이 수리부엉이 춤을 추다

진(晉)나라 사상(謝尙)의 자(字)는 인조(仁祖)이니 8세에 정신이 지혜롭고 일찍이 학업이 이루어졌다. 그 아버지 사곤(謝鯤)이 일찍이 그를 데리고 손님을 배웅하는데 어떤 사람이 말하기를 "이 아이는 한 좌석의 안회(顔回)가 될 것이오."라고 하니 사상은 말하기를 "이 자리에 이부(尼父)가 없는데 어찌 안회를 작별한단 말이오."라고 하니 그 좌석의 손님들이 모두 탄복하고 이상히 여겼다.

자라나면서 음악(音樂)에 능하고 모든 재주를 모으니 왕도(王導)는 왕융(王戎)에게 비하고 장성한 왕융이 소안풍후(小安豐侯)가 된 것에 비유했다. 왕도가 불러서 속관(屬官)을 삼았다. 처음 부(府)에 이르러 명함을 내미는데 왕도는 손님들을 청하여 연회를 베풀고 있었는데 말하기를, "들으니 그대가 능히 부엉이 춤을 춘다고 하니 좌중 사람들을 위해 한번 추어 보오."라고 하자 사상은 문득 옷과 머리에 쓰는 수건을 차리고 춤을 추었다.

이에 왕도는 좌중 사람으로 하여금 손바닥을 어루만지면서 무릎을 치게 하니 사상은 그 속에서 굽어보고 우러러보면서 곁에 사람이 없는 것처럼 하니 그 참으로 솔직함이 이와 같았다. 마지막에는 위장군(衛將軍)과 산기상시(散騎常侍)가 되었다.

原文 **晉謝尚字仁祖. 八歲神悟夙成. 其父鯤嘗携之送客. 或曰, 此兒一座之顔回也. 尚曰, 坐無尼父焉. 焉別顔回. 席賓歡異. 及長善音樂, 博綜衆藝. 王導比之王戎. 長呼爲小安豐. 辟爲掾. 始到府通謁, 導以其有勝會, 謂曰, 聞君能作鴝鵒舞. 一座傾想. 尚著衣幘而舞. 導令坐者撫掌擊節. 尚俯仰其中, 旁若無人. 其率詣如此. 終衛將軍 · 散騎常侍.**

註解 ㅇ晉(진)－《진서》〈열전〉 49에 있는 이야기임. ㅇ顔回(안회)－공자(孔子)의 제자로서 십철(十哲)의 으뜸. 노(魯)나라 사람. 자는 자연(子淵), 안빈낙도(安貧樂道)하여 덕행(德行)으로 이름이 높았음. ㅇ尼父(이부)－공자의 존칭. 공자의 자가 중니(仲尼)이기에 이처럼 말한 것. ㅇ小安豐(소안풍)－왕융(王戎)이 안풍후(安豐侯)에 봉해졌으므로 이름.

97. 태초일월(太初日月)

—태초(太初)는 해와 달이 품으로 들어오는 것 같다

《위지(魏志)》에 의하면 하후현(夏侯玄)의 자는 태초(太初)이니 패국(沛國) 초현(譙縣) 사람이다. 젊어서부터 이름이 알려져서 약관(弱冠)에 황문시랑(黃門侍郎)이 되었는데 일찍이 대궐에 나가서 뵙고 황후(皇后)의 아우 모증(毛曾)과 같이 앉았는데 하후현은 이를 부끄러워하여 기뻐하지 않는 빛이 얼굴에 나타나니 명제(明帝)가 이에 원한을 품었다. 그리하여 우림감(羽林監)으로 좌천(左遷)되었다.

《세설신어(世說新語)》에 이르기를 '모증과 하후현이 같이 앉았는데 당시 사람들이 이르기를 갈대가 독나무에 의지한 것과 같다'라고 하고 또 말하기를, '밝고 밝아서 마치 해와 달이 품으로 들어오는 것과 같다'라고 했다.

原文 **魏志, 夏侯玄字太初, 沛國譙人. 少知名. 弱冠爲黃門侍郎. 嘗進見, 與皇后弟毛曾並坐. 玄恥之, 不悅形於色. 明帝恨之, 左遷羽林監. 世說曰, 曾與玄共坐. 時人謂蒹葭倚玉樹, 又云, 朗朗如日月之入懷.**

註解 ㅇ魏志(위지)—위(魏)나라의 역사 기록. ㅇ黃門侍郞(황문시랑)—대궐문을 지키는 관원의 우두머리. ㅇ左遷(좌천)—관등(官等)을 떨어뜨림. ㅇ蒹葭倚玉樹(겸하의옥수)—보잘것없는 사람이 훌륭한 사람에게 붙다. 모증(毛曾)을 비유함. ㅇ朗朗(낭랑)—밝게 빛남. 하후현(夏侯玄)에 비유함.

98. 계야양추(季野陽秋)

—계야(季野)는 가죽 속에 봄과 가을이 있다

진(晉)나라 저부(褚裒)의 자(字)는 계야(季野)이니 하남(河南) 양적(陽翟) 사람으로서 강제(康帝) 헌황후(獻皇后)의 아버지다. 젊어서 간결하고 귀한 풍도가 있어서 두예(杜乂)와 함께 모두 큰 이름이 있어 중흥(中興)의 우두머리였다.

환이(桓彝)가 지목해 말하기를 "계야는 마음속에 춘추(春秋)의 기운이 있다."라고 했으니 이는 밖으로는 남의 선악을 말하지 않지만 안으로는 상주고 깎아내리는 것이 있다는 말이다. 사안(謝安)도 역시 참으로 소중히 여겨 항상 말하기를 "저부는 비록 말하지 않지만 사시(四時)의 기운이 역시 갖추어졌다."고 했다. 벼슬이 정북대장군(征北大將軍)에 이르렀다.

原文 **晉褚裒字季野, 河南陽翟人, 康獻皇后父也. 少有簡貴之風. 與杜乂俱有盛名, 冠于中興. 桓彝目之曰, 季野有皮裏陽秋. 言其外無臧否而內有所褒貶也. 謝安亦雅重之. 常云, 裒雖不言, 而四時之氣亦備矣. 仕至征北大將軍.**

註解 ㅇ晉(진)—《진서》〈열전〉 63에 있는 이야기임. ㅇ杜乂(두예)—진(晉)나라 사람. 자는 홍리(弘理). 성질이 부드럽고 화락하며 얼굴이 아름다워서 명성(名聲)이 강좌(江左)에 소문났었는데 벼슬이 단양승(丹陽丞)에 이르렀다. ㅇ中興(중흥)—쇠퇴한 국가나 집안 등을 일으킴. ㅇ桓彝(환이)—진(晉)나라 용항(龍亢) 사람. 자는 무륜(茂倫). 성질이 통달하고 명랑하여 인륜(人倫)의 식감(識鑒)이 있었다. 소준(蘇峻)의 반란에 환이가 군사를 일으켜 치다가 해를 입음. ㅇ謝安(사안)—동진(東

晉) 중기(中期)의 명신(名臣). 자는 안석(安石). 늦게 벼슬하여 환온(桓溫)의 사마(司馬)가 되고 마침내 태보(太保)에 이름.

99. 순진덕성(荀陳德星)

—순숙(荀淑)과 진식(陳寔)의 집에 덕성(德星)이 보이다

《이원(異苑)》에 보면 진식(陳寔)의 자는 중궁(仲弓)이요 순숙(荀淑)의 자는 계화(季和)이다. 중궁이 여러 아들·조카들과 함께 계화의 부자(父子)에게 가서 의견을 의논하는데 이때 천계(天界)에서 덕성(德星)이 모여들었다. 이에 태사(太史)가 아뢰기를, "5백리 안에 어진 사람들이 모여 있습니다."라고 했다.

原文 **異苑, 陳寔字仲弓. 荀淑字季和. 仲弓與諸子姪造季和父子討論. 于時德星聚. 太史奏曰, 五百里內有賢人聚.**

註解 ㅇ異苑(이원)—송(宋)나라 유경숙(劉敬叔)이 지은 책으로서 모두 10권인데 신괴(神怪)한 일을 기록하고 있음. 문장이 간결하고 옛스러운데 뜻과 취지가 모두 넉넉하여 당(唐)나라 사람의 소설(小說)과는 몹시 다르다. ㅇ德星(덕성)—경성(景星)을 말하는 것으로서 상서로운 별을 말함. ㅇ太史(태사)—역사를 맡은 관원.

100. 이곽선주(李郭仙舟)

—이곽(李郭)은 신선의 배를 탔다

후한(後漢) 곽태(郭太)의 자는 임종(林宗)이니 태원(太原) 계휴

(界休) 사람이다. 집이 대대로 가난하고 천했으나 널리 옛 서적에 능통하여 담론(談論)을 잘하고 음악의 절조에 아름다웠다.

낙양(洛陽)에서 놀다가 비로소 하남윤(河南尹) 이응(李膺)을 만났는데 이응이 크게 기이히 여겨 드디어 서로 좋은 벗이 되니 이름이 도읍에 떨쳤다. 뒤에 고향으로 돌아갈 때 여러 선비들이 하수(河水) 위까지 배웅하는데 수레가 수천 대에 이르렀다. 임종은 오직 이응과 함께 같은 배로 건넜다. 이때 손들이 바라보고 신선이라고 했다.

原文 **後漢郭太字林宗, 太原界休人. 家世貧賤. 博通墳籍, 善談論, 美音制. 遊洛陽, 始見河南尹李膺. 膺大奇之, 遂相友善. 名震京師. 後歸鄉里. 諸儒送至河上, 車數千兩. 林宗唯與膺同舟而濟. 賓客望之, 以爲神仙焉.**

註解 ㅇ後漢(후한)-《후한서》〈열전〉 58에 있는 이야기임. ㅇ李膺(이응)-후한(後漢) 양성(襄城) 사람. 환제(桓帝) 때에 사예교위(司隸校尉)가 되었다. 이때 조정이 날로 어지러워 강기(綱紀)가 해이한데 이응이 홀로 풍재(風裁)를 가지고 있어 성명(聲名)이 스스로 높아서 선비들이 그를 만나는 것을 등용문(登龍門)이라고까지 일렀다.

101. 왕순수피(王忳綉被)

-왕순(王忳)이 수놓은 이불을 덮다

후한(後漢) 왕순(王忳)의 자는 소림(少林)이니 광한(廣漢) 신도(新都) 사람이다. 일찍이 도읍에 갔다가 빈집 속에서 한 서생(書生) 김언(金彦)이 병에 시달리고 있는 것을 보고 불쌍히 여겨 살려주자

서생은 말하기를 "내 생명은 얼마 안남았소. 허리 밑에 금(金) 10근이 있는데 이것을 줄 것이니 죽은 후에 뼈를 묻어 주시오."라 하고는 이윽고 숨을 거두었다.

이에 왕순은 금 1근을 팔아서 장사를 지내고 나머지는 모두 관(棺) 밑에 두었으나 아무도 아는 자가 없었다. 왕순이 뒤에 대도정장(大度亭長) 대리(代理)가 되어 부임했다. 부임하는 날, 말 한 필이 달려 정자 속에 들어가 멈췄는데 그날 밤, 큰 바람이 수놓은 이불 한 채를 왕순의 앞에 떨어뜨렸다. 이에 곧 현(縣)에 보고했는데 현에서는 이것을 왕순에게 돌려보냈다.

그 뒤에 그는 그 말을 타고 낙현(雒縣)에 갔다. 주인이 보고 말을 얻은 까닭을 묻자 왕순이 그 사실을 갖추어 말하고, 이불을 얻은 사실을 말하니 주인이 말하기를, "그대는 무슨 음덕(陰德)으로 이와 같은 일이 있었습니까?"하자 왕순이 서생을 장사지낸 일을 말했다. 이에 주인은 놀라서 말하기를, "그는 내 아들입니다. 오랫동안 은혜를 갚지 못했는데 하늘이 이것으로써 그대의 덕을 나타내는 것입니다."라고 했다. 이 일로 해서 이름이 나타나 벼슬이 공조(功曹)에 이르렀다.

原文 後漢王忳字少林, 廣漢新都人. 嘗詣京師, 於空舍中, 見一書生金彥疾困, 愍而視之. 生曰, 我命在須臾. 腰下有金十斤. 願以相贈. 死後乞藏骸骨. 已而命絶. 忳鬻一斤營葬, 餘悉置棺下. 人無知者. 忳後署大度亭長. 初到有馬馳入亭中而止. 其日大風, 飄一綉被, 復墮忳前. 卽言之於縣. 縣以歸忳. 後乘馬到雒縣. 主人見之, 問所由得馬. 忳具說其狀, 幷及綉被. 主人曰, 卿何陰德而致此. 忳因說葬書生事. 主人驚曰, 是我子也. 大恩久不報. 天以此彰卿德耳. 由是顯名. 仕郡爲功曹.

註解 ㅇ後漢(후한)-《후한서》〈열전〉 독행전(獨行傳)에 있는 이야기임. ㅇ功曹(공조)-군(郡)의 속리(屬吏)인 녹사(錄事)를 말함.

102. 장씨동구(張氏銅鉤)

-장씨(張氏)가 구리 갈고리를 얻다

《삼보결록(三輔決錄)》에 보면 부풍(扶風) 장씨(張氏)의 조상 중 한 사람이 군(郡)의 공조(功曹)였다. 새벽에 일어나서 조정에 나가는데 비둘기가 승진(承塵) 위에서 날아서 책장 위에 앉는다. 이에 공조가 말하기를, "비둘기는 어디에서 왔기에 화(禍)가 되는 승진 위에 날아오르는가? 복(福)이 되게 날아서 내 품으로 들어오라."하고 가슴을 열고 기다렸다. 비둘기가 날아서 품속으로 들어왔는가 했더니 비둘기는 보이지 않았다. 이상히 여기어 찾으니 구리 갈고리가 있었다. 공조는 그것을 허리에 찼는데 벼슬이 두어 군(郡)의 태수(太守)와 구경(九卿)에 이르렀다.

어느 날 촉(蜀)나라 손님이 장안(長安)에 왔다가 사사로이 장씨의 계집종에게 뇌물을 주었는데 계집종은 갈고리를 촉나라 손님에게 주었다. 그러나 손님의 집에는 초상이 있으므로 두려워하여 장씨에게 돌려보냈다. 장씨는 갈고리를 얻어 다시 태수(太守)가 되었고 뒤에 갈고리를 잃자 장씨는 드디어 쇠잔해졌다.

原文 **三輔決錄, 扶風張氏之先, 爲郡功曹. 晨起當朝, 有鳩從承塵上, 飛下几前. 功曹曰, 鳩何來. 爲禍飛上承塵. 爲福飛入我懷. 開懷待之. 鳩乃飛入懷中. 探得銅鉤. 帶之, 官至數郡太守九卿. 有蜀客至長安, 私賂張氏婢. 婢賣鉤與蜀客. 客家喪禍. 懼而還張氏, 張氏得鉤, 復爲二千石. 後失鉤, 張**

氏遂衰.

註解 ㅇ三輔決錄(삼보결록)－한무제(漢武帝)의 태초원년(太初元年)에 세 구역으로 나눈 장안(長安) 부근 땅의 지방장관, 곧 경조윤(京兆尹), 강릉(江陵) 이북의 좌풍익(左馮翊), 위성(渭城) 이서(以西)의 우부풍(右扶風)을 삼보(三輔)라 하는데 여기에서 결의한 기록을 적은 책을 말함. ㅇ承塵(승진)－천장에서 먼지·흙 같은 것이 떨어지지 않게 하기 위하여 반자처럼 방 위에 판자 등을 치는 장치.

103. 정공거륙(丁公遽戮)

－정공(丁公)이 갑자기 베임을 당함

전한(前漢)의 정공(丁公)은 설(薛) 땅 사람이니 계포(季布)의 이부동복(異父同腹) 동생이다. 항우(項羽)의 장수가 되어 팽성(彭城) 서쪽에서 고조(高祖)를 쫓아 궁색하게 되어 짧은 병기(兵器)로 덤비니 고조가 정공을 돌아보고 이르기를, "그대와 나, 두 어진이는 어찌 서로 괴롭게 하는가?"하자 정공은 군사를 이끌고 돌아갔다.

항우가 망해 없어지자 정공이 고조께 보이자 고조는 정공을 군중(軍中)에 보이면서 말하기를 "정공(丁公)은 항왕(項王)의 신하가 되어 충성되지 못하여 항왕으로 하여금 천하를 잃게 한 자이다."라 하고 드디어 그를 베고 나서 말하기를, "뒤에 남의 신하가 되는 사람은 아예 정공을 본받지 마라."고 했다.

原文 **前漢丁公薛人, 季布母弟. 爲項羽將, 逐窘高祖彭城西. 短兵接高祖急. 顧謂丁公曰, 兩賢豈相戹哉. 丁公引兵還. 及項羽滅, 丁公謁見. 高祖以丁公徇軍中曰, 丁公爲項王臣不忠. 使項王失天下者也. 遂斬之曰, 使後爲人臣無傚丁公.**

註解 ㅇ前漢(전한)―《전한서》〈열전〉 7에 있는 이야기임. ㅇ季布(계포)―초(楚)나라의 무장(武將). 항우(項羽) 밑에서 고조(高祖)를 여러 번 괴롭힘. 그러나 항우가 죽은 후에는 고조가 불러서 썼다. ㅇ項王(항왕)―항우(項羽)를 말함. 서초(西楚)의 패왕(霸王)이라고 일컬었기 때문에 이렇게 말함.

104. 옹치선후(雍齒先侯)

―옹치(雍齒)를 먼저 후(侯)에 봉하다

전한(前漢) 고조(高祖)가 낙양(雒陽) 남궁(南宮)에 있을 때 복도에서 바라보니 여러 장수들이 모여서 수군대고 있었다. 고조가 장량(張良)에게 까닭을 물으니 장량이 말하기를, "폐하께서 포의(布衣)로 일어나시어 이들과 함께 천하를 취하여 이제 이미 천자(天子)가 되셨사온데 봉한 것은 모두 소하(蕭何)와 조삼(曹參) 같은 옛 친구로서 평소에 친하고 사랑하던 자이옵고 목을 벤 것은 모두 평생에 원수로서 원망하던 사람들입니다. 그래서 이들은 폐하께서 능히 다 봉해 주시지 않을 것을 두려워하고, 또 의심을 받아 과실로 죽음을 당할까 두렵기 때문에 서로 모여서 반란을 꾀하는 것입니다. 폐하께서 평생에 미워하는 사람은 여러 신하들도 다 함께 알 것이온데 그 중에서 누가 가장 심하십니까?"라고 했다.

이에 고조는 말하기를 "옹치(雍齒)는 나와 옛날부터 원한이 일어서 자주 나를 궁색하게 욕보였으므로 내가 죽이려고 했으나 공이 많아서 차마 죽이지 못했소."라고 했다. 장량이 말하기를, "이제 급히 옹치를 봉하여 이로써 여러 신하들에게 보이시면 사람들이 스스로 마음이 굳어질 것입니다."라고 했다. 이에 고조는 술을 차리고 옹치를 봉하여 십방후(什方侯)를 삼고 이어서 승상(丞相)과 어사(御史)

를 불러 공을 정하고 봉하는 일을 행하니 여러 신하들이 술자리를 마치고 모두 기뻐해서 말하기를, "옹치도 후(侯)에 봉해졌으니 우리들은 걱정할 것이 없다."라고 했다.

原文 前漢高祖居雒陽南宮, 從復道望見, 諸將往往偶語. 上問張良. 良曰, 陛下起布衣, 與此屬取天下. 今已爲天子, 而所封皆蕭曹故人所親愛, 所誅者皆平生仇怨. 此屬畏陛下不能盡封, 又恐見疑過失及誅. 故相聚謀反耳. 上平生所憎, 群臣所共知. 誰最甚者. 上曰, 雍齒與我有故怨. 數窘辱我. 我欲殺之, 爲功多不忍. 良曰, 今急先封齒以示群臣, 則人人自堅矣. 於是上置酒, 封齒爲什方侯, 而急趣丞相御史, 定功行封. 群臣罷酒皆喜曰, 雍齒且侯. 我屬無患矣.

註解 ㅇ張良(장량)－전한(前漢)의 공신(功臣). 소하(蕭何)·한신(韓信)과 함께 한(漢)나라의 삼걸(三傑). 자는 자방(子房). 하비(下邳)의 이상(圯上)에서 황석공(黃石公)으로부터 병서(兵書)를 받고 한고조(漢高祖) 유방(劉邦)의 모신(謀臣)이 되어 진(秦)나라를 멸망시키고 한업(漢業)을 세워 그 공으로 유후(留侯)에 봉해짐. ㅇ雍齒(옹치)－한고조가 장량의 계략을 써서 그가 미워하던 옹치를 봉하여 후(侯)를 삼아 다른 여러 장수들을 무마함.

105. 진뇌교칠(陳雷膠漆)

－진중(陳重)과 뇌의(雷義)는 교칠(膠漆)보다 더 굳었다

후한(後漢) 진중(陳重)의 자는 경공(景公)이니 예장(豫章) 의춘(宜春) 사람이다. 젊었을 때 파양(鄱陽) 뇌의(雷義)와 벗을 삼았는

데 뇌의의 자는 중공(仲公)이다. 태수(太守)가 진중을 효렴(孝廉)으로 천거하자 진중은 뇌의에게 사양했으나 태수는 듣지 않았다.

그러나 그 이듬해에 뇌의도 효렴으로 천거되어 함께 낭서(郎署)에 있었고 뒤에 다같이 상서랑(尙書郞)이 되었는데 뇌의가 대신 뒤집어쓴 죄로 인하여 관직에서 물러났다. 진중은 뇌의가 가는 것을 보고 또한 칭병(稱病)하고 벼슬을 그만두었고 뇌의가 뒤에 무재(茂才)로 천거되었으나 진중에게 사양하고 여기에 응하지 않으니 고향에서 이들을 두고 말하기를, "교칠(膠漆)이 스스로 굳다고 하나 진중과 뇌의만 같지 못하다."라고 했다. 뒤에 삼부(三府)에서 모두 불러서 함께 어사(御史)에 올랐다.

原文 **後漢陳重字景公, 豫章宜春人. 少與鄱陽雷義爲友. 義字仲公. 太守擧重孝廉, 重以讓義. 太守不聽. 義明年擧孝廉, 俱在郎署. 後俱拜尙書郞. 義代同時人受罪, 以此黜退, 重見義去亦以病免. 義後擧茂才, 讓於重不應命. 鄕里爲之語曰, 膠漆自謂堅, 不如陳與雷. 三府同時俱辟, 並至御史.**

註解 ㅇ後漢(후한)－《후한서》〈열전〉 71 독행전(獨行傳)에 있는 이야기임. ㅇ茂才(무재)－선비를 뽑는 과목. 본래 수재(秀才)였으나 광무제(光武帝)의 휘(諱)를 피하여 이렇게 썼음. ㅇ膠漆(교칠)－아교와 칠(漆). 두 가지가 모두 물건을 붙이는 물건인 까닭에 교제가 친밀한 것을 말함. ㅇ三府(삼부)－태위(太尉)·사공(司空)·사도(司徒).

106. 범장계서(范張雞黍)

－범식(范式)과 장소(張劭)가 닭과 기장을 먹다

후한(後漢) 범식(范式)의 자는 거경(巨卿)이니 산양(山陽) 금향

(金鄕) 사람이다. 젊었을 때 대학(大學)에서 배웠는데 여남(汝南) 장소(張劭)와 벗을 삼았으니 장소의 자는 원백(元伯)이다. 두 사람이 모두 휴가를 얻어 고향에 돌아가는데 범식이 원백에게 이르기를, "2년 후에 마땅히 돌아갈 것이니 존친(尊親)도 뵙고 어린 아들도 볼 것이네."라 했다.

이처럼 함께 기일을 정했는데 뒤에 기일이 바야흐로 이르자 원백이 사실대로 어머니께 아뢰고 음식을 만들고 기다리자고 청하자 그 어머니는 말하기를, "2년동안 작별했는데 천 리 길 밖에서 말한 것을 너는 어찌 그렇게 믿느냐?"라고 하니 대답하기를, "거경은 믿음이 있는 선비이니 반드시 약속을 어기지 않을 것입니다."라고 했다. 이에 어머니는 말하기를, "만일 그렇다면 마땅히 너를 위해서 술을 빚으리라."고 했다. 그날에 이르러 거경이 과연 왔다. 방으로 올라가 절하고 마시다가 실컷 즐기고 헤어졌다. 《몽구》 구주(舊注)에는 닭을 잡고 기장밥을 지은 일을 인용했으나 본전(本傳) 등에는 실리지 않았다.

原文 **後漢范式字巨卿, 山陽金鄕人. 少遊大學, 與汝南張劭爲友. 劭字元伯. 二人並告歸鄕里. 式謂元伯曰, 後二年當還. 將過拜尊親見孺子焉. 乃共剋期日, 後期方至. 元伯具以白母, 請設饌以候之. 母曰, 二年之別, 千里結言. 爾何相信之審. 對曰, 巨卿信士. 必不乖違. 母曰, 若然當爲爾醞酒. 至其日, 巨卿果到. 升堂拜飮, 盡歡而別. 舊注引殺鷄炊黍事, 無載.**

註解 ㅇ後漢(후한)－《후한서》 〈열전〉 71 독행전(獨行傳)에 있는 이야기임. ㅇ尊親(존친)－남의 부모를 높여서 하는 말.

107. 주후산억(周侯山嶷)

-주후(周侯)는 산같이 높다

《세설신어(世說新語)》에 말하기를, '세상에서 주후(周侯)를 지목하여 높기가 끊어진 산과 같다'하고 《세설신어》 주(注)에 《진양추(晉陽秋)》를 인용하여 말하기를, '주의(周顗)가 심정(心情)을 바르게 하면 높아서 비록 한때의 신분(身分)이 비슷한 사람이라도 모두 감히 가까이하지 못했다'라고 했다. 주후(周侯)는 주의를 말한다.

原文 **世說曰, 世目周侯, 嶷如斷山. 注, 晉陽秋曰, 顗正情嶷然, 雖一時儕類, 皆無敢媟近. 周侯謂周顗也.**

註解 ㅇ世說(세설)-《세설신어(世說新語)》〈상예편(賞譽篇)》에 있는 이야기임. ㅇ晉陽秋(진양추)-책 이름. 진(晉)나라 손성(孫盛)이 지음. 말이 곧고 이치가 발라서 모두 양서(良書)라고 일컬었다. ㅇ周顗(주의)-진(晉)나라 안성(安城) 사람. 백인(伯仁). 젊어서 소중한 이름이 있었으나 술을 몹시 즐겼다.

108. 회계하거(會稽霞擧)

-회계왕(會稽王)이 다니면 안개가 이는 것 같았다

《세설신어(世說新語)》에 말하기를, 해서현공(海西縣公)이 아직 제위(帝位)에 있을 때는 아침마다 조회할 시각이면, 조정이 오히려 어둡다가도 오직 회계왕(會稽王)이 오면 출중해서 마치 아침 노을이 일어나는 것과 같았다. 회계왕이란 사마도자(司馬道子)이다.

原文 **世說曰, 海西時, 諸侯每朝, 朝堂猶暗. 唯會稽王來, 軒軒如朝霞擧. 會稽王謂道子也.**

註解 ㅇ世說(세설)-《세설신어》〈용지편(容止篇)〉에 있는 이야기임. ㅇ海西(해서)-동진(東晉)의 폐제(廢帝) 혁(奕)을 낮추어 해서공(海西公)이라 했다. ㅇ會稽王(회계왕)-진(晉)나라 간문제(簡文帝)의 아들. 자는 도자(道子). 벼슬이 양주목(楊州牧)에 이르렀고 뒤에 회계(會稽)에 봉해짐.

109. 계포일낙(季布一諾)

-계포(季布)의 한번 승낙

전한(前漢)의 계포(季布)는 초(楚)나라 사람이다. 호기(豪氣)가 있기로 유명했다. 항적(項籍)이 장병(將兵)으로 하여금 자주 고조(高祖)를 이롭게 하더니 항적이 멸하자 고조가 천금(千金)을 주고 사려고 했는데 감히 그를 집에 숨기는 자는 삼족(三族)을 죄준다고 했다.

계포가 복양(濮陽) 주씨(周氏)의 집에 숨어 있었는데 주씨는 이에 죄수(罪囚)의 옷을 잘라서 입히어 상여(喪輿)를 실은 수레에 실어 가지고 그 가동(家僮) 10수명과 함께 노(魯)나라로 가서 주가에게 팔았다. 이에 주가(朱家)는 마음 속으로 그것이 계포임을 알고 여음후(汝陰侯) 등공(滕公 : 夏侯嬰)에게 설득하기를, "계포(季布)가 무슨 죄가 있습니까? 각각 그 주인을 위하여 직책을 다하는 것은 당연한 일입니다. 또 항씨(項氏)의 옛 신하였다고 해서 어찌 다 죽일 수가 있겠습니까? 지금 상(上)께서는 비로소 천하를 얻으시었는데 사사로운 원한으로 해서 한 사람을 요구하시니 어찌 베푸시는 것이 넓지 못합니까?"라고 하자 등공이 상(上)께 말해서 이에 계포를 용서하여 불러보고 낭중(郎中)에 임명했다가 뒤에 하동태수(河東太守)를 삼았다.

계포는 변사(辯士) 조구생(曹丘生)을 좋게 여기지 않았는데 조구생이 와서 계포에게 읍(揖)하고 말하기를, "초(楚)나라 사람의 속담에 황금(黃金) 백 근을 얻는 것이 계포의 승낙받는 것만 못하다고 하는데 그대는 어떻게 이런 소리를 양(梁)나라와 초나라 사이에서 얻었단 말이오? 나와 그대는 모두 초나라 사람이니 내가 족하(足下)의 이름을 드날린다면 어찌 아름답지 않겠소이까?"라고 했다. 이에 계포는 크게 기뻐하여 이끌어서 상객(上客)으로 삼았다. 《사기(史記)》에는, '황금 백 근을 얻는 것이 계포의 승낙 얻는 것만 못하다'라고 했다.

原文 **前漢季布楚人. 任俠有名. 項籍使將兵. 數窘高祖. 籍滅, 高祖購求布千金, 敢有舍匿, 罪三族. 布匿濮陽周氏. 周氏廼髡鉗布, 衣褐, 置廣柳車中, 幷與其家僮數十之魯朱家所賣之. 朱家心知其季布也. 乃見汝陰侯滕公說曰, 季布何罪. 臣各爲其主用職耳. 項氏臣可盡誅耶. 今上始得天下, 而以私怨求一人. 何示不廣也. 滕公言於上. 上乃赦布, 召見拜郎中, 後爲河東守. 布初不說辯士曹丘生. 生至揖布曰, 楚人諺曰, 得黃金百, 不如得季布諾. 足下何以得此聲梁楚之閒哉. 僕與足不倶楚人. 使僕游陽足下名, 顧不美乎. 何距僕深也. 布大說, 引爲上客. 史記, 得黃金百斤, 不如得季布諾.**

註解 ㅇ前漢(전한)－《전한서》〈열전〉 7에 있는 이야기임. 《사기(史

記)》〈열전〉 40에도 보임. ㅇ項籍(항적)－항우(項羽)의 이름. ㅇ家僮(가동)－집에서 부리는 종. ㅇ朱家(주가)－한(漢)나라 노현(魯縣) 사람. 호방하고 손님을 좋아하여 집에 호걸스러운 선비 백여 명을 길렀다. 일찍이 계포(季布)를 액운에서 벗어나게 하고서도 몸이 마치도록 보지 않으니 당시 사람들이 아름답게 여겼다. ㅇ滕公(등공)－하후영(夏侯嬰). 하후영은 한(漢)나라 패현(沛縣) 사람으로 고조(高祖)가 한미할 때 이 하후영과 몹시 친했었다. 고조가 패공(沛公)이 되자 태복(太僕)이 되어 진(秦)나라를 쳐서 그 공으로 등공(滕公)에 봉함받고 뒤에 여음후(汝陰侯)에 봉함받았다. ㅇ辯士(변사)－말솜씨가 좋은 사람. ㅇ曹丘生(조구생)－조구(曹丘)로도 불림. 초(楚)나라의 변사(辯士).

110. **완첨삼어**(阮瞻三語)

－진(晉)나라 완첨(阮瞻)의 세 마디 말

진(晉)나라 완첨(阮瞻)의 자는 천리(千里)이니 시평태수(始平太守) 완함(阮咸)의 아들이다. 성질이 맑고 깨끗하고 욕심이 적어서 스스로 만족하며 살았다. 글을 읽는데 심히 연구함이 없이 잠잠히 그 요점을 얻었고 이치에 맞게 말을 하는데 말은 부족해도 뜻이 남음이 있었다.

사도(司徒) 왕융(王戎)을 찾아보았더니 왕융이 묻기를, "성인(聖人)은 명교(名教)를 귀하게 여기고 노장(老莊)은 자연(自然)을 밝혔는데 그 뜻이 같고 다른 것은 무엇인가?"하자 완첨은 말하기를, "같고 다른 것이 없습니다."라고 했다. 왕융은 즉시 명하여 그를 부르게 하니 당시에 이르기를, 삼어연(三語掾 : 將無同)이라고 했다.

영가(永嘉) 연중에 태자사인(太子舍人)이 되었다. 완첨은 본래 귀신이 없다는 의논을 고집하여 스스로 이르기를, "이 이치는 가히 유명(幽明)을 변정(辯正)해야 할 것이다."라고 하더니 이때 갑자기 손님이 있어 이름을 통하고 완첨에게 보이니 완첨이 함께 한참 이야기하다가 말이 귀신의 일에 이르자 되풀이하여 몹시 논란을 벌였다. 손님이 드디어 뜻을 굽혔고 불쾌히 여겨 말하기를, "귀신은 예나 지금의 성현(聖賢)들이 다함께 전하는 바인데 그대가 어찌 홀로 없다고 말을 하는가? 내가 곧 귀신일세."하고 이에 변하여 없어지니 완첨은 귀신을 크게 미워하다가 1년이 넘어 병으로 죽었다.

原文 **晉阮瞻字千里, 始平太守咸之子. 性淸虛寡欲自得於懷. 讀書不甚硏求. 而默識其要. 遇理而辯, 辭不足而旨有餘. 見司徒王戎. 戎問曰, 聖人貴名教, 老莊明自然. 其旨同異. 瞻曰, 將無同. 戎咨嗟良久. 卽命辟之. 時謂之三語掾. 永嘉中爲太子舍人. 瞻素執無鬼論, 自謂, 此理可以辯正幽明, 忽有客通名詣瞻. 瞻與之言, 良久及鬼神之事, 反覆甚苦. 客遂屈. 乃作色曰, 鬼神古今聖賢所共傳, 君何得獨言無. 卽僕便是鬼. 於是變爲異形, 須臾消滅. 瞻大惡, 歲餘病卒.**

註解 ㅇ晉(진)－《진서(晉書)》〈열전〉 19에 있는 이야기임. ㅇ咸(함)－완함(阮咸). 진대(晉代)의 죽림칠현(竹林七賢)의 한 사람인 완적(阮籍)의 형의 아들. 음률(音律)에 능하여 비파(琵琶)를 잘 탔음. ㅇ司徒(사도)－한(漢)나라 때 육공(六公)의 하나. ㅇ名教(명교)－명분(名分)에 관한 도덕의 가르침. ㅇ三語掾(삼어연)－말 세 마디로 얻은 속관(屬官). ㅇ辯正(변정)－변명하여 바로잡음.

111. **곽문유산**(郭文遊山)

－곽문(郭文)이 산수(山水)에서 놀다

《진서(晉書)》에 보면 곽문(郭文)의 자는 문거(文擧)이니 하내(河

內) 지현(軹縣) 사람이다. 젊었을 때 산수(山水)를 사랑하고 속세를 떠나 운둔하기를 좋아하여 항상 산림(山林)에 놀면서 여러 순일(旬日)이 되도록 돌아오는 것을 잊었었다. 그러다가 부모 앞에서 끝내 장가도 가지 못한 채 집을 하직하고 명산(名山)에서 놀다가 낙양(洛陽)이 함락되자 걸어서 짐을 메고 오흥(吳興) 여항(餘杭)의 대벽산(大辟山) 속의 깊은 골짜기, 즉 사람이 없는 곳에 들어가서 나무에 의지하여 거적으로 그 위를 덮고 살았다.

또한 벽도 없고 문도 없어서 때로 맹수(猛獸)들이 사나움을 부리지만 곽문은 홀로 유숙한 지 10여년이 되도록 끝내 걱정이 없었다. 항상 사슴 가죽으로 만든 갖옷을 걸치고 칡으로 만든 두건을 쓰고 있었는데 술을 마시지 않고 고기도 먹지 않았다. 왕도(王導)가 불러서 동산 속에 두었더니 7년동안 일찍이 출입하는 일이 없었다. 뒤에 도망하여 임안(臨安)으로 돌아와 산 속에 집을 짓고 살았다.

原文 **晉書, 郭文字文擧, 河內軹人. 少愛山水, 尙嘉遯. 每遊山林, 彌旬忘反. 父母終不娶. 辭家遊名山. 洛陽陷, 乃步擔入吳興餘杭大辟山中, 窮谷無人之地, 倚木於樹, 苫覆其上而居焉. 亦無壁障. 時猛獸爲暴, 而文獨宿十餘年, 卒無患. 常著鹿裘葛巾, 不飮酒食肉. 王導召置園中, 七年未嘗出入. 後逃歸臨安, 結廬山中.**

註解 ㅇ晉(진)-《진서(晉書)》〈열전〉 64 은일전(隱逸傳)에 있는 이야기임. ㅇ嘉遯(가둔)-정도(正道)에 맞는 은퇴. ㅇ洛陽陷(낙양함)-서진(西晉) 말년의 난리로 낙양이 함락되다.

112. 원굉박저(袁宏泊渚)

―원굉(袁宏)이 물가에서 자다

진(晉)나라 원굉(袁宏)의 자는 언백(彦伯)이니 진군(陳郡) 양하(陽夏) 사람이다. 재주가 뛰어났고 문장이 몹시 아름다웠다. 사상(謝尙)이 우저(牛渚)를 다스리고 있을 때이다. 가을밤에 달빛 아래서 좌우 사람들과 함께 미복(微服)으로 강에 배를 띄웠는데 이때 원굉이 마침 딴 배에서 시를 읊조리고 있었다. 사상이 들으니 시 읊는 소리가 맑고 글이 뛰어났으므로 사람을 보내서 인사하고 곧 맞아다가 배에 오르게 하여 함께 이야기를 나누니 아침까지 자지 않았다.

이로부터 명예가 날로 장했다. 사안(謝安)이 항상 그의 대답이 빠른 것을 좋아하더니 뒤에 사안이 양주자사(揚州刺史)가 되었다. 원굉이 동양군(東陽郡) 태수가 되자 이에 치정(治亭)에서 송별연을 벌였는데 이때 어진 사람들이 모두 모였다. 사안이 창졸간의 일에 대답하는 것을 시험하고자 하여 작별에 임하여 그 손을 잡고 좌우를 돌아보며 부채 한 자루를 가져오라고 했고, 그것을 원굉에게 주면서 말하기를, "이것을 떠나는 길에 주는 바요."하자 원굉은 즉시 말하기를 "마땅히 어진 바람을 일으켜 저 백성들을 위로하겠습니다."라고 하니 당시 사람들이 그 창졸간에 요점을 말한 것에 탄복했다.

原文 晉袁宏字彦伯, 陳郡陽夏人. 有逸才文章絶美. 謝尙時鎭牛渚. 秋夜乘月, 與左右微服泛江. 會宏在舫中諷詠. 聲淸辭文藻拔. 遣問焉. 卽迎升舟, 與譚論, 申旦不寐. 自此名譽日茂. 謝安常賞其機對辯速. 後安爲揚州刺史, 宏出爲東陽郡, 乃祖道於治亭. 時賢皆集. 安欲以卒迫試之, 臨別執其手,

顧左右取一扇授之曰, 聊以贈行. 宏曰, 輒當奉揚仁風, 慰彼黎庶. 時人歎其率而要焉.

註解 ㅇ晉(진)－《진서》〈열전〉62 문원전(文苑傳)에 있는 이야기임. ㅇ謝尙(사상)－진(晉)나라 사람. 음악(音樂)에 능하고 모든 예술에 모두 통했으며 예주자사(豫州刺史)가 되었다. 일찍이 왕도(王導)가 그를 왕융(王戎)에 비유했다. ㅇ牛渚(우저)－강소성(江蘇省) 남경성(南京城) 남쪽에 있는 곳.

113. 황완대일(黃琬對日)

－황완(黃琬)이 일식(日蝕)을 대답하다

후한(後漢) 황완(黃琬)의 자(字)는 자염(子琰)이니 강하(江夏) 안륙(安陸) 사람이다. 어렸을 때부터 구변이 있고 지혜로웠다. 조부(祖父) 황경(黃瓊)이 처음에 위군태수(魏郡太守)가 되었는데 건화원년(建和元年) 정월에 일식(日蝕)이 있었다. 이때 도읍에서는 보지 못했으므로 황경이 장계를 올려 보고하자 태후(太后)가 조서(詔書)를 내려 일식에 얼마나 해가 줄었는지를 물었으나 황경은 그 실상을 알지 못한다고 대답했다.

이때 황완의 나이 7세였는데 곁에 있다가 말하기를, "어찌 일식의 남은 것이 달의 처음 난 것과 같다고 말하지 않으셨습니까?"라고 했다. 이에 황경은 크게 놀라서 그 말로써 조서에 대답하고 몹시 기이하게 여겨 사랑했다.

뒤에 황경이 사도(司徒)가 되자 황완은 삼공(三公)의 손자라고 해서 동자랑(童子郞)에 임명되었으나 나가지 않았거니와 그 이름이 도읍 안에 알려졌다. 헌제(獻帝) 초년(初年)에 태위(大尉)에 옮겨졌는데 죄에 연좌되어 면직되었다. 서도(西都)로 옮김에 이르러 사예교위(司隸校尉)에 기용(起用)되었는데 사도(司徒) 왕윤(王允)과 같이 꾀하여 동탁(董卓)을 베려다가 동탁의 장수 이각(李傕)에게 해를 당했다.

原文 **後漢黃琬字子琰, 江夏安陸人. 少辯慧. 祖父瓊初爲魏郡太守, 建和元年正月日食. 京師不見. 瓊以狀聞. 太后詔問所食多少. 瓊對未知所況. 琬年七歲, 左旁. 曰, 何不言日食之餘如月之初. 瓊大驚, 以其言應詔, 深奇愛之. 後瓊爲司徒, 琬以公孫拜童子郎, 不就. 知名京師. 獻帝初遷大尉, 坐免. 及徙西都, 起爲司隸校尉. 與司徒王允同謀誅董卓, 爲卓將李傕所害.**

註解 ㅇ後漢(후한)－《후한서》〈열전〉 51에 있는 이야기임. ㅇ童子郎(동자랑)－사도(司徒)가 삼공(三公)이기 때문에 황완(黃琬)은 삼공의 손자로서 동자랑(童子郎)이 됨. ㅇ西都(서도)－장안(長安)을 가리킴. ㅇ董卓(동탁)－후한(後漢) 사람. 영제(靈帝) 때 전장군(前將軍)이 되고 그 뒤에 헌제(獻帝)를 세워 흉포한 짓을 많이 하다가 여포(呂布)·왕윤(王允) 등에게 죽음을 당함.

114. 진복론천(秦宓論天)

－진복(秦宓)이 하늘을 말하다

《촉지(蜀志)》에 의하면 진복(秦宓)의 자는 자칙(子勑)이니 광한(廣漢) 면죽(綿竹) 사람이다. 젊어서부터 재주와 학문이 있어 장수교위(長水校尉)에 임명되었는데 오(吳)나라 사신(使臣) 장온(張溫)

이 예물(禮物)을 가지고 왔다. 그가 갈 때 백관(百官)들이 가서 전송(餞送)하는데 모든 사람이 모였으나 진복은 가지 않았다. 이에 승상(丞相) 제갈량(諸葛亮)이 사신을 보내서 재촉했는데 장온이 말하기를, "그 사람은 어떤 사람인가요?" 하자 제갈량은 말하기를, "익주(益州)의 학사(學士)입니다."라고 했다.

진복이 오자 장온이 묻기를, "그대는 학문을 배웠소?"라고 하니 진복은 말하기를, "5척의 동자(童子)도 모두 배우는데 어찌 반드시 소인(小人)이 배우지 않았겠습니까!"라고 했다. 장온이 다시 묻기를, "하늘에 머리가 있소?" 하자 진복은 말하기를, "있는데 서쪽 방위에 있습니다. 《시경(詩經)》에 말하기를, 이에 서쪽을 돌아본다라고 했으니 이것으로써 미루어 보는 것입니다."라고 했다. 장온이 말하기를, "하늘에 귀가 있소?" 하자 진복은 말하기를, "하늘은 높은 곳에 있어 낮은 곳의 소리를 듣는다라 했고, 단 《시경》에 말하기를, 학(鶴)이 구고(九皐)에서 우는데 소리가 하늘에 들린다고 했으니 귀가 없다면 어떻게 듣겠습니까?"라고 했다.

장온이 다시 말하기를, "하늘에 발이 있소?"하자 진복은 말하기를, "하늘의 걸음이 어렵다고 했으니 발이 없다면 어떻게 걷겠습니까?" 라고 했다. 장온이 다시 말하기를, "하늘에 성(姓)이 있소?"하자 진복은 말하기를, "성(姓)이 유(劉)입니다. 천자(天子)의 성이 유씨(劉氏)이기 때문에 이로써 아는 것입니다."라고 했다. 장온이 말하기를, "해가 동쪽에서 나오는가?"하자 진복은 말하기를, "비록 동쪽에서 나오지만 서쪽으로 집니다."라고 했다.

묻고 대답하는 것이 마치 울림이 소리에 응하는 것과 같았다. 이에 장온은 크게 공경하고 복종했으니 진복의 글과 변론이 모두 이런 종류였다. 《몽구》 구본(舊本)에 진복(秦宓)의 복(宓)을 밀(密)로 잘못 적고 있다.

原文 蜀志, 秦宓字子勑, 廣漢綿竹人. 少有才學. 拜長水校尉. 吳遣使張溫來聘, 百官往餞. 衆集而宓未往. 丞相亮遣使促之. 溫曰, 彼何人也. 亮曰, 益州學士也. 及至, 溫問曰, 君學乎. 宓曰, 五尺童子皆學. 何必小人. 溫復問曰, 天有頭乎. 宓曰, 有. 在西方. 詩曰, 乃眷西顧. 以此推之. 溫曰, 天有耳乎. 宓曰, 天處高而聽卑. 詩云, 鶴鳴九皐, 聲聞于天. 無耳何以聽之. 溫曰, 天有足乎. 宓曰, 詩云, 天步艱難. 無足何以步之. 溫曰, 天有姓乎. 宓曰, 姓劉. 天子姓劉, 以此知之. 溫曰, 日生於東乎. 宓曰, 雖生於東, 而沒於西. 答問如響應聲. 溫大敬服. 宓之文辯皆此類. 舊本, 宓語作密.

註解 ㅇ蜀志(촉지)－《촉지》 권8에 있는 이야기임. ㅇ張溫(장온)－후한(後漢) 양현(穰縣) 사람. 자는 백신(伯愼). 영제(靈帝) 때 사공(司空)이 됨. ㅇ九皐(구고)－으슥한 소택(沼澤).

115. 맹가양소(孟軻養素)

－맹가(孟軻)가 타고난 기운을 길렀다

《사기(史記)》에 의하면 맹가(孟軻)는 추(鄒)나라 사람이니 자사(子思)의 문인(門人)에게서 학업을 배웠는데 도(道)가 이미 통하자 유세(遊說)하여 제선왕(齊宣王)·양혜왕(梁惠王)이 객경(客卿)으로서 섬겼으나, 모두 맹자의 설(說)을 채택하지 못했다. 그들은 맹자의 설(說)이 세상 사정과 멀다고 했다. 이때 천하는 바야흐로 합종(合縱)과 연횡(連衡)에 힘써서, 공벌(攻伐)을 잘하는 것을 어질게 여겼다.

이에 맹가는 당우(唐虞) 삼대(三代)의 덕을 설명했기 때문에 이로 인하여 가는 곳마다 의견이 맞지 않았다. 그러자 물러가서 만장(萬章)의 무리와 함께 《시경(詩經)》《서경(書經)》을 정리하고 중니(仲尼)의 뜻을 설명하고 서적 7편을 지었는데, 일찍이 말하기를 "나는 나의 호연지기(浩然之氣)를 기른다."라고 했다.

原文 **史記, 孟軻鄒人. 受業子思之門人. 道旣通, 遊事齊宣王·梁惠王, 皆不能用. 以爲迂遠而闊於事情. 是時天下方務合從連衡, 以攻伐爲賢. 而孟軻乃述唐虞三代之德. 是以所如者不合. 退而與萬章之徒序詩書, 述仲尼之意, 作書七篇. 嘗曰, 我善養吾浩然之氣.**

註解 ㅇ史記(사기)－역사적(歷史的) 사실(史實)을 기록한 책. 모두 130권. 한(漢)나라 사마천(司馬遷)의 찬(撰). 황제(黃帝)로부터 한(漢)나라 무제(武帝)에 이르기까지의 3천여년의 일을 적은 기전체(紀傳體)의 사서(史書). ㅇ子思(자사)－춘추시대 노(魯)나라의 유가(儒家). 공자(孔子)의 손자. 이름은 급(伋). 자사(子思)는 그의 자(字). 학업은 증자(曾子)에게서 배웠고 《중용(中庸)》을 지었음. ㅇ合從(합종)－전국시대에 조(趙)·위(魏)·한(韓)·연(燕)·제(齊)·초(楚)가 남북의 종(縱)으로 연합하여 진(秦)나라에 대항하던 공수동맹(攻守同盟)을 말함. ㅇ連衡(연횡)－연횡(連橫). 전국시대에 제국(諸國)을 연합하여 진(秦)나라에 복종시키려고 한 장의(張儀)의 정책. ㅇ唐虞(당우)－제요도당씨(帝堯陶唐氏)와 제순우우씨(帝舜有虞氏). 즉 요순(堯舜)을 말함. ㅇ萬章(만장)－전국시대 사람으로 맹자(孟子)의 제자. ㅇ詩書(시서)－《시경(詩經)》과 《서경(書經)》. ㅇ仲尼(중니)－공자(孔子)의 자(字). ㅇ浩然之氣(호연지기)－널리 천지 사이에 유통하는 정대(正大)한 원기(元氣). 또 사람의 마음에 차있는 정대(正大)한 기운.

116. 양웅초현(揚雄草玄)

—양웅(揚雄)이 《태현경(太玄經)》을 쓰다

전한(前漢) 양웅(揚雄)의 자는 자운(子雲)이니 촉군(蜀郡) 성도(成都) 사람이다. 밭 한 전(壥)이 있고 집 한 채가 있어 대대로 농사짓고 뽕나무 가꾸는 것으로 생업(生業)을 삼았다.

양웅은 어려서부터 학문을 좋아했으나 장구(章句)와 훈고(訓詁)에 얽매이지 않고 큰 뜻에 통할 뿐이었다. 널리 책을 읽어 보지 않은 것이 없고 사람됨이 간단하며 쉽고 편안했는데 말을 더듬어 능히 많은 말을 할 수가 없었다. 잠잠하여 깊고깊은 생각을 좋아하고 맑고 고요한 일을 좋아했다. 욕심이 적어서 부귀(富貴)에 서두르지 않고 행실이 바르고 절조가 굳은 것을 닦을 뿐 이름 얻기를 당시의 세상에서 바라지 않았다.

집의 재산은 불과 10금(金) 지나지 않아 두 섬의 저축도 없었으나 편안해했다. 스스로 큰 도량이 있어 성철(聖哲)의 글이 아니면 좋아하지 않고 그 뜻이 아니면 비록 부귀(富貴)라도 섬기지 않았다. 애제(哀帝) 때 정명(丁明)·부안(傅晏)·동현(董賢) 등이 정사(政事)를 마음대로 주무를 적에 그들을 따르는 모든 자들이 혹 집안을 일으켜 수령(守令)에 이르기도 했다.

이때 양웅은 바야흐로 《태현경(太玄經)》을 초(草)하면서 스스로 조용하고 욕심이 없는 마음을 지켰다. 혹 양웅을 조소하여 검은 것으로써 흰 것을 숭상한다고 하자 양웅은 이것을 해명했는데 이것을 이름하여 해조(解嘲)라고 했다. 손님이 그의 설(說)하는 것이 너무 깊다며 모든 사람들이 좋아하지 않는다고 하자 양웅이 또 이것을 해명했는데 이것을 해난(解難)이라고 했다.

原文 前漢揚雄字子雲, 蜀郡成都人. 有田一壥, 有宅一區, 世世以農桑爲業. 雄少而好學. 不爲章句訓詁, 通而已. 博覽無所不見. 爲人簡易佚蕩, 口吃不能劇談. 默而好深湛之思, 清靜亡爲, 少耆欲, 不汲汲於富貴, 不戚戚於貧賤. 不修廉隅以徼檄名當世. 家産不過十金, 乏無儋石之儲晏如世. 自有大度. 非聖哲之書不好. 非其意, 雖富貴不事. 哀帝時丁·傅·董賢用事, 諸附離之者, 或起家至二天石. 時雄方草太玄, 有以自守泊如. 或嘲雄以玄尚白. 雄解之, 號曰解嘲. 客有難玄太深, 衆人不好. 雄解之, 號曰解難.

註解 ㅇ前漢(전한)－《전한서》〈열전〉 57에 있는 이야기임. ㅇ壥(전)－한 전(壥)은 100묘(苗)임. ㅇ訓詁(훈고)－해석과 주해(註解)의 총칭. ㅇ用事(용사)－요로(要路)에 있어 정권(政權)을 마음대로 부림. ㅇ丁傅(정부)－한(漢)나라 애제(哀帝)의 외척(外戚)인 정명(丁明)와 부안(傅晏) ㅇ董賢(동현)－한(漢)나라 운양(雲陽) 사람. 아름답고 고와서 애제(哀帝)의 사랑을 받아 황제의 곁을 잠시도 떠나지 않았다고 하는데 고안후(高安侯)에 봉해짐. ㅇ太玄(태현)－태현경(太玄經). 한(漢)나라 양웅(揚雄)이 지은 책. 모두 10권. 《주역(周易)》을 모방하여 지었음.

117. 상수문적(向秀聞笛)

－상수(向秀)가 피리 소리를 듣다

《진서(晉書)》에 보면 상수(向秀)의 자는 자기(子期)이니 하내(河內) 회현(懷縣) 사람이다. 맑고 슬기로워 멀리 아는 것이 있었다. 젊어서 산도(山濤)와 알게 되었으며 평소에 노장(老莊)의 학문을 좋아했다.

《장자(莊子)》의 〈내외편(內外篇)〉은 여러 대(代)에 비록 본 자가 있어도 그 뜻의 실마리를 맞게 의논한 자가 없었는데 상수가 비로소 해석하여 기이한 뜻을 밝히고 노장(老莊)의 기풍을 떨쳐 일으켜서 읽는 자로 하여금 높게 마음으로 깨닫도록 하였다. 그후에 곽상(郭象)이 또 주(注)를 달아 넓혔으므로 유묵(儒墨)의 자취는 낮게 보이고 도가(道家)의 말이 드디어 정해졌다. 혜강(嵇康)은 대장장이 일을 하고 상수가 이것을 도왔는데 서로 대하고 기뻐하여 곁에 사람이 없는 것같이 여겼더니 혜강은 처형을 당하고 상수는 낙양(洛陽)으로 들어가 〈사구부(思舊賦)〉를 지었다 한다. 그 서문(序文)에 다음과 같이 썼다.

'혜강은 여러 가지 기예(技藝)에 능했는데 특히 음악(音樂)에 묘했다. 형벌을 받기에 임해서 해 그림자를 돌아보며 거문고를 찾아서 타기를, 죽음이 장차 서쪽으로 가는데 그 옛집을 지나네. 이때 해는 서쪽으로 기울고 찬 얼음은 쓸쓸하네. 이웃 사람에 피리를 부는 자가 있어 소리를 높고 멀게 내니 옛날에 좋게 놀던 일을 뒤에 생각하고 소리에 감동하여 탄식했기 때문에 이로 인해서 부(賦)를 지었다.'

뒤에 산기상시(散騎常侍)가 되었으나 조정에서도 직책은 맡지 않고 발자취만 용납할 뿐이었다.

原文 晉書, 向秀字子期, 河內懷人也. 淸悟而有遠識. 少爲山濤所知. 雅好老莊之學. 莊周內外篇, 歷世雖有觀者, 莫適論其旨統, 秀乃爲之解, 發明奇趣, 振起玄風. 讀之者, 超然心悟. 郭象又述而廣之. 儒墨之述見鄙, 道家之言遂盛焉. 嵇康善鍛, 秀爲之佐, 相對欣然, 旁若無人. 康誅, 秀入洛, 作思舊賦云, 嵇博綜技藝, 於絲竹特妙. 臨當就命, 顧視日影, 索琴而彈之. 逝將西邁, 經其舊廬. 于時日薄虞泉, 寒氷凄然.

隣人有吹笛者, 發聲寥亮. 追想曩昔游宴之好, 感音而歎. 故作賦云. 後爲散騎常侍, 在朝不任職, 容迹而已.

註解 ㅇ晉書(진서)-《진서》〈열전〉 19에 있는 이야기임. ㅇ山濤(산도)-동진(東晉)의 고사(高士)로서 죽림칠현(竹林七賢)의 한 사람. 벼슬은 이부상서(吏部尙書)에 이름. ㅇ莊周(장주)-여기에서는 장주(莊周)가 저술한 《장자(莊子)》라는 책을 말함. ㅇ郭象(곽상)-서진(西晉)의 학자. 노장(老莊)을 좋아하여 《장자》의 주해를 지었음. ㅇ儒墨(유묵)-공자(孔子)와 묵자(墨子)를 말함. ㅇ嵇康(혜강)-죽림칠현의 한 사람. 앞에 나왔음. ㅇ虞泉(우천)-해가 지는 곳.

118. 백아절현(伯牙絶絃)

-백아(伯牙)가 거문고의 줄을 끊다

《열자(列子)》에 말하기를, 백아(伯牙)는 거문고를 잘 타고 종자기(鍾子期)는 듣기를 잘했다. 백아가 타는데 뜻이 높은 산에 있으면 종자기는 말하기를, "좋도다, 드높고 험준하여 마치 태산(泰山)과 같도다."라 하고, 뜻이 흐르는 물에 있으면 종자기는 말하기를 "좋도다. 세차게 빠르고 넓어서 강하(江河)와 같도다."라고 하여 백아의 생각하는 바를 종자기가 반드시 얻어서 알았다.

《여씨춘추(呂氏春秋)》에 말하기를, '종자기가 죽자 백아는 거문고를 깨고 줄을 끊어 죽을 때까지 다시 거문고를 타지 않았다. 이는 족히 거문고를 탈 일이 없다'고 생각했기 때문이었다.

原文 **列子曰, 伯牙善鼓琴, 鍾子期善聽. 伯牙鼓琴, 志在高山, 子期曰, 善哉峩峩乎若泰山. 志在流水, 子期曰, 善哉洋洋兮若江河. 伯牙所念, 子期必得之. 呂氏春秋曰, 鍾子期死.**

伯牙破琴絶絃, 終身不復鼓琴. 以爲無足爲鼓者.

註解 ㅇ列子(열자)－전국시대의 도가(道家)인 열어구(列禦寇)가 지은 책. 이 이야기는 〈탕문편(湯問篇)〉에 있음. ㅇ鍾子期(종자기)－춘추시대의 초(楚)나라 사람. 백아(伯牙)가 타는 거문고를 들으면 반드시 그가 갖는 심정(心情)을 찰지(察知)했다고 한다. 종자기가 죽자, 백아는 자기의 거문고를 알아주는 사람이 없음을 개탄하여 다시는 거문고를 손에 대지 않았다고 함. ㅇ江河(강하)－원래는 양자강(揚子江)과 황하(黃河)를 가리키는 말인데, 온갖 강과 하수의 뜻으로도 쓰임. ㅇ呂氏春秋(여씨춘추)－일명 《여람(呂覽)》. 진(秦)나라 여불위(呂不韋)가 지은 책이라 하나 사실은 그의 빈객(賓客)들이 수집한 것임. 12기(紀), 8람(覽), 5논(論)으로 나뉘어졌는데 총 160편으로서 기사(記事)는 대개 당시의 유서(儒書)에서 수록하였고 도가(道家)·묵가(墨家)의 것도 있다.

119. 곽괴자굴(郭槐自屈)

－곽괴(郭槐)가 스스로 굽히다

《진서(晉書)》에 보면, 가충(賈充)의 자는 공려(公閭)이니 평양(平陽) 양릉(襄陵) 사람이다. 전처(前妻)는 이풍(李豊)의 딸 이완(李婉)인데 이풍이 주살(誅殺)당하게 되자 이완은 이에 연좌되어 유랑했다. 가충의 후취(後娶) 곽괴(郭槐)는 이름이 광성군(廣城君)이니 무제(武帝)가 왕위(王位)에 오르면서 이완이 용서받아 돌아오자 특별히 가충에게 조서를 내려 좌우부인(左右夫人)으로 두었다.

곽괴는 성질이 질투가 있어 노해서 소매를 걸어올리고 일일이 죄를 들어 책망하기를, "법령(法令)을 고쳐 가지고 좌명(佐命)의 공신(功臣)이 되었고 나는 그 나누어짐을 갖게 되었거니와 이완이 나와 가지런하게 되었습니다."라고 했다.

가충이 이에 이완을 위하여 집을 영평리(永平里)에 지었으나 왕래하지 않았다. 혜제(惠帝)가 태자(太子)가 되고 가충과 곽괴 사이에 낳은 딸이 태자비가 되었다. 곽괴가 이완의 안부를 물으러 가고자 하니, 가충이 말하기를, "그 사람은 재기(才氣)가 있으니 그대가 가는 것은 가지 않는 것만 같지 못할 것이오."라고 했으나 딸이 태자비(太子妃)가 되자 이에 위의(威儀)를 더해 가지고 갔다.

이미 집에 들어가자 이완이 나와서 맞는데 곽괴는 이완의 기품에 눌리어 다리가 굽는 것을 깨닫지 못하고 드디어 두 번 절했다. 이로부터 곽괴는 이완의 재색(才色)이 남편의 마음을 사로잡을 것으로 생각하고 남편을 감시하는데 가충이 외출할 때마다 사람에게 명하여 미행케 하고 남편이 이완의 집에 들르는 것을 가로막았다.

이에 반하여 이완은 맑고 아름답고 재주와 행실이 있었는데 《여훈(女訓)》을 지었고 그것이 당시 세상에서 행해졌다. 구본(舊本)에는 괴(槐)를 외(隗)로 썼으나 그것은 잘못된 것이다.

原文 **晉書, 賈充字公閭, 平陽襄陵人. 前妻李豊女. 豊誅, 李氏坐流徙. 後娶郭槐. 號廣城君. 武帝踐阼, 李以赦還. 特詔充置左右夫人. 郭槐性妬忌, 怒攘袂數充曰, 刊定律令, 爲佐命之功, 我有其分. 李那得與我並. 充乃爲李築室於永平里, 而不往來. 惠帝爲太子, 納槐女爲妃. 初槐欲省李氏. 充曰, 彼有才氣. 卿往不如不往. 及女爲妃, 乃盛威儀而去. 旣入戶, 李氏出迎. 槐不脚屈, 因遂再拜. 自是充每出, 槐使人尋之, 恐其過李氏. 李氏淑美有才行. 作女訓, 行於世. 舊本槐作隗非.**

註解 ㅇ晉書(진서)－《진서》〈열전〉 10에 있는 이야기임. ㅇ威儀(위의)－예의(禮義)에 맞아 위엄이 있는 거동.

120. 남강유련(南康猶憐)
-남강(南康)이 오히려 예쁘다고 하다

《세설신어(世說新語)》에 말하기를, 환온(桓溫)이 명제(明帝)의 딸 남강공주(南康公主)에게 장가들었었는데 환온이 촉(蜀)나라 성도(成都)에 근거지를 두었던 이세(李勢)를 평정하고 그의 누이를 첩으로 삼아 심히 사랑했으며 은밀히 별재(別齋) 뒤에 살게 했었다. 공주가 이 말을 듣고 수십 명의 계집종과 함께 칼을 빼들고 불의에 덮치니 마침 이녀(李女)는 머리에 빗질을 하느라고 머리털이 땅에 드리웠는데 모양이 단정하고 고왔다.

이에 서서히 땅에 내려가 머리를 묶고 손을 모으며 공주를 향해 말하기를, "나라가 깨지고 집이 망했기로 아무 생각없이 여기에 이르렀습니다. 오늘 만일 죽음을 당한다면 살아있는 때와 같을 것입니다."라며 침착하게 대응했으나 안색이 처량하고 슬퍼보였다. 공주는 이에 칼을 던지고 말하기를, "내가 보니 너는 역시 예쁘구나. 하물며 어찌 늙은이인 남편이겠느냐?"하고 드디어 잘 대우했다.

原文 **世說曰, 桓溫尙明帝女南康公主. 溫平蜀, 以李勢妹爲妾, 甚有寵. 嘗著別齋後. 主聞與數十婢拔襲之. 値李梳頭. 髮垂地, 姿貌端麗. 乃徐下地結髮, 斂手向主曰, 國破家亡, 無心至此. 今日若能見殺, 猶生之年, 神色閑正, 辭氣悽惋. 主於是擲刀, 前抱之曰, 我見汝亦憐. 何況老奴. 遂善遇之.**

註解 ㅇ世說(세설)-《세설신어(世說新語》〈현원편(賢媛篇)〉에 있는 이야기임. ㅇ桓溫(환온)-진(晉)나라 용항(龍亢) 사람. 환이(桓彝)의 아

들. 처음 태어났을 때 온교(溫嶠)가 그 울음소리를 듣고 이르기를 영특한 아이라 해서 이름을 온(溫)이라 했다. 명제(明帝) 때 촉(蜀)나라를 쳐서 그 공으로 정서대장군(征西大將軍)이 되고 그 뒤에 벼슬이 대사마도독(大司馬都督)에 이르렀다. 나중에 간문제(簡文帝)를 세우고 비밀히 찬탈(簒奪)을 도모하였다가 이루지 못하고 졸(卒)했다. ㅇ別齋(별재)－본집 밖에 따로 장만한 집. ㅇ主(주)－남강공주(南康公主)를 말함.

121. 노공순치(魯恭馴雉)

－노공(魯恭)이 꿩을 길들이다

후한(後漢) 노공(魯恭)의 자는 중강(仲康)이니 부풍(扶風) 평릉(平陵) 사람이다. 숙종(肅宗) 때 중모령(中牟令)에 임명되었는데 오로지 덕화(德化)로써 백성을 다스리고 형벌에 의존하지 않았다. 그 고을에 벼의 해충[螟]이 곡식을 해쳐서 개의 어금니처럼 들쭉날쭉 퍼져갔지만 중모(中牟)에는 퍼지지 않았다.

이것을 하남윤(河南尹) 원안(袁安)이 듣고 사실이 아닐 것으로 의심했다. 그리하여 인자한 속관(屬官) 비친(肥親)에게 명하여 친히 가서 살피게 했다. 노공(魯恭)은 그를 따라서 밭 사이의 길에 이르러 뽕나무 아래에 앉았는데 꿩 한 마리가 지나다가 그 곁에 앉는다. 곁에는 어린아이도 있었는데 꿩을 잡으려고 하지 않았다. 이상한 일이었다. 비친이 말하기를, "너는 어찌해서 꿩을 잡지 않느냐?"라고 하자 아이는 말하기를, "그 꿩은 바야흐로 장차 새끼를 낳을 것입니다."라고 한다.

이에 비친은 두려워하여 일어서면서 노공과 작별하며 말하기를, "내가 온 것은 그대가 하는 정치의 자취를 살피고자 한 것인데 이제 해충도 이 지경을 범하지 않고 그 교화가 새나 짐승에게까지 미치고 있으며 어린아이까지 어진 마음이 있으니 이것은 삼이(三異)외다."

하고 관청으로 돌아와 장계를 올려 원안에게 보고했다.

이 해에 가화(嘉禾)가 노공의 집 뜰 가운데에서 났다. 원안이 글을 위에 올려 실상을 보고하자 황제는 이를 이상히 여겼고 이 일이 있은 지 3년에 고을에서 더욱 이상한 치적을 하였다. 벼슬에서 떠나자 관리들이 그를 사모했는데 뒤에 사도(司徒)가 되었다. 성질이 겸손하고 상주(上奏)하는 의견은 법도에 맞게 하여 은밀히 도움되는 것이 있었으나 스스로 나타내지는 않았다. 그런 까닭에 강직(剛直)하다고 일컬어졌거니와 적극성이 있다고는 할 수가 없다.

原文 **後漢魯恭字仲康, 扶風平陵人. 肅宗時, 拜中牟令. 專以德化爲理, 不任刑罰. 郡國螟傷稼. 犬牙緣界, 不入中牟. 河南尹袁安聞之, 疑其不實, 使仁恕掾肥親往廉之. 恭隨行阡陌, 俱坐桑下. 有雉過而止其傍. 傍有童兒. 親曰, 兒何不捕之. 兒言雉方將雛. 親瞿然起, 與恭訣曰, 所以來者, 欲察君政迹耳. 今蟲不犯境, 化及鳥獸, 竪子有仁心. 三異也. 還府以狀白安. 是年嘉禾生恭便坐庭中. 安上書言狀, 帝異之. 在事三年. 州擧尤異, 去官吏人思之. 後爲司徒. 性謙退, 奏議依經, 潛有補益, 然不自顯, 故不以剛直爲稱.**

註解 ㅇ後漢(후한)－《후한서》〈열전〉 15에 있는 이야기임. ㅇ螟(명)－곡식의 줄기 속을 파먹어 죽게 하는 해충(害虫). ㅇ袁安(원안)－후한(後漢) 중기(中期)의 충신. 여남(汝南) 사람. 자는 소공(邵公). 벼슬이 사도(司徒)에 이르렀는데 화제(和帝) 때 두헌(竇憲)이 전횡(專橫)하자 이를 탄핵하여 조금도 굽히지 않음. ㅇ三異(삼이)－세 가지 이상한 일. 즉 벌레가 지경(地境)을 범하지 않는 일, 교화가 새 짐승에게 미침, 어린아이가 어진 마음이 있는 것을 말함. ㅇ嘉禾(가화)－아름다운 곡식. 여기에서는 벼를 말함.

122. 송균거수(宋均去獸)
—송균(宋均)이 짐승을 가게 하다

후한(後漢) 송균(宋均)의 자는 숙상(叔庠)이니 남양(南陽) 안중(安衆) 사람이다. 광무제(光武帝) 때 구강태수(九江太守)로 옮겼는데 그 고을에는 범이 많았고 사나운 짓을 많이 하여 자주 백성들의 걱정거리가 되었다. 이에 항상 호랑이를 퇴치할 사람을 모집하고 함정을 설치했으나 오히려 상하고 해치는 것이 많았다. 송균이 도착하자 고을에는 부탁하기를, "대체로 범과 표범이 산에 있고, 자라와 악어가 물에 있는 것은 각각 의탁하는 곳이 있기 때문이다. 또 남쪽지방인 강회(江淮)에 사나운 짐승이 있는 것은 북쪽 지방에 닭과 돼지가 있는 것과 같은 것이다. 지금 백성의 해가 되는 것은 맹수보다도 가혹한 관리에게 허물이 있는 것이니 한결같이 함정을 없애야 할 것이다."라고 했다. 그 뒤에 전하는 말에 호랑이는 모두 동쪽으로 강을 건너갔다고 한다.

原文 **後漢宋均字叔庠, 南陽安衆人. 光武時遷九江太守. 郡多虎暴, 數爲民患. 常募設檻穽, 猶多傷害. 均到, 下記屬縣曰, 夫虎豹在山, 黿鼉在水, 各有所託. 且江淮之有猛獸, 猶北土有雞豚也. 今爲民害, 咎在殘吏. 而勞勤張捕, 非憂恤之本. 可一去檻穽. 其後傳言, 虎相與東游度江.**

註解 ㅇ後漢(후한)—《후한서》〈열전〉 31에 있는 이야기임.

123. 광객사영(廣客蛇影)
-악광(樂廣)의 손님의 뱀 그림자

《진서(晉書)》에 보면 악광(樂廣)의 자는 언보(彥輔)이니 남양(南陽) 육양(淯陽) 사람이다. 하남윤(河南尹)으로 옮겼는데 친한 손님이 항상 오더니 오랫동안 찾아오지 않았다. 악광이 그 까닭을 묻자 대답하기를, "전에 자리에 있을 때 술을 주셔서 바야흐로 마시려는데 갑자기 보니 잔 속에 뱀이 있었습니다. 마음속에 몹시 언짢았지만 그냥 마셨지요. 그런데 그후로 병이 들고 말았습니다."라고 했다.

이때 하남(河南)의 청사(廳事) 벽 위에 뿔로 장식한 활에 옻으로 뱀을 그려놓은 것이 있었는데 악광의 생각에는 잔 속에 있던 뱀은 곧 뿔로 만든 활의 그림자였던 것 같았다. 이에 다시 술을 앞에 놓고 그 손님에게 이르기를, "잔 속에 뭔가 보이는 것이 있소 없소?"라고 하자 대답하기를, "보이는 것이 전과 같습니다."라고 했다.

이에 악광이 그 까닭을 설명하자 손님은 시원하게 마음이 풀려서 묵은 병이 깨끗이 나았다. 악광이 벼슬자리에 있을 당시에는 공적의 명예가 없었으나 언제나 직책에서 떠날 때마다 남긴 사랑이 사람들의 생각하는 바가 되었다.

대체로 사람에 대해서 의논하는 데 반드시 먼저 그 장점(長點)을 말하면 단점은 말하지 않아도 스스로 보이는 것이다. 후대(後代)에 왕융(王戎)이 상서령(尙書令)이 되자 비로소 왕융이 악광을 천거하여 마침내 그 자리를 이어받으니 당시 사람들이 이를 아름답게 여겼다.

原文 **晉書, 樂廣字彥輔, 南陽淯陽人. 遷河南尹. 常有親客,**

久闊不復來. 廣問其故. 答曰, 前在坐蒙賜酒. 方飮忽見盃中有蛇, 意甚惡之. 旣飮而疾. 于時河南廳事壁上有角弓, 漆畫作蛇. 廣意盃中蛇卽角弓影也. 復置酒於前處, 謂客曰, 盃中復有所見不. 答曰, 所見如初. 廣乃告其所以. 客豁然意解, 沈痾頓愈. 廣所在爲政. 無當時功譽, 每去職, 遺愛爲人所思. 凡論人, 必先稱其所長, 則所短不言而自見. 後代王戎, 爲尙書令. 始戎薦廣, 而終踐其位. 時人美之.

註解 ㅇ晉書(진서)－《진서》〈열전〉13에 있는 이야기임. ㅇ廳事(청사)－관청 안 사무를 보는 곳. ㅇ王戎(왕융)－진(晉)나라 임기(臨沂) 사람. 자는 준충(濬冲). 죽림칠현(竹林七賢)의 한 사람. 성질이 전원(田園)을 좋아했으며 혜제(惠帝) 때 벼슬이 사도(司徒)에 이르렀음.

124. 은사우투(殷師牛鬪)

－은사(殷師)의 소싸움

진(晉)나라 은중감(殷仲堪)은 진군(陳郡) 사람이다. 아버지 은사(殷師)는 진릉태수(晉陵太守)인데 처음에 병이 여러 해동안 계속되자 은중감은 옷에서 띠를 풀지 않고 몸소 의술(醫術)을 배워 정밀하고 묘한 것을 연구하는 약을 찾고 눈물을 흘려 드디어 한 눈이 멀게 되었다. 또 아버지 상(喪)을 당하자 몸을 상하여 효자로 소문이 났다.

효무제(孝武帝)가 불러서 중서자(中庶子)를 삼았으며 몹시 친애했다. 그의 아버지는 일찍이 귀가 너무 밝은 병이 있었는데 침상 아래에서 개미 움직이는 소리를 듣고 소가 싸운다고 했었다. 황제가 본래 이 말을 들었으나 누구인지 알지 못하더니 이때에 이르러 문득 은중감에게 묻기를, “이런 병을 앓던 자가 누구인가?”라고 하자 은중감은 눈물을 흘리면서 말하기를, “신(臣)은 나갈 수도 없고 물러갈 수도 없습니다.”라고 하니 황제는 부끄러워하는 기색이 있었다.

은중감은 맑은 말을 잘했는데 매양 말하기를, “3일동안 《도덕경(道德經)》을 읽지 않으면 혓바닥이 굳어진다.”고 했다. 그의 말은 한강백(韓康伯)과 이름이 가지런했다. 뒤에 사신(使臣)이 되어 강릉(江陵)에 나갔다가 환현(桓玄)의 쫓는 군사에게 죽음을 당했다.

原文 **晉殷仲堪陳郡人. 父師晉陵太守. 初師病積年. 仲堪衣不解帶, 躬學醫術, 究其精妙. 執藥揮淚, 遂眇一目. 居喪毀. 以孝聞. 孝武帝召爲中庶子, 甚相親愛. 其父嘗患耳聰, 聞牀下蟻動, 謂之牛鬪. 帝素聞之, 而不知其人. 至是問仲堪曰, 患此者爲誰. 仲堪流涕而起曰, 臣進退維谷. 帝有愧焉. 仲堪能淸言. 每云, 三日不讀道德論, 便覺舌本閒疆. 其談理與韓康伯齊名. 後假節鎭江陵, 爲桓玄追兵逼殺.**

註解 ㅇ晉(진)-《진서》〈열전〉54에 있는 이야기임. ㅇ中庶子(중서자)-옛날 벼슬 이름. 태자(太子)에게 소속되었음. ㅇ其父(기부)-은중감(殷仲堪)의 아버지[師]를 가리킴. ㅇ韓康伯(한강백)-한백(韓伯)의 자가 강백(康伯)임. 어려서 재주가 있었으나 몹시 가난했다. 뒤에 벼슬하여 이부상서(吏部尙書)에 이름.

125. 원례모해(元禮模楷)

-원례(元禮)가 해서를 본받다

후한(後漢) 이응(李膺)의 자는 원례(元禮)이니 영천(潁川) 양성

(襄城) 사람이다. 성질이 간결하고 곧아서 사귀어 놀 곳이 없었다. 효렴(孝廉)의 과거에 우등으로 급제하여 하남윤(河南尹)에 옮겨졌다. 당시 당의(黨議)가 일어났는데 유언(流言)이 대학(大學)에까지 들어갔다. 학생들 3만여 명 중 당을 지어 당시의 정치를 비판하는데 곽임종(郭林宗)·가위절(賈偉節)이 그 우두머리가 되어 이응(李膺)·진번(陳蕃)·왕창(王暢)과 서로 칭찬하고 소중히 여기었다. 학교 안에서 말하기를, "천하에 해서를 본받는 것은 이원례요, 폭행당하는 것을 두려워하지 않는 것은 진번(陳蕃)이요, 천하에 뛰어난 수재는 왕창(王暢)이다."라고 했다. 장성(張成)은 점을 잘쳤는데, 가까운 장래에 대사(大赦)가 있다는 점을 치고는 그것을 믿고 아들을 시켜 살인을 하게 했다. 이응은 하남윤(河南尹)으로서 이 사건을 조사했으며 장성의 아들을 사형에 처했다. 그런데 장성은 환관들과 교분이 있었으며 천자도 이 점을 믿었으므로 장성의 제자들은 상주(上奏)하여 이응 등이 작당해서 조정을 비방하고 있다고 했다.

이에 환제(桓帝)가 몹시 노하여 작당한 자들을 체포하고 이응 등을 잡아 가두었다가 뒤에 용서하여 고향 마을로 돌려보냈는데 평생 사관(仕官)까지 못하도록 금고(禁錮) 조치했다. 그리고 무리의 이름을 왕부(王府)에 써두었다.

이로 인해서 온 천하가 모두 이 당(黨)을 칭찬하며 명사(名士)를 가리켜 이름을 지었는데 상(上)은 삼군(三君)이라 하고 다음은 팔준(八俊), 다시 그 다음을 팔고(八顧)·팔급(八及)·팔주(八廚)라 했으니 옛날의 팔원(八元)·팔개(八凱)와 같은 것이다.

이응이 사예교위(司隷校尉)에 임명되었을 때 여러 황문상시(黃門常侍 : 환관)들이 모두 몸을 굽히고 숨을 죽이며 휴가일에도 감히 다시 대궐에서 나가지 못했다. 이때에 조정의 법과 도덕이 무너졌는데 이응이 홀로 위엄을 가지고 있어 명성이 스스로 높아서 선비 중에서 그에게 인정을 받는 자는 이름을 등용문(登龍門)이라 했다. 영제(靈

帝) 때 환관 조절(曹節)이 넌지시 유사(有司)에게 말했고 위에 아뢰어 이전의 당인(黨人)들은 체포되었고 모두 옥 속에서 죽었다.

原文 後漢李膺字元禮, 潁川襄城人. 性簡亢無所交接. 擧孝廉高第. 遷河南尹. 及黨議起. 流言轉入大學, 諸生三萬餘人, 郭林宗·賈偉節爲其冠, 並與膺·陳蕃·王暢更相褒重. 學中語曰, 天下模楷李元禮, 不畏彊禦陳仲擧, 天下俊秀王叔茂. 時張成善風角. 推占當赦, 敎子殺人. 膺按殺之. 其弟子上書告, 膺等共爲部黨誹訕朝廷. 桓帝震怒, 逮捕黨人, 收執膺等. 後赦歸田里, 禁錮終身. 而黨名猶書王府. 由是海内共相標搒, 指名士爲之稱號. 上曰三君, 次曰八俊·八顧·八及·八厨, 猶古之八元·八凱也. 膺拜司隷校尉, 諸黄門·常侍, 皆鞠躬屛氣, 休沐不敢復出宮省. 是時朝廷綱紀穨阤. 膺獨持風裁, 以聲名自高. 士有被其容接者, 名爲登龍門. 靈帝時, 曹節諷有司, 奏捕前黨. 皆死獄中.

註解 ㅇ後漢(후한)-《후한서》〈열전〉 57 당고전(黨錮傳)에 있는 이야기임. ㅇ郭林宗(곽임종)-이름은 태(太). 임종(林宗)은 그의 자. 고서(古書)에 널리 통하여 제자가 수천 명이나 되었다. 일찍이 도읍에 있으면서 이응(李膺)과 사귀었고 이름이 도읍 안에 떨쳤다. 뒤에 당고(黨錮)의 화가 일어났으나 평소에 위태로운 말을 하지 않아서 홀로 화를 면했다. ㅇ賈偉節(가위절)-송(宋)나라 개봉(開封) 사람. 진사(進士)를 거쳐 강회발운부사(江淮發運副使)가 되었다. ㅇ陳蕃(진번)-동한(東漢) 평여(平輿) 사람. 자는 중거(中擧). 높고 곧으며 지조가 있고 깨끗했다. 환제(桓帝) 때 예장태수(豫章太守)를 거쳐 태위(太尉)에 이르렀다. ㅇ王暢(왕창)-후한(後漢) 사람. 태위(太尉) 진번(陳藩)이 맑고 바르다고 천거하여 남양태수(南陽太守)가 되었다. 이름이 팔준(八俊)에 들었고 이응(李膺)과 같이 고사(高士)라는 칭찬을 받았다. ㅇ三君(삼군)-두무(竇

武)・유숙(劉淑)・진번(陳藩)을 말함. 여기서 군(君)이란 한세상의 종(宗)을 이름. ㅇ八俊(팔준)−이응(李膺)・순욱(荀勗)・두밀(杜密)・왕창(王暢)・유우(劉祐)・위랑(魏朗)・조전(趙典)・송우(宋寓)를 팔준(八俊)이라고 했다. 준(俊)은 사람이 빼어난 것. ㅇ八及(팔급)−장검(張儉)・잠질(岑晊)・유표(劉表)・진상(陳翔)・공욱(孔昱)・범강(范康)・단부(檀敷)・적초(翟超)를 팔급(八及)이라 함. 급(及)은 사람을 인도하여 따르게 하는 것을 말함. ㅇ八廚(팔주)−도상(度尙)・장막(張邈)・왕고(王考)・유유(劉儒)・호무반(胡毋班)・진주(秦周)・번향(藩嚮)・왕장(王章)을 말함. 주(廚)란 능히 재물로써 사람을 구제함을 말함. ㅇ八元(팔원)−원(元)은 착한 것을 말함. ㅇ八凱(팔개)−개(凱)는 화합함을 말함. 이것은 《좌전(左傳)》에 보임. ㅇ黃門常侍(황문상시)−대궐을 지키는 벼슬아치. ㅇ聲名(성명)−명예. ㅇ登龍門(등용문)−입신출세(立身出世)하는 곳을 말함. ㅇ曹節(조절)−당시의 환시(宦侍)의 한 사람.

126. 계언영수(季彦領袖)

−계언(季彦)은 영수(領袖)이다

진(晉)나라 배수(裵秀)의 자는 계언(季彦)이니 하동(河東) 문희(聞喜) 사람이다. 어렸을 때 학문을 좋아하고 풍채와 지조가 있었다. 8세 때에 능히 문장을 지었는데 숙부(叔父) 배휘(裵徽)는 장한 이름이 있어서 손님이 몹시 많았다.

그가 10여세 때에 배휘를 뵈려고 왔던 자가 나갈 때면 반드시 배수를 찾았고 그를 칭찬하는 것이었다. 배수의 어머니는 천한 첩이었다. 적모(嫡母) 선씨(宣氏)는 그녀를 예로 대우하지 않고 언제나 배수의 어머니로 하여금 손님에게 음식을 내가게 했는데 그렇건만 보는 자들은 모두 일어났다. 그러면 배수의 어머니는 말하기를, “미천(微賤)하기가 이와 같지만 마땅히 응당 어린 자식이 현명하여 경의를 표해 주는도다."라고 했다. 선씨가 이것을 알고 음식 내가는 일을 중지했다. 이에 당시 사람들이 그를 위해서 말하기를, "후진(後進)의 영수(領袖)로는 배수(裵秀)가 있다."라고 했다.

무제(武帝) 때 사공(司空)이 되었는데 배수는 유학(儒學)을 넉넉히 알고 정사에 마음을 두고 있었다. 그는 직책이 지관(地官)인 고로 우공지역(禹貢地域)의 지도를 그려 바쳤는데 천자는 비부(秘府)에 감추게 했다. 지도를 그리는 제도는 여섯 가지가 있으니 1은 말하기를, 수를 나누어 이로써 너비와 둘레의 도(度)를 나눈다. 2는 말하기를, 준망(準望)이니 이로써 저쪽과 이쪽의 방위(方位)와 방각(方角)을 바르게 한다. 3은 말하기를, 도리(道里)이니 이로써 이쪽에서 저쪽까지 사이의 거리를 정하는 것이다. 4는 말하기를, 고하(高下)요, 5는 말하기를, 방사(方邪)요, 6은 말하기를, 우직(迂直)이니 이 여섯 가지를 각각 땅에 따라 마땅하게 만들고 이로써 평탄하고 험한 것의 서로 다른 것을 밝혀놓았다.

原文 **晉裵秀字季彦, 河東聞喜人. 少好學, 有風操. 八歲能屬文. 叔父徽有盛名, 賓客甚衆. 秀年十餘歲, 有詣徽者, 出則過秀. 秀母賤. 嫡母宣氏不之禮. 嘗使進饌於客. 見者皆爲之起. 母曰, 微賤如此. 當應爲小兒故也. 宣氏知遂止. 時人爲之語曰, 後進領袖有裴秀. 武帝時爲司空. 秀儒學洽聞, 留心政事, 以職在地官, 作禹貢地域圖奏之, 藏於秘府. 制圖之體有六. 一曰分率, 所以辨廣輪之度. 二曰準望, 所以正彼此之體. 三曰道里, 所以定所由之數. 四曰高下. 五曰方邪. 六曰迂直. 此六者各因地而制宜. 所以校夷險之異.**

註解 ㅇ晉(진)—《진서》〈열전〉 5에 있는 이야기임. 《세설신어(世說新語)》〈상예편(賞譽篇)〉에도 보임. ㅇ母賤(모천)—어머니가 천함. 즉 첩(妾)

이었음. o後進(후진)-자기보다 나중에 태어난 사람. o領袖(영수)-여러 사람 중의 우두머리. o地官(지관)-지리(地理)에 대한 것을 관장함. o禹貢地域(우공지역)-우공(禹貢)은 《서경(書經)》의 편명. 대개 산수(山水)의 맥락(脈絡)과 고금(古今)의 동이(同異)에 대하여 말함. o秘府(비부)-귀중한 물품, 특히 비서(秘書) 따위를 간직해두는 곳. o度(도)-법도. o準望(준망)-표준의 정도. o道里(도리)-길의 이정(里程). o高下(고하)-높낮이. o方邪(방사)-바르고 비뚤어짐. o迂直(우직)-굽은 것과 곧은 것.

127. 노포전신(魯褒錢神)
-노포(魯褒)가 《전신론(錢神論)》을 쓰다

《진서(晉書)》에 보면 노포(魯褒)의 자는 원도(元道)이니 남양(南陽) 사람이다. 학문을 좋아하고 들은 것이 많았다. 가난하여 아무것도 없어도 스스로 일어섰다. 원강(元康) 이후로 기강(紀綱)이 크게 무너지자 노포는 시인(時人)들이 탐하고 비루한 점에 마음을 상하여 이에 성명(姓名)을 숨기고 《전신론(錢神論)》을 저술하여 풍자했는데 그 대략은 다음과 같다.

사람들이 돈과 친하기를 형과 같이했으니 자(字)를 공방(孔方)이라 했다. 이것을 잃으면 가난하고 약하며, 이것을 얻으면 부자가 되고 창성한다. 날개가 없어도 날고 발이 없어도 달린다. 엄하고 굳은 얼굴을 풀고 열기 어려운 입도 열리게 한다. 돈이 많은 자는 앞에 있고 적은 자는 뒤에 있다. 돈이 돕는 곳에 길하고 이롭지 않은 것이 없으니 어찌 반드시 글을 읽은 뒤에 부자가 되고 귀하겠느냐?

옛날에 여공(呂公)은 공수표로 기뻐했고 한(漢) 고조(高祖)는 다른 사람들이 바치는 돈보다 불과 2백문을 더 바친 소하(蕭何)를 2천호(戶) 증봉(增封)해 주었다. 탁문군(卓文君)은 아버지 탁왕손(卓王

孫)에게서 10만 전을 얻어 베치마를 벗고 수놓은 비단을 입었으며 그 남편 사마상여(司馬相如)는 높은 덮개가 있는 수레를 타고 쇠코잠방이를 벗었다.

이처럼 벼슬이 높아지고 이름이 세상에 알려지는 것은 모두 돈이 이루어 준 것이니 덕이 없이도 높아지고 세력이 없어도 성해진다. 그리고 천자의 금문(金門)을 밀치고 자줏빛 궁중으로 들어간다. 위태로운 것도 편안하게 하고 죽을 것도 살게 한다. 귀한 사람도 천하게 만들고 산 사람도 죽이게 한다. 속담에 말하기를, '돈은 귀가 없어도 가히 귀신을 부린다'고 했다. 대체로 지금 사람은 오직 돈뿐이니 세상을 비방하는 자가 이 글을 전했거니와 애석하게도 노포는 그 후 어떻게 살았는지, 어디서 죽었는지 알 수가 없다.

原文 晉書, 魯褒字元道, 南陽人. 好學多聞. 以貧素自立. 元康之後綱紀大壞. 褒傷時貪鄙, 乃隱姓名而著錢神論, 以刺之. 其略曰, 親之如兄, 字曰孔方. 失之則貧弱, 得之則富昌. 無翼而飛, 無足而走, 解嚴毅之顏, 開難發之口, 錢多者處前, 少者居後. 錢之所祐, 吉無不利. 何必讀書然後富貴. 昔呂公欣悅於空版, 漢高克之於嬴二. 文君解布裳而被錦綉, 相如乘高蓋而解犢鼻. 官尊名顯, 皆錢所致. 無德而尊, 無勢而熱. 排金門而入紫闥, 危可使安, 死可使活, 貴可使賤, 生可使殺. 諺曰, 錢無耳可使鬼. 凡今之人, 唯錢而已. 疾時者傳其文. 後莫知所終.

註解 ○晉書(진서)－《진서》〈열전〉 64 은일전(隱逸傳)에 있는 이야기임. ○元康(원강)－한(漢)나라 혜제(惠帝)의 연호(年號). ○錢神論(전신론)－전신(錢神)이란 금전(金錢)의 힘을 신(神)에 비유한 말. 이 말을 글로 옮긴 것이 이 글의 내용이다. ○呂公(여공)－한(漢)나라 고조(高祖)

의 비(妃)인 여후(呂后)의 아버지. ㅇ空版(공판)－아무 글씨도 쓰지 않은 판때기, 공수표. ㅇ文君(문군)－탁왕손(卓王孫)의 딸. 과부가 되어 친정에 있을 때 사마상여(司馬相如)의 거문고 소리에 반하여 그의 첩이 되었음. ㅇ相如(상여)－사마상여. 전한(前漢)의 문인. 무제(武帝) 때 낭(郞)으로서 외교(外交)의 공이 컸다. ㅇ金門(금문)－금마문(金馬門). 한(漢)나라 미앙궁(未央宮)의 문.

128. 최열동취(崔烈銅臭)
－최열(崔烈)은 돈냄새가 나다

후한(後漢) 최열(崔烈)은 탁군(涿郡) 안평(安平) 사람이니 북쪽 고을에서 이름을 떨치다가 군수(郡守)와 구경(九卿)을 거쳤다. 영제(靈帝) 때 홍도문(鴻都門)을 열고 방(榜)을 걸어놓고는 관작(官爵)을 파는데 공경(公卿) 이하가 모두 차등이 있었다. 부자는 먼저 돈을 내고 관직에 앉게 하고 가난한 자는 먼저 관직에 앉은 후에 갑절로 내게 했다. 혹 상시(常侍)나 아보(阿保)를 통하여 원하는 벼슬에 오르는 자도 있었다.

이때 단경(段熲) 등은 비록 공과 공훈과 명예 등에 있어서 당연히 고위직에 올라야 했지만 먼저 재물을 낸 뒤에라야 공직에 오를 수 있었다. 최열(崔烈)은 유모(乳母)를 시켜 돈 5백만 전(錢)을 내고 사도(司徒)가 되었다. 일찍이 호분장군(虎賁將軍)이 되어 있던 그 아들 최균(崔鈞)에게 묻기를, "내가 삼공(三公)에 있는 것에 대하여 의논하는 자들이 무어라고 하더냐?"라고 하니 최균이 말하기를, "아버님께서는 젊어서부터 뛰어나다는 이름이 있어서 육경(六卿)과 태수(太守)를 겪으셨으므로 사람들이 이르기를 마땅히 삼공(三公)이 되리라고 했는데 이제 그 자리에 오르시니 천하가 실망(失望)한다고 합니다."라고 했다. 이에 최열이 말하기를, "어찌해서 그러더냐?"라고 하자 최균은 말하기를, "세상 사람들은 돈냄새를 싫어해서입니다."라고 했다. 뒤에 태위(大尉)에 임명되었는데 동탁(董卓)이 이미 죽음을 당한 후에는 성문교위(城門校尉)에 임명되었다.

原文 **後漢崔烈涿郡安平人. 有重名於北州. 歷郡守九卿. 靈帝時開鴻都門, 榜賣官爵. 公卿以下皆有差. 富者先入錢, 貧者到官而後倍輸. 或因常侍阿保, 別自通達. 是時段熲等雖有功勳名譽, 然皆先輸貨財而後登公位. 烈因傅母入錢五百萬爲司徒. 嘗問其子鈞曰, 吾居三公. 於議者如何. 鈞曰, 大人少有英稱, 歷位卿守. 人謂當爲三公. 今登其位, 天下失望. 烈曰, 何爲然也. 鈞曰, 論者嫌其銅臭. 後拜大尉. 董卓旣誅, 拜城門校尉.**

註解 ㅇ後漢(후한)—《후한서》〈열전〉 42에 있는 이야기임. ㅇ九卿(구경)—아홉 사람의 장관(長官). 한(漢)나라에서는 태상(大常)·광록훈(光祿勳)·대홍려(大鴻臚)·대사농(大司農)·위위(衛尉)·태복(太僕)·정위(廷尉)·종정(宗正)·소부(少府)이니 시대에 따라 다름. ㅇ鴻都門(홍도문)—홍도(鴻都)는 여러 가지 귀중한 도서를 저장한 곳. ㅇ榜(방)—방을 써 붙이는 것을 말함. 표시(表示)함. ㅇ阿保(아보)—보호하는 사람. ㅇ段熲(단경)—후한(後漢) 고장(姑藏) 사람. 환제(桓帝) 때 호강교위(護羌校尉)가 되어 오랑캐를 깨쳐 공이 있었다. ㅇ司徒(사도)—한(漢)나라 때 삼공(三公)의 하나.

129. **양송묘식**(梁竦廟食)

—양송(梁竦)이 종묘에서 제사를 받다

후한(後漢) 양송(梁竦)의 자는 숙경(叔敬)이니 안정(安定) 오저

(烏氏) 사람이다. 문을 닫고 스스로 수양하면서 경적(經籍)으로 즐거움을 삼았다. 책 몇 편을 저술하고 이름을 《칠서(七序)》라고 했는데 반고(班固)가 보고 칭찬하기를, "공자(孔子)가 《춘추(春秋)》를 저술하자 난신적자(亂臣賊子)가 두려워하고 양송이 《칠서(七序)》를 짓자 자리를 도둑질하고 그대로 먹기만 하는 자가 두려워했다."라고 했다.

양송이 그 재주와 능력을 믿고 있다가 뜻을 얻지 못한 것을 우울해하며 일찍이 높은 곳에 올라가 멀리 바라보면서 탄식하기를, "대장부가 세상에 태어났으면 살아서는 마땅히 후(侯)에 봉해지고 죽어서는 마땅히 종묘에서 제사를 받아야 한다. 만일 그렇지 않으면 한가히 있어 가히 뜻을 기르고 시서(詩書)로 족히 스스로 즐길 것이니 주군(州郡)의 직책은 한갓 사람만 수고롭게 할 뿐이다."라고 했다.

뒤에 조정에서 부르는 명령에 나가지 않았는데 숙종(肅宗)은 그의 두 딸을 맞아서 모두 귀인(貴人)을 삼았다. 소귀인(小貴人)이 화제(和帝)를 낳아서 두황후(竇皇后)가 길러 아들로 삼았다. 이때 여러 두씨(竇氏)는 양씨(梁氏)가 뜻을 얻으면 자기들을 해칠 것이 두려워서 드디어 거짓말을 꾸며 두 귀인을 죽이고 양송을 악역(惡逆)에 빠뜨려 옥중에서 죽었다. 화제(和帝)가 즉위하자 뒤에 포친민후(褒親愍侯)에 추봉(追封)하고 칭찬했다.

原文 **後漢梁竦字叔敬, 安定烏氏人. 閉門自養, 以經籍爲娛. 著書數篇, 名日七序. 班固見而稱曰, 孔子著春秋而亂臣賊子懼, 梁竦作七序而竊位素餐者慙. 竦自負其才, 鬱鬱不得意. 嘗登高遠望, 歎息言曰, 大丈夫居世, 生當封侯, 死當廟食. 如其不然, 閑居可以養志, 詩書足以自娛. 州郡之職, 徒勞人耳. 後辟命不就. 肅宗納其二女, 皆爲貴人. 小貴人生和帝. 竇皇后養以爲子. 諸竇恐梁氏得志爲己害, 遂譖殺二貴**

人, 二陷竦以惡逆. 死獄中, 和帝立, 追封褒親愍侯.

註解 ㅇ後漢(후한)－《후한서》〈열전〉 24에 있는 이야기임. ㅇ經籍(경적)－경서(經書). ㅇ班固(반고)－후한(後漢) 초기의 역사가·학자. 아버지 반표(班彪)의 유지를 받들어 30년에 걸쳐 《한서(漢書)》를 완성함. ㅇ亂臣賊子(난신적자)－나라를 어지럽히고 군부(君父)를 죽이는 악인(惡人)을 말함. ㅇ貴人(귀인)－여관(女官). 황후(皇后)의 다음임. ㅇ竇皇后(두황후)－여기에서는 후한(後漢) 장제(章帝)의 후(后).

130. 조온웅비(趙溫雄飛)

－조온(趙溫)은 씩씩하게 날아야 한다고 말했다

후한(後漢) 조온(趙溫)의 자는 자유(子柔)이니 촉군(蜀郡) 성도(成都) 사람이다. 처음에 경조군승(京兆郡丞)이 되었는데 탄식하기를, "대장부가 마땅히 웅비(雄飛)할 것이지 어찌 능히 암컷처럼 엎드려 있단 말인가?"하고 드디어 벼슬을 버리고 갔다. 흉년이 들자 집의 양식을 나누어 궁하고 주린 사람을 구제하니 살린 자가 만여 명이나 되었다. 헌제(獻帝)가 서쪽으로 옮기자 드디어 삼공(三公)이 되었다.

原文 **後漢趙溫字子柔, 蜀郡成都人. 初爲京兆郡丞, 歎曰, 大丈夫當雄飛. 安能雌伏. 遂弃官去. 歲饑. 散家糧振窮餓, 所活萬與人. 獻帝西遷, 遂爲三公.**

註解 ㅇ後漢(후한)－《후한서》〈열전〉 17에 있는 이야기임. ㅇ雄飛(웅비)－씩씩하게 날음. ㅇ西遷(서천)－도읍을 장안(長安)으로 옮김.

131. 매승포륜(枚乘蒲輪)

—매승(枚乘)이 부들 수레를 타다

전한(前漢) 매승(枚乘)의 자는 숙(叔)이니 회음(淮陰) 사람이다. 오왕(吳王) 비(濞)의 낭중(郎中)이 되었더니 왕(王)이 반역(反逆)을 꾀하므로 매승이 글로 아뢰어 간(諫)했다. 그러나 왕이 들어주지 않았으며 왕은 마침내 잡혀서 죽었다. 매승은 이로써 이름이 알려졌다.

이에 경제(景帝)가 불러서 홍농도위(弘農都尉)를 삼았다. 그러나 매승은 전에 오랫동안 대국(大國)의 상빈(上賓)이 되어 뛰어난 인재들과 함께 교제해 왔던 터라 고을의 하급 관리는 마음에 안들어 병이 있다며 벼슬을 버리고 다시 양(梁)나라에서 놀다가 효왕(孝王)이 죽음에 이르러 회음(淮陰)으로 돌아왔다. 무제(武帝)가 즉위하자 매승은 몸이 늙은지라 이에 편안한 수레에 부들로 바퀴를 싼 것으로 불렀으나 가는 도중에 죽었다.

原文 **前漢枚乘字叔, 淮陰人. 爲吳王濞郎中. 王謀爲逆. 乘奏書諫, 王不用. 卒見禽滅. 乘由是知名. 景帝召拜弘農都尉. 乘久爲大國上賓, 與英俊並游, 不樂郡吏. 以病去官, 復遊梁. 及孝王薨, 歸淮陰. 武帝卽位, 乘年老. 廼以安車蒲輪徵乘道死.**

註解 ㅇ前漢(전한)—《전한서》〈열전〉 21에 있는 이야기임. ㅇ郎中(낭중)—상서(尙書)를 보좌하여 정무(政務)에 참여하는 벼슬. ㅇ弘農都尉(홍농도위)—홍농(弘農)은 군(郡)의 이름. 도위(都尉)는 각 군(郡)에서 군사(軍事)·경찰을 맡은 벼슬. ㅇ上賓(상빈)—상등의 손님.

132. 정균백의(鄭均白衣)

—정균(鄭均)은 백의상서(白衣尙書)이다

후한(後漢) 정균(鄭均)의 자는 중우(仲虞)이니 동평(東平) 임성(任城) 사람이다. 어렸을 때에 황로(黃老)의 글을 좋아했다. 건초(建初) 연중에 직언(直言)으로 뽑혔으나 나가지 않았고 공거서(公車署)의 시험에 특별히 불러 다시 상서(尙書)로 옮겼는데 자주 충성된 말로 황제에게 간(諫)하였으므로 숙종(肅宗)도 그를 소중히 여겼다.

그 뒤에 물러날 것을 청하고 휴가를 얻어 집에 돌아갔는데 황제가 동쪽으로 순행하다가 정균의 집에 거둥할 때 칙명(勅命)으로 상서(尙書)의 녹(祿)을 내리어 그 몸을 마치게 하니 당시에 그를 백의상서(白衣尙書)라고 불렀다.

原文 **後漢鄭均字仲虞, 東平任城人. 少好黃老書. 建初中擧直言不詣. 公車特徵. 再遷尙書, 數納忠言, 肅宗重之. 後告歸. 帝東巡, 乃幸均舍, 勑賜尙書祿, 以終其身. 時號爲白衣尙書.**

註解 ㅇ後漢(후한)—《후한서》〈열전〉 17에 있는 이야기임. ㅇ尙書祿(상서록)—매월 곡식 70석을 내림.

133. 능모복검(陵母伏劍)

—왕릉(王陵)의 어머니가 칼날에 엎드려 죽다

전한(前漢) 왕릉(王陵)은 패현(沛縣) 사람인데 고조(高祖)가 일어나자 왕릉도 또한 무리 수천 명을 모아가지고 일어났다. 처음에는 고조를 따르지 않았는데 고조가 항우(項羽)를 치자 왕릉은 이에 군사를 이끌고 한(漢)나라에 소속되었다.

그러나 항우는 왕릉의 어머니를 데려다가 군중(軍中)에 인질로 두었다. 이때 왕릉의 사자(使者)가 가면 왕릉의 어머니는 동쪽을 향해서 앉았다. 왕릉의 어머니에게 왕릉을 부르도록 하면 왕릉의 어머니는 사사로이 사자를 보내며 울면서 말하기를, "나를 위해서 왕릉에게 말하라. 한왕(漢王)을 잘 섬기라고……. 한왕은 덕망이 있는 어른이니 늙은 나로 해서 두 마음을 갖지 말라 하라. 나는 죽음으로써 사자를 보내노라."하고 드디어 칼에 엎드려 죽었다.

原文 **前漢王陵沛人. 高祖起, 陵亦聚黨數千人. 及高祖擊項羽, 廼以兵屬漢. 羽取陵母置軍中. 陵使至. 則東向坐陵母, 以招陵. 陵母私送使者, 泣曰, 爲妾語陵. 善事漢王, 漢王長者, 毋以老妾故持二心. 妾以死送使者. 遂伏劒而死.**

註解 ㅇ前漢(전한)－《전한서(前漢書)》〈열전〉 10에 있는 이야기임. ㅇ東向坐(동향좌)－동쪽을 향하고 앉다. 상례(喪禮)를 흉내낸 것임. 《예기(禮記)》에 상례 때는 남성은 서향(西向)으로 앉고 여성은 동향으로 앉는다. 여기서는 왕릉의 어머니 자신의 죽음을 상징하는 것임.

134. 가친단기(軻親斷機)

－맹자(孟子)의 어머니가 짜던 베를 끊었다

《고열녀전(古列女傳)》에 보면, 추(鄒)나라 맹가(孟軻)의 어머니는 그 집이 묘지(墓地)에 가까웠다. 맹자(孟子)가 어렸을 때 놀이를 하는데 무덤 사이에서 장사지내는 놀이를 했다. 이에 맹자의 어머니는 말하기를, "이곳은 내가 살 곳이 아니다."라고 집을 저자 곁으로 옮겼다. 그런데 이번에는 노는 것이 장사꾼이 물건 파는 흉내를 내는 것이었다. 이에 또 말하기를, "이곳은 내 자식이 있을 곳이 아니다." 하고 다시 학교 옆으로 집을 옮겼다. 그랬더니 이번에는 곧 제기(祭器)를 벌여놓고 읍(揖)하고 겸손해하는 놀이를 한다. 이에 맹자의 어머니는 말하기를, "참으로 내 아들이 살 곳이다."라 하고 드디어 그곳에 살았다.

맹자가 이미 학문을 하다가 휴가를 얻어 돌아왔다. 그 어머니가 학문의 진도를 묻자 맹자는 말하기를, "이제 적절합니다."라고 했다. 이에 맹자의 어머니는 칼로 짜고 있던 베를 끊고 말하기를, "네가 학문을 폐하는 것은 내가 이 짜던 베를 끊는 것과 같다."라고 했다. 맹자는 두려워하여 아침저녁으로 부지런히 배우기를 쉬지 않고 자사(子思)를 스승으로 섬겨 드디어 이름난 선비를 이루니 군자(君子)가 이르기를, "맹자의 어머니는 사람의 어머니가 된 도리를 안다."라고 했다.

原文 **古列女傳, 鄒孟軻母, 其舍近墓. 孟子少嬉遊, 爲墓閒之事. 孟母曰, 此非吾所以居處子也. 乃去, 舍市傍. 其嬉戲乃賈人衒賣之事. 又曰, 此非吾所以居處子也. 復徙舍學官之旁. 其嬉戲乃設俎豆, 揖讓進退. 孟母曰, 眞可以居吾子矣. 遂居. 及孟子旣學而歸, 孟母問學所至. 孟子曰, 自若也. 孟母以刀斷其織曰, 子之廢學, 若吾斷斯織也. 孟子懼, 旦夕勤學不息. 師事子思. 遂成名儒. 君子謂. 孟母知爲人母之道.**

註解 ㅇ古列女傳(고열녀전)－한(漢)나라 유향(劉向)이 지은 책. 총 7권. 여러 열녀(列女)의 전기를 여러 항목에 나누어 수록했음. 후세에

《열녀전》이란 책이 계속 나왔으므로 그것들과 구별하기 위해 《고열녀전》이라고 함. ㅇ子思(자사)－공자(孔子)의 손자. 이름은 급(伋). 자사(子思)는 그의 자(字). 학업을 증삼(曾參)에게서 배웠고 《중용(中庸)》을 지었음.

135. 제후파환(齊后破環)

－제후(齊后)가 옥고리를 깨다

《전국책(戰國策)》에 말하기를, 제(齊)나라 민왕(閔王)이 시해(弑害)를 당하자 그 아들 법장(法章)이 성명을 고치고 거(莒)나라 태사씨(太史氏)네 집 일꾼이 되었는데 태사 교(敫)의 딸이 그 생김새를 기이히 여겨 비상(非常)한 사람이라며 불쌍히 여겨 항상 옷과 먹을 것을 훔쳐다주고 사통(私通)했다.

뒤에 법장이 왕위에 오르자 이가 양왕(襄王)이다. 그가 태사씨의 딸을 왕후(王后)로 삼았다. 또 양왕이 죽고 아들 건(建)이 오르자, 왕후는 진(秦)나라 섬기기를 삼가 제후(諸侯)들과 믿음이 있었다. 그런 까닭에 건(建)이 선 지 40여년에 침략전쟁을 받지 않았다.

이때 진(秦)나라 소왕(昭王)이 일찍이 사자(使者)로 하여금 왕후에게 옥으로 이어진 고리를 보내면서 말하기를, "제나라에는 지혜로운 사람이 많으니 이 고리를 풀 수 있겠습니까?"라고 했다. 이에 왕후가 이것을 여러 신하들에게 보였으나 신하들은 그 방법을 알지 못했다. 왕후는 망치를 가져오게 하여 고리를 깨고 진나라 사자에게 말하기를, "삼가 푸는 방법을 알았습니다."라고 했다.

原文 **戰國策曰, 齊閔王遇弑. 其子法章變姓名, 爲莒太史家庸夫. 太史敫女, 奇其狀貌, 以位非常人. 憐而常竊衣食**

之, 與私焉. 法章立. 是爲襄王. 以太史女爲王后. 襄王卒, 子建立. 后事秦謹, 與諸侯信. 以故建立四十餘年, 不受兵. 秦昭王嘗使使者遺后玉連環. 曰, 齊多智. 解此環不. 后以示群臣. 群臣不知解. 后引椎椎破之, 謝秦使曰, 謹以解矣.

註解 ㅇ戰國策(전국책)－《전국책》 권 4에 있는 이야기임. 《전국책》은 춘추시대 이후 초한(楚漢)이 일어나기까지의 245년간에 걸쳐 전국(戰國)의 유사(遊士)들이 제국(諸國)에 돌아다니면서 유세(遊說)한 책모(策謀)를 나라별로 모은 책. 저자는 미상이나 한(漢)나라 유향(劉向)이 교정한 것임. ㅇ法章(법장)－전국시대 제(齊)나라 양왕(襄王)의 이름. ㅇ太史(태사)－나라의 법규(法規)와 기록을 맡은 벼슬.

136. 사녀해위(謝女解圍)
－사씨(謝氏)가 궁지를 벗겨주다

진(晉)나라 왕희지(王羲之)의 아들 응지(凝之)의 아내 사씨(謝氏)의 자는 도온(道韞)이다. 총명하고 식견(識見)이 있고 말을 잘했다. 숙부(叔父) 사안(謝安)이 일찍이 묻기를, "《시경(詩經)》은 어느 구절이 가장 아름다운가?"라고 하니 도온은 "《시경》〈대아(大雅)〉 증민편(烝民篇) 끝 구절, 즉 길보(吉甫)가 노래 지으니 조화됨이 맑은 바람 같네. 중산보(仲山甫)는 언제나 이 노래 생각하며 그 마음 위로받기를 ……이란 구절입니다."라고 하니 사안은 "고상(高尙)한 사람의 깊은 뜻이다."라고 했다.

또 일찍이 집안끼리 모였는데 이윽고 눈이 갑자기 내렸다. 이에 사안이 말하기를, "무엇 같으냐?"라고 하자 사안의 형의 아들 사랑(謝郞)이 말하기를, "소금을 공중(空中)에서 흩으니 가히 볼 만합니다."라고 했다. 도온은 말하기를, "버들개지가 바람따라 일어난다는 것만 못합니다."라고 했는데 사안은 크게 기뻐했다.

응지의 아우 헌지(獻之)가 일찍이 손님들과 함께 이야기하다가 말뜻이 장차 궁지에 몰리려고 하자 도온이 계집종을 보내어 헌지에게 아뢰기를, "작은 낭군(郎君)을 위하여 적(敵)의 포위를 풀어 드리겠습니다."하고 이에 푸른 비단으로 꾸민 병풍을 보내어 스스로 몸을 가리게 한 다음 헌지의 먼젓번의 의논을 말해주니 이에 손님은 능히 그를 꺾지 못했다.

原文 **晉王凝之妻謝氏, 字道韞. 聰識有才辯. 叔父安嘗問, 詩何句最佳. 道韞稱吉甫作誦, 穆如淸風. 仲山甫永懷, 以慰其心. 安謂有雅人深致. 又嘗內集. 俄而雪驟下. 安曰, 何所似也. 安兄子郞曰, 散鹽空中, 差可擬. 道韞曰, 未若柳絮因風起. 安大悅. 凝之弟獻之, 嘗與賓客談議, 詞理將屈. 道韞遣婢白獻之曰, 欲爲小郞解圍. 乃施靑綾步障自蔽, 申獻之前議, 客不能屈.**

註解 ㅇ晉(진)-《진서》〈열전〉66, 열녀전(列女傳)에 있는 이야기임. ㅇ吉甫(길보)-윤길보(尹吉甫). 주선왕(周宣王) 때의 장군이자 문인. ㅇ仲山甫(중산보)-진(晉)나라 헌공중자(獻公仲子). 성은 희(姬). 주(周)나라에 벼슬하여 경사(卿士)가 되었고, 선왕(宣王)을 도와 중흥(中興)을 이룸.

137. 착치척독(鑿齒尺牘)

-착치(鑿齒)는 편지를 잘 썼다

《진서(晉書)》에 보면, 습착치(習鑿齒)의 자는 언위(彦威)이니 양양(襄陽) 사람이다. 젊었을 때 의지와 기개가 있고 널리 배우고 흡족하게 들어서 문필(文筆)로 이름을 떨쳤다. 형주자사(荊州刺史) 환온(桓溫)이 불러서 종사(從事)를 시켰고 여러번 옮겨 별가(別駕)가 되었다. 환온이 정벌(征伐)에 나가면 착치는 혹 따르기도 하고 혹 지키기도 했는데 맡은 직책에 있어서는 언제나 기민함과 요령으로 대처하고 맡은 일에 성적이 있었으며 편지로 의논하는 것을 잘하니 환온이 매우 크게 대우했다.

이때 환온은 황제의 자리를 넘겨다보기는 했어도 바라지는 않았다. 습착치는 고을에 있을 때 《한진춘추(漢晉春秋)》를 저술하여 정사(正邪)의 명분을 바로잡았는데 한(漢)나라 광무제(光武帝)에서 시작하여 진(晉)나라 민제(愍帝)에서 마쳤다. 뒤에 국사(國史) 편찬을 주관하다가 졸(卒)했다.

습착치가 일찍이 손작(孫綽)과 함께 길을 가는데 손작은 성질이 통달하고 나무람을 좋아했다. 이때 손작은 앞에 있다가 습착치를 돌아보면서 말하기를, "모래를 걸러내면 기와와 돌은 뒤에 남는다."라고 하여 뒤처진 습착치를 기와와 돌에 비유했다. 그러자 습착치는 말하기를, "까부르고 날리니 쭉정이와 겨는 앞에 있다."라고 했다.

原文 晉書, 習鑿齒字彦威, 襄陽人. 少有志氣. 博學洽聞, 以文筆著稱. 荊州刺史桓溫辟爲從事. 累遷別駕. 溫出征伐. 鑿齒或從或守, 所在任職. 每處機要, 莅事有績, 善尺牘論議. 溫甚器遇之. 出爲滎陽太守. 時溫覬覦非望. 鑿齒在郡, 著漢晉春秋, 以裁正之. 起漢光武, 終晉愍帝. 後徵典國史, 會卒. 初鑿齒嘗與孫綽共行. 綽性通率, 好譏調. 時綽在前, 顧鑿齒曰, 沙之汰之, 瓦石在後. 鑿齒曰, 簸之颺之, 糠粃在前.

註解 ㅇ晉書(진서)-《진서》〈열전〉 52에 있는 이야기임. ㅇ別駕(별

가)-자사(刺史)가 고을을 순행할 때 수행(隨行)하는 관리. 다른 수레를 타고 다니므로 이렇게 부름. ㅇ孫綽(손작)-진(晉)나라 태원(太原) 중도(中都) 사람. 젊어서부터 높은 뜻이 있고 널리 배워 시문(詩文)에 능했다. 벼슬은 경안령(景安令)을 거치고 뒤에 정위경(廷尉卿)으로 옮겼다.

138. 순욱음률(荀勖音律)

-순욱(荀勖)이 음률(音律)을 알다

진(晉)나라 순욱(荀勖)의 자는 공증(公曾)이니 영천(潁川) 영음(潁陰) 사람이며 한(漢)나라 사공(司空) 순상(荀爽)의 증손(曾孫)이다. 재주와 지혜가 뛰어나게 조숙(早熟)했다. 10여세에 능히 글을 지었고 자라면서 널리 배워 정치에도 통달했다. 무제(武帝)가 황제의 자리를 이어받자 그를 중서감(中書監)에 임명하고 시중(侍中)을 더했으며 저작(著作)의 일을 맡게 하여 가충(賈充)과 함께 율령(律令)을 정했다. 이윽고 음악의 일을 맡자 또 율려(律呂)를 갖추어 모두 세상에서 행하게 했다.

처음에 순욱은 길에서 조가인(趙賈人)의 우탁(牛鐸)을 만나 그 소리를 알았었는데 음악의 일을 맡게 되었다. 그런데 악기의 음운(音韻)이 고르지 않았다. 이에 옛일을 회상하고 말하기를, "조가인(趙賈人)의 우탁(牛鐸)을 얻으면 일이 이루어질 것이다."하고 드디어 각 군국(郡國)에 모두 우탁을 보냈더니 과연 이루어질 수가 있었다.

또 일찍이 황제의 자리에서 밥을 먹다가 자리에 있는 사람에게 이르기를, "이 밥의 냄새를 맡으니 고목(枯木)으로 지은 밥이다."라고 했다. 이에 황제가 사람을 보내어 요리를 만든 사람에게 물어보니 실로 낡은 수레의 바퀴를 떼서 지었다고 했다. 이에 온 세상이 그의 밝게 아는 것을 탄복했다.

뒤에 상서령(尙書令)이 되었는데 순욱이 오랫동안 중서성(中書省)에 있으면서 오로지 기밀한 일을 맡아서 처리하다가 그 자리에서 떠나게 되니 몹시 슬퍼하고 한스러워했다. 그러나 혹 하례하는 사람도 있자, 순욱은 말하기를, "나의 봉황지(鳳凰池)를 빼앗겼는데 여러 사람들은 나를 하례하는가?"라고 했다.

처음에 태자(太子)의 혼인을 아직 정하지 못했는데 순욱이 좌위장군(左衛將軍) 풍담(馮紞)과 함께 황제의 뜻을 살피고, 아울러 가충(賈充)의 딸이 추모(醜貌)인데도 불구하고, 재주와 얼굴이 세상에 뛰어나다 하여 마침내 혼인을 이루니 당시에 정직한 자의 미워하는 바가 되어 아첨한다는 비난을 얻었다. 황제는 본래 태자의 어둡고 약한 것을 알아서 뒤에 나라를 어지럽힐 것을 두려워하여 순욱과 화교(和嶠)를 보내어 가보게 했더니 순욱은 돌아와서 태자의 덕을 심히 칭찬했고 화교는 말하기를, 태자는 전과 마찬가지로 암우하더라고 말했다. 이에 천하에서는 화교를 귀하게 여기고 순욱을 천하게 여겼다.

原文 晉荀勗字公曾, 潁川潁陰人, 漢司空爽曾孫. 岐嶷夙成. 十餘歲能屬文. 長博學, 達於從政. 武帝受禪, 拜中書監, 加侍中, 領著作. 與賈充共定律令, 旣掌樂事, 又修律呂, 並行於世. 初勗於路逢趙賈人牛鐸, 識其聲. 及掌樂, 音韻未調. 乃曰, 得趙之牛鐸則諧矣. 遂下郡國, 悉送牛鐸, 果得諧者. 又嘗在帝坐進飯. 謂在坐人曰, 此勞薪所炊, 帝遣問膳夫, 實用故車脚. 擧世伏其明識. 後守尚書令. 勗久在中書, 專管機事. 及失之甚悵恨. 或有賀之者. 勗曰, 奪我鳳凰池, 諸君賀我耶. 初太子婚未定. 勗與左衛將軍馮紞伺帝閒, 並稱賈充女才色絶世. 遂成婚. 當時甚爲正直者所疾, 而獲佞媚之譏. 帝素知太子闇弱, 恐後亂國, 遣勗及和嶠往觀之. 勗還盛稱太子之德. 而嶠云, 太子如初. 於是天下貴嶠而賤勗.

註解 ㅇ晉(진)－《진서》〈열전〉 9에 있는 이야기임. ㅇ夙成(숙성)－조숙(早熟). 일찍 익음. 조달(早達)함. ㅇ中書監(중서감)－중서(中書)는 천자의 조명(詔命) 등을 맡은 벼슬. 감(監)은 그 관청을 이름. ㅇ賈充(가충)－진(晉)나라 양릉(襄陵) 사람. 무제(武帝)가 제위(帝位)를 이어받자 좌명(佐命)의 공으로 사공(司空)·시중(侍中)·상서령(尙書令)이 됨. ㅇ律令(율령)－대강(大綱)을 율(律), 조분(條分)된 것을 영(令)이라고 함. ㅇ律呂(율려)－음악(音樂)과 음조(音調). ㅇ趙賈人(조가인)－조씨(趙氏)의 성을 가진 장사꾼. ㅇ音韻(음운)－뜻과 운. ㅇ牛鐸(우탁)－소의 목에 단 방울. ㅇ鳳凰池(봉황지)－중서성(中書省)에 있던 못. 중서성의 칭호로 쓰임. ㅇ馮紞(풍담)－진(晉)나라 안평(安平) 사람. 자는 소주(少胄). 아는 것이 많고 구변이 있었다. 벼슬은 보병교위(步兵校尉)로서 무제(武帝)의 사랑을 많이 받았다. ㅇ和嶠(화교)－진(晉)나라 서평(西平) 사람. 자는 장여(長輿). 젊었을 때 인품이 있고 스스로 높고 두터워서 명성이 있었다. 무제(武帝) 때 벼슬이 태자태부(太子太傅)에 이르고 산기상시(散騎常侍)를 더했다.

139. 호위추겸(胡威推縑)

－호위(胡威)가 비단을 밀치다

《진서(晉書)》에 보면, 호위(胡威)의 자는 백무(伯武)이니 회남(淮南) 수춘(壽春) 사람이다. 아버지 호질(胡質)은 충성스럽고 맑은 것으로 일컬어졌다. 위(魏)나라에 벼슬하여 형주자사(荊州刺史)가 되었다. 그후 호위는 도읍에서 공부를 하다가 집이 가난하여 수레와 말이 없었고 종도 없어서 스스로 나귀를 몰고 홀로 다녔다. 관청에 가서 아버지를 보고 돌아가는데 아버지가 비단 한 필을 주었다. 이에 호위가 말하기를, "아버님께서는 맑고 높으신데 어디에서 이 비단을 얻으셨습니까?"라고 하니 대답하기를, "이것은 내가 받은 녹(祿)에서 남은 것이다."라고 했다.

이에 호위는 비단을 받아가지고 인사한 다음 돌아오면서 마침내 그 비단을 가져다가 아버지의 부하인 도독(都督)에게 주었다. 뒤에 서주자사(徐州刺史)가 되었는데 정치에 부지런하여 풍화(風化)가 크게 행해졌다. 조정에 들어가자 무제(武帝)가 이르기를, "그대와 아버지는 누가 더 맑은가?"라고 하자 대답하기를, "신(臣)의 아비는 맑은 것을 사람이 알까 두려워하고 신은 맑은 것을 남이 알지 못할까 두려워하오니 이로써 신이 아비에게 도저히 미치지 못하옵니다."라고 했다.

原文 **晉書, 胡威字伯武, 淮南壽春人. 父質以忠淸稱. 仕魏爲荊州刺史. 威自京都定省, 家貧無車馬僮僕, 自驅驢單行. 旣至, 見父而歸, 父賜絹一匹. 威曰, 大人淸高, 何得此絹. 答曰, 是吾奉祿之餘. 威受之辭歸, 卒取與質帳下都督. 後爲徐州刺史. 勤於政術, 風化大行. 入朝, 武帝謂曰, 卿孰與父淸. 對曰, 臣父淸恐人知, 臣淸恐人不知. 是臣不及遠也.**

註解 ㅇ晉書(진서)－《진서》〈열전〉 60 양리전(良吏傳)에 있는 이야기임. ㅇ定省(정성)－밤에는 부모의 이부자리를 보살펴 드리고 아침에는 안부(安否)를 묻는 일. 여기서는 부모와 떨어져 있는 자식이 그런 일을 하기 위해 귀성(歸省)하려는 뜻이 있음을 가리킴. ㅇ風化(풍화)－풍속과 교화.

140. 육적회귤(陸績懷橘)
—육적(陸績)이 귤을 주머니에 넣다

《오지(吳志)》에 보면, 육적(陸績)의 자는 공기(公紀)이니 오(吳) 땅 사람이다. 나이 6세에 구강(九江)에서 원술(袁術)을 만났는데 원술이 귤을 내놓았다. 이때 육적이 3개를 품에 넣었는데 절을 하며 인사하다가 귤을 땅에 떨어뜨렸다. 이에 원술이 이르기를, "육랑(陸郞)은 손님인데 어찌하여 귤을 주머니에 넣었는가?"라고 묻자 육적은 무릎을 꿇고 말하기를, "집에 가서 어머니께 드리려고 한 것입니다."라고 하니 원술은 크게 기이하게 여겼다.

육적은 널리 배우고 아는 것이 많아 성력(星曆)과 산수(算數) 등 널리 보지 않는 것이 없었다. 손권(孫權)이 불러서 속관(屬官)을 삼았으나 바른 말을 했기 때문에 중앙에 둘 수 없다며 울림태수(鬱林太守)로 내보냈고 뒤에 편장군(偏將軍)을 더했다. 그러나 육적의 뜻은 유도(儒道)의 정아(正雅)에 있고 장군의 일은 그의 뜻이 아니었다. 그래서 비록 군사의 일이 있어도 저술(著述)하는 것을 폐하지 않았다. 《혼천도(渾天圖)》를 짓고 《역경(易經)》에 주(注)를 달고 노자(老子)의 도를 해석했는데 이런 것들이 모두 세상에 전해진다.

原文 吳志, 陸績字公紀, 吳人. 年六歲, 於九江見袁術. 術出橘. 績懷三枚, 拜辭墮地. 術謂曰, 陸郞作賓客而懷乎. 績跪曰, 欲歸遺母. 術大奇之. 績博學多識, 星曆算數, 無不該覽. 孫權辟爲掾, 以直道見憚. 出爲鬱林太守, 加偏將軍. 績意在儒雅, 非其志也. 雖有軍事, 著述不廢. 作渾天圖, 注易釋玄. 皆傳於世.

註解 ㅇ吳志(오지)－《오지》 권12에 있는 이야기임. ㅇ袁術(원술)－후한(後漢) 여양(汝陽) 사람. 효렴과(孝廉科)에 뽑혀 여러 번 벼슬이 옮겨졌는데 하남윤(河南尹) 호분중랑장(虎賁中郎將)이 되었다. ㅇ陸郎(육랑)－육적(陸績)을 말함. ㅇ星曆(성력)－천문(天文)과 역법(曆法). ㅇ算數(산수)－수학(數學). ㅇ孫權(손권)－삼국시대 오(吳)나라의 초대 황제. 형 손책(孫策)의 뒤를 이어 강동(江東)을 영유(領有)하고 유비(劉備)와 동맹하여 조조(曹操)를 적벽(赤壁)에서 격파했음. ㅇ儒雅(유아)－유교(儒教)와 바른 의리.

141. 나함탄조(羅含呑鳥)

－나함(羅含)이 새를 삼키다

《진서(晉書)》에 보면 나함(羅含)의 자는 군장(君章)이니 계양(桂陽) 뇌양(耒陽) 사람이다. 어려서 부모를 여의고 숙모(叔母) 주씨(朱氏)에게서 자랐다. 어렸을 때부터 뜻이 고상했다. 일찍이 낮에 누워있는데 꿈에 문채가 이상한 새 한 마리가 날아와 입속으로 들어갔다. 이에 놀라서 일어나 이야기하니 주씨가 말하기를, "새에 문채가 있었으니 네가 뒤에 반드시 문장(文章)이 있겠다."라고 했다.

이로부터 글재주가 날로 새로워졌는데 강하태수(江夏太守) 사상(謝尙)이 칭찬하기를, "군장(君章)은 가위 상수(湘水) 속의 옥이라고 할 것이다."라고 했다. 환온(桓溫)도 그를 칭찬하여 동진(東晉)에서 으뜸가는 수재라고 했다. 여러번 벼슬자리를 옮겨 장사왕(長沙王)의 상(相)이 되었다가 치사(致仕)했다.

그러나 중산대부(中散大夫)의 녹(祿)이 더하였고 문앞에 말을 세울 수 있게 했다. 처음에 나함이 관사(官舍)에 있을 때 흰 참새 한 마리가 방 처마에 집을 짓고 모여 살더니 집으로 돌아오자 그 뜰에 갑자기 난초와 국화가 떨기로 나니 이것이 덕과 교화의 감동이라고 했다.

原文 晉書, 羅含字君章, 桂陽耒陽人. 幼孤, 爲叔母朱氏所養. 少有志尚. 嘗晝臥. 夢一鳥文彩異常, 飛入口中, 因起驚說之. 朱氏曰, 鳥有文彩, 汝後必有文章. 自此藻思日新. 江夏守謝尙稱曰, 君章可謂湘中之琳琅. 桓溫以爲江左之秀. 累遷長沙相, 致仕加中散大夫, 門施行馬. 初含在官舍, 有一白雀, 栖集堂宇, 及還家, 階庭忽蘭菊叢生. 以爲德化之感.

註解 ㅇ晉書(진서)－《진서》〈열전〉 62 문원전(文苑傳)에 있는 이야기임. ㅇ謝尙(사상)－진(晉)나라 사람. 자는 인조(仁祖). 음악에 능하고 모든 예술(藝術)을 두루 알았다. 왕도(王導)가 인재로 여겨 왕융(王戎)에 비교했다. 벼슬이 상서복야(尙書僕射)에 이르렀다. ㅇ君章(군장)－나함(羅含)의 자(字). ㅇ湘(상)－상수(湘水). 물 이름. ㅇ桓溫(환온)－동진(東晉)의 정치가. 벼슬이 대사마(大司馬)에 이르렀고 간문제(簡文帝)를 옹립(擁立)한 뒤에 찬탈을 음모하다가 이루지 못하고 병사함. ㅇ江左(강좌)－양자강(揚子江)의 동쪽. 여기서는 동진(東晉)을 의미함. ㅇ致仕(치사)－나이가 많아서 벼슬을 그만둠.

142. 강엄몽필(江淹夢筆)

－강엄(江淹)이 붓을 꿈꾸다

《남사(南史)》에 보면 강엄(江淹)의 자는 문통(文通)이니 제양(濟陽) 고성(考城) 사람이다. 어려서 부모를 여의고 가난했다. 일찍이 사마장경(司馬長卿)과 양백란(梁伯鸞)의 사람됨을 사모하여 책의 주석(註釋)을 일삼지 않고 스스로 문장표현에 뜻을 두었다. 제(齊)나라에서 벼슬하여 시중(侍中)·비서감(秘書監)이 되고 양(梁)나라에 들어가 금자광록대부(金紫光祿大夫)에 이르렀다.

강엄은 문장으로 이름이 났으나 늙으막에는 문장의 재능이 다소 쇠했다고 한다. 선성태수(宣城太守)가 되었다가 이때 벼슬을 그만두고 돌아왔는데 꿈에 한 사람이 나타나 스스로 일컫기를 장경양(張景陽)이라 하고 이르기를, "전에 비단 한 필을 준 일이 있었거니와 이제 돌려달라."고 했다. 이에 강엄이 주머니 속을 찾아서 두어 자 되는 비단을 꺼내어 돌려주자 이 사람은 크게 성을 내며 말하기를, "어찌하여 모두 잘라 버렸는고?"하고 언제 나타났는지 모르는 시인(詩人) 구지(丘遲)를 돌아보며 이르기를, "남은 이 두어 자의 비단은 이미 쓸 곳이 없기에 그대에게 주노라."고 했다. 이로부터 강엄의 문장은 쇠해졌다.

또 일찍이 꿈에 한 장부(丈夫)가 스스로 곽박(郭璞)이라고 하면서 말하기를, "내게 붓이 있었는데 그대에게 가있은 지 여러 해가 되었으니 그만 돌려달라."고 했다. 강엄이 이에 품속을 찾아보니 오색 붓 한 자루가 있었다. 그가 이것을 돌려주었더니 그후부터는 시(詩)를 지어도 전혀 아름다운 글귀를 얻을 수가 없었다. 이에 당시 사람들은 재주가 다했다고 했다.

原文 南史, 江淹字文通, 濟陽考城人. 少孤貧. 嘗慕司馬長卿·梁伯鸞之爲人, 不事章句之學, 留情文章. 仕齊爲侍中秘書監, 入梁至金紫光祿大夫. 淹以文章顯. 晩節才思微退云. 爲宣城太守, 時罷歸. 夢一人自稱張景陽, 謂曰, 前以一匹錦相寄. 今可見還. 淹探懷中得數尺與之. 此人大恚曰, 那得割截都盡. 顧見丘遲謂曰, 餘此數尺. 旣無所用, 以遺君. 自爾淹文章躓矣. 又嘗夢. 一丈夫自稱郭璞. 謂曰, 吾有筆在卿處多年. 可以見還. 淹乃探懷中, 得五色筆一, 以授之. 爾後爲詩絶無美句. 時人謂之才盡.

註解 ㅇ南史(남사)-24사(史)의 하나. 당(唐)나라 이연수(李延壽)가 지은 책. 남조(南朝)의 송(宋)·제(齊)·양(梁)·진(陳)의 4조(朝) 170년간의 역사. 이 이야기는 〈열전〉 49에 있음. ㅇ司馬長卿(사마장경)-전한(前漢)의 문인 사마상여(司馬相如)의 자가 장경(長卿)임. 시부(詩賦)에 능하여 한위육조(漢魏六曹)의 문인의 모범이 되었음. ㅇ梁伯鸞(양백란)-양홍(梁鴻)의 자(字)가 백란(伯鸞)임. 후한(後漢) 평릉(平陵) 사람. 어려서 부모를 잃고 가난하였으나 기개와 절조가 있었다. 자라자 많은 서적을 널리 섭렵했는데 장구(章句)를 하지 않고 돼지를 길러 스스로 넉넉했다. ㅇ張景陽(장경양)-진(晉)나라 사람. 장재(張載)의 아우. 이름은 협(協). 젊었을 때 뛰어난 재주가 있어 장재와 이름이 가지런했다. 벼슬이 하간내사(河間內史)에 이르렀으나 이때 세상이 어지러워서 인사(人事)를 끊고 시(詩)를 읊으면서 스스로 즐겼다. ㅇ丘遲(구지)-양(梁)나라 오정(烏程) 사람. 8세에 능히 글을 지었고 뜻이 곱고 뛰어났다. 벼슬이 영가태수(永嘉太守)에 이르렀다. ㅇ郭璞(곽박)-진(晉)나라 문가(聞嘉) 사람. 널리 배우고 높은 재주가 있었다. 고문(古文)을 좋아하여 사장(詞章)이 동진(東晉)의 으뜸이었다.

143. 이흠청정(李廞淸貞)

-이흠(李廞)은 맑고 곧았다

《세설신어(世說新語)》에 이흠(李廞)은 이무증(李茂曾)의 다섯째 아들로서 맑고 곧으며 원대(遠大)한 지조가 있었다. 어렸을 때 병이 있어 여위었으므로 혼인하고 벼슬하려 하지 않았다. 왕승상(王丞相)이 불러다가 예(禮)로 대접하여 속관(屬官)을 삼으려 하자 이흠은 그 사령장을 받고 웃으면서 말하기를, "왕무홍(王茂弘)이 이제 다시 벼슬로써 사람을 빌리려 하는가?"라고 했다.

原文 **世說, 李廞茂曾第五子. 淸貞有遠操. 少羸病, 不肯婚**

宦. 王丞相欲招禮之, 辟爲府掾. 猷得牋命笑曰, 茂弘乃復以爵假人.

註解 ㅇ世說(세설)－《세설신어》〈서일편(棲逸篇)〉에 있는 이야기임. ㅇ王丞相(왕승상)－왕도(王導)를 말함. ㅇ茂弘(무홍)－왕도(王導)의 자(字). ㅇ以爵使人(이작사인)－벼슬로써 사람을 부림.

144. 유인고솔(劉驎高率)

－유인지(劉驎之)는 고상하고 진솔했다

《진서(晉書)》에 의하면 유인지(劉驎之)의 자는 자기(子驥)이니 남양(南陽) 사람이다. 젊어서부터 질박하고 소박한 것을 숭상하여 마음을 비워 사치하지 않고 욕심이 적어 위의조행(威儀操行)을 닦지 않으니 세상에 알려지지 못했다. 산과 못에 놀기를 좋아했는데 뜻이 세상을 피하여 편안히 사는 데에 있었다. 거기장군(車騎將軍) 환충(桓冲)이 그 이름을 듣고 청해다가 장사(長史)를 삼고자 했으나 유인지는 굳이 사양했다. 양기(陽岐)에 살았는데 그 덕을 사모하여 왕래하는 자들은 모두 그의 집을 찾지 않는 자가 없었다. 그는 달리 사람도 없었으므로 손수 대접했다. 그러자 교양있는 자는 그를 번거롭게 하는 것이 안됐다며 찾아오기를 꺼려했다. 욕심이 없던 그는 사람이 물건을 가져와도 받지 아니했다. 《세설신어(世說新語)》에는 그가 고상하고 진실했으며 역사·전기(傳記)에 정통했노라고 기록했다.

原文 **晉書, 劉驎之字子驥, 南陽人. 少尙質素, 虛退寡欲, 不修儀操, 人莫之知. 好游山澤, 志存遯逸. 車騎將軍桓冲聞**

其名, 請爲長史, 驎之固辭. 居于陽岐, 來往莫不投之. 驎之躬自供給. 士君子頗以勞累更憚過焉. 凡人致贈, 一無所受. 世說載, 驎之高率, 善史傳.

註解 ㅇ晉書(진서)-《진서》〈열전〉 64 은일전(隱逸傳)에 있는 이야기임. ㅇ桓冲(환충)-진(晉)나라 사람. 환이(桓彝)의 다섯째 아들. 처음에 형 환온(桓溫)을 따라 정벌(征伐)하여 공이 있어서 강주자사(江州刺史)가 되었다. 뒤에 부견(符堅)의 난리에 병으로 졸(卒)했다. ㅇ長史(장사)-주(州) 자사(刺史)의 부관(副官). ㅇ士君子(사군자)-교양과 인격이 높은 사람.

145. 장후삼경(蔣詡三逕)

-장후(蔣詡)의 세 길

전한(前漢) 장후(蔣詡)의 자는 원경(元卿)이니 두릉(杜陵) 사람이다. 연주자사(兗州刺史)가 되었는데 청렴하고 곧기로 이름이 났었다. 왕망(王莽)이 섭정(攝政)을 하자 병을 핑계하며 벼슬을 내놓고 고향으로 돌아갔다.

《삼보결록(三輔決錄)》에 말하기를, 장후는 집안 대나무 밑에 세 길을 만들어 놓고 오직 옛 친구 구중(求仲)·양중(羊仲)과 함께 놀았다고 했다.

原文 **前漢蔣詡字元卿, 杜陵人. 爲兗州刺史, 以廉直爲名. 王莽居攝. 以病免, 歸鄕里. 三輔決錄曰, 詡舍中竹下開三逕, 唯故人求仲·羊仲從之遊.**

註解 ㅇ前漢(전한)-《전한서》〈열전〉 42에 있는 이야기임. ㅇ王莽(왕

망)－한(漢)나라 효원왕후(孝元王后)의 조카. 책모(策謀)로써 평제(平帝)를 죽이고 한조(漢朝)를 빼앗아 신(新)나라를 세웠으나 내치와 외교에 실패하여 재위 15년만에 광무제(光武帝)에게 망했다. ㅇ三輔決錄(삼보결록)－책 이름. 삼보(三輔)는 장안(長安) 이동(以東)의 경조윤(京兆尹), 장릉(長陵) 이북의 좌풍익(左馮翊), 위성(渭城) 이서(以西)의 우부풍(右扶風)임. ㅇ求仲(구중)・羊仲(양중)－모두 은사(隱士)임.

146. 허유일표(許由一瓢)

－허유(許由)의 한 표주박

〈일사전(逸士傳)〉에 보면, 허유(許由)는 기산(箕山)에 숨어있었는데 술잔과 그릇이 없어서 손으로 물을 떠서 마셨다. 어떤 사람이 표주박 하나를 주어서 이것으로 물을 떠서 마시고 먹고 나면 나무 위에 걸어두었는데 바람이 불어 물 떨어지는 소리가 났다. 이 일로 허유는 번민하다가 드디어 그것을 버렸다.

原文 **逸士傳, 許由隱箕山, 無盃器. 以手捧水飮之. 人遺一瓢, 得以操飮. 飮訖掛於木上, 風吹瀝瀝有聲. 由以爲煩, 遂去之.**

註解 ㅇ逸士傳(일사전)－행동이 높고 뛰어난 사람의 전기(傳記). 《위서(魏書)》에 있다.

147. 양복이관(楊僕移關)

－양복(楊僕)이 관(關)을 옮기다

전한(前漢)의 양복(楊僕)은 의양(宜陽) 사람이다. 무제(武帝) 때

누선장군(樓船將軍)이 되었다. 처음에 함곡관(函谷關)이 홍농(弘農)에 있었는데 양복이 이미 공로가 있자 관(關) 밖의 사람이라는 것이 부끄러워서 글을 올려 관(關)을 동쪽 신안현(新安縣)으로 옮길 것을 건의하고 그것에 소요되는 비용은 자기네 집에서 충당하겠다고 했다. 이에 신안으로 옮겼는데 홍농에서 3백 리 떨어져 있다. 이 까닭에 옛 관이 있던 곳으로 홍농현(弘農縣)을 삼았다.

原文 **前漢楊僕宜陽人. 武帝時爲樓船將軍. 初函谷關在弘農. 僕旣有功. 恥爲關外民, 上書乞徙東關, 以家財給其用度. 於是徙新安. 去弘農三百里, 以故關爲弘農縣.**

註解 ㅇ前漢(전한)－《전한서》〈열전〉 60 혹리전(酷吏傳)에 있는 이야기임. ㅇ樓船將軍(누선장군)－누선(樓船)은 망루(望樓)가 있는 배.

148. **두예건교**(杜預建橋)

－두예(杜預)가 다리를 놓다

《진서(晉書)》에 의하면, 두예(杜預)의 자는 원개(元凱)이니 경조(京兆) 두릉(杜陵) 사람이다. 널리 배우고 통하는 것이 많았으며 나라의 일어나고 폐해지는 도리에 밝았다. 항상 말하기를, “덕은 가히 도모해서 되는 것이 아니지만 공을 세우고 명언(名言)을 말하는 것은 가히 이룰 수가 있다.”라고 했다.

문제(文帝)의 누이 고륙공주(高陸公主)에게 장가들어 상서랑(尙書郎)에 임명되었다. 무제(武帝) 때 탁지상서(度支尙書)에 임명되었는데 두예는 맹진도(孟津渡)가 험해서 배가 뒤집힐 걱정이 있으니 청컨대 부평(富平) 나루에 다리를 세우게 해달라고 청했다. 이에 의논하는 자들은 말하기를, 은(殷)나라와 주(周)나라가 도읍했던 곳으로서 성현(聖賢)들이 거쳐왔는데도 세우지 않은 곳이니 반드시 세우지 못할 것이라고 했다.

그러나 두예는 말하기를, 배를 만들어 다리를 놓는 것이니 이는 하교(河橋)를 이르는 것이라고 했다. 다리가 이루어지자 황제(皇帝)는 백관(百官)을 거느리고 모임에 나가 술잔을 들어 두예에게 주면서 말하기를, "그대가 아니면 이 다리가 이루어지지 못했을 것이오." 라고 했는데 그는 대답하기를, "폐하의 밝으심이 아니었으면 신(臣)도 또한 그 조그만 재주조차 베풀지 못했을 것입니다."라고 했다.

原文 **晉書, 杜預字元凱, 京兆杜陵人. 博學多通, 明於興廢之道. 常言德不可以企及. 立功立言, 可庶幾也. 尚文帝妹高陸公主, 拜尚書郞. 武帝時拜度支尚書. 預以孟津渡險有覆沒之患, 請建河橋于富平津. 議者以爲殷周所都歷聖賢而不作者, 必不可立也. 預曰, 造舟爲梁則河橋之謂也. 及橋成, 帝從百僚臨會, 擧觴屬預曰, 非君此橋不成. 對曰, 非陛下之明, 臣亦不得施其微巧.**

註解 ㅇ晉書(진서)-《진서》〈열전〉 4에 있는 이야기임. ㅇ造舟爲梁(조주위량)-'배를 만들어서[造舟]'라고 되어 있으므로 양(梁)은 선교(船橋)임. ㅇ微巧(미교)-교(巧)는 기능·솜씨의 뜻.

149. 수왕의정(壽王議鼎)

-수왕(壽王)이 솥을 의논하다

전한(前漢) 오구수왕(吾丘壽王)의 자는 자공(子贛)이니 조(趙)

나라 사람이다. 광록대부(光祿大夫)가 되었는데 분음(汾陰)에서 보정(寶鼎)을 얻었다. 이에 이것을 종묘(宗廟)에 천거해 보이고 감천궁(甘泉宮)에 간직해두니 여러 신하들이 모두 하례하기를, 주(周)나라 솥을 얻었다고 했다. 그러나 수왕은 홀로 그렇지 않다고 했다.

이에 무제(武帝)가 까닭을 물으니 대답하기를, "신(臣)은 듣자오니 주나라 덕은 후직(后稷)에서 시작하여 공류(公劉)에서 자라고 태왕(大王)에서 커지고 문왕(文王)과 무왕에게서 이루어지고 주공(周公)에게서 나타났는데 은덕이 위로 하늘에 밝고 아래로는 샘으로 스며들어 통하지 않는 곳이 없고 위의 하늘로 갚아주고 응하는 것입니다. 솥은 주나라를 위해서 나온 것이오니 그런 까닭에 주정(周鼎)이라고 하는 것입니다. 이제 한(漢)나라는 주나라를 계승하여 폐하에 이르렀사오니 조상의 사업을 넓히시어 공덕(功德)이 더욱 성하시고 하늘의 상서로움이 아울러 이르고 보배로운 상서가 모두 보이어 하늘의 복과 덕이 있고 보배로운 솥이 스스로 나왔사오니 이는 곧 한(漢)나라의 보배이지 주나라의 보배가 아니옵니다."라고 하니 상(上)께서 말하기를, "옳도다."라며 황금(黃金) 10근을 하사했다.

原文 **前漢吾丘壽王字子贛, 趙人. 爲光祿大夫. 汾陰得寶鼎, 薦見宗廟, 藏於甘泉宮. 群臣皆賀得周鼎. 壽王獨以爲非. 武帝問之. 對曰, 臣聞周德始乎后稷, 長於公劉, 大於大王, 成於文武, 顯於周公. 德澤上昭天, 下漏泉, 無所不通. 上天報應, 鼎爲周出. 故名曰周鼎. 今漢自高祖繼周, 至於陛下, 恢廓祖業, 功德愈盛, 天瑞並至, 珍祥畢見. 天祚有德, 而寶鼎自出. 廼漢寶, 非周寶也. 上曰, 善. 賜黃金十斤.**

註解 ㅇ前漢(전한)-《전한서》〈열전〉 34에 있는 이야기임. ㅇ后稷(후직)-주(周)나라의 시조. ㅇ公劉(공류)-후직(后稷)의 증손(曾孫). ㅇ大

王(태왕)－고공단보(古公亶父)를 말함.

150. **두림박요**(杜林駮堯)

－두림(杜林)이 요(堯)를 제사지내자는 의논을 반박함

후한(後漢) 두림(杜林)의 자는 백산(伯山)이니 부풍(扶風) 무릉(茂陵) 사람이다. 시어사(侍御史)에 임명되어 크게 교사(郊祀)의 제도를 의논하는데 많은 사람이 말하기를, 주(周)나라 교제(郊祭)에 후직(后稷)을 제사지냈거니와 한(漢)나라는 마땅히 원조(遠祖)인 요(堯)임금을 제사지내야 한다고 했다. 조서(詔書)를 공경(公卿)에게 내려 의논하게 하자 의논하는 자들도 모두 같았고 광무제(光武帝)도 역시 그렇게 여겼다.

그러나 두림은 홀로 말하기를, "주실(周室)이 일어난 것은 복이 후직(后稷)에서 일어난 것으로서 후직을 제사지냈던 것이 당연하지만, 한(漢)나라는 사업이 특별히 일어난 것이요, 공이 요(堯)임금에 인한 것이 아니니 조종(祖宗)의 옛일을 따라야 한다."고 해서 두림의 의논으로 정해졌다. 대사공(大司空)으로 마쳤다.

原文 **後漢杜林字伯山, 扶風茂陵人. 拜侍御史, 大議郊祀制, 多以爲周郊后稷. 漢當祀堯, 詔下公卿議. 議者僉同. 光武亦然之. 林獨以爲周室之興. 許由后稷, 漢業特起, 功不緣堯. 祖宗故事, 所宜因循. 定林議. 終大司空.**

註解 ㅇ後漢(후한)－《후한서》〈열전〉 17에 있는 이야기임. ㅇ郊祀(교사)－교제(郊祭)와 같음. 천지(天地)에 드리는 제사. ㅇ后稷(후직)－주(周)나라의 시조. ㅇ祖宗(조종)－대대의 임금.

151. 서시봉심(西施捧心)

―서시(西施)가 가슴을 껴안음

장자(莊子)가 말하기를, 서시(西施)가 마음이 아파서 가슴을 껴안고 찡그렸는데 그 마을의 한 추한 여인이 그것을 보고 아름답게 여겨 돌아와서 역시 가슴을 안고 찡그렸다. 그 마을 사람들은 그녀가 찡그리는 것이 아름다운 까닭을 알지 못했던 것이다.

서시는 월(越)나라 여자이니 이른바 서자(西子)이다. 세상에 뛰어난 아름다움이 있었는데 월왕(越王) 구천(勾踐)이 오왕(吳王) 부차(夫差)에게 바쳤다. 부차는 그를 사랑하다가 마침내 나라를 망쳤다.

原文 **莊子曰, 西施病心而矉其里. 其里之醜人, 見而美之, 歸亦捧心而矉其里. 彼知美矉而不知矉之所以美. 西施越女, 所謂西子也. 有絶世之美. 越王勾踐獻之吳王夫差. 夫差嬖之, 卒至傾國.**

註解 ㅇ莊子(장자)―여기에서는 춘추시대 송(宋)나라 사람 장주(莊周)를 가리킴. 노자(老子)의 사상에 기초를 둔 주장을 했음. 이 이야기는 《장자》〈천운편(天運篇)〉에 있는 이야기임. ㅇ勾踐(구천)―춘추시대 월(越)나라의 제2대 임금. ㅇ夫差(부차)―춘추시대 오(吳)나라의 임금.

152. 손수절요(孫壽折腰)

―손수(孫壽)의 허리가 부러지다

후한(後漢) 양기(梁冀)가 대장군(大將軍)이 되었다. 그 아내 손수

(孫壽)는 양성군(襄城君)에 봉해졌고 후비(后妃)나 입는 붉은 치마를 입을 수 있게 해주었다. 이는 공주(公主)에 비견할 수 있는 처지이다. 손수는 얼굴이 아름다웠는데 그것을 과시하려고 했다. 우울한 표정을 짓기 위해 눈썹을 찡그리고, 눈 아래에 칠을 하여 우는 시늉도 했다. 머리는 한쪽으로 늘어뜨리어 묶었다. 버들가지 같은 허리로 사뿐사뿐 걷기도 했다. 웃을 때는 충치의 통증을 참는 듯 눈살을 찌푸리며 웃었는데 이런 교태로 남편의 마음을 사로잡았다. 성질이 시기가 많아서 능히 양기를 제어하고 어거하니 양기는 몹시 그를 사랑하는 한편 꺼리기도 했다. 양기가 환제(桓帝)의 노여움을 사서 죽음을 당하자 그녀도 자살(自殺)했다.

原文 **後漢梁冀爲大將軍. 其妻孫壽封襄城君, 加賜赤紱, 比長公主. 壽色美. 善爲妖態, 作愁眉·啼粧·墮馬髻·折腰步·齲齒笑, 以爲媚惑. 性鉗忌, 能制御冀. 冀甚寵憚之. 及冀敗自殺.**

註解 ㅇ後漢(후한)－《후한서》〈열전〉 24에 있는 이야기임. ㅇ墮馬髻(타마계)－마상(馬上)에서 떨어진 것처럼 머리가 한쪽으로 늘어진 쪽머리. ㅇ折腰步(절요보)－다리가 체중을 견디어내지 못하는 것 같은 걸음걸이.

153. 영첩부륜(靈輒扶輪)

－영공(靈公)이 문득 수레바퀴를 붙들다

《좌전(左傳)》에 말하기를, 진(晉)나라 영공(靈公)이 임금의 도리를 잃자 조선자(趙宣子)가 종종 간했으나 영공은 이를 받아들이지 않고 도리어 선자(宣子)에게 술을 먹이고 숨겨 두었던 장수로 하여금 공격하게 했다. 영공은 우선 사나운 개를 시켜서 물어뜯게 했다. 그러나 그 수레의 오른쪽에 배승한 미명(彌明)이 그 개를 때려 죽였다. 조선자가 말하기를, "그 사람이 개를 쓰는데 비록 사나우나 어떻게 하겠는가!"라고 했다. 싸우고 오다가 미명은 영공의 복병(伏兵)에 의해 죽었으나 조선자는 무사했다.

지난날 조선자가 수산(首山)에서 사냥하다가 뽕나무 그늘에서 쉬는데 보니 영첩(靈輒)이란 자가 길가에서 굶주림으로 고생하고 있었다. 물으니 먹지 않은 지가 3일이 되었다고 했다. 조선자가 그에게 음식을 주었는데 반만 먹고 남겨두는 것이었다. 이상히 생각한 조선자가 묻자 대답하기를 "집을 떠나 비운 지가 3년인데 어머니의 안부조차 알지 못하다가 이제 집에 가까이 왔으니 청컨대 이것을 어머니에게 드리고자 합니다."라는 것이었다. 조선자는 그 효심에 감동되어 남은 것을 다 먹게 하고 따로 밥과 고기를 식기에 담아 자루에 넣어주었다. 이 영첩이 벼슬을 하여 영공의 무사(武士)가 되었다. 그리고 조선자를 공격하는 복병 속에 섞여 있었던 것이다. 그는 생명의 은인인 조선공을 구해줘야겠다며 극(戟)을 잡자 영공의 병사들을 쳤다.

영문을 모르는 조선공이 무슨 까닭이냐고 묻자 대답하기를, "저는 지난날 뽕나무 그늘에 있었던 그 굶주렸던 사람입니다."라고 했다. 그 이름과 사는 곳을 묻자 대답하지 않고 가더니 드디어 스스로 죽었다.

原文 **左傳曰, 晉靈公不君. 趙宣子驟諫. 公患之, 飮宣子酒, 伏甲將攻之. 公嗾夫獒. 其事右提彌明搏殺之. 宣子曰, 弃人用犬. 雖猛何爲. 鬪且出. 明死之. 初宣子田於首山, 舍于翳桑, 見靈輒餓. 不食三日. 宣子食之, 舍其半. 問之, 曰, 宦三年矣. 未知母之存否, 今近焉. 請以遺之. 使盡之, 而爲之簞**

食與肉，簞諸橐以與之．旣而與爲公介，倒戟以禦公徒而免之．問何故．對曰，翳桑之餓人也．問其名居，不告而退，遂自亡也．

註解 ㅇ左傳(좌전)－《춘추좌씨전(春秋左氏傳)》.《춘추》의 해석서 중 한 가지. 노(魯)나라 사관(史官) 좌구명(左丘明)이 해석했다고 함. 이 이야기는 선공(宣公) 2년조에 있음.

154. 위과결초(魏顆結草)

－위과(魏顆)가 풀을 묶다

《좌전(左傳)》에 말하기를, 진(晉)나라 위과(魏顆)는 무자(武子)의 아들이다. 처음에 무자에게는 사랑하는 첩이 있었는데 아들이 없었다. 무자가 병이 있어 위과에게 명하기를, "꼭 서모(庶母)를 시집보내라."고 하더니 병이 더 위독해지자 말하기를, "반드시 순장(殉葬)해 달라."하고 죽었다. 위과는 서모를 개가시키면서 말하기를, "병이 심하면 정신이 어지러운 것이니 나는 그 병이 덜 했을 때의 말을 좇는 것입니다."라고 했다.

그 뒤에 진(秦)나라 군사가 보씨(輔氏) 땅에 쳐들어왔을 때 위과가 맞아 싸웠는데 진나라 장수 두회(杜回)란 자가 넘어지고 자빠지기 때문에 사로잡을 수가 있었다. 밤에 위과의 꿈에 보이기를, "나는 개가한 부인의 아버지인데, 그대가 선인(先人)의 병이 덜했을 때의 명령을 따랐기 때문에 내 딸이 살 수 있었소. 나는 그 은혜를 갚은 것이오."라고 했다.

原文 **左傳曰，晉魏顆武子之子．初武子有嬖妾無子．武子**

疾. 命顆曰, 必嫁是. 疾病則曰, 必以爲殉. 及卒顆嫁之. 曰, 疾病則亂. 吾從其治也. 及敗秦師于輔氏, 獲杜回. 秦之力人也. 顆見老人結草以亢杜回, 杜回躓而顚. 故獲之. 夜夢之. 曰, 余而所嫁婦人之父也. 爾用先人之治命. 余是以報.

註解 ㅇ左傳(좌전)—《좌전》 선공(宣公) 15년조에 있는 이야기임. ㅇ殉(순)—순장(殉葬). 죽은 사람을 따라 자살하게 하여 함께 장사지내는 것.

155. 일소경사(逸少傾寫)

—왕희지의 집에서는 사씨(謝氏) 형제가 오면 특식을 냈다

《진서(晉書)》에 보면, 왕희지(王羲之)의 자는 일소(逸少)이니 사도(司徒) 왕도(王導)의 조카이다. 나이 13세 때 주개(周顗)에게 뵈이니 주개가 그를 이상히 여겼다. 당시는 소 염통구이를 아주 소중히 여겼는데 좌석의 손들은 아직 맛도 보기 전에 주인인 주개가 먼저 베어서 왕희지에게 먹였다. 이에 비로소 그의 이름이 세상에 알려지게 되었다.

자라면서 말재주가 있고 학식이 풍부하여 굳세고 힘차다고 일컬어졌다. 더욱이 예서(隸書)에 뛰어나 고금(古今)의 우두머리로 삼았다. 태위(太尉) 치감(郗鑒)이 문하생으로 하여금 왕도의 집안에서 사윗감을 구하게 했더니 왕도는 그로 하여금 두루 자제(子弟)들을 보게 했다. 문하생이 돌아와서 치감에게 이르기를, "왕씨(王氏) 집 여러 젊은이가 모두 훌륭했습니다. 그러나 사윗감을 고르러 왔다는 소식을 듣고 모두 스스로 잘보이려고 하는데 오직 한 사람은 동쪽

마루에서 배를 드러내놓고 식사를 하면서 홀로 듣지 못한 척하는 것이었습니다."라고 했다. 치감은 말하기를, "그 자가 아름다운 사윗감이로다."하고 찾아가 보니 곧 왕희지였다. 드디어 그를 사위로 삼으니 벼슬이 우군장군(右軍將軍)으로 회계내사(會稽內史)에 이르렀다.

《세설신어(世說新語)》에 말하기를, 치부인(郗夫人)에게는 두 명의 동생이 있었는데 후일 사공(司空)과 중랑장(中郎將)이 되었다. 그들에게 부인이 이르기를 "왕씨(王氏)의 집에서는 사씨(謝氏)가 오면 식기(食器)를 완전히 기울이어 많은 음식을 담아 대접하는데 그대들이 올 때에는 친척임에도 불구하고 특별하게 대접하는 게 없어. 너희가 사씨 형제만 못하기 때문이다. 앞으로 오지 않는 게 좋겠다."라고 했다. 두 동생이란 암(愔)과 담(曇)이요 두 사(謝)는 안석(安石)과 만석(萬石)이다.

原文 **晉書, 王羲之字逸少, 司徒導從子. 年十三謁周顗, 顗異之. 時重牛心炙. 坐客未噉 顗先割啗之. 於是始知名. 及長辯贍. 以骨骾稱. 尤善隸書, 爲古今之冠. 太尉郗鑒使門生求女壻於導. 導令徧觀子弟. 門生歸謂鑒曰, 王氏諸少並佳. 然聞信至, 咸自矜持. 惟一人在東床, 坦腹食, 獨若不聞. 鑒曰, 正此佳壻邪. 訪之乃羲之也. 遂妻之. 仕至右軍將軍·會稽內史. 世說曰, 郗夫人謂二弟司空·中郎曰, 王家見二謝傾筐倒庋. 見汝來平平耳. 無煩復往. 二弟愔與曇也. 二謝安石與萬石也.**

註解 ㅇ晉書(진서)-《진서》〈열전〉 50에 있는 이야기임. ㅇ導(도)-왕도(王導). 진(晉)나라 임기(臨沂) 사람. 젊어서부터 풍감(風鑒)했고 식량(識量)이 맑고 원대했다. 벼슬이 태부(太傅)에 이르렀다. ㅇ周顗(주개)-진(晉)나라 안성(安城) 사람. 젊어서 명성이 높았는데 술을 몹시

좋아했다. 벼슬이 상서좌복야(尙書左僕射)에 이르렀으나 여러번 술로 인하여 벼슬을 잃었다. ㅇ隸書(예서)-서체(書體)의 이름. 전서(篆書)의 자획을 간략하게 고친 것임. ㅇ郗鑒(치감)-진(晉)나라 사람. 자는 도휘(道徽). 경적(經籍)을 넓게 보았는데 명제(明帝)가 안서장군(安西將軍)에 임명하고 다시 거기장군(車騎將軍)으로 옮겼다. ㅇ愔(암)-진(晉)나라 사람. 치감(郗鑒)의 아들. 지극히 효성스러웠다. 아버지의 벼슬을 이어받아 임해태수(臨海太守)가 되었고 뒤에 사공(司空)에 올랐다. ㅇ曇(담)-치감(郗鑒)의 아들이요 치암(郗愔)의 아우. 젊어서 동안현백(東安縣伯)이 되고 뒤에 서주(徐州)와 연주(兗州) 등 두 고을의 자사(刺史)가 되었다. ㅇ謝安石(사안석)-사안(謝安)의 자가 안석(安石)임. 진(晉)나라 양하(陽夏) 사람으로 풍채와 도량이 뛰어나고 지식이 민첩하여 명성이 높았다. 뒤에 부견(苻堅)이 반란을 일으키자 도읍 안이 모두 놀라고 두려워했으나 사안이 정토대도독(征討大都督)에 지휘장군(指揮將軍)이 되어 크게 깨치고 태보(太保)에 승진했다.

156. 평자절도(平子絶倒)

-평자(平子)가 탄식 절도(絶倒)했다

진(晉)나라 위개(衛玠)는 노자(老子)의 학에 통하여 늘 유현(幽玄)의 도리를 말하기 좋아하더니 그 뒤에 병이 많고 몸이 여위자 어머니는 그 말하는 것을 금했다. 그러나 우연히 좋은 날에 친한 친구들이 모여서 한마디 말을 청하면 이야기를 했는데 듣는 이는 모두 탄식하고 이내 말이 깊은 데로 들어가면 감탄했다.

왕증(王澄)의 자는 평자(平子)이니 높은 이름이 있어 젊었을 때 남들의 추대와 복종하는 바가 되었다. 항상 위개의 말을 듣고 문득 탄식하고 절도했다. 이에 당시 사람들이 이것을 두고 말하기를, "위개가 도(道)를 이야기하니 평자가 절도한다."라고 했다. 왕증과 왕현

(王玄)과 왕제(王濟)가 모두 장한 이름이 있었으나 모두 위개의 아래에서 나오니 세상에서 이르기를, "왕씨(王氏)의 집 세 아들이 위씨(衛氏)의 집 한 아이만 못하다."고 했다.

형 왕연(王衍)이 사람을 보는 감식(鑑識)이 있었는데 더욱 왕증을 소중히 여겼다. 이 까닭에 이름이 나타났다. 무릇 왕증이 품정(品定)한 것이 있으면 왕연은 다시 말하지 않고 문득 이르기를, "이미 평자(平子)를 거쳤다."라고 했다. 형주자사(荊州刺史)가 되었다가 왕돈(王敦)의 해친 바가 되었다.

原文 **晉衛玠好言玄理. 其後多病禮羸. 母常禁其語. 遇有勝日, 親友時請一言. 無不咨嗟以爲入微. 王澄字平子有高名. 少所推服. 每聞玠言, 輒歎息絶倒. 時人爲之語曰, 衛玠談道, 平子絶倒. 澄及王玄·王濟並有盛名, 皆出玠下. 世云, 王家三子不如衛家一兒. 兄衍有人倫之鑒, 尤重澄. 由是顯名. 有經澄所題目者, 衍不復有言. 輒云, 已經平子矣. 爲荊州刺史, 爲王敦所害.**

註解 ㅇ晉(진)－《진서》〈열전〉 6에 있는 이야기임. ㅇ玄理(현리)－노장(老莊)의 도(道). ㅇ絶倒(절도)－감정이 극에 올라 넘어지는 것.

157. 담대훼벽(澹臺毁璧)

－담대(澹臺)가 구슬을 부수다

《박물지(博物志)》에 말하기를, 담대(澹臺)의 자(字)는 자우(子羽)이다. 하수(河水)를 건너는데 천금되는 구슬을 지니고 갔다. 하백(河伯)이 그 구슬을 갖고자 하여 폭풍을 일으켰고 상어 두 마리가 배를 포위했다. 이에 자우는 왼손에는 구슬을 쥐고 오른손에는 칼을 잡고 상어를 치니 모두 죽었다.

이미 하수를 건너자 자우는 역시 하백에게 주어야겠다며 세 번씩이나 구슬을 하수에 던지니 하백은 뛰면서 그때마다 이것을 돌려주었다. 자우는 이런 구슬은 가지고 있지 말아야겠다며 구슬을 깨뜨리고 갔다.

原文 **博物志曰, 澹臺字子羽. 渡河齎千金之璧. 于河河伯欲之, 至陽侯波起, 兩鮫狹船. 子羽左操璧, 右操劒, 擊鮫皆死. 旣渡, 三投璧于河, 河伯躍而歸之. 子羽毁而去.**

註解 ㅇ博物志(박물지)－온갖 사물을 기록한 책. 진(晉)나라 장화(張華) 찬(撰). ㅇ河伯(하백)－수신(水神).

158. 자한사보(子罕辭寶)

－자한(子罕)이 보배를 사양하다

《좌전(左傳)》에 말하기를, 송(宋)나라 사람이 옥을 얻어서 사성(司城) 자한(子罕)에게 바쳤으나 자한은 받지 않았다. 옥을 바친 사람이 말하기를, "이것을 옥(玉) 다듬는 사람에게 보였더니 그 사람이 보배라고 하기 때문에 바친 것입니다."라고 한다.

이에 자한은 말하기를, "나는 물건을 탐하지 않는 것을 보배로 여기고, 너는 옥(玉)을 보배로 여기는 터이니 만일 이것을 나에게 준다면 이는 우리 모두가 보배를 잃는 것이다. 그러니 우리 모두 그대로 있어서 그 보배가 있는 것만 못한 것이다."라고 했다.

原文 **左傳曰, 宋人得玉, 獻諸司城子罕. 子罕弗受. 獻玉者**

曰, 以示玉人, 玉人以爲寶, 故獻之. 子罕曰, 我以不貪爲寶. 爾以玉爲寶. 若以與我, 皆喪寶也. 不若人有其寶.

註解 ㅇ左傳(좌전)-《좌전》, 즉 《춘추좌씨전(春秋左氏傳)》 양공(襄公) 15년조에 있는 이야기임. ㅇ司城(사성)-사공(司空)과 같음. 춘추시대 송(宋)나라 무공(武公)의 이름이 사공(司空)이었으므로 그것을 피하기 위하여 사성(司城)이라고 했음.

159. 동평위선(東平爲善)

-동평(東平)이 착한 일을 하다

후한(後漢)의 동평헌왕(東平憲王) 창(蒼)은 현종(顯宗)의 동복(同腹) 아우이다. 젊었을 때 경서(經書)를 좋아했으며 평소에 지혜로운 생각이 있었다. 현종(顯宗)이 그를 사랑하고 소중히 여겨 표기장군(驃騎將軍)에 임명했고 삼공(三公)의 위에 앉혔다.

왕이 일단 나라에 돌아왔고 뒤에 도읍에서 조회하는데 황제께서 묻기를, "왕은 집에서 거처할 때 무엇이 가장 즐겁던가?"하자 왕은 말하기를, "착한 일을 하는 것이 가장 즐거웠습니다."라고 했다. 숙종(肅宗)이 즉위하자 은혜로운 예절이 전대(前代)인 현종보다 더했다. 이윽고 훙(薨)했는데 황제가 동쪽으로 순행하다가 그 궁(宮)에 거둥하여 옛일을 더듬다가 창(蒼)을 생각하며 그 아들에게 이르기를, "그 사람을 생각하고 그 고향에 이르렀는데 그 집은 있으나 그 사람은 없도다."하고 눈물을 흘렸다. 그의 능(陵)에 거둥하여 태뢰(太牢)로 제사지냈다.

原文 **後漢東平憲王蒼, 顯宗同母弟, 少好經書. 雅有智思.**

顯宗愛重之, 拜驃騎將軍, 位三公上. 王旣還國, 後朝京師上問王處家何等最樂. 王言爲善最樂. 肅宗立, 恩禮踰於前世. 旣薨. 帝東巡守幸其宮, 追感念蒼, 謂其子曰, 思其人至其鄕, 其處在, 其人亡. 因泣下. 幸其陵, 祠以太牢.

註解 ㅇ後漢(후한)-《후한서》〈열전〉 32에 있는 이야기임. ㅇ太牢(태뢰)-소·양·돼지의 세 가지 희생(犧牲)을 갖춘 제수(祭需). 크게 차린 음식.

160. 사마칭호(司馬稱好)

-사마휘(司馬徽)가 좋다고 하다

후한(後漢) 사마휘(司馬徽)의 자는 덕조(德操)이니 영천(潁川) 사람이다. 입으로 남의 단점을 말하지 않고 남과 이야기할 때에는 좋고 나쁜 것에 관계치 않고 모두 좋다고 말했다. 고향 사람이 사마휘의 안부(安否)를 물으면 대답하기를 좋다고 했다. 어떤 사람이 찾아오니 아들이 죽었다고 했는데 대답하기를, 크게 좋다고 했다. 그 아내가 책망하기를, "사람들이 영감을 덕이 있다고 생각하기 때문에 소식을 서로 고하는 것입니다. 그런데 그 사람의 아들이 죽었단 말을 듣고도 문득 좋다고 말하십니까?"라고 했다. 사마휘는 말하기를, "그대의 말도 역시 크게 좋소."라고 했다.

原文 後漢司馬徽字德操, 潁川人. 口不談人之短, 與人語, 莫問好惡, 皆言好. 有鄕人問徽安否. 答曰, 好. 有人自陳子死, 答曰, 大好. 妻責之曰, 人以君有德故相告. 何忽聞人子死, 便言好. 徽曰, 卿言亦大好.

註解 ㅇ後漢(후한)—정사(正史) 《후한서》에는 사마휘의 전(傳)이 없다. 《고주몽구(古注蒙求)》에 '후한서운운(後漢書云云)'이란 것을 그대로 옮긴 것이다. 《삼국지(三國志)》 〈촉지(蜀志)〉 5, 제갈량전(諸葛亮傳) 권7 방통전(龐統傳)에 그의 고향이 약간 보일 뿐이다.

161. 공초무시(公超霧市)

—공초(公超)는 안개를 끼게 할 수 있었고, 문하생이 저자를 이루었다

후한(後漢) 장해(張楷)의 자는 공초(公超)이니 성도(成都) 사람이다. 집이 하남(河南)인데 《춘추(春秋)》 및 《상서(尚書)》에 통했었다. 제자들이 항상 백 명이 넘었는데 아버지의 친구로부터 큰 학자에 이르기까지 모두 그의 집에 찾아와서 수레와 말이 거리를 메우고 따르는 무리가 쉴 곳이 없었다. 황문(黃門)과 귀척(貴戚)의 집도 모두 그의 집 가까운 거리에 집을 세워 지나는 손의 왕래에 편의를 제공했다.

그러나 장해는 이처럼 번거로운 것을 싫어하여 문득 이사하여 이를 피하고 뒤에 홍농(弘農)의 산속에 숨었는데 그곳에도 그를 따르는 자들이 사는 집이 저자를 이루었다. 이리하여 화음산(華陰山) 남쪽에 드디어 공초시(公超市)라는 시까지 생겼다. 그후 오부(五府)에서 연하여 불렀고 현량과(賢良科)에 천거되었지만 나가지 않았다. 성질이 도술(道術)을 좋아하여 능히 5리(里)의 안개를 만들었다. 뒤에 편안한 수레를 보내서 맞았으나 병이 있다며 사양했다.

原文 後漢張楷字公超, 成都人也. 家河南. 通春秋·尚書. 門徒常百人, 自父黨夙儒偕造門, 車馬塡街, 徒從無所止. 黃門貴戚家, 皆起舍巷次, 以候過客往來之利. 楷疾其如此, 輒

徙避之. 後隱弘農山中, 學者隨之, 所居成市. 華陰山南, 遂有公超市. 五府連辟, 擧賢良方正不就. 性好道術, 能作五里霧. 後安車聘之, 以疾辭.

註解 ㅇ後漢(후한)－《후한서》〈열전〉 26에 있는 이야기임. ㅇ黃門(황문)－여기에서는 천자(天子)의 집안을 말함. ㅇ五府(오부)－태부(太傅)·태위(太尉)·사도(司徒)·사공(司空)·대장군(大將軍)을 말함. ㅇ道術(도술)－도가(道家)의 방술(方術).

162. 노반운제(魯般雲梯)

－노반(魯般)의 높은 사닥다리

《회남자(淮南子)》에 말했다. 초(楚)나라가 송(宋)나라를 치려 하자 묵자(墨子)가 듣고 슬퍼하여 초왕(楚王)을 보고 말하기를, "신(臣)이 보니 대왕께서는 반드시 의리만 상하고 송나라는 얻지 못하실 것입니다."라고 했다. 왕은 말하기를, "공수(公輸)는 천하의 솜씨 좋은 사람이오. 운제(雲梯)라는 기계를 만들어 이것으로 송나라를 칠 것인데 어찌해서 취하지 못한다고 하시오?"라고 했다. 묵자는 말하기를, "공수로 하여금 기계를 만들어 치게 하면 신(臣)은 청컨대 지키겠습니다."라고 했다.

이에 공수반(公輸般)이 송나라를 칠 기계를 만들자 묵자는 송나라를 지킬 차비를 했다. 이리하여 아홉 번 공격했으니 묵자가 아홉 번 물리쳐서 능히 들어가지 못하고 이에 무기를 거두고 공격하지 않았다. 공수는 노반(魯般)이다.

原文 **淮南子曰, 楚欲攻宋. 墨子聞而悼之, 見楚王曰, 臣見大王之必傷義, 而不得宋. 王曰, 公輸天下之巧士. 作爲雲梯**

之械, 設以攻宋, 曷爲弗取. 墨子曰, 令公輸設攻. 臣請守之. 於是公輸般設攻宋之械, 墨子設守宋之備. 九攻而墨子九却之. 弗能入, 乃偃兵不攻. 公輸魯般也.

註解 ㅇ淮南子(회남자)－《회남자》〈수무편(脩務篇)〉에 있는 이야기임. ㅇ墨子(묵자)－전국시대 송(宋)나라의 사상가인 묵적(墨翟)을 높여서 부르는 말. 그는 겸애(兼愛)·숭검(崇儉)·비공(非攻) 등의 설(說)을 주창(主唱)했음. ㅇ雲梯(운제)－높은 사닥다리. ㅇ公輸般(공수반)－노반(魯般)을 이름.

163. 전단화우(田單火牛)

－전단(田單)이 불붙은 소를 몰다

《사기(史記)》에 보면 전단(田單)은 제(齊)나라 왕 전씨(田氏)의 먼 일가이다. 임치시(臨淄市)의 속관(屬官)이 되었으나 알려지지 않았다. 연(燕)나라가 악의(樂毅)로 하여금 제나라를 쳐서 제나라 성(城)이 모두 항복했으나 전단은 그 고을을 벗어나 동쪽으로 가서 즉묵성(卽墨城)을 보존하고 있는데 연나라 사람들이 이를 공격했다.

이에 전단은 성안에 있는 소 천여 마리를 얻어 비단옷에 오색 채색의 용(龍) 무늬를 그리고, 칼을 그 뿔에 묶은 다음 비계 기름을 부었다. 그리고 갈대를 꼬리에 묶고 그 끝에 불을 붙였다. 성벽에 구멍 열 개를 뚫고 밤에 소들을 내몰았는데 장사(壯士) 5천 명이 그 뒤를 따르게 했다. 소는 꼬리가 뜨거워서 연나라 군사에게로 달려드니 연나라 군사는 한밤중에 벼락을 맞는 꼴이었다. 그들이 바라보니 모두가 용의 무늬인데 스치기만 하면 모두 죽거나 상하는 것이었다.

이때 5천 명의 제나라 군사가 숨을 죽이며 공격했고 성중 사람들이 북을 치고 떠들면서 따르고 늙은이와 약한 자는 모두 구리 그릇을 두드려 소리를 내니 소리가 천지에 진동하고 연나라 군사는 크게 패했다.

드디어 제나라의 70여개의 성(城)을 회복하고 양왕(襄王)을 거현(莒縣)에서 맞으니 왕(王)은 전단을 봉하여 안평군(安平君)을 삼았다.

原文 **史記, 田單齊諸田疏屬也. 爲臨淄市掾, 不見知. 及燕使樂毅伐破齊, 盡降齊城, 而單得脫, 東保卽墨. 燕人攻之. 單乃收城中, 得千餘牛. 爲絳繒衣, 畫五彩龍文, 束兵刃於其角, 灌脂束葦於尾, 燒其端, 鑿城數十穴, 夜縱牛, 壯士五千人隨其後. 牛尾熱, 怒而奔燕軍. 燕軍夜大驚, 視之皆龍文. 所觸盡死傷. 五天人因銜枚擊之, 城中鼓譟從之, 老弱皆擊銅器爲聲. 聲動天地. 燕軍大敗, 遂復齊七十餘城, 迎襄王於莒. 王封單號安平君.**

註解 ㅇ史記(사기)－《사기》〈열전〉 22에 있는 이야기임. ㅇ臨淄市掾(임치시연)－임치(臨淄)는 고을 이름. 연(掾)은 속관(屬官). ㅇ樂毅(악의)－전국시대의 연(燕)나라 장수. 제(齊)나라를 쳐서 많은 공을 세웠으나 뒤에 조(趙)나라로 가서 중용되었음. ㅇ卽墨(즉묵)－고을 이름. 지금의 산동성(山東省)에 있음.

164. 강유설계(江逌爇鷄)

－강유(江逌)가 닭에 불을 질러 적진(敵陣)에 풀어 놓다

진(晉)나라 강유(江逌)의 자는 도재(道載)이니 진류(陳留) 어현

(圉縣) 사람이다. 중군장군(中軍將軍) 은호(殷浩)가 청하여 자의참군(諮議參軍)을 삼았다가 장사(長史)로 옮겼다. 이때 강(羌)과 정령(丁零)이 반란을 일으키자 은호의 군사는 놀라고 두려워했다. 강(羌)의 추장인 요양(姚襄)이 은호로부터 불과 10리쯤 떨어진 곳에 영채를 치고 이로써 은호를 압박했다.

이에 은호는 강유로 하여금 이를 치게 하니 강유는 군사를 내어 양양(襄陽)의 영채에 이르러 장교(將校)들에게 이르기를, "우리 군사가 정예부대가 아닌 것은 아니지만 수(數)가 오랑캐보다 적고 또 그들의 참호(塹壕)와 성책(城柵)도 몹시 견고하여 힘으로 겨루기가 어려운즉 내 마땅히 계교로써 깨치리라."하고 이에 수백 마리의 닭을 긴 노끈으로 연결하고 발에 불을 매달고 닭무리를 놀라게 하여 흩어지게 하니 이것들이 날아서 양양의 영채에 모였다. 이에 영채에서 불이 나자 그 어지러운 틈을 타서 공격했다. 양양도 다소 패전했다. 강유는 뒤에 태상(大常)으로 옮겼다.

原文 **晉江逌字道載, 陳留圉人. 中軍將軍殷浩請爲諮議參軍, 遷長史. 時羌及丁零叛, 浩軍震懼. 姚襄去浩十里結營, 以逼浩. 浩令逌擊之. 逌進兵至襄營, 謂將校曰, 今兵非不精. 而衆少於羌, 且塹柵甚固, 難與校力. 吾當以計破之. 乃取數百雞, 以長繩連之, 繫火於足, 群雞駭散, 飛集襄營. 營火發. 因其亂而擊之. 襄遂小敗. 逌後遷大常.**

註解 ㅇ晉(진)－《진서》〈열전〉 53에 있는 이야기임. ㅇ羌(강)·丁零(정령)－모두 서쪽 오랑캐의 이름. ㅇ姚襄(요양)－오랑캐의 추장(酋長). ㅇ塹(참)－참호(塹壕). 야전(野戰)에서 포탄을 피하기 위한 시설. ㅇ柵(책)－말뚝을 박아 만든 울짱. 역시 적을 피하는 시설. ㅇ大常(태상)－종묘(宗廟)의 의식(儀式)을 맡은 벼슬.

165. 채예운도(蔡裔隕盜)

—채예(蔡裔)가 소리치니 도둑이 당상에서 떨어졌다

《진서(晉書)》에 보면, 채예(蔡裔)가 연주자사(兗州刺史)가 되었는데 용기(勇氣)가 있고 목소리가 우레소리와 같았다. 일찍이 세 사람의 도둑이 방으로 들어갔는데 침상을 잡고 한번 소리치니 도둑이 모두 당상에서 굴러떨어졌다. 그런 까닭에 은호(殷浩)가 중군장군(中軍將軍)이 되어 북쪽을 칠 때 그에게 군대의 선봉을 맡겼다.

原文 **晉書, 蔡裔爲兗州刺史. 有勇氣, 聲若雷震. 嘗有三盜入室. 裔拊床一呼, 而盜俱隕. 故殷浩爲中軍將軍北征, 委以軍鋒焉.**

註解 ㅇ晉書(진서)—《진서》〈열전〉 47에 있는 이야기임. ㅇ隕(운)—굴러떨어짐.

166. 장요지제(張遼止啼)

—장요(張遼)가 어린애의 울음을 그치게 하다

《위지(魏志)》에 보면 장요(張遼)의 자는 문원(文遠)이니 안문군(鴈門郡) 마읍(馬邑) 사람이다. 무력(武力)이 남보다 뛰어나서 자주 전공(戰功)이 있었다. 여러번 벼슬이 바뀌어 전장군(前將軍)이 되었다.

《몽구》 구주(舊注)에 말하기를, '강동(江東)의 어린애가 울면 이를 두렵게 하기 위하여 말하기를, 장요가 온다 장요가 온다고 말하면 울음을 그치지 않는 자가 없었다'고 했다.

原文 **魏志, 張遼字文遠, 鴈門馬邑人. 武力過人, 數有戰功. 累轉前將軍. 舊注曰, 江東小兒啼, 怖之曰遼來遼來, 無不止者.**

註解 ㅇ魏志(위지)-위(魏)나라 역사책. 이 이야기는 《위지》 권17에 있다.

167. 진평다철(陳平多轍)

-진평(陳平)의 집에 수레가 많았다

전한(前漢)의 진평(陳平)은 양무(陽武)의 호유(戶牖) 사람이다. 어려서 집이 가난했으나 글읽기를 좋아하여 황로(黃老)의 길을 닦았다. 사람됨이 장대(長大)하고 얼굴이 아름다웠다. 자라자 가히 장가를 들어야겠는데 부자는 딸을 주려 하지 않고 가난한 자는 진평이 또한 싫어했다.

오랜 후, 부자 장부(張負)가 손녀가 있는데 다섯 번 시집을 갔고 시집만 가면 남편이 문득 죽으므로 사람이 감히 취하는 자가 없었다. 진평이 그 여자를 얻고자 하므로 장부는 진평과 함께 그의 집에 이르니 성곽을 등진 궁한 집에 거적으로 문을 가렸으나 문밖에는 훌륭한 사람들의 수레바퀴가 있었다.

장부가 아들 장중(張仲)에게 이르기를, "내가 손녀를 진평에게 주려고 한다."고 했다. 이에 장중이 말하기를, "진평은 가난하면서도 집안 일을 돌보지 않아 한 고을 사람들이 모두 그가 하는 일을 비웃는데, 어찌하여 딸을 주려 하십니까?"라고 했다. 장부가 말하기를,

"진실로 아름답기가 진평과 같으면서 오래도록 가난한 자가 있더냐?"하고 마침내 손녀딸을 주기로 결정했다. 또 혼례에 필요한 자금과 술과 고기를 주었다. 한편 손녀에게 경계하기를, "가난하다고 해서 사람 섬기기를 삼가지 않으면 안된다."라고 했다.

마을 안의 제사에 진평이 책임자가 되었는데 고기 나누는 것을 몹시 고르게 하자 부로(父老)들이 잘했다고 칭찬하니 진평이 말하기를, "저로 하여금 천하를 다스리게 한다면 역시 이 고기와 같이 할 것입니다."라고 했다. 고조(高祖)를 좇아 호군중위(護軍中尉)가 되어 여러 장수를 모두 보호하는데 고조는 그를 믿는 나머지 황금(黃金) 4만 근을 내어 진평에게 주면서 쓰는대로 내버려두고 나가고 들어오는 것을 묻지 않았다. 진평은 많은 돈을 가지고 초(楚)나라 군사에게 반간(反間)의 계교를 쓰는 등 처음부터 고조를 좇아 천하(天下)를 정하기에 이르기까지 모두 여섯 번 기이한 꾀를 내어 마침내 곡역후(曲逆侯)에 봉해졌다. 이어서 혜제(惠帝) 때 좌승상(左丞相)이 되었으며 여후(呂后) 때 우승상(右丞相)이 되고 또 문제(文帝) 때 재상이 되고 뒤에 훙(薨)했다.

原文 **前漢陳平陽武戶牖人. 少家貧, 好讀書, 治黃老術. 爲人長大美色. 及長可取婦, 富人莫與者, 貧者平亦媿之. 久之, 富人張負有女孫. 五嫁夫輒死, 人莫敢取平欲得之. 負偉平, 隨至其家, 迺負郭窮巷, 以席爲門. 然門外多長者車轍. 負歸謂其子仲曰, 吾欲以女孫預陳平. 仲曰, 平貧不事事, 一縣中盡笑其所爲. 奈何預之女. 負曰, 固有美如陳平長貧者乎. 卒與女, 預酒肉資以內婦. 戒其孫曰, 毋以貧故事人不謹. 里中社平爲宰, 分肉甚均. 父老善之. 平曰, 使平得宰天下, 亦如此肉矣. 從高祖爲護軍中尉, 盡護諸將. 出黃金四百萬斤預平, 恣所爲不問出入. 平多以金縱反間於楚軍. 自初從至天下定,**

凡六出奇計. 定封曲逆侯, 惠帝時爲左丞相, 呂后時爲右丞相, 又相文帝, 乃薨.

註解 ㅇ前漢(전한)-《전한서》〈열전〉 10에 있는 이야기임. 《사기(史記)》〈세가(世家)〉 26에도 보임. ㅇ黃老(황로)-황제(黃帝)·노자(老子)의 도(道). ㅇ反間(반간)-적국의 간첩을 역이용하여 적이 탐지한 책략(策略)의 반대의 책략을 쓰는 계교. ㅇ呂侯(여후)-한(漢)나라 고조(高祖)의 황후(皇后). ㅇ薨(훙)-왕공(王公)·귀인(貴人)의 죽음.

168. 이광성혜(李廣成蹊)

-이광(李廣)의 죽음에 무리들이 슬퍼했다

전한(前漢) 이광(李廣)은 농서(隴西) 성기(成紀) 사람이다. 대대로 활쏘는 법을 익혀 무제(武帝) 때 우북평태수(右北平太守)에 임명되니 흉노(匈奴)들이 이름지어 한(漢) 비장군(飛將軍)이라 하고 그를 피하여 수년동안 경계(境界)에 들어오지 않았다.

이광이 사냥을 나갔다가 풀속에 있는 돌을 보고 범이라 하여 활로 쏘았더니 돌 속으로 화살이 들어갔다. 자세히 살펴보니 호랑이 모양의 돌이었다. 다음날 다시 쏘았더니 끝내 능히 들어가지 않았다.

이광이 일곱 고을의 태수를 거쳐 전후 40여년동안 치적을 올렸다. 천자가 상으로 주는 것은 모두 부하들에게 나누어 주고 음식을 먹을 때는 사졸(士卒)들과 같이했다. 너그럽고 부드러워 까다롭지 않으니 군사들이 그에게 쓰이기를 즐거워했다.

원수(元狩) 연간중에 전장군(前將軍)이 되어 대장군(大將軍) 위청(衛青)을 좇아 흉노를 치다가 정신이 헷갈려 길을 잃었다. 이에 위청이 글을 올려 천자에게 군사를 잃은 까닭을 보고하기 위해 이광에게 경위를 보고하라고 했다. 장사(長史)가 명을 받고 이광을 책망하며 어서 대장군의 막부(幕府)에 길을 잃은 이유서를 제출하라고 다그쳤다. 이광은 그 부하들에게 이르기를, "나는 흉노와 대소(大小) 70여회의 싸움을 했는데 이번에는 길을 잃었으니 어찌 하늘의 뜻이 아니겠는가? 또 내 나이 60여세이니 능히 다시 글을 쓰는 관리에게 조사받을 수 있겠는가?"하고 드디어 칼을 가지고 스스로 목숨을 끊었다. 백성들이 이 소식을 듣고는 그를 아는 사람이든 모르는 사람이든, 또 늙은이든 젊은이든 모두 눈물을 흘렸다.

찬(贊)하여 말하기를, '이장군(李將軍)은 신실(信實)하기가 낮은 사람과 같아서 입으로 능히 말을 내지 못했는데 죽는 날에 이르러 천하에 그를 아는 사람이건 모르는 사람이건 모두 눈물을 흘렸으니 이는 그 사람의 속마음이 진실로 사대부(士大夫)들에게 믿음이 있었기 때문일 것이다. 속담에 이르기를, 복숭아와 오얏은 말하지 않아도 그 나무 아래 스스로 길을 이룬다고 했는데 이 말이 비록 적어도 가히 그와 같이 큰 인물에 비유할 말이다'라고 했다.

原文 前漢李廣隴西成紀人. 世世受射法. 武帝時拜右北平太守, 匈奴號曰漢飛將軍避之, 數歲不入界. 廣出獵, 見草中石以爲虎而射之, 中石沒矢. 視之石也. 他日射終不能入. 廣經七郡太守, 前後四十餘年, 得賞賜輒分其戲下. 飮食與士卒共之, 寬緩不苛. 士樂爲用. 元狩中爲前將軍, 從大將軍衛青擊匈奴, 惑失道. 青欲上書報天子失軍曲折. 長史責廣, 之幕府上簿. 廣謂其麾下曰, 廣結髮與匈奴大小七十餘戰. 今又迷失道. 豈非天哉. 且廣年六十餘, 不能復對刀筆吏矣. 遂引刀自剄. 百姓聞之, 知與不知, 老壯皆爲垂泣. 贊曰, 李將軍悛悛如鄙人. 口不能出辭. 及死之日, 天下知與不知, 皆爲流涕.

彼其中心, 誠信於士大夫也. 諺曰, 桃李不言, 下自成蹊. 此言雖小, 可以喩大.

註解 ㅇ前漢(전한)－《전한서》〈열전〉 24에 있는 이야기임. 《사기(史記)》〈열전〉 49에도 보임. ㅇ衛靑(위청)－한(漢)나라 평양(平陽) 사람. 본래의 성(姓)은 정(鄭). 사람됨이 어질어 물러나고 양보하는 것에 능했다. 대사마(大司馬)로 죽었다. ㅇ匈奴(흉노)－인종(人種)의 이름. 기원전 3세기 이전부터 약 3백년간 지금의 몽고지방에서 유목(遊牧)하던 터키족의 일종. ㅇ長史(장사)－삼공(三公)의 속관(屬官). ㅇ幕府(막부)－장군이 집무하던 곳. ㅇ贊(찬)－칭찬함. 찬사(讚辭).

169. **진준투할**(陳遵投轄)

－진준(陳遵)이 수레바퀴를 던지다

전한(前漢) 진준(陳遵)의 자는 맹공(孟公)이니 두릉(杜陵) 사람이다. 경조사(京兆史)가 되었는데 호방하고 예절에 구속되지 않다가 뒤에 교위(校尉)가 되어 적을 쳐서 공이 있어 가위후(嘉威侯)에 봉해졌다. 그후로 장안(長安) 안에서 살았는데 열후(列侯)나 근신(近臣)이나 귀척(貴戚)들이 모두 그를 귀중히 여겼다. 그리하여 목(牧)이나 수(守)의 벼슬아치와 군국(郡國)의 호걸들이 도읍에 오는 자는 서로 인연하여 진준의 문에 이르지 않는 자가 없었다. 진준은 술을 좋아해서 언제나 만취하는데 손들이 방에 가득했다. 이에 문득 문을 닫고 손들의 수레바퀴 비녀장을 가져다가 우물 속에 던져서 비록 급한 일이 있어도 끝내 갈 수가 없었다.

原文 **前漢陳遵字孟公, 杜陵人. 爲京兆史. 放縱不拘. 後爲校尉, 擊賊有功. 封嘉威侯, 居長安中. 列侯・近臣・貴戚皆**

貴重之. 牧守當之官, 及郡國豪傑至京師者, 莫不相因到遵門. 遵嗜酒. 每大飮賓客滿堂. 輒關門, 取客車轄, 投井中. 雖有急, 終不得去.

註解 ㅇ前漢(전한)－《전한서》〈열전〉 62 유협전(游俠傳)에 있는 이야기임. ㅇ貴戚(귀척)－귀인(貴人)의 친척. ㅇ轄(할)－수레바퀴의 비녀장.

170. 산간도재(山簡倒載)

－산간(山簡)이 수레를 거꾸로 타다

진(晉)나라 산간(山簡)의 자는 계륜(季倫)이니 사도(司徒) 산도(山濤)의 아들이다. 따뜻하고 맑아서 아버지의 풍도가 있었다. 영가(永嘉) 연중에 정남장군(征南將軍)이 되어 양양(襄陽)에 진을 쳤다. 이때 사방의 적들이 어지럽고 천하가 나뉘어 무너지니 조정과 민간이 위태롭고 두려워했다. 그러나 산간은 한가로이 놀며 시간을 보내면서 오직 술만을 즐겼다. 이때 습씨(習氏)의 일족은 형주(荊州)의 호족(豪族)으로서 아름다운 동산과 못이 있었다. 산간은 항상 그 못 위에 나가서 술을 마시고 문득 취하니 이를 이름하여 고양지(高陽池)라고 했다.

이때 어린애들이 노래하기를, '산공(山公)은 나와서 어디로 가는가? 가서 고양(高陽) 못에 이르네. 날이 어두우면 거꾸로 수레를 타고 돌아가네. 술에 취하여 아는 것이 없는데, 때때로 능히 말을 타네. 거꾸로 흰 모자를 쓰고, 회초리를 들어 갈강(葛强)에게로 향하네. 모두 병주아(幷州兒)이네'라고 했다. 병주아(幷州兒)란 갈강의 집이 병주에 있었기 때문이며 이 갈강은 산간이 사랑하던 장수이다.

原文 晉山簡字季倫, 司徒濤之子. 溫雅有父風. 永嘉中爲征南將軍, 鎭襄陽. 四方寇亂, 天下分崩, 朝野危懼. 簡優游卒歲, 唯酒是耽. 諸習氏荊土豪族, 有佳園池. 簡每出多之池上, 置酒輒醉. 名之曰高陽池. 時有童兒歌, 曰, 山公出何許, 往至高陽池, 日夕倒載歸. 酩酊無所知. 時時能騎馬, 倒著白接羅, 擧鞭向葛强, 何如幷州兒. 强家在幷州, 簡愛將也.

註解 ㅇ晉(진)-《진서》〈열전〉 13에 있는 이야기임. 《세설신어(世說新語)》〈임탄편(任誕篇)〉에도 보임. ㅇ濤(도)-산도(山濤). 죽림칠현(竹林七賢)의 한 사람. ㅇ習氏(습씨)-시중(侍中) 습욱(習郁)이 만든 못을 습가지(習家池)라고 한다. ㅇ山公(산공)-산간(山簡)을 말함. ㅇ葛强(갈강)-병주(幷州) 사람으로서 산간의 부하 장수.

171. 연객읍주(淵客泣珠)

-연객(淵客)이 떠날 때 우는 눈물이 구슬이 되었다

《몽구》 구주(舊注)에 《박물지(博物志)》를 인용(引用)해서 말했다. 교인(鮫人)이 물속에서 나와 사람의 집에 가서 사는데 여러날 동안 비단을 팔고 다니다가 돌아갈 때 주인에게 그릇을 달라며 우는데, 흘린 눈물이 구슬이 되었다. 그것을 쟁반에 가득히 담아서 주인에게 주었다고 했는데 지금의 책에는 기록이 없다.

진(晉)나라 좌사(左思)의 《오도부(吳都賦)》에 말하기를, '물속에 들어가 남몰래 비단을 짜서 말으니 연객(淵客)이 슬퍼하여 구슬의 눈물을 흘렸다'고 노래했다. 연객이란 생각컨대 교인(鮫人)이다. 《술이기(述異記)》에 말하기를 '남해(南海) 가운데에 교인(鮫人)의 방이 있는데 물속에서 살며 물고기와 같은데 베틀에서 짜는 것을 폐하지 않고 울면 그 눈에서 능히 구슬이 나온다'라고 했다.

原文 **舊注引博物志云, 鮫人從水中出, 向人家寄住, 積日賣綃. 臨去從主人索器, 泣而出珠, 滿盤以與主人. 今本無載. 左思吳都賦云, 泉室潛織而卷綃, 淵客慷慨而泣珠. 淵客蓋鮫人也. 述異記曰, 南海中有鮫人室. 水居如魚. 不廢機織. 其眼能泣則出珠.**

註解 ㅇ博物志(박물지)—진(晉)나라 장화(張華) 찬(撰). 구본(舊本)은 산일되어 전하지 않고 그 집본(輯本)이 있다. ㅇ鮫人(교인)—물속에 산다는 괴상한 사람. ㅇ左思(좌사)—진(晉)나라의 시인(詩人). 임치(臨淄) 사람. 10년만에 《삼도부(三都賦)》를 지었음. 문장이 장려(壯麗)하여 전사(傳寫)하는 사람이 많아 낙양(洛陽)의 지가(紙價)를 올렸음. ㅇ泉室(천실)—물속의 집. ㅇ述異記(술이기)—구본(舊本)은 양(梁)나라 임방(任昉)이 지은 것. 이상한 이야기들이 그 내용임.

172. 교보해패(交甫解佩)

—교보(交甫)가 찼던 것을 풀다

《열선전(列仙傳)》에 보면 강(江)의 수신(水神)의 두 딸은 모두 고운 옷에 화려한 복장으로 두 개의 야광주(夜光珠)를 찼는데 크기가 계란(鷄卵)만 했다. 이러한 차림으로 강의 물가에서 놀다가 정교보(鄭交甫)를 만났다. 정교보는 두 여인의 미모에 혹했는데 그녀들이 수신(水神)인 것은 알지 못했다.

그는 말하기를, "원컨대 그대들이 차고 있는 것을 주기를 청하노라."고 했다. 두 여인은 차고 있던 것을 풀어서 주니 교보는 이것을 받아서 품에 넣고 수십 보를 가서 그 품속을 보니 품속은 비어있고 차고 있던 구슬은 보이지 않았다. 그리고 돌아다보니 그녀들도 갑자기 보이지 않았다.

原文 **列仙傳, 江妃二女, 皆麗服華裝, 佩兩明珠. 大如雞卵. 遊於江漢之湄, 逢鄭交甫. 交甫說之, 不知其神也. 遂下與言曰, 願請子之佩. 二女解佩以與. 交甫受而懷之, 趍去數十步, 視其懷空無佩. 顧二女, 忽然不見.**

註解 ㅇ列仙傳(열선전)－한(漢)나라 유향(劉向)이 지은 것이라고 한다. 고래(古來)의 신선 71명이 수록되어 있음. ㅇ江妃(강비)－양자강(揚子江)의 수신(水神)의 이름. ㅇ明珠(명주)－야광주(夜光珠). 밤에도 빛이 나는 구슬. ㅇ鄭交甫(정교보)－주(周)나라 사람. 강가에서 강비(江妃)인 두 여자를 만남.

173. 공승불굴(龔勝不屈)

－공승(龔勝)이 굽히지 않다

전한(前漢) 공승(龔勝)의 자는 군빈(君賓)이요 공사(龔舍)의 자는 군청(君倩)이니 두 사람이 초(楚)나라 사람이다. 서로 벗으로 가까워 함께 명예와 절개로 이름이 났다. 세상에서는 초(楚)나라의 두 공(龔)이라고 했다. 애제(哀帝) 때 공승이 광록대부(光祿大夫)가 되었는데 왕망(王莽)이 정권을 잡자 사직을 청했다. 그러나 왕망이 뒤에 사자(使者)를 보내서 즉시 강학좨주(講學祭酒)에 임명했으나 병이라고 핑계하며 응하지 않았다.

다시 사자를 보내어 칙서(勅書)와 태자사우좨주(太子師友祭酒)의 인수(印綬)와 편안한 수레와 네 필의 말을 보냈는데 그것에 더하여

군(郡)의 태수(太守)와 현(縣)의 장리(長吏) 등의 관속(官屬)과 제생(諸生) 천인 이상이 함께 마을로 들어가 조서(詔書)를 전하도록 했지만 공승은 병이 위독하다고 핑계하고 동쪽으로 머리를 두고 조복(朝服)을 잠옷 위에 덮은 다음 큰 띠를 매어 군주에 대한 예의만은 갖추었다.

그런 다음에 공승은 말하기를, "내가 한(漢)나라의 두터운 은혜를 입고 갚을 길이 없었다. 이제 조만간 땅속에 들어갈 것인데 의리에 어찌 한 몸으로 두 성(姓)을 섬기다가 땅속에서 옛임금을 뵌단 말이냐!"하고 말을 마치자 입을 열어 음식을 먹지 않은 지 14일만에 죽었다.

공사는 오경(五經)에 능통하여 태산태수(太山太守)에 임명되었는데 두어 달만에 사직(辭職)을 청하자 애제(哀帝)가 사자를 시켜 광록대부(光祿大夫)에 임명하고 자주 휴가를 주어 집에서 쉴 수 있도록 했으나 끝내 나가지 않았다. 공사와 공승이 고향에 돌아가자 고을 태수들이 처음 부임하면 모두 그 집에 이르러 마치 스승과 제자 사이와 같은 예를 베풀었다.

原文 **前漢龔勝字君賓, 舍字君倩, 楚人也. 二人相友, 並著名節. 世謂楚兩龔. 哀帝時, 勝爲光祿大夫. 王莽秉政, 乞骸骨. 莽後遣使, 卽拜講學祭酒. 稱疾不應. 復遣使者, 奉璽書·太子師友祭酒印綬·安車駟馬, 與郡太守·縣長吏·官屬諸生千人以上, 入里致詔. 勝稱病篤, 東首加朝服拕紳. 勝曰, 吾受漢家厚恩, 亡以報. 今老旦暮入地. 誼豈以一身事二姓, 下見故主哉. 語畢, 不開口飮食, 積十四日死. 舍通五經, 拜太山太守. 數月乞骸骨. 哀帝使使者拜光祿大夫, 數賜告, 終不起. 舍·勝歸鄕, 二千石長吏初至官, 皆至其家, 如師弟子之禮.**

註解 ㅇ前漢(전한)－《전한서》〈열전〉 42에 있는 이야기임. ㅇ王莽(왕망)－한(漢)나라 효원왕후(孝元王后)의 조카. 책모(策謀)로 평제(平帝)를 죽이고 한조(漢朝)를 빼앗아 즉위하여 신(新)나라를 세웠으나 내치·외교에 실패하여 15년만에 광무제(光武帝)에게 망했음. ㅇ講學祭酒(강학좨주)－옛날의 회동향연(會同饗宴)에 존장자(尊長者)가 먼저 술로 땅에 제사지내던 일을 좨주(祭酒)라 했음. ㅇ璽書(새서)－천자의 도장을 찍은 문서. 칙서(勅書). ㅇ長吏(장리)－현리(縣吏)의 장관.

174. 손보자해(孫寶自劾)

－손보(孫寶)가 스스로 자신을 책망하다

전한(前漢) 손보(孫寶)의 자는 자엄(子嚴)이니 영천(潁川) 언릉(鄢陵) 사람이다. 명경과(明經科)에 급제하여 군리(郡吏)가 되었는데 어사대부(御史大夫) 장충(張忠)이 불러서 속관(屬官)을 시켰으나 사실은 아들에게 경서(經書)를 가르치게 하고자 함이었다. 그래서 손보는 스스로 자기의 허물을 자책하며 장충에게서 떠났다.

뒤에 주부(主簿)에 임명된 손보는 옮겨서 관사(官舍)로 들어가자 장충이 괴이하게 여기어 친한 사람을 시켜 묻기를, “전에 장충 대부(大夫)께서 그대를 위하여 대사(大舍)를 마련해 주었는데 그대는 스스로 자책하고 그곳을 떠났었소. 그것은 높은 절개를 위한 것이었었는데 이제 두 부(府)의 높은 선비들의 풍속에 주부를 하지 않는 터인데 그대는 그것을 하고 관사(官舍)로 옮긴 것을 몹시 기뻐하고 있소이다. 앞뒤가 서로 맞지 않는 것이 아니오?”라고 했다.

이에 손보는 말했다. “높은 선비는 주부를 하지 않지만 대부군(大夫君)은 나를 주부의 직책에 적임이라 하며 임명했고 또 부(府) 안에서도 그렇다고 하지 않는 사람이 없었소이다. 선비가 어찌 홀로 높다고 하겠소이까? 전날에 대부군의 아들에게 글을 가르치기 위해

나를 옮겨 스스로 가까이에 두었기 때문에 떠났던 것이오. 예법에 스승에게 와서 배우는 일은 있어도 의리상 스승이 가서 가르치는 법은 없는 것이니 도리에 굽힐 수는 없는 것이지만 몸을 굽힌 것이야 무엇이 해롭겠소. 또 나를 알아주는 자를 만나지 못한 자는, 하지 못할 일이 없는 것이니 하물며 주부이겠소이까!" 장충은 이 말을 듣고 부끄러워했으며 글을 올려 손보를 천거하여 평제(平帝) 때 대사농(大司農)이 되었다.

原文 **前漢孫寶字子嚴, 潁川鄢陵人. 以明經爲郡吏. 御史大夫張忠辟爲屬, 欲令授子經. 寶自劾去. 後署主簿, 寶徙入舍. 忠怪, 使所親問曰, 前大夫爲君設除大舍. 子自劾去者, 欲爲高節也. 今兩府高士, 俗不爲主簿. 子旣爲之, 徙舍甚說. 何前後不相副也. 寶曰, 高士不爲主簿. 而大夫君以寶爲可, 一府莫言非. 士安得獨自高. 前日君男欲學文, 移寶自近. 禮有來學, 義無往教. 道不可詘, 身詘何傷. 且不遭者, 可無不爲. 況主簿乎. 忠聞之慙, 上書薦寶. 平帝時爲大司農.**

註解 ㅇ前漢(전한)—《전한서》〈열전〉 47에 있는 이야기임. ㅇ明經(명경)—명경(明經)은 경서(經書)에 밝은 것이니 과거(科擧)의 한 과목으로 썼다. ㅇ兩府(양부)—여기에서는 승상부(丞相府)와 어사부(御史府)를 이름. ㅇ主簿(주부)—문서와 장부를 맡은 벼슬. ㅇ大司農(대사농)—곡식에 관한 사무를 맡은 벼슬.

175. 여안제봉(呂安題鳳)

—여안(呂安)이 봉(鳳)자를 쓰다

《세설신어(世說新語)》에 말하기를, 혜강(嵇康)과 여안(呂安)은 좋은 친구 사이였다. 한번 만나고 싶다고 생각하면 천 리 밖에서도 수레를 타고 갈 정도였다. 어느 때 여안이 뒤늦게 왔는데 마침 혜강이 없고 그의 형 혜희(嵇喜)가 문밖에 나와서 기다렸다. 여안은 들어가지 않고 문 위에 봉(鳳)자를 써놓고 갔는데 혜희는 그 내용을 깨닫지 못하고 오히려 기뻐했다. 봉(鳳)자는 파자(破字)를 하면 범조(凡鳥) 두 글자가 된다. 즉 범인(凡人)인 혜희는 상대가 안되므로 돌아간다는 뜻이었다.

原文 **世説曰, 嵇康與呂安善. 每一相思, 千里命駕. 安後來, 値康不在. 喜出户延之. 不入, 題門上作鳳字而去. 喜不覺, 猶以爲忻. 鳳字凡鳥也.**

註解 ㅇ世說(세설)－《세설신어(世說新語)》〈간오편(簡傲篇)〉에 있는 이야기임. ㅇ嵇康(혜강)－죽림칠현(竹林七賢)의 한 사람. ㅇ喜(희)－혜강(嵇康)의 형.

176. 자유심대(子猷尋戴)

－자유(子猷)가 대규(戴逵)를 찾다

진(晉)나라 왕휘지(王徽之)의 자는 자유(子猷)이니 우군(右軍) 왕희지(王羲之)의 아들이다. 성격이 남보다 뛰어나고 보통 일에 구속받지 않았다. 대사마(大司馬) 환온(桓溫)의 참군(參軍)이 되었는데 쑥대머리에 흐트러진 띠를 띠고 고을의 일도 다스리지 않았다. 일찍이 빈 집 속에 임시로 있었는데 문득 사람을 시켜 대나무를 심었다. 어떤 사람이 그 까닭을 묻자 왕휘지는 다만 휘파람을 불고 시를 읊으면서 대나무를 가리키고 말하기를, "어찌 하루인들 차군(此君)이 없을 수 있겠는가?"라고 했다.

일찍이 산음(山陰)에 있을 때, 밤에 내리던 눈이 겨우 멎으면서 달빛이 맑고 명랑한데 사방을 바라보니 모두가 희기만 하다. 이에 홀로 술을 마시면서 좌사(左思)의 〈초은시(招隱詩)〉를 읊다가 갑자기 대규(戴逵)를 생각했다. 이때 대규는 염현(剡縣)에 있었는데 문득 밤에 작은 배를 타고 하룻밤을 지내고 바야흐로 도착했다. 그런데 문에까지 왔다가 앞으로 더 가지 않고 돌아간다. 이에 사람들이 그 까닭을 묻자 말하기를, "본래 흥이 나서 마음에 내키면 가고, 흥이 다하면 돌아가는 것이지 어찌 반드시 안도(安道)를 보아야 하는 것인가?"라고 했다. 벼슬이 황문시랑(黃門侍郎)에 이르렀다.

原文 晉王徽之字子猷, 右軍羲之之子. 性卓犖不羈, 爲大司馬桓溫參軍, 蓬首算帶, 不綜府事, 嘗寄居空宅中, 便令種竹. 或問其故. 徽之但嘯詠, 指竹曰, 何可一日無此君邪. 嘗居山陰, 夜雪初霽, 月色清朗, 四望皓然. 獨酌酒詠左思招隱詩, 忽憶戴逵. 時逵在剡. 便夜乘小船詣之, 經宿方至. 造門不前而反. 人問其故. 曰, 本乘興而行. 興盡而反. 何必見安道邪. 官至黃門侍郎.

註解 ㅇ晉(진)-《진서》〈열전〉 50에 있는 이야기임. 《세설신어(世說新語)》〈임탄편(任誕篇)〉에도 보임. ㅇ羲之(희지)-동진(東晉)의 명필(名筆)인 왕희지(王羲之), 자는 일소(逸少). 벼슬이 우군장군(右軍將軍)에 이르고 해서(楷書)·행서(行書)·초서(草書)의 3체를 완성했는데 고금(古今)에 따를 자가 없음. ㅇ桓溫(환온)-동진(東晉)의 정치가·무인(武人). 벼슬이 대사마(大司馬)에 이르렀음. ㅇ左思(좌사)-진(晉)나라의 시인(詩人). 《삼도부(三都賦)》를 지었는데 글이 장려(壯麗)하여 전사(傳寫)하는 사람이 많아 낙양(洛陽)의 지가(紙價)를 올렸다고 함. ㅇ戴逵(대규)-진(晉)나라 초국(譙國) 사람. 거문고를 잘 타고 서화에 능했음. ㅇ剡(염)-고을 이름. ㅇ安道(안도)-대규(戴逵)의 자.

177. 동선강항(董宣彊項)

—동선(董宣)은 강직하여 머리를 숙이지 않았다

후한(後漢) 동선(董宣)의 자는 소평(少平)이니 진류(陳留) 어현(圉縣) 사람이다. 광무제(光武帝) 때 낙양령(洛陽令)이 되었는데 이때 호양공주(湖陽公主)의 노복(奴僕)이 대낮에 사람을 죽였다. 주인은 그를 집에 숨겨놓았다. 감히 관리도 잡지를 못했는데 주인인 공주가 외출할 때 살인한 노복을 수레에 숨겨가지고 집을 나섰다. 이때 동선이 기다리다가 수레를 멈추고 말을 잡고는 큰 소리로 주인의 잘못을 책망하는 한편 그 노복을 꾸짖어 말에서 내리게 하여 주먹으로 쳐서 죽였다.

이에 공주가 황제에게 호소하자 황제는 노해서 동선을 불러들이고 때려죽이려고 했다. 동선이 머리를 조아리면서 말하기를, "원컨대 한 말씀을 하고 죽겠나이다."하고 말을 계속하기를, "폐하께서 성스러운 덕으로 나라를 중흥(中興)하셨는데 공주의 노복을 용서하시고 선량한 사람을 죽이시면 어떻게 천하를 다스리시겠습니까! 신(臣)은 매를 기다릴 것 없이 청컨대 스스로 죽겠습니다."하고 즉시 머리로 기둥을 받으니 피가 흘러 얼굴을 가린다.

이에 황제가 동선으로 하여금 공주에게 사과하라고 했으나 동선은 그 말을 좇지 않고 억지로 조아리고 두 손을 땅에 대고 끝내 즐겨 머리는 굽히려 하지 않았다. 공주가 말하기를, "문숙(文叔)께서는 백의(白衣)로 있을 때도 망명자와 죄인들을 숨겨 보호하셨거니와 그때 관리들도 감히 문에 오지 못했습니다. 이제 천자가 되시었건만 그 명령이 일개 장관만도 못하십니까? 위엄이 한 명령도 행하지 못하십니까?"라고 했다. 황제는 웃으면서 말하기를, "천자는 백의(白衣)와 같지 않으니라."하고 인하여 칙명(勅命)으로 "강항령(强項令)

그만 내려가오."라며 돈 30만 냥을 하사하자 동선은 그것을 모두 모든 관리들에게 나누어 주었다. 그후로도 힘있는 자를 두려워하지 않고 맞섰으므로 경사(京師)에서는 그를 이름하여 누워있는 범이라고 했다. 또 노래하기를, '북을 쳐도 울리지 않는 동소평(董少平)이다'라고 했다. 문숙(文叔)은 광무(光武)의 자이다.

原文 **後漢董宣字少平, 陳留圉人. 光武時爲洛陽令. 時湖陽公主蒼頭, 白日殺人, 匿主家, 吏不能得. 及主出, 以奴驂乘. 宣候之, 駐車叩馬, 大言數主之失, 叱奴下車, 因格殺之. 主訴帝. 帝怒召宣, 欲箠殺之. 宣叩頭曰, 願一言而死. 曰, 陛下聖德中興. 而縱奴殺良人, 何以理天下. 臣不須箠請自殺. 卽以頭擊楹, 流血被面. 帝使宣謝主. 宣不從. 强使頓之, 兩手據地, 終不肯俯. 主曰, 文叔爲白衣時, 藏亡匿死. 吏不敢至門. 今爲天子, 威不能行一令乎. 帝笑曰, 天子不與白衣同. 因勅, 强項令出. 賜錢三十萬. 宣悉以班諸吏. 由是搏擊豪强. 京師號爲臥虎, 歌之曰, 枹鼓不鳴董少平. 文叔光武字也.**

註解 ㅇ後漢(후한)－《후한서》〈열전〉 67 혹리전(酷吏傳)에 있는 이야기임. ㅇ蒼頭(창두)－노복(奴僕). ㅇ文叔(문숙)－광무제(光武帝)의 자. ㅇ强項令(강항령)－강직하여 굴하지 않는 사람의 별명.

178. **적황직언**(翟璜直言)

－적황(翟璜)의 곧은말

《신서(新序)》에 말하기를, 위(魏)나라 문후(文侯)가 사대부(士大夫)들과 같이 앉은 자리에서 묻기를, "과인(寡人)은 어떠한 임금인가?"라고 하니 여러 신하들이 모두 말하기를 "전하께서는 어진 임금님이십니다."라고 했다. 다음으로 적황(翟璜)에게 이르자 말하기를, "전하께서는 어진 임금이 아니십니다. 전하께서 중산(中山)을 치셨을 때 전하의 아우님을 봉하지 않으시고 전하의 큰아드님을 봉하셨으니 신(臣)은 이로써 압니다."라고 했다. 문후(文侯)가 노해서 적황을 쫓아내니 적황은 일어나서 나갔다.

다음으로 임좌(任座)에게 문후가 물으니 대답하기를, "전하께서는 어진 임금이십니다. 신(臣)이 듣자오니 그 임금이 어질면 그 신하가 곧다고 했습니다. 저번에 적황의 말이 곧았사옵기로 이로써 아옵니다."라고 했다. 이에 문후가 말하기를, "좋다."하고 적황을 불러들여 상경(上卿)을 삼았다. 《몽구》 구본(舊本)에서는 적황을 임좌로 잘못 적고 있다.

原文 **新序曰, 魏文侯與士大夫坐. 問曰, 寡人何如君也. 群臣皆曰, 君仁君也. 次至翟璜. 曰, 君非仁君也. 君伐中山, 不以封君之弟, 而以封君之長子. 臣以此知之. 文侯怒逐璜. 璜起而出. 次至任座. 文侯問之. 對曰, 君仁君也. 臣聞其君仁者其臣直. 向翟璜之言直, 是以知也. 文侯曰, 善. 召翟璜入, 拜爲上卿. 舊本翟璜誤作任座.**

註解 ㅇ新序(신서)-책이름. 전한(前漢) 유향(劉向)이 지음. 춘추전국시대로부터 한조(漢朝)에 이르기까지의 일사(逸事)를 수록했음. ㅇ上卿(상경)-상위의 경(卿).

179. 기창관슬(紀昌貫虱)

—기창(紀昌)이 이를 꿰뚫다

《열자(列子)》에 말하기를, 감승(甘蠅)은 옛날의 활 잘 쏘는 자이다. 그가 활을 당기면 도저히 도망칠 수 없다는 것을 알고는 짐승이 엎드리고, 새가 나무에서 내려온다. 비위(飛衛)가 활 쏘는 법을 감승에게서 배웠는데 재주가 스승보다 더했고, 기창(紀昌)은 활쏘는 법을 그 비위에게서 배웠다. 이때 비위가 말하기를, "너는 먼저 눈을 깜짝거리지 않는 것을 배운 후에 비로소 활 쏘는 것을 배우라."고 했다.

기창은 집에 돌아와 아내가 짜는 베틀 아래에 누워서 베짜는 아내의 발을 똑바로 바라보며 시험했는데, 2년 후에는 비록 송곳 끝이 눈에 거꾸로 다가와도 눈을 깜짝이지 않게 되었다. 이에 이것을 비위에게 고했으나 비위는 말하기를, "아직 아니다. 보는 것을 배운 뒤라야 된다. 작은 것을 보아도 큰 것과 같고 은미한 것을 보아도 나타난 것을 보는 것과 같은 후에 나에게 말하라."고 했다. 이에 기창은 털로 이[虱]를 들창에 달아놓고 바라보았는데 보름 사이에 점점 커지더니 3년 후에는 모두 언덕이나 산과 같이 보였다. 이에 연(燕)나라의 짐승뿔로 만든 활에 북쪽 쑥대의 화살로 쏘니 이의 심장을 뚫었는데도 달아놓은 털은 끊어지지 않았다. 《몽구》 구본(舊本)에서는 기창을 감승으로 잘못 적고 있다.

原文 列子曰, 甘蠅古之善射者. 彀弓而獸伏鳥下. 飛衛學射於甘蠅, 而巧過其師. 紀昌學射於飛衛. 衛曰, 爾先學不瞬. 而後可言射. 昌歸偃臥其妻之機下, 以目承牽挺. 二年之後, 雖錐末倒眥而不瞬. 以告衛. 衛曰, 未也. 學視而後可. 視小

如大, 視微如著, 而後告我. 昌以氂懸虱於牖而望之. 旬日之間寖大也. 三年之後, 如車輪焉. 以視餘物, 皆丘山也. 乃以燕角之弧·朔蓬之簳射之, 貫虱之心, 而懸不絶. 舊本紀昌誤作甘蠅.

註解 ㅇ列子(열자)－여기에서는 열어구(列禦寇)가 지은 책. 전국시대 정(鄭)나라 사람으로 그의 학문은 황로(黃老)를 주관으로 했음. 이 이야기는 〈탕문편(湯文篇)〉에 실려 있다.

180. 양유호원(養由號猨)

－양유기(養由基)가 원숭이를 울리다

《회남자(淮南子)》에 말하기를, 초왕(楚王)에게 흰 원숭이가 있었는데 스스로 활을 쏘면 화살을 잡고 장난을 했다. 양유기(養由基)로 하여금 쏘게 하니 양유기가 시위를 당기며 화살을 매기되 아직 쏘기도 전에 원숭이가 나무를 껴안고 울었다.

原文 **淮南子曰, 楚王有白猨. 自射之則搏矢而熙. 使養由基射之. 始調弓矯矢, 未發而猨擁樹號矣.**

註解 ㅇ淮南子(회남자)－한(漢)나라 회남왕(淮南王) 유안(劉安)이 지은 책. 총 21권인데 주로 노장(老莊)의 도(道)로써 고금의 치란(治亂)·천문(天文)·이학(理學) 등을 설명했다. 이 이야기는 〈설산훈(說山訓)〉에 실려 있음. ㅇ養由基(양유기)－초(楚)나라의 활 잘 쏘는 사람.

181. 풍연귀리(馮衍歸里)

–풍연(馮衍)이 고향으로 돌아가다

후한(後漢) 풍연(馮衍)의 자는 경통(敬通)이니 경조(京兆) 두릉(杜陵) 사람이다. 어려서부터 기이한 재주가 있었고 널리 많은 서적에 능통했다. 왕망(王莽)의 때에 즐겨 벼슬하지 않고 항상 뜻이 크고 재주가 뛰어난 방책을 좋아했으나 당시에 능히 그의 말을 듣고 그의 계교를 쓰지 않았다.

위위(衛尉) 음흥(陰興) 등은 외척(外戚)으로서 귀하게 출세했는데 풍연을 소중히 여기니, 드디어 그들과 사귐을 맺었다. 이로 인하여 여러 왕(王)들이 찾고 청하는 바가 되었다. 이윽고 사예종사(司隷從事)가 되었더니 광무(光武)가 서경(西京)의 외척과 빈객(賓客)들을 징계하는 까닭에 모두 법으로 묶였다. 이로 인하여 죄를 얻어 고향으로 돌아가 문을 닫고 스스로 몸을 보호하여 감히 친구들과도 통하지 못했다.

현종(顯宗)이 즉위하자 또 풍연의 글이 그 실상보다 지나치다고 헐뜯는 자가 많았다. 그는 드디어 집에 피해 있어서 당시에 때를 얻지 못했다. 그러나 큰 뜻이 있어서 평상시에 항상 슬퍼하고 탄식하기를, "나는 어려서부터 이름난 어진 이를 섬기면서 높은 지위를 지내고 금으로 만든 도장을 차고 붉은 인끈을 드리우는 승상(丞相)이라든가 또는 부절(符節)을 가지고 사신(使臣)으로 가는 일들을 구차히 얻고자 하지 않았다. 항상 덕을 쌓되 구름도 능가하는 고원(高遠)한 뜻을 기르고, 삼공(三公)의 높은 자리, 천금(千金)의 부(富)를 쌓는 것 등은 생각만 해도 불결하게 여겼다. 가난해도 슬퍼하지 않고 천해도 한탄하지 않아서 거의 이름있는 어진이의 풍도가 있어 도덕을 남이 알지 못하는 길에서 닦고 이로써 몸과 이름을 마쳐 뒷세상의 법으로 삼으려 했다."라고 하였다.

原文 後漢馮衍字敬通, 京兆杜陵人. 幼有奇才. 博通群書. 王莽時不肯仕. 常好俶儻之策, 時莫能聽用其謀. 衛尉陰興等以外戚貴顯. 深重衍, 遂與文結. 由是爲諸王所聘請, 尋爲司隷從事. 光武懲西京外戚賓客. 故皆以法繩之. 由此得罪而歸故郡, 閉門自保, 不敢與親故通. 顯宗卽位. 又多短衍以文過其實. 遂廢於家, 坮壈於時. 然有大志. 居常慷慨歎曰, 衍少事名賢, 經歷顯位, 懷金垂紫, 揭節奉使, 不求苟得. 常有凌雲之志, 三公之貴千金之富, 不槃於懷. 貧而不衰, 賤而不恨, 猶庶幾名賢之風, 修道德於幽冥之路, 以終身名, 爲後世法.

註解 ㅇ後漢(후한)-《후한서》〈열전〉 18에 있는 이야기임. ㅇ王莽(왕망)-앞의 항(項)에서 나왔음. ㅇ衛尉(위위)-병영(兵營)을 맡은 관직. ㅇ陰興(음홍)-후한(後漢) 사람. 기병(騎兵)을 거느리고 군국(郡國)을 평정하여 뒤에 위위(衛尉)를 제수받음. ㅇ節(절)-부절(符節). 부신(符信). 목편(木片)이나 죽편(竹片)에 글을 쓰고 증인(證印)을 찍은 후에 두 쪽으로 쪼개서 나누어 가졌다가 후일에 서로 맞추어 증거로 삼음.

182. 장소색문(張昭塞門)

–장소(張昭)가 문을 막다

《오지(吳志)》에 보면 장소(張昭)의 자는 자포(子布)이니 팽성(彭城) 사람이다. 널리 여러 글을 보았는데 손권(孫權)이 임명하여 보오장군(輔吳將軍)을 삼았다. 장소는 늘 조회에 나가는데 말씨가 씩씩하고 힘차며 위의(威儀)가 얼굴에 나타났다. 손권은 위(魏)나라를 배신한 공손연(公孫淵)이 번신(藩臣)이 되기를 청했으므로 장미(張彌)와 허안(許晏)을 사자(使者)로 보내어 요동(遼東)에 가서 공손연을 연왕(燕王)으로 임명코자 했다. 장소가 이는 불가하다며 간했지만 받아들여지지 않았다. 장소는 병이라 핑계대고 조회에 나가지 않으니 손권이 유감스럽게 여기고 이에 그 문을 흙으로 막으니 장소는 또 안에서 흙으로 봉하고 나가지 않았다. 공손연은 과연 장미와 허안을 죽였다. 손권이 자주 위로하고 장소에게 사과했으나 장소는 굳이 일어나지 않았다.

손권이 어느 날 나가서 그 문을 지나다가 장소를 불렀으나 장소는 병이 위독하다 핑계하고 사양했다. 이에 손권은 그 문을 불살라 두려워하게 했다. 그러나 장소는 다시 문을 닫았다. 손권은 사람을 시켜 불을 끄게 하고 한참동안 문에서 머물렀다. 이때 장소의 여러 아들들이 장소를 부축해서 일으키니 손권은 그를 태워가지고 궁(宮)으로 돌아와서 자신을 깊이 책망하니 장소는 부득이 그후로부터 조회에 나갔다. 장소는 용모가 근엄하고 위풍이 있었다. 손권이 항상 말하기를, "내가 장공(張公)과 말하면 감히 망령된 말을 하지 못한다." 라고 하니 온 조정이 그를 꺼렸다.

原文 **吳志, 張昭字子布, 彭城人. 博覽衆書. 孫權拜輔吳將軍, 昭每朝見, 辭氣壯厲, 義形於色. 權以公孫淵稱藩, 遣張彌·許晏至遼東, 拜淵爲燕王. 昭諫不用. 稱疾不朝. 權恨之, 土塞其門. 昭又於内以土封之. 淵果殺彌·晏. 權數慰謝昭, 昭固不起. 權因出過其門呼昭, 昭辭疾篤. 權燒其門, 欲以恐之. 昭更閉門. 權使人滅火, 住門良久. 昭諸子共扶昭起. 權載以還宮, 深自克責. 昭不得已, 然後朝會. 昭容貌矜嚴有威風. 權常曰, 孤與張公言, 不敢妄也. 擧朝憚之.**

註解 ㅇ吳志(오지)－오(吳)나라의 역사를 기록한 책. 권17에 이 이야기가 있다. ㅇ許晏(허안)－한(漢)나라 진류(陳留) 사람. 왕식(王式)에게 시(詩)를 배워서 유명했다.

183. 소소귀령(蘇韶鬼靈)

－소소(蘇韶)는 돌아온 영혼

《삼십국춘추(三十國春秋)》에 말하기를, 중모령(中牟令) 소소(蘇韶)가 죽었다. 뒤에 종제(從弟) 소절(蘇節)이 보니 소소가 대낮에 말을 타고 가는데 검은 머리싸개를 쓰고 누른 비단으로 만든 홑옷을 입고 있었다. 소절이 이에 유명(幽冥)의 일을 묻자 소소가 말하기를, "죽은 자는 귀신이 되어 함께 천지 가운데의 공간을 다니는데 귀신은 살아있는 자와 접촉하지 말아야 한다. 안회(顔回)와 복상(卜商)은 문학에 재능이 있어서 지금 명토(冥土)에서 수문랑(修文郎)이 되어 있다. 죽은 것과 산 것은 조금도 다를 것이 없다. 다만 죽은 자는 형태가 없어 공허하고 산 자는 형태가 있는 점이 다를 뿐이다."라고 했는데 말을 마치자 보이지 않았다.

原文 **三十國春秋曰, 中牟令蘇韶卒. 後從弟節見韶乘馬晝日而行, 著黑介幘·黃綵單衣. 節因問幽冥之事. 韶曰, 死者爲鬼, 俱行天地之中. 在人閒, 而不與生者接. 顔回·卜商今見爲修文郎. 死之與生, 略無有異. 死虛生實, 此有異爾. 言終而不見.**

註解 ㅇ幽冥(유명)－저승. ㅇ顔回(안회)－공자(孔子)의 제자로서 노(魯)나라 사람. 공문십철(孔門十哲)의 으뜸. ㅇ卜商(복상)－자(字)는 자하(子夏). 공자의 제자로서 문학(文學)에 뛰어남. ㅇ修文郎(수문랑)－명관(冥官). 저승의 벼슬아치.

184. 노충유혼(盧充幽婚)

–노충(盧充)이 저승 사람과 혼인하다

《몽구》 구주(舊注)에 《공씨지괴(孔氏志怪)》를 인용하며 말하기를, 한(漢)나라 노충(盧充)은 범양(范陽) 사람인데 집 서쪽 40리에 최소부(崔少府)의 딸의 무덤이 있었다. 노충이 사냥을 나갔다가 돌아올 때 노루를 쫓다가 갑자기 보니 붉은 문의 관사(官舍)가 있는데 어떤 사람이 노충을 맞아 최소부에게 데리고 갔다. 최소부는 노충을 보고 말하기를, "근자에 그대의 아버님으로부터 편지를 받았는데 그대를 위하여 내 딸을 데려가겠노라 했기에 이렇게 맞는 것이오."하고 그 편지를 노충에게 보이는데 그것은 죽은 아버지의 편지였다.

소부는 곧 딸에게 명하여 동쪽 별채에 가서 화장을 하게 하고 노충을 불러서 서로 보게 하여 혼례를 이루고 3일을 머무르다가 작별할 때 노충에게 이르기를, "그대의 부인이 태기가 있으니 아들을 낳거던 마땅히 돌려보내리다."하고 노충에게 옷과 이불을 주고 수레로 보내주었다. 노충이 집에 이르러 3년을 지나 3월 3일에 물에 나가서 놀다가 갑자기 보니 물 위에 조그만 수레 두 채가 잠깐 떴다가 가라앉았다 하는 것이었다. 이에 언덕에 이르러 노충이 보니 수레 안에 최씨(崔氏)와 세 살난 어린애가 타고 있고 또 다른 수레에는 최소부가 타고 있었다. 아이를 안아서 노충에게 돌려주면서 시(詩) 한 수와 금주발 하나를 주더니 이윽고 보이지 않았다. 아이가 장성한 뒤에 몇몇 고을의 태수를 지냈다.

原文 **舊注, 引孔氏志怪曰, 漢盧充范陽人. 家西四十里有崔少府女墓. 充因獵逐麞, 忽見朱門官舍. 有人迎充見崔. 云近得公尊府君書, 爲君娶吾小女. 故相邀耳. 將書示充. 乃亡**

父手札. 崔乃命女粃飾於東廂, 引充相見成禮. 留三日臨別謂充曰, 君婦有娠矣. 生男則當還之. 贈充衣衾, 令車送之. 充至家經三年三月三日臨水戲. 忽見水上二犢車, 乍沈乍浮, 旣達于岸. 充視車中, 見崔氏與三歲小兒共載. 其別車卽崔少府也. 抱兒還充. 及詩一首金椀一枚. 俄而不見. 及兒長成後, 歷任數郡.

註解 ㅇ崔少府(최소부)－소부(少府)는 천자가 쓰는 물건을 간직하는 창고를 맡은 벼슬. ㅇ轚(장)－노루.

185. 진외사지(震畏四知)

－양진(楊震)이 네 가지가 아는 것을 두려워하다

후한(後漢)의 양진(楊震)이 무재(茂才 : 秀才)에 뽑혔는데 네 번 벼슬을 옮겨 형주자사(荊州刺史)가 되었다. 동래태수(東萊太守)가 되어 그 고을로 가는데 창읍(昌邑)을 거치게 되었다. 그곳에는 지난날 그가 형주자사로 있을 때 천거해 주어 무재(茂才)에 뽑힌 왕밀(王密)이 창읍현령(昌邑縣令)이 되어 있었다. 왕밀은 양진을 찾아보고 밤이 되자 금 10근을 가지고 와서 양진에게 주는 것이었다.

이에 양진이 말하기를, "나는 그대를 잘 알기에 천거했거늘 그대는 나를 알지 못하니 무슨 까닭인가?"라고 하니 왕밀은 말하기를, "밤이 늦어 아는 자가 없습니다."라고 했다. 이에 양진은 말하기를, "하늘이 알고 귀신이 알고 내가 알고 그대가 아는데 어찌 아는 자가 없다고 하는가?"라고 했고 왕밀은 부끄러워하면서 나갔다.

그는 성질이 공정하고 청렴하여 사사로운 청을 받지 않았다. 자손들이 모두 채소를 먹고 걸어다녀서 친구들이 혹 산업(産業)을 하게 했으나 양진은 즐겨하지 않고 말하기를, "나는 자손들에게 유산을 남겨주고 싶지 않기 때문일세. 후세(後世) 사람이 청백리(淸白吏)의 자손이라고 하기 위하여서이니 그것보다 더 후(厚)한 유산이 어디 있겠는가?"라고 했다. 양진은 안제(安帝) 때 태위(大尉)가 되고 중상시(中常侍)가 되었으나 번풍(樊豊)의 참소로 마침내 졸(卒)했다.

原文 後漢楊震擧茂才, 四遷荊州刺史. 東萊太守當之郡, 道經昌邑, 故所擧荊州茂才王密爲昌邑令, 謁見. 至夜懷金十斤以遺震. 震曰, 故人知君. 君不知故人何也. 密曰, 暮夜無知者. 震曰, 天知, 神知, 我知, 子知. 何謂無知. 密愧而出. 性公廉, 不受私謁. 子孫蔬食步行. 故舊或欲令爲開産業, 震不肯曰, 使後世稱爲淸白吏子孫. 以此遺之, 不亦厚乎. 震安帝時爲大尉爲中常侍樊豊所譖而卒.

註解 ㅇ後漢(후한)-《후한서》〈열전〉 44에 있는 이야기임. ㅇ茂才(무재)-재주가 뛰어난 사람을 말하는데 과거 등용의 과거과목으로 썼다. ㅇ王密(왕밀)-왕굉(王宏). 성질이 맑았는데 사도(司徒) 이윤(李胤)과 사예(司隷) 왕밀(王密) 같은 사람은 귀할 수도 없고 천할 수도 없고 소원히 할 수도 없다고 했다. ㅇ淸白吏(청백리)-청렴결백한 관리. 우리나라에는 의정부·이조(吏曹)·경조(京兆)의 이품(二品) 이상의 당상관(堂上官)과 사헌부(司憲府)·사간원(司諫院) 및 사간원 대사간(大司諫)이 추천하여 선정한 청렴한 벼슬아치.

186. 병거삼혹(秉去三惑)

-양병(楊秉)이 세 가지 미혹을 버리다

후한(後漢) 양병(楊秉)의 자는 숙절(叔節)이니 양진(楊震)의 둘

째아들이다. 환제(桓帝) 때 태위(大尉)가 되었는데 언제나 조정에 득실(得失)의 일이 있으면 문득 충성을 다하여 바르게 간했거니와 받아들여 쓰이는 것이 많았다. 양병은 성질이 술을 마시지 않고 일찍 부인을 잃었으나 끝내 다시 장가들지를 않았다. 가는 곳마다 충성되고 청백하다고 일컬어졌다. 일찍이 말하기를, "나에게는 세 가지 미혹당하지 않는 것이 있으니 술과 여색(女色)과 재물이다."라고 했다.

原文 後漢楊秉字叔節, 震中子也. 桓帝時爲大尉, 每朝廷有得失, 輒盡忠規諫, 多見納用. 秉性不飮酒. 又早喪夫人, 遂不復娶. 所在以淳白稱. 嘗言曰, 我有三不惑, 酒·色·財也.

註解 ㅇ後漢(후한)－《후한서》〈열전〉 44에 있는 이야기임.

187. 유하직도(柳下直道)

－유하혜(柳下惠)의 바른 길

《논어(論語)》에 말하기를, 유하혜(柳下惠)가 사사(士師)가 되었는데 세 번 퇴직당했다. 어떤 사람이 말하기를, "그대는 어찌하여 아직도 떠나가지 않는가?"라고 하니 대답하기를, "도(道)를 곧게 하여 사람을 섬겼는데 어디를 간들 세 번 내쫓기지 않을 것이며, 도(道)를 굽혀 사람을 섬긴다면 어찌 반드시 부모의 나라를 버리겠는가?"라고 했다.

原文 論語曰, 柳下惠爲士師, 三黜, 人曰, 子未可以去乎. 曰, 直道而事人, 焉往而不三黜. 枉道而事人, 何必去父母之邦.

註解 ㅇ論語(논어)－경서(經書)로 사서(四書)의 하나, 30편. 공자(孔子)와 그의 제자, 또는 당시의 사람들과 문답한 행동 및 제자들끼리 주고받은 말들을 공자 사후(死後)에 그의 제자들이 편수했음. ㅇ士師(사사)－옥관(獄官).

188. 숙오음덕(叔敖陰德)

－숙오(叔敖)는 세상에 알려지지 않은 덕이 있었다

《가의신서(賈誼新書)》에 말하기를, 손숙오(孫叔敖)가 어렸을 때 나가 놀더니 돌아와서는 근심하고 먹지 않으므로 어머니가 그 까닭을 물었다. 그가 울면서 대답하기를, "제가 오늘 두 머리가 있는 뱀을 보았는데 두렵건대 죽을 시간이 얼마 남지 않았을 것입니다."라고 했다. 어머니가 묻기를, "지금 그 뱀이 어디에 있느냐?"라고 하자 손숙오는 말하기를, "제가 들으니 두 머리를 가진 뱀을 본 자는 죽는다 하기로 저는 다른 사람이 또 볼까 두려워서 이미 땅에 묻었습니다."라고 했다.

그러자 어머니는 말하기를, "너는 근심하지 마라. 너는 죽지 않는다. 내가 들으니 음덕(陰德)이 있는 자는 하늘이 복(福)으로 갚는다고 했다."라고 했다. 이 말을 사람들이 듣고 모두 그 어진 일을 한 것을 기뻐했다. 그가 영윤(令尹)이 되자 다스리기도 전에 나라 사람들이 그를 믿었다. 《열녀전(列女傳)》에 말하기를, '음덕이 있는 자는 양(陽)이 보답해서 덕(德)이 상서롭지 못한 것을 이기고 인(仁)을 행하는 사람은 백 가지 재화를 없앤다. 하늘이 높은 곳에 있어도 낮은 곳을 듣는 것이니 너는 반드시 초(楚)나라에서 일어나리라'고 했다. 그는 자라자 영윤(令尹)이 되고 천수(天壽)를 누리고 삶을 마쳤다.

原文 **賈誼新書曰, 孫叔敖爲嬰兒, 出遊而還, 憂而不食. 其**

母問其故. 泣而對曰. 今日吾見兩頭蛇. 恐去死無日矣. 母曰, 今蛇安在. 曰, 吾聞見兩頭蛇者死. 吾恐他人又見, 已埋之矣. 母曰, 無憂. 汝不死. 吾聞之, 有陰德者, 天報以福. 人聞之皆喩其爲仁也. 及令尹, 未治而國人信之. 列女傳曰, 有陰德者陽報之. 德勝不祥, 仁除百禍. 天之處高聽卑. 爾必興於楚. 及長爲令尹, 老終.

註解 ㅇ賈誼新書(가의신서)—전한(前漢) 문제(文帝) 때의 문신(文臣)이었던 가의(賈誼)가 저술(著述)한 책. 가의는 박사(博士)에서 태중대부(太中大夫)가 되었다가 뒤에 장사왕(長沙王)의 태부(太傅)로 좌천되었는데 다시 양회왕(梁懷王)의 태부가 됨. ㅇ陰德(음덕)—세상에 알리지 않은 덕행(德行). ㅇ令尹(영윤)—초(楚)나라의 관명(官名). 정승의 별칭(別稱). ㅇ列女傳(열녀전)—한(漢)나라 유향(劉向)이 지은 책. 모두 7권. 여러 여인의 전기를 모의(母儀)·현명(賢明)·인지(仁智)·정신(貞愼)·절의(節儀)·변통(辨通)·얼폐(孼嬖)의 일곱 항목으로 나누어 수록했음.

189. 장탕교저(張湯巧詆)

—장탕(張湯)이 교묘히 속이다

전한(前漢) 장탕(張湯)은 두릉(杜陵) 사람이다. 정위(廷尉)가 되었는데 글을 올려 교묘하게 남을 속였다. 그가 찾아가서 높은 사람에게 일을 청하는 데는 춥고 더운 것을 가리지 않았다. 그런 까닭에 장탕이 비록 법조문을 심각하게 적용하고 자기가 미워하는 자에게는 중벌을 과하는 등, 무릇 공평치 않았으나 명예는 얻고 있었다. 한편 백성들에게 엄격한 관리라 하더라도 보좌역을 맡고 있는 자들은 문사(文辭)에 교묘한 자들로서 국가에 상주(上奏)하여 국가대사를 말할 때면 언제나 성현의 말씀을 인용하는데, 천자는 그때마다 해가 지도록 먹는 것조차 잊곤 했다. 승상은 그 자리에 앉아만 있을 뿐 실권이 없었고 천하의 정치는 오로지 장탕의 손에서 결정되었다. 이에 백성들은 사는 것이 편안치 않아 소동을 벌였는데 조정에서는 덕을 베풀어 백성들을 진정시키고자 했지만 그 효과는 오르지 아니하고 박덕한 관리들은 점점 더 백성들을 수탈했다.

이에 조정에서는 엄하게 법으로 묶었는데 공경(公卿)으로부터 서민에 이르기까지 모두 장탕의 짓이라고 지목했다. 뒤에 어사대부(御史大夫)가 되었으나 일에 연좌되어 자살했다.

처음에 장탕의 아버지가 장안승(長安丞)이 되어 나갔는데 장탕은 아이로서 집을 지키고 있었다. 아버지가 돌아오자 쥐가 고기를 훔쳐 먹고 있었다. 아버지가 노해서 장탕을 매로 때리니 장탕은 귀구멍을 파고 불을 질러서 쥐와 남은 고기를 찾아내고 쥐의 죄를 추궁하여 훔친 죄를 다스렸다. 이때 그의 전체(傳逮)와 문서(文書)로 묻는 일과 국문(鞠問)과 의논하여 보고하는 일들이 모두 법에 맞도록 하더니 마침내 당 아래에서 책형(磔刑)에 처했다. 이것을 아버지가 보았는데 그 문사(文辭)가 늙은 옥리(獄吏)와 같은 것을 보고 크게 놀라서 드디어 그로 하여금 율령(律令)을 배우게 했던 것이다.

原文 前漢張湯杜陵人. 爲廷尉, 舞文巧詆. 其造請諸公, 不避寒暑. 是以湯雖文深意忌不專平, 然得此聲譽. 而深刻吏多爲爪牙用者, 依於文學之士, 每朝奏事, 語國家用, 日旰天子忘食, 丞相取充位. 天下事皆決湯. 百姓不安其生騷動. 縣官所興, 未獲其利, 姦吏並侵漁. 於是痛繩以辠. 自公卿以下至庶人, 咸指湯. 後爲御史大夫, 坐事自殺. 初湯父爲長安丞出. 湯爲兒守舍. 還鼠盜肉. 父怒笞湯. 湯掘熏得鼠及餘肉, 劾鼠掠治, 傳爰書訊鞠論報, 幷取鼠與肉, 具獄磔堂下. 父見之,

視文辭, 如老獄吏. 大驚, 遂使書獄.

註解 ㅇ前漢(전한)－《전한서》〈열전〉 29에 있는 이야기임. 《사기(史記)》〈혹리열전(酷吏列傳)〉에도 있음 ㅇ廷尉(정위)－형옥(刑獄)을 맡은 벼슬아치. ㅇ爪牙(조아)－자기를 보호하는 사람. 새의 발톱과 짐승의 어금니.

190. 두주심각(杜周深刻)

－두주(杜周)는 심각(深刻)했다

전한(前漢) 두주(杜周)는 남양(南陽) 두연(杜衍) 사람이다. 말이 적고 무겁고 더디었으나 마음은 잔혹하여 법을 적용하기를 뼈에 이를 만큼 엄격했다. 정위(廷尉)가 되었는데 그 다스리는 것이 장탕(張湯)을 모방하여 상(上)께서 물리치려 하는 자는 그대로 죄에 빠뜨리고, 상(上)께서 석방하고자 하는 자는 오래도록 잡아두고 묻기를 기다려 애매하게 죄없음을 조작하여 용서했다.

어떤 사람이 두주에게 이르기를, "그대는 천하가 평화롭게 결정되기를 위하면서 삼척(三尺)의 법을 좇지 않고 오로지 인주(人主)의 뜻대로 옥사(獄事)를 다스리는가?"라고 하자 두주는 말하기를, "법률이 어디서 나왔는가? 옛날에 임금이 옳다고 한 것은 나타내어 율(律)을 삼고 후대에 임금이 옳다고 한 것은 나누어서 영(令)을 삼았는데 지금을 당하여 옳다고 하는 것이 어찌 옛법이란 말인가?"라고 했다.

뒤에 집금오(執金吾)가 되었는데 상홍양(桑弘羊)과 위황후(衛皇后) 형제의 아들을 체포하기를 몹시 심각하게 했다. 상(上)께서 이를 보고 힘을 다하며 사사로움이 없다고 했다. 어사대부(御史大夫)

로 옮겼는데 두주의 두 아들이 강을 사이에 두고 군수(郡守)가 되어 가재(家財)가 여러 만 냥이 되었다. 다스리는 것이 모두 혹독하고 사나웠는데 오직 막내 아들 두연년(杜延年)의 행동은 너그럽고 후했다고 한다.

原文 前漢杜周南陽杜衍人. 少言重遲, 而內深次骨. 爲廷尉, 其治倣張湯. 上所欲擠者, 因而陷之, 上所欲釋, 久繫待問, 而微見其冤狀. 客謂周曰, 君爲天下決平, 不循三尺法, 專以人主意指爲獄. 周曰, 三尺安出哉. 前主所是著爲律, 後主所是, 疏爲令. 當時爲是. 何古之法乎. 後爲執金吾, 逐捕桑弘羊·衛皇后昆弟子刻深. 上以爲盡力無私. 遷御史大夫, 兩子夾河爲郡守, 家資累巨萬. 治皆酷暴, 唯少子延年, 行寬厚云.

註解 ㅇ前漢(전한)－《전한서》〈열전〉 30에 있는 이야기임. 《사기(史記)》〈혹리열전(酷吏列傳)〉에도 있음. ㅇ三尺(삼척)－석자되는 대조각에 법률을 썼으므로 곧 법률을 말함. ㅇ執金吾(집금오)－대궐문을 지켜 비상사(非常事)를 막는 것을 맡은 벼슬. ㅇ桑弘羊(상홍양)－한(漢)나라 무제(武帝) 때 치속도위(治粟都尉)가 되었으나 뒤에 복주(伏誅)당함.

191. 삼왕윤경(三王尹京)

－삼왕(三王)은 경조윤(京兆尹)이었다

전한(前漢) 왕준(王駿)은 간대부(諫大夫) 왕길(王吉)의 아들이다. 효렴(孝廉)으로써 낭(郎)이 되었고 성제(成帝)가 크게 쓰고자 하여 경조윤(京兆尹)을 삼아 정사(政事)로써 시험했다. 이보다 먼저 경조

(京兆)에 조광한(趙廣漢)·장창(張敞)·왕존(王尊)·왕장(王章)이 있었는데 왕준에 이르러 모두 능하다는 이름이 있었다. 그런 까닭에 경사(京師)에서 일컫기를, 전에는 조(趙)와 장(張)이 있었는데 뒤에는 세 왕(王)이 있다고 했다. 왕준은 끝에 어사대부(御史大夫)가 되었다.

왕장(王章)의 자는 중경(仲卿)이니 태산(泰山) 거평(鉅平) 사람이다. 간대부(諫大夫)로 옮겼는데 조정에 있어서 용감하고 곧은 말을 잘하는 것으로 이름이 있었다. 성제(成帝)가 뽑아서 경조윤을 삼았다. 이때 황제의 외숙(外叔) 왕봉(王鳳)이 정치를 도와 권세를 마음대로 했다. 마침 일식(日蝕)이 있었는데 왕장이 봉사(封事)를 아뢴다 하므로 불러 보았더니 말하기를, "왕봉에게 일을 맡겨 쓰시지 마시고 마땅히 충성되고 어진 사람을 골라 쓰시옵소서."라고 했으나 황제는 차마 왕봉을 내보내지 못했는데 왕장은 드디어 왕봉의 모함하는 바가 되었다.

처음에 왕장이 제생(諸生)을 위하여 장안(長安)에서 글을 배울 때 병에 걸렸는데 이불이 없어서 소의 덕석 속에 누웠었다. 이에 죽은 줄 안 그는 아내와 결별(訣別)하고 눈물을 흘리면서 우니 아내가 꾸짖고 노하여 말하기를, "도읍에는 높고 귀한 사람들이 조정에 있지만 누가 당신보다 나은 사람이 있겠습니까? 이제 스스로 마음을 격려하지 않고 도리어 울다니 어찌 그렇게 비루하십니까?"라고 했다.

뒤에 봉사(封事)를 올리려 하니 아내가 중지시키면서 말하기를, "사람은 마땅히 족한 것을 알아야 하는 것인데 어찌 소의 덕석 속에서 울던 때의 일을 생각하지 않으십니까?"라고 하자 왕장은 말하기를, "여자의 알 바가 아니오."라고 했다. 글이 올라가자 과연 옥에 내려져서 죽었으니 죽은 것은 그의 죄가 아니었으므로 여러 사람들은 이를 원통해했다. 광한(廣漢)과 장창(張敞)·왕존(王尊)의 사적(事跡)은 《한서(漢書)》 속에 따로 있다.

原文 前漢王駿, 諫大夫吉之子. 以孝廉爲郎. 成帝欲大用之, 出爲京兆尹, 試以政事. 先是京兆有趙廣漢·張敞·王尊·王章, 至駿皆有能名. 故京師稱曰, 前有趙·張, 後有三王. 駿終御史大夫. 章字仲卿, 泰山鉅平人. 遷諫大夫, 在朝廷名敢直言. 成帝選爲京兆尹. 時帝舅王鳳輔政專權. 會日食, 章奏封事. 召見言鳳不可任用. 宜選忠賢. 上不忍退鳳, 章遂爲鳳所陷. 初章爲諸生, 學長安. 疾病無被. 臥牛衣中, 與妻決悌泣. 妻呵怒之曰, 京師尊貴在朝廷, 誰踰仲卿者. 今不自激卬, 乃反涕泣. 何鄙也. 後欲上封事. 妻又止之曰, 人當知足. 獨不念牛衣中悌泣時邪. 章曰, 非女子所知也. 書上. 果下獄死. 死非其罪, 衆庶冤之. 廣漢·敞·尊互見於後.

註解 ㅇ前漢(전한)-《전한서》〈열전〉 42에 있는 이야기임. 참고로 조광한·장창·왕존·왕장 등은 〈열전〉 48에 있음. ㅇ郎(낭)-낭중(郎中). 상서(尙書)를 도와 정무(政務)에 참석하는 벼슬아치. ㅇ京兆尹(경조윤)-도읍의 장관. ㅇ決(결)-여기서는 결별(訣別), 즉 죽음으로 작별함.

192. 이포규특(二鮑糾慝)

-두 포씨(鮑氏)가 악한 자를 탄핵하다

후한(後漢) 포영(鮑永)의 자는 군장(君長)이니 상당(上黨) 둔류(屯留) 사람이다. 젊었을 때 지조가 있었고 계모(繼母) 섬기기를 지극히 효성스럽게 했다. 아내가 일찍이 어머니 앞에서 개를 꾸짖자 포영은 그 아내를 버렸다. 건무(建武) 연중에 사예교위(司隸校尉)가 되었다. 이에 그는 부풍(扶風)의 포회(鮑恢)를 불러 도관종사(都官從事)를 삼았는데 포회도 또한 강직하고 정직하여 강한 충고도 폐하지 않았다.

황제가 일찍이 말하기를, "귀척(貴戚)들도 또 이포(二鮑)에게 손을 모으고 피했다."라고 했으니 그 꺼림을 보인 것이 이와 같았다. 그 아버지 포선(鮑宣)은 애제(哀帝) 때 사예교위(司隸校尉)가 되었다가 왕망(王莽)의 해친 바가 되었고, 아들 포욱(鮑昱)은 중원(中元) 초년에 또한 사예교위에 임명되었다가 장제(章帝) 때에 벼슬이 태위(大尉)에 이르렀다.

原文 **後漢鮑永字君長, 上黨屯留人. 少有志操. 事後母至孝. 妻嘗於母前叱狗, 永卽去之. 建武中爲司隸校尉, 乃辟扶風鮑恢爲都官從事. 恢亦抗直, 不避强禦. 帝嘗曰, 貴戚且斂手避二鮑. 其見憚如此. 父宣, 哀帝時爲司隸校尉, 爲王莽所害. 子昱, 中元初亦拜司隸校尉, 章帝時官至大尉.**

註解 ㅇ後漢(후한)-《후한서》〈열전〉 19에 있는 이야기임. ㅇ二鮑(이포)-포영(鮑永)과 포회(鮑恢).

193. 손강영설(孫康映雪)

-손강(孫康)이 눈[雪]에 비쳐 글을 읽다

《손씨세록(孫氏世錄)》에 말하기를 손강(孫康)은 진(晉)나라 사람이다. 집이 가난하여 기름이 없어서 책을 눈[雪]에 비쳐가며 글을 읽었다. 젊었을 때 맑고 절조(節操)가 굳었는데 뜻을 같이하지 않는 사람과는 사귀지 않았다. 뒤에 벼슬이 어사대부에 이르렀다.

原文 **孫氏世錄曰, 康家貧無油, 常映雪讀書. 少小淸介, 交**

遊不雜. 後至御史大夫.

註解 ㅇ孫氏世錄(손씨세록)－손씨(孫氏) 집안의 대대의 기록.

194. 차윤취형(車胤聚螢)
－차윤(車胤)이 반딧불이를 모으다

진(晉)나라 차윤(車胤)의 자는 무자(武子)이니 남평(南平) 사람이다. 공손하고 부지런하고 게으르지 않아서 널리 책을 보아 많이 통했다. 집이 가난해서 항상 기름을 얻지 못하여 여름이면 명주주머니에 수십 마리의 반딧불이를 담아가지고 이것을 책에 비쳐가며 밤을 새워 글을 읽었다.

환온(桓溫)이 형주(荊州)에 있을 때 불러서 종사(從事)를 시켰는데 의리를 분별할 줄 아는 사람이라 하여 몹시 소중히 여겼다. 차츰 벼슬을 옮겨 정서장군(征西將軍)의 장사(長史)가 되면서 드디어 조정에 이름이 나타났다. 이때 그는 오은지(吳隱之)와 함께 빈곤한 가운데 공부하여 박학다식해진 것으로 이름이 세상에 알려졌다. 또 연석(宴席)에서 재미있게 담론(談論)하여 좌석의 사람들을 즐겁게 해주었으므로 당시 연회가 있을 때마다 그가 참석하지 않으면 모두 말하기를, "차공(車公)이 없어서 즐겁지 않다."라고 했다. 이부상서(吏部尙書)로 벼슬을 마쳤다.

原文 晉車胤字武子, 南平人. 恭勤不倦, 博覽多通. 家貧不常得油. 夏月則練囊盛數十螢火, 以照書, 以夜繼日焉. 桓溫在荊州, 辟爲從事. 以辯識義理, 深重之. 稍遷征西長史, 遂顯於朝廷. 時武子與吳隱之, 以寒素博學知名于世, 又善於賞

會. 當時每有盛坐, 而武子不在, 皆云, 無車公不樂. 終吏部尙書.

註解 ㅇ晉(진)－《진서》〈열전〉 53에 있는 이야기임. ㅇ桓溫(환온)－동진(東晉)의 정치가. 벼슬이 대사마(大司馬)에 이르렀다. ㅇ從事(종사)－자사(刺史)의 속관(屬官). ㅇ長史(장사)－부관(副官). ㅇ武子(무자)－차윤(車胤)의 자.

195. **이충사부**(李充四部)

－이충(李充)이 사부(四部)를 나누었다

《진서(晉書)》에 보면 이충(李充)의 자는 홍도(弘度)이니 강하(江夏) 사람이다. 해서(楷書)를 잘 써서 묘하기가 종요(鍾繇)와 삭정(索靖)에 가까웠으므로 세상에서는 그를 소중히 여겼다. 외척인 저부(褚裒)는 그를 참군(參軍)으로 삼았다. 그러나 그는 집안이 가난했으므로 수입이 좋은 지방관으로 나가기 원했으므로 저부는 그의 희망을 받아들이기로 하고, 이를 이충에게 묻자 이충은 말하기를, "'궁한 원숭이가 숲으로 들어가는데 어느 겨를에 나무를 고르겠습니까?"라고 하므로 이에 염현(剡縣)의 현령(縣令)을 삼고 뒤에 저작랑(著作郎)을 삼았다. 이때 전적(典籍)이 심히 혼란했으므로 이충이 번다하고 거듭된 것을 깎고 없애고 서로 같은 것을 유(類)에 따라 사부(四部)로 나누어 정리했다. 비각(秘閣)에서 영구히 보존하게 했다. 여러 번 벼슬이 옮겨져 뒤에 중서시랑(中書侍郎)이 되었다.

原文 **晉書, 李充字弘度, 江夏人. 善楷書, 妙參鍾索. 世咸重之. 褚裒引爲參軍. 充以家貧苦, 求外出. 裒將許之爲縣,**

試問之. 充曰, 窮猿投林. 豈暇擇木. 乃除剡縣令. 後爲著作郞. 時典籍混亂. 充刪除煩重, 以類相從, 分作四部, 秘閣以爲永制. 累遷中書侍郞.

註解 ㅇ晉書(진서)－《진서》〈열전〉 62 문영전(文英傳)에 있는 이야기임. ㅇ鍾(종)－종요(鍾繇). 삼국시대 위(魏)나라 영천(潁川) 사람. 벼슬이 상서복야(尙書僕射)에 이르고 초서(草書)에 능했다. ㅇ褚裒(저부)－진(晉)나라 사람. 자는 계야(季野). 간결하고 귀한 풍도가 있었다. 강제(康帝)때 도독(都督)에 제수되어 경구(京口)에 나가 진압함. ㅇ四部(사부)－경(經)·사(史)·자(子)·집(集). ㅇ秘閣(비각)－중요한 책을 비밀히 간직하는 곳. ㅇ中書侍郞(중서시랑)－중서랑(中書郞). 중서성(中書省)의 한벼슬.

196. 정춘오경(井春五經)

－정대춘(井大春)이 오경(五經)에 능통하다

후한(後漢) 정단(井丹)의 자는 대춘(大春)이니 부풍(扶風) 미현(郿縣) 사람이다. 어렸을 때 대학(大學)에서 공부하여 오경(五經)에 통하고 담론(談論)을 잘했다. 경사(京師)에서 그를 위해 말하기를, "오경(五經)을 어지러이 아는 정대춘(井大春)이다."라고 했다. 성질이 맑고 높아서 일찍이 몸을 닦고 장식하며 권문세가를 찾지 않았다.

건무(建武) 말경에 패왕(沛王) 보(輔) 등 5왕이 북궁(北宮)에서 사는데 모두 손님을 좋아했다. 이에 다시 정단(井丹)을 청했으나 능히 이루지 못했다. 신양후(信陽侯) 음취(陰就)는 광렬황후(光烈皇后)의 아우이다. 외척(外戚)으로서 귀하기가 지극했다. 그가 이에 5왕을 속이고 달래어 돈 천만냥을 구해가지고 능히 정단을 부르기로 약속하고 헤어졌다. 그리고 사람을 시켜 위협하자 정단은 부득이 그에게로 갔다. 이때 짐짓 보리밥과 파국으로 음식을 차려서 대접하자 정단은 이것을 보내면서 말하기를, "군후(君侯)가 능히 맛있는 음식을 내겠기에 와서 보았더니 어찌 이다지 박한가?"라고 하자 다시 좋은 음식을 냈다. 이에 먹었다.

음취(陰就)가 일어나자 좌우에서 수레에 태워서 메고 갔다. 이에 정단은 웃으면서 말하기를, "내가 들으니 걸왕(桀王)은 사람들이 끄는 수레를 탔다고 하더니 그것과 다른 게 무엇인가?"하니 좌중 사람들이 모두 얼굴빛을 잃었다. 음취는 부득이 수레를 치우게 했다. 이후부터 숨고 문을 닫아 사람의 일을 관계하지 않았다.

原文 **後漢井丹字大春, 扶風郿人. 少受業大學, 通五經, 善談論. 京師爲之語曰, 五經紛綸井大春. 性淸高, 未嘗修刺候人. 建武末, 沛王輔等五王居北宮, 皆好賓客. 更請丹不能致. 信陽侯陰就, 光烈皇后弟也. 以外戚貴盛. 乃詭說五王, 求錢千萬, 約能致丹. 而別使人要劫之. 丹不得已, 旣至. 就故爲設麥飯葱葉之食. 丹推去之曰, 以君侯能供甘旨故來相過. 何其薄乎. 更置盛饌. 乃食. 及就起, 左右推輦. 丹笑曰, 吾聞桀駕人車. 豈此邪. 坐中皆失色. 就不得已, 令去輦. 自是隱閉不關人事.**

註解 ㅇ後漢(후한)－《후한서》〈열전〉 73 일민전(逸民傳)에 있는 이야기임. ㅇ五經(오경)－다섯 가지 경서(經書). 《역경(易經)》·《서경(書經)》·《시경(詩經)》·《춘추(春秋)》·《예기(禮記)》. ㅇ沛王輔(패왕보)－보(輔)는 패왕(沛王)의 이름. ㅇ五王(오왕)－패왕(沛王) 보(輔)·동해왕(東海王) 강(彊)·초왕(楚王) 영(英)·제남왕(濟南王) 강(康)·회남왕(淮南王) 연(延)을 말함. ㅇ君侯(군후)－제후(諸侯)의 존칭.

197. 곡영필찰(谷永筆札)
—곡영(谷永)의 붓으로 쓴 편지

전한(前漢) 곡영(谷永)의 자는 자운(子雲)이니 장안(長安) 사람이다. 누호(樓護)와 함께 오후(五侯)의 상객(上客)이 되었는데 장안(長安)에서 부르기를, '곡자운(谷子雲)의 붓글씨, 누군경(樓君卿)의 웅변'이라고 했으니 이는 그에 대한 믿음을 말한 것이다. 곡영은 경서(經書)에 대하여 널리 소통하고 통달하여 두흠(杜欽)·두업(杜鄴) 등과 대략 같았으나 흡족하기가 유향(劉向) 부자 및 양웅(揚雄)과는 같지 못했다. 그는《주례(周禮)》의 천관(天官)과 경씨역(京氏易)에 대하여 제일 자상했다. 까닭에 재이(災異)에 대해서 잘 말했다. 대사농(大司農)으로 마쳤다.

누호의 자는 군경(君卿)이니 젊었을 때 아버지를 따라 의원이 되어 귀척(貴戚)의 집에 드나들었다. 이때 외척인 왕씨(王氏)가 득세하여 바야흐로 빈객(賓客)들이 문에 가득하고 오후(五侯)들도 이름을 다투었다. 그 손들은 각각 일예일능(一藝一能)에 두터운 바가 있어서 자기네 빈객이 남의 집에 가는 것을 용납하지 않았다. 오직 누호만은 언제나 오후의 집문에 들어가서 그 기쁜 마음을 얻었다.

그는 사람됨이 정밀하여 논의(論議)를 분별하며 항상 명예와 절개를 차지하니 듣는 자가 모두 두려워했다. 벼슬이 광한태수(廣漢太守)에 이르렀는데 왕망(王莽)이 전횡할 때 불러서 전휘광(前輝光)을 삼았다.《서경잡기(西京雜記)》에 말하기를, 오후(五侯)들이 다투어 기이한 반찬을 보냈는데 누호는 이것을 모아서 특별요리인 청(鯖)을 만들었다. 세상에서는 이것을 오후청(五侯鯖)이라 하였고 이를 기이한 맛으로 여겼다.

原文 前漢谷永字子雲, 長安人. 與樓護俱爲五侯上客. 長安號曰, 谷子雲筆札, 樓君卿脣舌. 言其見信用也. 永於經書, 汎爲疏達, 與杜欽·杜鄴略等. 不能洽浹如劉向父子及揚雄也. 其於天官·京氏易最密. 故善言災異. 終大司農. 護字君卿, 少隨父爲醫, 出入貴戚家. 是時王氏方盛, 賓客滿門. 五侯爭名, 其客各有所厚, 不得左右. 唯護盡入其門, 咸得其驩心. 爲人精辯論議, 常依名節, 聽者皆竦. 仕至廣漢太守. 王莽專政, 召爲前輝光. 西京雜記曰, 五侯競致奇膳. 護乃合以爲鯖. 世盛稱五侯鯖, 以爲奇味焉.

註解 ㅇ前漢(전한)-《전한서》〈열전〉 55에 있는 이야기임. ㅇ杜欽(두흠)-한(漢)나라 사람. 젊었을 때 경서(經書)를 좋아했다. 무릉(茂陵) 두업(杜鄴)은 두흠(杜欽)과 성자(姓字)가 같았는데 모두 인재가 능하다고 일컬어진다. ㅇ前輝光(전휘광)-왕망(王莽)이 삼보(三輔)를 두었을 때 전휘광(前輝光)·후승렬(後承烈)이었는데 이것을 누호(樓護)가 맡았다. ㅇ西京雜記(서경잡기)-전한(前漢)의 잡사(雜事)를 기록한 책. 한(漢)나라 유흠(劉歆), 또는 진(晉)나라 갈홍(葛洪)의 저술이라고 한다. ㅇ鯖(청)-물고기를 지지고 고기를 끓이는 것.

198. 고개단청(顧愷丹青)

-고개지(顧愷之)의 그림

진(晉)나라 고개지(顧愷之)의 자는 장강(長康)이니 진릉(晉陵) 무석(無錫) 사람이다. 널리 배우고 재주가 있으며 해학(諧謔)을 좋아하니 사람들이 그를 사랑하고 가까이했다. 항상 사탕수수를 먹는데 맛이 없는 뿌리로부터 줄기에 이르니 사람들이 혹 괴상하게 여기면 말하기를, "점점 아름다운 경계로 들어간다."라고 했다. 또 단청(丹靑)을 잘하는데 그림 그리는 데 특별히 묘했다.

일찍이 한 상자 속에 그림을 풀로 부치고 그 앞에 제목만 써서 환현(桓玄)에게 주었는데 이것을 모두 보배롭게 여기고 아끼는 것이었다. 환현은 그 상자에서 그림을 훔치고 봉하여 전과 같이 해서 돌려주었다. 그리고 속이며 말하기를, "열어보지 않았다."고 했다. 고개지가 보니 봉하고 쓴 것이 처음과 같으므로 바로 말하기를, "묘한 그림이어서 신령과 통하여 변화해서 갔으니 마치 사람이 신선이 되는 것과 같도다."라며 도둑맞은 일을 조금도 괴이히 여기는 빛이 없었다. 자기 그림에 그만큼 자부심을 가지고 자랑하며 초연해하는 것이었다.

처음에 그는 환온(桓溫)의 관소(官所)에 있을 때 환온이 말하기를, "고개지의 몸속에는 어리석은 것과 약은 것이 각각 반씩 있어서 이것을 합치면 평균적인 사람이 될 것이다."라고 했다. 까닭에 세상에서 말하기를, "고개지는 삼절(三絶)이 있으니 재절(才絶)과 화절(畵絶)과 치절(癡絶)이다.'라고 했다. 나중에 산기상시(散騎常侍)로 벼슬을 마감했다.

原文 **晉顧愷之字長康, 晉陵無錫人. 博學有才氣. 好諧謔. 人多愛狎之. 每食甘蔗, 常自尾至本. 人或怪之. 云, 漸入佳境. 尤善丹靑, 圖寫特妙. 嘗以一廚畫糊題其前, 寄桓玄. 皆其所珍惜者. 玄發其廚後, 竊其畫而緘閉如舊還之, 紿云未開. 愷之見封題如初, 直云, 妙畫通靈, 變化而去, 亦猶人之登仙. 了無怪色. 其矜伐過實. 少年因相稱譽, 以爲戲弄. 初在桓溫府, 嘗云, 愷之體中癡黠各半. 合而論之, 正得平耳. 故俗傳愷之有三絶. 才絶·畫絶·癡絶. 終散騎常侍.**

註解 ㅇ晉(진)－《진서》〈열전〉62 문원전(文苑傳)에 있는 이야기임.

ㅇ諧謔(해학)－우스갯소리. 익살. ㅇ丹青(단청)－여기에서는 그림. ㅇ桓玄(환현)－진(晉)나라 용항(龍亢) 사람. 환온(桓溫)의 아들. 모양이 기이하고 모든 예술(藝術)에 널리 통했다. 아버지 벼슬을 이어받았는데 아버지의 풍모가 있었다. 뒤에 찬역(簒逆)을 꾀하다가 베임을 당함. ㅇ三絶(삼절)－세 가지 뛰어난 것.

199. 대규파금(戴逵破琴)

－대규(戴逵)가 거문고를 깨뜨리다

《진서(晉書)》에 보면 대규(戴逵)의 자는 안도(安道)이니 초국(譙國) 사람이다. 젊었을 때 널리 배우고 글짓는 것에 능했다. 능히 거문고를 잘 뜯고 글씨와 그림에도 능했다. 그 나머지의 예술도 능히 모두 모아서 익히지 않은 것이 없었다. 무릉(武陵)의 왕희(王晞)가, 그가 거문고를 잘 뜯는다는 말을 듣고 사람을 시켜 부르자 대규는 사자(使者) 앞에서 거문고를 깨뜨리면서 말하기를, "대안도(戴安道)는 왕씨(王氏)의 집을 위하여 악공(樂工)이 되지 않겠소."라고 했다. 이에 왕희는 노하여 그의 형 대술(戴述)을 불렀다. 대술은 기꺼이 거문고를 가지고 갔다. 대규는 그후에도 여러번 부름을 받았지만 벼슬하지 아니했다.

原文 晉書, 戴逵字安道, 譙国人. 少博學善屬文, 能鼓琴, 工書畫. 其餘巧藝, 靡不畢綜. 武陵王晞聞其善鼓琴, 使人召之. 逵對使者, 破琴曰, 戴安道不爲王門伶人. 晞怒引其兄述. 述欣然擁琴而往. 後累召不起.

註解 ㅇ晉書(진서)－《진서》〈열전〉64 은일전(隱逸傳)에 있는 이야

기임. ㅇ王晞(왕희)－북제(北齊) 사람. 자는 숙랑(叔郎). 무평(武平) 초년에 대홍려(大鴻臚)가 되었고, 주(周)나라 무제(武帝)가 태자간의대부(太子諫議大夫)를 삼았다. ㅇ安道(안도)－대규(戴逵)의 자(字).

200. 사부응성(謝敷應星)

－사부(謝敷)가 별에 응하다

진(晉)나라 사부(謝敷)의 자는 경서(慶緖)이니 회계(會稽) 사람이다. 성질이 맑고 깨끗하고 욕심이 적었다. 태평산(太平山)에 들어간 지 10여년이 되었는데 조정에서 불렀으나 나가지 않았다.

처음에 달이 소미성(少微星)을 범했는데 소미(少微)는 일명(一名) 처사성(處士星)으로서 점치는 자가 이를 보고는 은사(隱士)에게 변고가 있으리라고 했다.

대규(戴逵)는 아름다운 재주가 있고 처사(處士)로서도 명성이 있었던지라 사람들이 혹 그에게 변고가 있을 것이라며 근심하더니 이윽고 사부가 죽었기 때문에 회계 사람들은 이로써 그를 진짜 오(吳)나라 사람이라고 비웃었다. 오(吳)나라의 높은 선비들은 죽음을 구해도 죽을 수가 없었던 것이다.

原文 **晉謝敷字慶緖，會稽人，性澄靖寡欲．入太平山十餘年，召皆不就．初月犯少微．少微一名處士星．占者以隱士當之．戴逵有美才．人或憂之．俄而敷死．故會稽人士，以嘲吳人云，吳中高士，求死不得死．**

註解 ㅇ晉(晉)－《진서》〈열전〉 64 은일전(隱逸傳)에 있는 이야기임.

201. **완선장두**(阮宣杖頭)

—완선(阮宣)의 지팡이 머리

진서(晉書)에 보면 완수(阮脩)의 자는 선자(宣子)이니 완함(阮咸)의 조카이다. 《주역(周易)》과 《노자(老子)》를 좋아하여 청담(淸談)을 잘했다. 성질이 간결하여 자기 마음대로 행동했고 속사(俗事)에 구애받지 않았다. 항상 걸어다니는데 돈 백전(百錢)을 지팡이 머리에 걸고 다녔으며 술집에 이르러 홀로 술이 얼근하게 취하곤 했다. 마음이 화창하여 비록 당시 세상의 부귀라 해도 즐겨 돌아다보지 않을 정도였다. 이리하여 집에 조그만 저축이 없는데도 태연했다.

형제들과 함께 뜻을 같이하여 항상 스스로 숲과 언덕 사이에서 마음대로 놀았다. 왕연(王衍)이 완수와 함께 《주역(周易)》을 말하는데 말은 적어도 뜻이 화창하자 왕연이 탄복했다. 완수는 집이 가난하여 나이 40여세가 되도록 장가를 들지 못했다. 이에 왕돈(王敦) 등이 돈을 걷어서 혼인을 시키려고 했다. 이들은 모두 명사(名士)들이었다. 그 뒤에 이 일에 동조하는 자들이 돈을 내고자 했으나 끝내 장가들지 않았다. 뒤에 태자(太子)의 세마(洗馬)가 되었는데 난리를 피하다가 적에게 해를 당했다.

原文 **晉書, 阮脩字宣子, 咸從子也. 好易老, 善淸言. 性簡任不修人事. 常步行, 以百錢掛杖頭, 至酒店便獨酣暢. 雖當世富貴, 而不肯顧. 家無儋石之儲晏如也. 與兄弟同志, 常自得於林皐間. 王衍與脩談易, 言寡旨暢. 衍歎服焉. 脩談易 言寡旨暢. 衍歎服焉. 脩居貧, 年四十餘未有室. 王敦等斂錢爲婚. 皆名士也. 時慕之者, 求入錢而不得. 後爲太子洗馬. 避**

亂爲賊所害.

註解 ㅇ晉書(진서)－《진서》〈열전〉19에 있는 이야기임.《세설신어(世說新語)》〈임탄편(任誕篇)〉에도 보임. ㅇ咸(함)－완함(阮咸). 죽림칠현(竹林七賢)의 한 사람. ㅇ王衍(왕연)－진(晉)나라 임기(臨沂) 사람. 왕융(王戎)의 아우. 원성령(元城令)이 되어 종일 많은 이야기만 했는데도 현(縣)의 일이 잘 다스려졌다. ㅇ洗馬(세마)－태자궁(太子宮)의 속관(屬官).

202. 필탁옹하(畢卓甕下)

－필탁(畢卓)이 항아리 아래에서 취하다

진(晉)나라 필탁(畢卓)의 자는 무세(茂世)이니 신채(新蔡) 동양(鮦陽) 사람이다. 젊었을 때부터 활달하고 구속받지 않는 것을 희망하여 이부랑(吏部郎)이 되었을 때 항상 술을 마시고 직책을 돌보지 않았다. 어느 날 근처 낭중(郎中)의 집에서 빚은 술이 익자 필탁은 그 집에 가서 술이 취했는데 밤에 그 항아리 사이에 가서 술을 훔쳐 마시다가 술을 맡은 자에게 결박당했다. 그러나 이튿날 보니 곧 필이부랑(畢吏部郎)이었다. 이에 갑자기 그 결박한 것을 풀어주자 필탁은 드디어 주인을 이끌고 항아리 곁에서 잔치를 벌여 대취한 후에야 돌아갔다.

필탁은 항상 사람들에게 이르기를, "술을 얻어 수백곡(數百斛)을 실을 수 있는 배에 가득 싣고 사시(四時)로 잡히는 맛있는 생선을 뱃머리에 놓아두되 오른손에는 술잔을 들고 왼손에는 게와 조개를 잡고서 두드리며 술 실은 배와 함께 떠 있으면 문득 일생이 만족할 것이다."라고 했다. 원제(元帝)가 양자강을 건너 중흥(中興)을 이루었을 때 온교(溫嶠)의 장사(長史)가 되었다.

原文 晉畢卓字茂世, 新蔡鮦陽人. 少希放達. 爲吏部郞, 常飮酒廢職. 比舍郞釀熟. 卓因醉, 夜之其甕閒盜飮, 爲掌酒者所縛. 明旦視之, 乃畢吏部也. 遽釋其縛. 卓遂引主人, 宴於甕側, 致醉而去. 卓常謂人曰, 得酒滿數百斛船, 四時甘味置兩頭, 右手持酒杯, 左手持蟹螯, 拍浮酒船中, 便足了一生矣. 過江爲溫嶠長史.

註解 ㅇ晉(진)-《진서》〈열전〉 19에 있는 이야기임. ㅇ溫嶠(온교)-진(晉)나라 기현(祁縣) 사람. 자는 태진(太眞). 총명하고 식량(識量)이 있으며 널리 배우고 글을 잘 지었다. 단양태수(丹陽太守)가 되었는데 왕돈(王敦)이 반란을 일으키자 이를 평정하고 뒤에 개부의동삼사(開府儀同三司)에 이르고 시안군공(始安郡公)에 봉해짐. ㅇ長史(장사)-부관(副官).

203. 문백수별(文伯羞鼈)

-문백(文伯)이 자라를 부끄러워하다

《국어(國語)》〈노어(魯語)〉에 말하기를, 공보문백(公父文伯)이 남궁경숙(南宮敬叔)을 초대하여 술을 마시는데 노도보(露睹父)로 상객(上客)으로 모셨다. 그런데 노도보에게 올린 자라가 작은 것을 부끄러워했다. 노도보는 크게 노했다. 이에 좌중에서 서로 자라를 바쳤으나 그는 사양하기를, "나는 장차 자라가 자란 뒤에 먹겠소."하고 드디어 그 자리에서 나왔다.

문백의 어머니가 이 말을 듣고 노해서 말하기를, "시아버님께 들으니 제사에는 신주(神主)를 모시는 것이요 음식을 대접하는 데는 손님을 잘 대접하는 것이라고 했다. 그까짓 자라 구하는 게 무엇이 어렵다고 그분을 노하게 했단 말이냐?"하고 드디어 아들을 집에서 쫓아냈다. 그후 5일만에 노(魯)나라 대부(大夫)가 중재하고 사과해서 돌아왔다.

原文 **魯語曰, 公父文伯, 飮南宮敬叔酒, 以露睹父爲客. 羞鱉小焉. 睹父怒. 相延食鱉, 辭曰, 將使鱉長而後食之. 遂出. 文伯之母聞之怒曰, 吾聞之先子. 曰, 祭養尸, 饗養上賓. 鱉於何有. 而使夫人怒也. 遂逐之. 五日魯大夫辭而復之.**

註解 ㅇ魯語(노어)－《국어(國語)》 속의 한 편(編) 이름. 노(魯)나라의 이야기. ㅇ公父文伯(공보문백)－공보(公父)는 성(姓)이요, 문백(文伯)은 이름. ㅇ南宮敬叔(남궁경숙)－남궁(南宮)은 성(姓). ㅇ露睹父(노도보)－노(魯)나라 대부(大夫)의 이름.

204. 맹종기자(孟宗寄鮓)

－맹종(孟宗)이 젓〔鮓〕을 보내다

《오록(吳錄)》에 보면 맹인(孟仁)의 자는 공무(恭武)요 본명(本名)은 종(宗)이니 강하(江夏) 사람이다. 어렸을 때 이숙(李肅)에게서 배우는데 그 어머니가 두꺼운 요와 큰 이불을 만들면서 말하기를, "우리 아이가 덕(德)이 있다면 좋은 친구를 사귈 수 있을 것이야. 배우는 자들이 가난한 자가 많기로 짐짓 넓은 이불을 만들었으니 이렇게하면 동료들과 같이 덮을 수 있을 것이다."라고 했다.

그가 글을 읽는데 밤낮으로 게으르지 않으니 이숙이 기이하게 여겨 말하기를, "그대는 재상의 그릇이다."라고 했다. 감지사마(監池司

馬)에 제수되었는데 스스로 능히 그물을 떠서 손수 물고기를 잡아 젓[鮓]을 담아 어머니에게 보냈다. 어머니는 이것을 돌려보내면서 말하기를, "네가 물고기를 지키는 관원으로서 젓을 만들어 나에게 주는 것은 혐의를 벗기 어려울 것이다."라고 했다. 오현(吳縣)의 현령(縣令)으로 옮겼다.

이때 녹(祿)이 적은 관원들은 가족들을 데리고 임지에 갈 수가 없었는데 그도 마찬가지였다. 그래서 어머니와 별거하던 맹종인데 그는 언제나 계절의 물건을 얻으면 어머니에게 보내지 않고서는 먼저 먹지 않았다. 초국(楚國)의 《선현전(先賢傳)》에 말하기를, '맹종의 어머니가 죽순(竹筍)을 좋아하는데 겨울철이 가까워서 죽순이 아직 나오지 않았다. 이에 맹종이 대숲에 들어가 울면서 한탄하자 죽순이 나왔고 이것을 따다가 어머니에게 바치니 모두들 지극한 효성에 감동된 것이라 했다'고 했다. 손호(孫皓)에게 벼슬하여 벼슬이 사공(司空)에 이르렀다.

原文 **吳錄, 孟仁字恭武, 本名宗, 江夏人. 少從李肅學. 其母爲作厚蓐大被曰, 小兒無德致客. 學者多貧. 故爲廣被. 庶可得與氣類接也. 其讀書, 夙夜不懈. 肅奇之曰, 卿宰相器也. 除監池司馬. 自能結網, 手以捕魚, 作鮓寄母. 母以還之曰, 汝爲魚官, 而以鮓寄我, 非避嫌也. 遷吳令. 時皆不得將家之官. 每得時物, 未以寄母, 常不先食. 楚國先賢傳曰, 宗母嗜筍. 冬節將至, 時筍尚未生. 宗入竹林哀歎. 而筍爲之出, 得以供母. 皆以爲至孝所感. 仕孫皓至司空.**

註解 ㅇ吳錄(오록)－오(吳)나라의 기록. 장발(張勃) 찬(撰). ㅇ監池司馬(감지사마)－못[池]의 일을 맡은 사마(司馬). 사마는 삼공(三公)의 하나. ㅇ先賢傳(선현전)－선현(先賢)의 전기(傳記). 선현이란 옛날의 어

진이를 말함. ㅇ筍(순)－죽순(竹筍). 대나무의 여리고 연한 싹. ㅇ孫皓(손호)－삼국시대 오(吳)나라 손권(孫權)의 손자. 손휴(孫休)를 계승하여 왕위(王位)에 올랐으나 성질이 사납고 주색(酒色)을 좋아하더니 진(晉)나라에 항복하여 귀명후(歸命侯)가 되었다.

205. 사단청포(史丹靑蒲)

－사단(史丹)이 청포(靑蒲)에 엎드려 울다

전한(前漢) 사단(史丹)의 자는 군중(君仲)이니 노(魯)나라 사람이다. 원제(元帝)가 즉위하자 시중(侍中)이 되었다. 이때 정도공왕(定陶共王)이 재능과 기예(技藝)가 있어 어머니 부소의(傅昭儀)와 함께 원제의 총애를 받았으나 태자(太子)는 자못 주색(酒色)에 빠져 실수가 많았으므로 어머니 왕황후(王皇后)와 함께 사랑을 받지 못하였다.

이때 황제(皇帝)가 오랫동안 병석에 누워 있었다. 황후(皇后)와 태자(太子)가 모두 황제의 총애가 정도왕에게 있는 것을 근심하는데 사단은 가까이에서 모시는 신하로서 언제나 황제의 병실 옆에 시립하고 있을 수 있었다. 황제가 혼자 잘 때를 기다려 바로 침실에 들어가 청포(靑蒲) 위에 엎드려 눈물을 흘리고 울면서 말하기를, "황태자(皇太子)께서는 적자(嫡子)로서 황태자에 오르신 지 10여년이 되었나이다. 이제 백성들은 모두 신자(臣子)로 마음이 돌아가지 않는 자가 없사온데 정도왕(定陶王)이 사랑을 받아, 길에 떠도는 말에도 태자(太子)의 자리가 흔들린다는 의논이 있사오니 만일 이렇게 된다면 공경(公卿) 이하가 반드시 죽기로 다투어 조서를 받들지 않을 것이옵니다. 만약 태자를 폐하실 뜻이 있으시다면 원컨대 먼저 신에게 자살을 명하여 이로써 여러 신하들에게 보이시옵소서."라고 했다.

그러나 천자는 본래 어진 분이라서 사단이 울면서 말하는 것이 지극히 간절한 것을 보고 크게 감동하여 말하기를, "황후는 삼가고 삼가며 선제(先帝)께서도 또 태자를 사랑하셨으니 짐(朕)이 어찌 가르치심을 어기겠는가?"라고 했다. 태자는 이 까닭에 대를 잇게 되었다. 성제(成帝 : 당시의 太子)가 즉위하자 여러번 벼슬이 옮겨져 좌장군(左將軍)이 되었다.

原文 前漢史丹字君仲, 魯國人. 元帝卽位, 爲侍中. 時定陶共王有材藝, 子母俱愛幸. 而太子頗有酒色之失. 母王皇后無寵. 上寢疾. 皇后太子皆憂. 丹以親密臣得侍疾. 候上閒獨寢時, 直入臥内, 伏靑蒲上, 悌泣言曰, 皇太子以適長立十餘年, 名號繫於百姓. 天下莫不歸心臣子. 見定陶王愛幸, 道路流言, 以爲太子有動搖之議. 審若此公卿以下必以死爭不奉詔. 臣願先賜死, 以示群臣. 天子素仁. 見丹悌泣, 言又切至, 大感曰, 皇后謹愼. 先帝又愛太子. 吾豈可違指. 太子由是爲嗣. 成帝立. 累遷左將軍.

註解 ㅇ前漢(전한)-《전한서》〈열전〉 52에 있는 이야기임. ㅇ定陶共王(정도공왕)-원제(元帝)의 셋째 아들. ㅇ靑蒲(청포)-푸른 부들로 엮은 천자가 까는 자리.

206. 장담백마(張湛白馬)

-장담(張湛)이 백마(白馬)를 타다

후한(後漢) 장담(張湛)의 자는 자효(子孝)이니 부풍(扶風) 평릉(平陵) 사람이다. 엄숙하고 예절이 바르며 행동에 법도가 있어 깊은 방에 거처하면서 반드시 몸을 닦아 정돈하고 처자에게도 엄한 임금과 같이 대했다. 향당(鄕黨)에 있어서는 자세히 말하고 바른 얼굴을 가지니 삼보(三輔) 지방에서 그를 모범으로 삼았다. 어떤 사람이 그를 거짓이라고 하자 장담은 말하기를, "사람들이 모두 거짓으로 악해도 나는 홀로 거짓으로 착하다."라고 했다.

건무(建武) 초년에 광록훈(光祿勳)에 임명되었는데 광무(光武) 황제가 조회에 임하여 혹 게으른 얼굴을 하면 문득 간하는 말을 올렸다. 그는 항상 백마(白馬)를 타는데 황제가 매양 이것을 보면 문득 말하기를, "백마(白馬) 탄 사람은 또 짐(朕)에게 간할 것이다."라고 했다. 곽후(郭后)가 폐해지자 병이라 칭하고 조회에 나가지 않았다. 태중대부(太中大夫)에 임명하고 황제가 억지로 그를 불러서 대사도(大司徒)를 삼았으나 장담은 스스로 병이 위독하다고 말하여 드디어 파면되었다.

原文 **後漢張湛字子孝, 扶風平陵人. 矜嚴好禮, 動止有則. 居幽室必修整. 遇妻子若嚴君. 在鄕黨, 詳言正色. 三輔以爲儀表. 人或謂湛爲僞詐. 湛曰, 人皆詐惡. 我獨詐善. 建武初, 拜光祿勳. 光武臨朝, 或有惰容, 輒陳諫. 常乘白馬. 上每見, 輒言, 白馬生且復諫矣. 及郭后廢, 稱疾不朝. 拜太中大夫. 帝强起之, 爲大司徒. 湛自陳疾篤, 遂罷.**

註解 ㅇ後漢(후한)－《후한서》〈열전〉 17에 있는 이야기임. ㅇ郭后(곽후)－후한(後漢) 광무제(光武帝)의 왕후(王后).

207. 은지감린(隱之感隣)

－은지(隱之)가 이웃을 감동시키다

《진서(晉書)》에 보면 오은지(吳隱之)의 자는 처묵(處默)이니 복양(濮陽) 인성(鄄城) 사람이다. 널리 문장과 역사에 통했으며 유교(儒教)의 도를 바르게 행하는 것으로 이름을 나타냈다. 약관(弱冠)에 홀로 서서 맑은 지조가 있었다. 나이 10여세에 아버지 초상을 당하여 매양 소리내어 우니 지나는 사람들도 그를 위하여 눈물을 흘렸다. 어머니 섬기기를 효도와 삼감으로 했는데 어머니가 죽자 그 초상을 치르는 데 슬퍼하여 몸을 상하는 것이 예법에 지나쳤다.

태상(太常) 한강백(韓康伯)과 이웃해서 사는데 강백(康伯)의 어머니는 어질고 밝은 사람이었다. 항상 그가 운다는 말을 듣고 밥먹던 것을 그치고 수저를 던지며 그를 위하여 슬피 울다가 강백에게 이르기를, "네가 만일 전형(銓衡)의 자리에 있게 되면 마땅히 이러한 사람을 들어서 쓰게 해라."고 했다. 강백이 이부상서(吏部尙書)가 되자 은지도 드디어 맑은 벼슬자리에 오르게 되었다.

광주(廣州)는 보배롭고 특이한 물건이 나는 곳이어서 전후의 자사(刺史)들이 더러운 재물을 탐하는 경우가 많았다. 조정에서는 그 폐단을 없애고자 하여 은지로써 자사(刺史)를 삼았다. 그 고을에 샘이 있는데 이름을 탐천(貪泉)이라고 했다. 이 물을 마신 자는 염치없는 욕심을 품게 된다는 것이었다. 은지가 그 샘에 이르러 그 물을 떠서 마시고 이내 시(詩)를 짓기를, '옛사람이 이 물을 말하기를, 한번 마시면 천금(千金)을 생각한다고 했네. 시험삼아 이제(夷齊)로 하여금 마시게 한다면, 끝내 마땅히 그 마음을 바꾸지 않았으리'라고 했다. 은지는 이 고을에 있으면서 맑은 지조를 더욱 닦았다. 뒤에 벼슬을 그만두고 광록대부(光祿大夫) 금장자수(金章紫綬)에 제수되었다.

原文 晉書, 吳隱之字處默, 濮陽鄄城人. 博涉文史, 以儒雅標名. 弱冠而介立有清操. 年十餘丁父憂. 每號泣, 行人爲之流悌. 事母孝謹. 及其執喪, 哀毀過禮. 與太常韓康伯隣居.

康伯母賢明婦人. 每聞其哭, 輟餐投筯, 爲之悲泣. 謂康伯曰, 汝若居銓衡, 當擧如此輩人. 及康伯爲吏部尙書, 隱之遂階淸級. 廣州珍異所出, 前後刺史多黷貨. 朝廷欲革其弊, 以隱之爲刺史. 州有水, 曰貪泉. 飮者懷無厭之欲. 隱之至泉所, 酌而飮之, 因賦詩曰, 古人云此水, 一歃懷千金, 試使夷齊飮, 終當不易心. 及在州, 淸操愈厲. 後致仕, 授光祿大夫·金章紫綬.

註解 ㅇ晉書(진서)-《진서》〈열전〉 60 양리전(良吏傳)에 있는 이야기임. ㅇ弱冠(약관)-남자 나이 20세를 말함. ㅇ太常(태상)-종묘 등의 중요한 제사를 맡은 벼슬. ㅇ韓康伯(한강백)-이름은 백(伯). 강백(康伯)은 그의 자(字). 어려서부터 총명하고 깨달음이 있었다. 벼슬하여 이부상서(吏部尙書)에 이르렀다가 태상(太常)으로 옮겨짐. ㅇ銓衡(전형)-인재를 뽑아 등용하는 벼슬. ㅇ夷齊(이제)-백이(伯夷)와 숙제(叔齊). 은(殷)나라 고죽군(孤竹君)의 두 아들로서 나라가 망하여 주(周)나라 세상이 되자 주나라 곡식을 먹지 않겠다고 수양산(首陽山)에 숨어있다가 굶어 죽었다.

208. 왕수철사(王脩輟社)

-왕수(王脩)가 사일(社日)을 폐지하였다

《위지(魏志)》에 보면 왕수(王脩)의 자는 숙치(叔治)이니 북해(北海) 영릉(營陵) 사람이다. 나이 7세에 어머니를 여의었는데 공교롭게도 사일(社日)에 죽었다. 그 이듬해에 이웃 마을의 사일(社日)에 왕수는 어머니를 생각하며 몹시 슬퍼했다. 그것에 감동하여 이웃 마을에서는 그를 위하여 사일(社日)을 폐지했다.

뒤에 태조(太祖)가 남피(南皮)를 격파하고 나서 왕수의 집을 살펴보니 곡식이 10곡(斛)을 넘지 않고 책은 수백 권이 있었다. 이에 태조가 탄식하기를, "선비가 망령되게 이름이 있는 것이 아니로다."하고 이에 불러서 사공연(司空掾)을 삼았다가 위군태수(魏郡太守)로 옮겼는데 정치하는 것이 강한 자는 억제하고 약한 자를 부축하여 백성들이 칭송했다.

原文 **魏志, 王脩字叔治, 北海營陵人. 年七歲喪母. 以社日亡. 來歲隣里社. 脩感念母哀甚. 隣里爲之罷社. 後太祖破南皮, 閱脩家, 穀不滿十斛, 有書數百卷. 太祖歎曰, 士不妄有名. 乃辟爲司空掾, 遷魏郡太守. 爲治抑强扶弱. 百姓稱之.**

註解 ㅇ魏志(위지)－위(魏)나라의 기록. 이 이야기는 권11에 있음. ㅇ社日(사일)－토지신을 제사지내며 풍년을 기원하는 날. 입춘(立春)과 입추(立秋) 후 다섯 번째로 무일(戊日)을 춘사(春社)와 추사(秋社)라고 함. ㅇ南皮(남피)－남피현(南皮縣). 발해(渤海) 때에 남피가 청지(淸沚)를 희롱했다 함. ㅇ十斛(십곡)－곡(斛)은 열 말을 이름. ㅇ司空掾(사공연)－사공(司空)은 삼공(三公)의 하나. 연(掾)은 부관(副官).

209. **완방팔준**(阮放八雋)

－완방(阮放)은 팔준(八雋)의 하나

《진서(晉書)》에 보면 양만(羊曼)의 자는 연조(延祖)이니 어렸을 때 이름이 알려졌다. 성장한 다음 진릉태수(晉陵太守)를 지냈는데 방일(放逸)하고 방종(放縱)하며 술마시기를 좋아했다. 그는 온교(溫嶠)·유량(庾亮)·완방(阮放)·환이(桓彝)와 뜻을 같이하는 좋은 벗으로서 중흥(中興)의 명사(名士)가 되었다.

이때에 고을의 마을에서 완방을 굉백(宏伯)이라 일컫고 치감(郗鑒)으로 방백(方伯)을 삼고 호모(胡毋)는 통달했다 하여 달백(達伯)을 삼고 변호(卞壼)로 재백(裁伯)을 삼고 채모(蔡謨)로 낭백(朗伯)을 삼고 완부(阮孚)로 탄백(誕伯)을 삼고 유수(劉綏)로 위백(委伯)을 삼고 양만(羊曼)으로 답백(黯伯)을 삼았으니 이 여덟 사람을 이름하여 연주팔백(兗州八伯)이라 하는데 이는 대개 옛날의 팔준(八儁)을 본뜬 것이다.

原文 **晉書, 羊曼字延祖, 少知名. 歷晉陵太守. 任達頹縱, 好飮酒. 溫嶠·庾亮·阮放·桓彝同志友善. 並爲中興名士. 時州里稱元放爲宏伯, 郗鑒爲方伯, 胡毋輔之爲達伯, 卞壼爲裁伯, 蔡謨爲朗伯, 阮孚爲誕伯, 劉綏爲委伯, 而曼爲黯伯. 凡八人號兗州八伯. 蓋擬古之八儁也.**

註解 ㅇ晉書(진서)―《진서》〈열전〉 19에 있는 이야기임. ㅇ溫嶠(온교)―진(晉)나라 기현(祁縣) 사람. 벼슬이 표기장군(驃騎將軍)에 이름. ㅇ縱(종)―방종(放縱). 방자(放恣)함. ㅇ阮放(완방)―진(晉)나라 사람. 벼슬이 교주자사(交州刺史)에 이르고 성질이 맑고 간략했다. ㅇ庾亮(유량)―동진(東晉) 사람. 성제(成帝) 때 중서령(中書令)이 되었고 소준(蘇峻)의 난을 평정하여 정서장군(征西將軍)이 됨. ㅇ桓彝(환이)―진(晉)나라 용항(龍亢) 사람. 환온(桓溫)의 아버지. 성질이 통달하고 명랑했다. 벼슬이 산기상시(散騎常侍)에 이름. ㅇ宏伯(굉백)―굉(宏)은 생각이 넓고 크다는 뜻이요 백(伯)은 어른을 말함. ㅇ方伯(방백)―방(方)은 떳떳하고 바름. ㅇ達伯(달백)―통달하여 조그만 예절에 구애받지 않음. ㅇ裁伯(재백)―사리(事理)를 결단함. ㅇ朗伯(낭백)―높고 명랑함. ㅇ誕伯(탄백)―큰소리를 침. ㅇ委伯(위백)―마음씨가 자세함. ㅇ黯伯(답백)―베풀지 않는 것이 없음. ㅇ八儁(팔준)―여덟 사람의 뛰어난 인물. 즉 완방(阮放)·치감(郗鑒)·호모(胡毋)·변호(卞壼)·채모(蔡謨)·완부(阮

孚)·유수(劉綏)·양만(羊曼)을 말함.

210. 강기사흉(江泉四凶)

—강기(江泉)의 네 가지 흉한 일

양만(羊曼)의 아우 양담(羊聃)의 자는 팽조(彭祖)이니 젊었을 때 경서(經書)를 배우지 않아서 당시 의논이 모두 그의 범용(凡庸)한 것을 낮게 여겼다. 이보다 앞서 연주(兗州)에는 팔백(八伯)이라는 인물 평판이 있었는데 그 뒤에 다시 사백(四伯)이 있었다.

이것은 대홍려(大鴻臚) 강기(江泉)는 능히 많이 먹는다고 해서 곡백(穀伯)이라 하고, 예장태수(豫章太守) 사주(史疇)는 살이 많이 쪘다 해서 분백(笨伯)이라 하고, 산기랑(散騎郎) 장의(張嶷)는 교활하고 망령되다고 해서 활백(猾伯)이라 하고, 양담(羊聃)은 마음이 비뚤어졌다고 해서 쇄백(瑣伯)이라 했으니 이는 대체적으로 옛날의 사흉(四凶)을 모방한 것이다.

原文 **羊曼弟聃字彭祖. 少不經學. 時論皆鄙其凡庸. 先是兗州有八伯之號. 其後更有四伯. 大鴻臚江泉以能食爲穀伯, 豫章太守史疇以大肥爲笨伯, 散騎郎張嶷以狡妄爲猾伯, 而聃以狼戾爲瑣伯. 蓋擬古之四凶也.**

註解 ㅇ凡庸(범용)—평범하고 용렬함. ㅇ大鴻臚(대홍려)—외국의 빈객을 접대하는 벼슬. ㅇ笨伯(분백)—거칠고 경솔함. ㅇ猾伯(활백)—교활함. ㅇ四凶(사흉)—네 명의 악인(惡人). 곧 요(堯)임금 시대의 공공(共工)·환두(驩兜)·삼묘(三苗)·곤(鯀). 또는 환두는 혼돈(渾敦), 공공은 궁기(窮奇), 곤은 도올(檮兀)이라고도 함.

211. 화흠오지(華歆忤旨)
-화흠(華歆)이 뜻을 거스름

《화교보서(華嶠譜序)》에 말하기를, 문제(文帝)가 제위에 올라 조정 신하들이 벼슬의 지위를 받는데 화흠(華歆)은 형상과 빛깔로 해서 임금의 뜻에 거슬려 한갓 사도(司徒)에 머물고 벼슬이 앞으로 나가지 못했다. 황제는 오래도록 이를 기뻐하지 않아 상서령(尙書令) 진군(陳群)에게 묻기를, "내가 하늘에 응하여 임금의 자리를 이어받아서 모든 제후(諸侯)들이 모두 기뻐하지 않는 자가 없이 기쁨이 목소리와 얼굴빛에 나타나는데 상국(相國)과 공(公)만이 홀로 기뻐하지 않는 것은 무슨 까닭인가?"라고 했다.

이에 진군은 대답하기를, "신(臣)과 상국은 일찍이 한(漢)나라 조정의 신하였사오니 마음으로는 비록 기쁘지만 한나라 유신(遺臣)으로서의 의리가 있은즉 그 빛이 나타나는 것이옵니다."라고 하자 황제는 크게 기뻐했다. 화흠의 자는 자어(子魚)이니 평원(平原) 고당(高唐) 사람으로서 명제(明帝) 때 태위(太尉)에 임명되었다.

原文 **華嶠譜序曰, 文帝受禪, 朝臣並受爵位. 歆以形色忤旨. 徙爲司徒, 而不進爵. 帝久不懌, 以問尙書令陳群曰, 我應天受禪, 百辟群后, 莫不悅喜形于聲色. 而相國及公獨有不怡者何也. 群曰, 臣與相國, 曾臣漢朝. 心雖悅喜, 義形其色. 帝大悅. 歆字子魚, 平原高唐人. 明帝時進拜太尉.**

註解 ㅇ華嶠譜序(화교보서)-《세설신어(世說新語)》〈방정편(方正篇)〉에 그 주(注)가 보임. ㅇ文帝(문제)-위(魏)나라의 문제(文帝)를 말함. ㅇ陳群(진군)-삼국시대 때 위(魏)나라 사람. 벼슬이 진군대장군(鎭軍大

將軍)에 이르렀다. ㅇ相國(상국)－문제(文帝)가 즉위하자 화흠(華歆)은 상국(相國)에 임명되었다. ㅇ太尉(태위)－천하의 병사(兵事)를 총리(總理)하는 벼슬.

212. 진군축용(陳群蹙容)

－진군(陳群)의 근심하는 얼굴

《세설신어(世說新語)》에 말하기를, 문제(文帝)가 임금의 자리를 이어받자 진군(陳群)이 얼굴을 찡그렸다. 진군의 자(字)는 장문(長文)이니 영천(穎川) 허창(許昌) 사람인데 사공(司空) 녹상서사(錄尙書事)가 되었다. 처음에 진군이 어렸을 때 조부(祖父) 진식(陳寔)이 항상 기이하게 여겨 문중의 부로(父老)에게 이르기를, "이 아이는 반드시 우리 종중(宗中)을 일으킬 것이다."라고 했다.

《박물지(博物志)》에 말하기를, 대구(大丘)의 어른은 진식이요 진식의 아들은 홍려경(鴻臚卿) 진기(陳紀)요, 진기의 아들이 사공(司空) 진군이요, 진군의 아들이 진태(陳泰)이니 4세(世)가 한(漢)나라와 위(魏)나라에 모두 소중한 이름이 있었다. 그러나 그 덕(德)은 점점 적게 감해지니 당시 사람들이 그들을 말하기를, "삼공(三公)인 사공(司空)에 오른 진군은 아버지 홍려경 진기에 미치지 못했고, 홍려경 진기는 아버지인 대구(大丘)의 장(長)이었던 진식에 미치지 못했다."라고 했다.

原文 **世說曰, 文帝受禪, 陳群有蹙容. 陳群字長文, 潁川許昌人. 進司空·錄尙書事. 初群爲兒時, 祖父寔常奇異之, 謂宗人父老曰, 此兒必興我宗矣. 博物志曰, 大丘長陳寔, 寔子鴻臚卿紀, 紀子司空群, 群子泰, 四世於漢魏. 並有重名. 而**

其德漸漸小減. 詩人爲語曰, 公慙卿, 卿慙長. 釁或作感.

註解 ㅇ世說(세설)－《세설신어(世說新語)》〈방정편(方正篇)〉에 있는 이야기임. ㅇ宗人父老(종인부로)－일가의 늙은이. ㅇ公(공)－여기의 공(公)은 사공(司空)을 말함. ㅇ慙卿(참경)－경(卿)은 홍려경(鴻臚卿)을 말함. 참(慙)은 경(卿)만 못하다는 말. ㅇ慙長(참장)－장(長)은 대구장(大丘長)을 말함.

213. 왕준현도(王濬懸刀)

－왕준(王濬)의 꿈에 칼이 걸렸다

《진서(晉書)》에 보면 왕준(王濬)의 자는 사치(士治)이니 홍농군(弘農郡) 호현(湖縣) 사람이다. 널리 분전(墳典)을 섭렵하여 소통하고 밝게 통달했으며 큰 뜻이 있었다. 일찍이 집을 세우고 집앞의 길을 수십 보나 되게 넓혀서 큰 창과 표지있는 기가 다닐 수 있게 하니 모든 사람들이 웃었다. 조정에서 불러 하동종사(河東從事)를 시키니 수령(守令) 중에 청렴하고 깨끗하지 못한 자들은 모두 그를 바라보고 그대로 물러갔다.

파군태수(巴郡太守)에 제수되었는데 고을 경계가 오(吳)나라 국경이어서 병사(兵士)들이 역사(役事)에 괴로웠으므로 남자를 낳으면 많이 기르지 않았다. 이에 왕준은 법령의 조목을 엄하게 하고 부역을 너그럽게 하되 아이를 낳아 기르는 자는 모두 부역을 면하게 하여 그 온전히 산 아이가 수천 명이나 되었다. 광한태수(廣漢太守)로 옮겼는데 은혜를 드리우며 정치를 펴서 백성들이 이에 힘입었다.

어느 날 밤 꿈에 칼 세 개가 집 대들보 위에 걸려지더니 조금 있다가 또 칼 하나를 더한다. 이에 왕준이 마음속으로 몹시 싫어하더니 주부(主簿) 이의(李毅)가 절하고 하례하기를, "세 칼은 주(州)자가 되고 또 칼 하나를 더한 것은 명부(明府)께서 익주(益州 : 더할 익자, 고을 주자)로 가시는 것이 아닙니까?"라고 했다. 과연 익주자사(益州刺史)로 옮겼고 뒤에 또다시 익주자사가 되었다.

이때 무제(武帝)가 오(吳)나라를 칠 계획을 세웠고 왕준에게 조서를 내려 전함(戰艦)을 만들게 했다. 이에 큰 배를 만들고 배를 연이어서 방선(舫船)을 만들어내는 한편 나무로 배 위에 성(城)을 만들고 망루(望樓)를 세우고 물새의 머리와 괴이한 짐승을 뱃머리에 그려서 강신(江神)을 두렵게 했다. 이 선함(船艦) 진항(進航)의 성대함은 예로부터 있지 않던 일이었다.

이에 용양장군(龍驤將軍)에 임명하여 군사를 감독하고 모두 맡아 다스리게 했다. 먼저 파군(巴郡)에 있을 때 부역을 면하여 온전히 살게 된 자들에게 그 부모가 경계하기를, "왕부군(王府君)께서 너희를 살려주셨으니 너희들은 힘써서 죽음을 두려워하지 마라."고 했다. 왕준은 촉(蜀)을 떠난 이후로 군사가 칼에 피를 묻히지 않고 흐름을 따라 노를 저으며 지름길로 삼산(三山)에 이르자 손호(孫皓)가 항복했다. 이에 왕준은 그의 결박을 풀고 입에 물고 있던 구슬을 받고 관(棺)을 불태우고 도읍으로 보냈다. 그 공으로 양양현후(襄陽縣侯)에 봉해졌다. 그후로 여러번 벼슬이 옮겨져서 무군대장군(撫軍大將軍)이 되고 졸(卒)한 후의 시호(諡號)는 무(武)이다.

原文 晉書, 王濬字士治, 弘農湖人. 博涉墳典, 疏通亮達. 恢廓有大志. 嘗起宅, 開門前路. 廣數十步, 欲使容長戟幡旗. 衆咸笑之. 辟河東從事. 守令有不廉潔者. 皆望風引去. 除巴郡太守. 郡邊吳境, 兵士苦役, 生男多不養. 濬乃嚴其科條, 寬其徭課. 其産育者, 皆與休復. 所全活數千人. 轉廣漢太守. 垂惠布政, 百姓賴之. 夜夢懸三刀於臥屋梁上, 須臾又益一刀. 濬意甚惡之. 主簿李毅拜賀曰, 三刀爲州字. 又益一刀者,

明府其臨益州乎. 果遷益州刺史. 後再刺史益州. 武帝謀伐吳, 詔濬修舟艦. 乃作大船連舫, 以木爲城, 起樓櫓. 畫鷁首怪獸於船首. 以懼江神. 舟楫之盛, 自古未有. 拜龍驤將軍, 監軍統兵, 先在巴郡之所全育者, 皆堪傜役供軍. 其父母戒之曰, 王府君生爾. 爾必勉之. 無愛死也. 濬自發蜀, 兵不血刃, 順流鼓棹, 徑造三山. 孫皓降. 濬解縛受璧焚櫬, 送于京師. 以功封襄陽縣侯. 累轉撫軍大將軍. 卒謚武.

註解 ㅇ晉書(진서)－《진서》〈열전〉 12에 있는 이야기임. ㅇ墳典(분전)－삼분(三墳)과 오전(五典). 곧 삼황오제(三皇五帝)의 전적(典籍). 고대의 서적. ㅇ從事(종사)－자사(刺史)의 속관(屬官). ㅇ主簿(주부)－장부를 맡은 벼슬. ㅇ明府(명부)－태수(太守)·현령(縣令)의 존칭. ㅇ舫(방)－방선(舫船). 이어진 배. ㅇ樓(루)－적군(敵軍)의 동정을 살피는 누대(樓臺). ㅇ江神(강신)－강을 지키는 신(神). ㅇ孫皓(손호)－삼국시대 오(吳)나라 손권(孫權)의 손자. 휴(休)를 이어 왕위(王位)에 올랐으나 성질이 사납고 주색(酒色)에 빠져서 진(晉)나라에 항복했다. ㅇ櫬(친)－관(棺). 시체를 넣는 널.

214. 정고생송(丁固生松)

－정고(丁固)의 배 위에 소나무가 나다

《오지(吳志)》에 보면, 정고(丁固)는 손호(孫皓)에게 벼슬하여 사도(司徒)가 되었다. 《오서(吳書)》에 말하기를, 처음에 정고가 상서(尙書)가 되었을 때, 꿈에 소나무가 그의 배 위에 났다. 이에 사람에게 이르기를, "송(松)자는 십팔(十八)에 공(公)인즉 앞으로 18년 후에 내가 공(公)이 될 것이다."라고 했는데 마침내 꿈과 같이 되었다.

原文 **吳志, 丁固仕孫皓爲司徒. 吳書曰, 初固爲尚書, 夢松樹生其腹上. 謂人曰, 松字十八公也. 後十八歲, 吾其爲公乎. 卒如夢焉.**

註解 ㅇ吳志(오지)－권3 〈손호전(孫皓傳)〉에 있는 이야기임. ㅇ公(공)－한(漢)나라 이후에는 왕공후(王公侯) 등 삼등(三等)의 벼슬로 했다. 공(公)은 이 가운데 두 번째 벼슬임. 정고(丁固)는 그로부터 18년 후에 사도(司徒)가 되었다.

215. 강유담두(姜維膽斗)

－강유(姜維)는 담(膽)이 말[斗]만 했다

《촉지(蜀志)》에 보면 강유(姜維)는 자가 백약(伯約)이니 천수(天水) 기현(冀縣) 사람이다. 비위(費褘)와 함께 상서사(尙書事)에 기록되고 독중외군사(督中外軍事)를 더하고 대장군(大將軍)으로 옮겨 군사와 말을 정제해가지고 나가 싸웠으나 여러번 위(魏)나라 장수 등애(鄧艾)에게 패한 바 되었다.

후주(後主)가 항복하기에 이르러 강유는 창을 던지고 투구를 벗고 진서장군(鎭西將軍) 종회(鍾會)에게 나갔다. 종회는 후하게 그를 대우하여 나갈 때는 수레를 같이하고 앉으면 자리를 같이했다. 그는 두예(杜預)에게 이르기를, “백약(伯約)은 비유하자면 중국 땅의 명사(名士)이니 공휴(公休)와 태초(太初)도 능히 이기지 못할 것이다.”라고 했다.

종회가 이미 등애(鄧艾)를 모함하여 죄로 얽고 계속해서 이르기를, 강유 등이 성도(成都)로 나가 스스로 익주목(益州牧)이라 일컫고 강유의 군사 5만을 주어 그들로 하여금 맨앞에 나가게 하니 위

(魏)나라 장수와 군사들이 힘을 모아 종회와 강유를 죽였다. 당시 사람들이 말하기를, "강유가 죽었을 때 담(膽)을 꺼내보니 그 크기가 말[斗]과 같았다."고 했다.

原文 **蜀志, 姜維字伯約, 天水冀人. 與費禕共錄尙書事. 加督中外軍事, 遷大將軍, 整勒戎馬出戰, 屢爲魏將鄧艾破. 及後主降, 維投戈放甲. 詣鎭西將軍鍾會. 會厚待之, 出則同轝坐則同席. 謂長史杜預曰, 以伯約比中土名士公休·太初不能勝也. 會旣構鄧艾因謂維等曰, 詣成都, 自稱益州牧. 欲授維兵五萬人, 使爲前驅. 魏將士憤發, 殺會及維. 世語曰, 維死時見剖膽. 如斗大.**

註解 ㅇ蜀志(촉지)－《촉지》 권14에 있는 이야기임. ㅇ鄧艾(등애)－삼국시대 위(魏)나라의 명장(名將). 상서랑(尙書郎)이 되고 남안태수(南安太守) 등을 거쳐 진서장군(鎭西將軍)으로서 촉(蜀)나라를 멸하는 데 큰 공을 세웠으나 종회(鍾會)의 참소로 참형(斬刑)당함. ㅇ後主(후주)－촉한(蜀漢) 유비(劉備)의 아들 유선(劉禪). 소열황제(昭烈皇帝)의 아들이므로 후주(後主)라고 함. ㅇ鍾會(종회)－위(魏)나라 사람. 진서장군(鎭西將軍)이 되어 등애(鄧艾)와 함께 촉나라를 멸하는 데 공이 있었으나 촉(蜀)나라에서 반란을 일으키다가 부하에게 죽음. ㅇ公休(공휴)－제갈탄(諸葛誕)의 자. ㅇ太初(태초)－하후현(夏侯玄)의 자.

216. 노식음종(盧植音鐘)

－노식(盧植)은 음성이 종소리와 같았다

후한(後漢) 노식(盧植)의 자는 자간(子幹)이니 탁군(涿郡) 탁현(涿縣) 사람이며 그 음성이 종소리와 같았다. 젊었을 때 정현(鄭玄)과 함께 마융(馬融)을 섬겨 능히 고금(古今)의 일에 통했다. 정밀하게 연구하는 것을 좋아하고 장구(章句)를 지키지 않았다. 마융은 천자(天子)의 외척(外戚)이었으므로 호화로운 집에 살며 많은 여창(女倡)들로 하여금 자기 앞에서 노래부르고 춤을 추게 하였다. 그러나 노식은 여러해동안 임금을 모시고 경서(經書)를 강론하면서 일찍이 눈을 파는 일이 없으니 마융은 이로 인해서 그를 공경했다.

학문을 이루자 사례하고 고향에 돌아오자 문을 닫고 학생들을 가르쳤다. 성질이 강직하여 굽히지 않았고 큰 절개가 있는데다가 항상 세상을 구제할 뜻이 있어 사부(辭賦)를 좋아하지 않고 능히 한 섬의 술을 마셨다. 영제(靈帝) 때 상서(尙書)가 되었다.

原文 **後漢盧植字子幹, 涿郡涿人. 音聲如鐘. 少與鄭玄俱事馬融, 能通古今, 學好硏精, 不守章句. 融外戚豪家. 多列女倡, 歌舞於前. 植侍講積年, 未嘗轉眄. 融以是敬之. 學終辭歸, 闔門教授. 性剛毅有大節. 常懷濟世志, 不好辭賦. 能飮酒一石. 靈帝時爲尙書.**

註解 ㅇ後漢(후한)－《후한서》〈열전〉 54에 있는 이야기임. ㅇ鄭玄(정현)－후한(後漢)의 학자. 자는 강성(康成). 모든 경서에 널리 정통하여 한대(漢代)의 경학(經學)을 집대성했음. ㅇ馬融(마융)－후한(後漢)의 유학자(儒學者). 안제(安帝) 때 교서랑(校書郞)이 되었음. 그 제자에 정현 등 천여 명이 있었음. ㅇ章句(장구)－장(章)을 나누고 구(句)를 가르는 일. ㅇ辭賦(사부)－문장(文章).

217. 환온기골(桓溫奇骨)

－환온(桓溫)은 기이한 골상(骨相)이었다

《진서(晉書)》에 보면, 환온(桓溫)의 자는 원자(元子)이니 초국(譙

國) 용항(龍亢) 사람이다. 태어난 지 1년도 되기 전에 온교(溫嶠)가 그를 보고 말하기를, "이 아이는 기이한 기골(氣骨)이 있으니 시험 삼아 울게 해보라."고 했다. 울자 그 소리를 듣고 말하기를, "참으로 영웅스러운 아이이다."라고 했다. 그의 아버지 환이(桓彝)는, 온교가 칭찬해 주었기 때문에 그의 성을 따서 온(溫)이라고 이름을 지으니 온교가 웃으면서 말하기를, "과연 네가 내 성(姓)을 바꿀 것이다."라고 했다.

환온은 호방하고 상쾌하여 풍격(風格)과 절개가 있었으며 모양이 몹시 크고 훤칠했는데 얼굴에는 일곱 개의 점이 있었다. 젊었을 때 유담(劉惔)과 사이가 좋았는데 유담은 일찍이 말하기를, "환온의 눈은 자줏빛 수정과 같고 수염은 고슴도치의 털과 같으니 손중모(孫仲謀)와 진선왕(晉宣王)에 버금가는 인물이다."라고 했다. 환온은 후에 남강(南康) 장공주(長公主)에게 장가들어 부마도위(駙馬都尉)가 되고 대사마(大司馬) 남군공(南郡公)으로 마쳤다.

原文 **晉書, 桓溫字元子, 譙國龍亢人. 生未朞, 溫嶠見之曰, 此兒有奇骨. 可試使啼. 及聞其聲曰, 眞英物也. 父彝以嶠所賞故, 名之曰溫. 嶠笑曰, 果爾後將易吾姓也. 溫豪爽有風槩, 姿貌甚偉. 面有七星. 少與劉惔善. 惔嘗曰, 溫眼如紫石稜, 鬚作蝟毛磔. 孫仲謀·晉宣王之流亞也. 尙南康長公主, 拜駙馬都尉, 終大司馬南郡公.**

註解 ㅇ晉書(진서)—《진서》〈열전〉 68에 있는 이야기임. ㅇ溫嶠(온교)—진(晉)나라 기현(祈縣) 사람. 총명하고 식량(識量)이 있고 널리 배우고 글을 잘 지었다. 표기장군(驃騎將軍)을 거쳐 시안군공(始安郡公)에 봉해짐. ㅇ骨(골)—골격(骨格). ㅇ孫仲謀(손중모)—삼국시대 오(吳)나라의 초대 황제인 손권(孫權). 중모(仲謀)는 그의 자. 손책(孫策)의

뒤를 이어 강동(江東)을 영유(領有)함. ㅇ南康長公主(남강장공주)−명제(明帝)의 딸. 환온(桓溫)의 아내.

218. 등애대지(鄧艾大志)
−등애(鄧艾)의 큰 뜻

《위지(魏志)》에 보면, 등애(鄧艾)의 자는 사재(士載)이니 의양(義陽) 극양(棘陽) 사람이다. 젊었을 때 집안이 가난하여 늘 큰 산과 큰 못을 보면 문득 군영(軍營)을 설치할 곳을 계획하고 그것에 대한 그림을 그리니 당시 사람들이 모두 웃었다.

뒤에 상서랑(尙書郞)이 되었는데 이때 밭을 넓혀 곡식을 저축함으로써 적을 칠 때의 군자(軍資)로 쓰고자 했다. 등애로 하여금 예주(豫州)의 진(陳) 항(項) 두 지방으로부터 동쪽 양주(楊州)에서 회남군(淮南郡)의 수춘(壽春)에 이르기까지 순시토록 하고 곡식저장 정책을 세우게 했다. 등애는 그 지방이 밭은 좋지만 물이 적어서 땅의 수확을 다할 수 없으니 마땅히 내의 둑을 열어서 가히 이로써 물을 이끌어 물을 주게 하고 또 운반하는 길을 열게 하여 이에 〈제하론(濟河論)〉이라는 논문을 저술해서 그 뜻을 일깨웠다.

천자(天子)는 그 뒤에 넓게 물건을 운반할 수로(水路)를 열었는데 동남쪽에 있는 오(吳)를 쳐야 했으므로 많은 군사로 무리를 일으켜 배를 타고 내려가 강에 도착할 수가 있었다. 그리고 먹을 것이 남음이 있고 물의 해는 없었으니 이는 등애가 계획한 일이다.

여러번 벼슬이 옮겨지다가 정서장군(征西將軍)이 되어 촉(蜀)나라를 쳐서 크게 깨치고 유선(劉禪)이 항복하니 그 공로로 태위(太尉)에 승진했다. 이때 종회(鍾會)가 그 위엄과 이름을 시기하여 그 일을 얽어 모함했으나 드디어 그에게 발각되어 해를 당했다.

原文 魏志, 鄧艾字士載, 義陽棘陽人. 少家貧. 每見高山大澤, 輒規度指畫軍營處所. 時人多笑焉. 後爲尚書郞. 時欲廣田畜穀, 爲滅賊資, 使艾行陳項以東至壽春. 艾以爲田良水少, 不足以盡地利. 宜開河渠, 可以引水撓漑, 大積軍粮, 又通運漕之道. 乃著濟河論, 以喩其指. 後開廣漕渠. 每東南有事, 大軍興衆, 汎舟而下, 達江淮. 資食有儲而無水害, 艾所建也. 累遷征西將軍, 征蜀大破之. 劉禪降. 以勳進太尉. 鍾會忌其威名, 構成其事, 遂見害.

註解 ㅇ魏志(위지) - 《위지》 권28에 있는 이야기임. ㅇ劉禪(유선) - 후주(後主). 유비(劉備)의 아들.

219. 양수첩대(楊脩捷對)

-양수(楊脩)는 대응(對應)을 재빠르게 했다

후한(後漢) 양수(楊修)의 자는 덕조(德祖)이니 태위(太尉) 양진(楊震)의 현손(玄孫)이다. 학문을 좋아하고 뛰어난 재주가 있었는데 승상(丞相) 조조(曹操)의 주부(主簿)가 되었다. 조조가 한중(漢中)을 평정하고 계속해서 유비(劉備)를 토벌하려 했으나 앞으로 나갈 수가 없고 지키고 있자니 또 공을 세우기가 어려웠다. 이때 조조가 나가서 명령을 내리는데 오직 '계륵(鷄肋)'이라고만 말하니 주부 등은 그뜻을 알지 못하는데 양수가 홀로 말하기를, "대체로 계륵이란 먹자니 얻을 것이 없고 버리자니 아직 아까운 것이니 공(公)의 돌아갈 계획이 결정된 것이다."라고 했다. 조조는 이에 군사를 돌렸는데 양수의 조짐으로 결정하는 것이 이런 종류의 일이 많았다.

또 일찍이 나가서 가다가 조조가 밖의 일을 물을 것에 대비하여 미리 그 대답할 말을 기록하여 집 지키는 아이에게 일러두어 만일 묻는 일이 있거든 차서대로 대답하도록 시켰더니 이윽고 과연 그러했다. 조조는 그가 빠르게 안 것을 괴이히 여겨 그 미리 안 일을 살펴보고 양수가 한 짓임을 알고는 그를 꺼려하여 그 뒤에 일로 인해서 죽여 버렸다.

《어림(語林)》에 말하기를, 양수가 강남(江南)에 이르러서 호녀 조아비(曹娥碑)를 읽어보니 비석의 뒷면에 여덟 글자가 있는데 '황견유부(黃絹幼婦) 외손제구(外孫齏臼)'라 했다. 조조는 이것을 풀지 못하여 양수에게 묻기를, "그대는 아는가?"라고 하니 양수는 안다고 대답했다. 조조가 말하기를, "너는 아직 말하지 말고, 내가 생각하기를 기다리라."하고 30리를 갔을 때 비로소 깨달은 그가 양수로 하여금 풀게 했더니 양수가 말하기를, "황견(黃絹)은 색사(色絲)이니 절(絶)자요, 유부(幼婦)는 소녀(少女)이며 소녀는 묘(妙)자입니다. 외손(外孫)은 딸〔女〕의 아들〔子〕이니 호(好)자요, 제구(齏臼)는 쓴 것〔辛 : 양념〕을 찧는 것〔절구〕인즉 신(辛)을 받는〔受〕 그릇입지요. 합치면 사(辤 : 辭)자가 됩니다. 그러하온즉 절묘호사(絶妙好辭) 넉 자로 8자를 만든 것인데 비문의 글이 아름다움을 적은 것이지요."라고 했다. 이에 조조는 말하기를, "한결같이 내 뜻과 같다."라고 했다. 속담에 말하기를, '지혜가 있고 지혜가 없는 것은 30리 차이다'라고 한다.

原文 **後漢楊脩字德祖, 太尉震玄孫. 好學有俊才. 爲丞相曹操主簿. 操平漢中. 欲因討劉備. 而不得進. 欲守之又難爲功. 操出教, 唯曰雞肋而已. 外曹莫能曉. 脩獨曰, 夫雞肋食之則無所得, 弃之則如可惜. 公歸計決矣. 操於此廻師. 脩之幾決多有此類. 又嘗出行, 籌操有問外事, 乃逆爲答記, 敕守舍兒, 若有令出, 依次通之. 旣而果然. 操怪其速, 廉之知狀忌脩.**

後因事殺之. 語林曰, 脩至江南, 讀曹娥碑. 碑背有八字, 曰, 黃絹幼婦外孫齏臼. 操不解, 問脩曰, 卿知否. 脩曰, 知之. 操曰, 且勿言. 待朕思之. 行三十里乃得之. 令脩解. 脩曰, 黃絹色絲, 色絲絶字. 幼婦少女, 少女妙字. 外孫女子, 女子好字. 齏臼受辛, 受辛辭字. 操曰, 一如朕意. 俗云, 有智無智, 校三十里.

註解 ㅇ後漢(후한)-《후한서》〈열전〉 44에 있는 이야기임. 《어림(語林)》의 일화는 《세설신어(世說新語)》〈첩오편(捷悟篇)〉에도 있음. ㅇ漢中(한중)-군(郡)의 이름. 진(秦)나라에서 처음 설치했다. 지금의 섬서성(陝西省) 남쪽과 호북성(湖北省) 서북쪽임. ㅇ外曹(외조)-여기의 조(曹)는 일을 처리하는 곳. ㅇ鷄肋(계륵)-닭의 갈비.

220. 나우묵기(羅友默記)

-나우(羅友)는 잠잠히 기억했다

《세설신어(世說新語)》에 이르기를, 나우(羅友)는 어렸을 때 많은 사람들이 어리석다고 말했다. 항상 남의 사당을 엿보아 먹을 것을 빌고자 하면서 조금도 부끄러워하는 빛이 없었다. 사람됨이 기억을 잘했다. 환선무(桓宣武)를 좇아 촉(蜀)나라를 칠 때 촉나라 성으로 가는데 길과 언덕과 과실나무 등을 모두 암기(暗記)했다. 그후 환선무가 필요하여 촉 땅에 갔던 일을 자료로 모았는데 잊은 것들이 있었다. 그런데 나우는 그 이름을 모두 열거하여 일동을 감탄케 했다.

原文 世說云, 羅友少時多謂之癡. 常伺人祠, 欲乞食. 了無

怍容. 爲人强記. 從桓宣武伐蜀, 按行蜀城, 道陌果木, 皆默記之. 後宣武集蜀道事, 亦有遺忘. 皆名列之. 坐者歎伏.

221. 두강조주(杜康造酒)

–두강(杜康)은 술을 만들다

위무제(魏武帝)의 〈악부단가행(樂府短歌行)〉에 말하기를, '분개하면 마땅히 슬퍼하며, 근심하는 생각을 잊기가 어려운데 어떻게 근심을 풀랴?'라며 '오직 두강(杜康)의 술이 있을 뿐이다'라고 했다. 《문선(文選)》의 주(注)에 의하면, '두강(杜康)은 옛날 처음으로 술을 만들었던 사람이다'라고 했고 《여씨춘추(呂氏春秋)》에는 말하기를, '의적(儀狄)이 술을 만들었다'고 했다.

原文 **魏武帝樂府短歌行曰, 慨當以慷, 憂思難忘, 何以解憂, 惟有杜康. 注謂, 杜康古之造酒者. 呂氏春秋曰, 儀狄造酒.**

註解 ㅇ樂府短歌行(악부단가행)–악부(樂府)는 원래 한대(漢代)에 가사(歌辭)·악률(樂律)을 제정하기 위하여 설치한 관사(官舍). 여기에서 제정한 시가(詩歌)를 말함. 그것에는 장가행(長歌行)·단가행(短歌行)이 있는데 위무제, 즉 조조(曹操)의 단가행에서는 인명(人命)의 장단(長短)과 분수는 이미 정해졌으니 다만 술을 들면서 즐기라고 말했다. ㅇ呂氏春秋(여씨춘추)–일명(一名)《여람(呂覽)》. 진(秦)나라 여불위(呂不韋)가 지었음. 그러나 사실은 그의 문객(門客)들이 수집한 것임. ㅇ儀狄(의적)–하(夏)나라 때 처음으로 술을 만든 사람.

222. 창힐제자(蒼頡制字)

―창힐(蒼頡)이 글자를 만들다

《회남자(淮南子)》에 말하기를, 옛날에 창힐(蒼頡)이 글을 만들자 하늘이 곡식을 내리고 귀신이 밤에 울었다고 했다. 허신(許愼)은 말하기를, "창힐(蒼頡)이 비로소 새 발자국 모양을 보고 글자를 만들었는데 그때부터 인간사회에는 거짓이 싹트기 시작했다."고 했다. 근본을 버리고 말단으로 나가며, 밭갈아 농사짓는 사업을 버리고 송곳과 칼의 이익에 힘쓰게 되었다. 그래서 하늘은 그들이 장차 굶주리게 될 것을 알기 때문에 곡식을 내려보냈는데 귀신은 문서로 인하여 허물을 조사하는 것이 두렵기 때문에 밤에 울었던 것이다.

《몽구》 구본(舊本)에는 창힐이 문자를 만들었으므로 용(龍)은 은밀히 숨어서 나오지 않는다고 했는데 그 출전(出典)은 분명치 않다.

原文 **淮南子曰, 昔蒼頡作書而天雨粟, 鬼夜哭. 許愼曰, 蒼頡始視鳥跡之造書契. 則詐僞萌生, 去本趨末, 弃耕作之業, 務錐刀之利. 天知其將餓, 故爲雨粟. 鬼恐爲文書所劾. 故夜哭也. 舊云, 龍潛藏. 未詳所出.**

註解 ㅇ淮南子(회남자)―《회남자》〈본경훈(本經訓)〉에 있는 이야기임. ㅇ許愼(허신)―후한(後漢) 초기(初期)의 큰 학자. 박학(博學)으로 널리 알려졌고 《설문해자(說文解字)》 14권을 지었다.

223. 저리지낭(樗里智囊)

―저리자(樗里子)는 지혜의 주머니

《사기(史記)》에 보면, 저리자(樗里子)의 이름은 질(疾)이니 진혜왕(秦惠王)의 아우이다. 질(疾)의 집은 소왕묘(昭王廟)의 서쪽 위남(渭南) 음향(陰鄕)의 저리(樗里)에 있었기 때문에 속어(俗語)로 저리자(樗里子)라고 한다. 우스개 말을 잘하고 지혜가 많기 때문에 진(秦)나라 사람들이 이름하여 지낭(智囊)이라고 한다.

진무왕(秦武王)이 서자 저리자와 감무(甘茂)로 좌우승상(左右丞相)을 삼았다. 저리자는 죽음에 임박하여 위남(渭南) 장대(章臺) 동쪽에 자기 묘지를 정해놓고 말하기를, "이후 백년이 되면 여기에 마땅히 천자(天子)의 궁궐이 내 무덤을 낄 것이다."라고 하더니 한(漢)나라가 일어나자 장락궁(長樂宮)은 그 동쪽에 미앙궁(未央宮)은 서쪽에, 그리고 무고정(武庫正 : 무기 창고)은 바로 그 무덤의 자리에 들어섰던 것이다. 진(秦)나라 사람들의 속어에 말하기를, '힘은 임비(任鄙)요 지혜는 저리(樗里)이다'라고 했다.

原文 **史記, 樗里子名疾, 秦惠王之弟. 疾室在昭王廟西, 渭南陰鄕樗里. 故俗謂之樗里子. 滑稽多智. 秦人號曰智囊. 秦武王立, 以樗里子 · 甘茂爲左右丞相. 疾卒, 葬渭南章臺東. 曰, 後百歲, 是當有天子宮夾我墓. 至漢興, 長樂宮在其東, 未央宮在其西, 武庫正直其墓. 秦人諺曰, 力則任鄙, 智則樗里.**

註解 ㅇ史記(사기)－한(漢)나라 사마천(司馬遷)이 사실(史實)을 기록한 책. 모두 130권. 〈열전〉 11에 있는 이야기임. ㅇ智囊(지낭)－지혜의 주머니. ㅇ任鄙(임비)－진(秦)나라 역사(力士).

224. 변소경사(邊韶經笥)

－변소(邊韶)의 배는 오경(五經)을 넣는 상자이다

후한(後漢) 변소(邊韶)의 자는 효선(孝先)이니 진류(陳留) 준의

(浚儀) 사람이다. 문학(文學)으로 이름이 알려졌고, 수백 명을 가르쳤는데 그는 구변이 있었다. 일찍이 온종일 옷을 입은 채로 누웠는데 제자들이 사사로이 비웃어 말하기를, "변효선생(邊孝先生)은 배가 뚱뚱하네. 글읽기는 게으르고 다만 잠만 자려 하네."라고 했다.

변소가 남 모르게 듣고 바로 응하여 대답하기를, "변(邊)으로 성(姓)을 삼고 효(孝)로 자(字)를 했네. 배는 뚱뚱하여 오경(五經)의 상자라네. 다만 자려 하지만 생각은 경서의 일이네. 잠자면 주공(周公)과 통하고 꿈은 공자(孔子)와 같은 뜻이네. 스승을 조롱하는데, 어떤 경전(經典)을 근거로 하는 짓인가?"라고 하니 조롱하던 자들이 크게 부끄러워했다. 변소는 재주가 빠른 것이 모두 이와 같았다. 환제(桓帝) 때 태중대부(太中大夫)에 임명되었고 조정의 문고(文庫)인 동관(東觀)에서 책을 저술했다.

原文 **後漢邊韶字孝先, 陳留浚儀人. 以文學知名, 教授數百人. 韶口辯. 曾晝日假臥. 弟子私嘲之曰, 邊孝先腹便便, 懶讀書但欲眠. 韶潛聞之, 應時對曰, 邊爲姓, 孝爲字. 腹便便, 五經笥, 但欲眠思經事. 寐與周公通夢, 靜與孔子同意. 師而可嘲, 出何典記. 嘲者大慙. 韶之才捷皆此類. 桓帝時拜太中大夫, 著作東觀.**

註解 ㅇ後漢(후한)－《후한서》〈열전〉 70 문원전(文苑傳)에 있는 이야기임.

225. 등공가성(滕公佳城)

－등공(滕公)이 가성(佳城)에서 죽다

《서경잡기(西京雜記)》에 보면 등공(滕公)의 수레가 동도(東都)의 문에 이르자, 말이 울면서 몸을 구부리고 앞으로 나가지 않으며]발로 땅을 오랫동안 후비고 있었다. 이에 등공이 사졸(士卒)을 시켜 말이 후비는 곳을 파게 했다. 3척쯤 파들어가니 석곽(石椁)을 얻었다. 등공이 촛불로 비춰보니 명(銘)이 하나 있었다. 그것을 물로 씻어서 그 글을 베껴보니 글자가 모두 예스럽고 보통과 달라서 좌우에서 아무도 능히 알지 못한다.

이에 이것을 숙손통(叔孫通)에게 물었더니 숙손통이 말하기를, "이것은 과두서(科斗書)입니다."라고 했다. 그리고 "이것을 지금 글로 쓰자면, '가성(佳城)에서 답답하게 3천년만에 하얀 해를 보니, 슬프게도 등공이 이 속에 묻히리로다'라는 뜻입니다."라고 했다. 이에 등공이 말하기를, "슬프다. 하늘이여! 내가 죽어 이 땅에 편안할 것이다."라고 했는데 죽어서 드디어 여기에 장사지내졌다. 등공은 곧 전한(前漢) 하후영(夏侯嬰)으로서 벼슬이 태복(太僕)에 이르렀다. 처음에 등령(滕令)의 봉거(奉車)가 되었기 때문에 등공(滕公)이라 불렀다.

原文 **西京雜記, 滕公駕至東都門. 馬鳴跼不肯前, 以足跑地久之. 滕公使士卒掘馬所跑地. 入三尺所得石椁. 滕公以燭照之有銘焉. 乃以水洗, 寫其文. 文字皆古異, 左右莫能知. 以問叔孫通. 通曰, 科斗書也. 以今文寫之. 曰, 佳城鬱鬱, 三千年見白日. 吁嗟滕公居此室. 滕公曰, 嗟乎天也. 吾死其卽安此乎. 死遂葬焉. 滕公卽前漢夏侯嬰. 官至太僕初爲滕令奉車. 故號滕公.**

註解 ㅇ西京雜記(서경잡기)－전한(前漢)의 잡사(雜事)를 기록한 책. ㅇ石椁(석곽)－돌로 만든 곽(槨). 곽은 관(棺)의 밖에 씌우는 외관(外棺). ㅇ叔孫通(숙손통)－고조(高祖) 때 한(漢)나라의 의례(儀禮)를 제정

했고 만년에는 태자태부(太子太傅)가 되었다. ㅇ科斗書(과두서)－전문(篆文) 이전에 사용했던 최고(最古)의 문자. 글자의 획이 올챙이 모양이므로 이렇게 부른다. ㅇ佳城(가성)－산소(山所)의 미칭(美稱). 무덤의 견고함을 성에 비유하여 말한 것. ㅇ太僕(태복)－여마(輿馬)를 맡은 벼슬. ㅇ奉車(봉거)－한(漢)나라 무제(武帝) 때 봉거부마도위(奉車駙馬都尉)를 두어 임금이 타는 수레와 말에 관한 일을 맡겼음.

226. 왕과석애(王果石崖)

－왕과(王果)는 석애(石崖)에 걸려 있는 관(棺)을 이장했다

《신괴지(神怪志)》에 보면 장군(將軍) 왕과(王果)가 익주태수(益州太守)가 되어 촉(蜀)으로 가던 중 삼협(三峽)을 지나가게 되었다. 배에서 바라보니 강 언덕에 석벽(石壁)이 천 길인데 무엇인가가 언덕 중간에 매달려 있었다. 그것은 마치 관곽(棺槨)과 같았다. 이전부터 이곳을 왕래하던 사람에게 물어보니, 모두 본 지가 이미 오래라고 한다. 이에 사람을 시켜 언덕에 올라가서 보게 했더니 곧 하나의 관(棺)으로서 해골이 남아있었다.

석지(石誌)가 있는데 거기에 쓰기를, '3백년 후에 물에 떠있는 내가 장강(長江)에 가고자 하여 장차 떨어지려 하다가 왕과를 만났네'라고 했다. 왕과가 명(銘)의 글을 보고 슬퍼하면서 말하기를, "수백년 전에 내 이름을 알았다면 내 어찌 버리고 가겠는가?"하고 그곳에 머물러 영루(營壘)를 만들고 염(殮)을 해서 묻고 제사를 지내고 갔다.

原文 **神怪志, 將軍王果爲益州太守, 路經三峽, 船中望見江崖, 石壁千丈, 有物懸在半崖. 似棺椁. 問舊行人, 皆云已久. 果使人懸崖就視, 乃一棺也. 骸骨存焉. 有石誌, 云, 三百年**

後, 水漂我, 欲及長江, 垂欲墮, 垂欲墮不墮, 遇王果. 果見銘愴然曰, 數百年前知我名. 如何舍去. 因留, 爲營斂瘞埋, 設祭而去.

註解 ㅇ神怪志(신괴지)－괴이한 일을 기록한 책. ㅇ三峽(삼협)－촉(蜀) 땅의 세 협곡(峽谷). 곧 무협(巫峽)·구당협(瞿唐峽)·무릉협(武陵峽).

227. 매처치초(買妻耻醮)

－주매신(朱買臣)의 아내가 재가(再嫁)한 것을 부끄러워하다

전한(前漢) 주매신(朱買臣)의 자는 옹자(翁子)이니 오현(吳縣) 사람이다. 집안이 가난했지만 글 읽기를 좋아하고 산업(産業)은 다스리지 않고 항상 땔나무를 베어서 팔아가지고 먹을 것을 장만했다. 나무 다발을 지고 가면서도 글을 외우고 그 아내도 역시 지고 이고 서로 따라서 음식을 구해가지고 갔다.

아내는 견디다 못하여 이혼해 줄 것을 요구했다. 주매신이 말하기를, "내 나이 50이면 마땅히 부자가 되고 귀하게 될 터인데 이제 이미 40이오. 그대는 괴로운 날이 오래였으니 나의 부귀(富貴)하기를 기다려 그대의 공을 갚을 것이다."라고 하자 아내는 성이 나서 말하기를, "당신 같은 사람은 마침내 도랑 속에서 굶어 죽을 것이니 어찌 능히 부귀해질 수 있겠소?"라고 했다.

주매신은 듣고 즉석에서 이혼해 주었다. 그후 수년만에 상계(上計)의 관리를 따라 중거(重車)를 가지고 장안(長安)에 이르러 대궐에 나가 글을 올렸고 조서를 가진 공거(公車)를 기다렸다. 이때 마

침 한고을 사람 엄조(嚴助)가 임금의 사랑을 받고 있었는데 주매신을 천거하여 임금이 불러보게 되었다. 《춘추(春秋)》를 설명하고 《초사(楚辭)》를 말하자 무제(武帝)는 기뻐하여 중대부(中大夫)에 임명하였다. 그후 엄조와 함께 시중(侍中)이 되었다가 오랜 후에 회계태수(會稽太守)에 임명되었다.

이에 황제가 말하기를, "부귀(富貴)하고 고향에 돌아가지 않으면 마치 수놓은 옷을 입고 밤길을 걸어가는 것과 같은 것인데 지금 그대는 어떠한가?"하니 주매신은 머리를 조아려 사례하고 오나라 땅의 경계에 들어가 그 옛날의 아내를 우연히 보게 되었다. 아내의 남편은 태수의 행차 준비를 하기 위해 길을 쓸고 있었다. 주매신이 뒷수레를 불러 그들 부처(夫妻)를 수레에 싣고 태수의 집에 이르러 동산 안에 묵게 하고 먹을 것을 주었더니 아내는 스스로 목숨을 끊었다. 주매신은 그 남편에게 돈을 주어 장사지내게 하고 친구들을 모두 불러 음식을 주고 전에 신세졌던 모든 사람에게 은혜를 갚았다.

原文 前漢朱買臣字翁子, 吳人. 家貧好讀書, 不治產業. 常艾薪樵, 賣以給食. 擔束薪, 行且誦書. 其妻亦負戴相隨. 羞之求去. 買臣曰, 我年五十當富貴. 今已四十餘矣. 女苦日久. 待我富貴. 報汝功. 妻恚怒曰, 如公等, 終餓死溝中耳. 何能富貴. 買臣卽聽去. 後數歲, 隨上計吏爲卒, 將重車至長安, 詣闕上書, 待詔公車. 會邑子嚴助貴幸. 薦買臣. 召見. 說春秋言楚詞. 武帝說之, 拜中大夫, 與嚴助俱侍中. 久之拜會稽太守. 上謂曰, 富貴不歸故鄉, 如衣繡夜行. 今子何如. 買臣頓首謝. 入吳界, 見其故妻, 妻夫治道. 買臣呼令後車載其夫妻, 到太守舍, 置園中給食之. 妻自經死. 買臣乞其夫錢令葬. 悉召見故人, 與飲食, 諸嘗有恩者, 皆報復焉.

註解 ㅇ前漢(전한)－《전한서》〈열전〉 34에 있는 이야기임. ㅇ上計(상계)－한대(漢代)에 군국(君國)에서 매년 회계 장부를 조정에 올리던 일. ㅇ公車(공거)－관청에서 쓰는 수레. ㅇ春秋(춘추)－공자(孔子)가 저술한 노(魯)나라의 역사책. ㅇ楚詞(초사)－초사(楚辭). 초(楚)나라의 대부(大夫) 굴원(屈原)의 사부(詞賦)를 모으고 그의 문인(門人)들이 지은 책. 중국 고대의 강남(江南)의 문학을 대표한 책임.

228. 택실범제(澤室犯齋)

－주택(周澤)의 부인이 재(齋)를 범하다

후한(後漢) 주택(周澤)의 자는 치도(穉都)이니 북해(北海) 안구(安丘) 사람이다. 현종(顯宗) 때 사도(司徒)가 되었는데 성질이 간결하고 위의(威儀)에 소홀해서 자못 재상의 인망(人望)을 잃었다. 그러나 뒤에 태상(太常)이 되자 맑고 깨끗하게 닦아 행하고 종묘(宗廟) 모시기에 공경을 다했다.

일찍이 병으로 재궁(齋宮)에게 쓰러졌고 오래도록 병석에 누워 있었다. 제사 때 그 아내는 주택의 나이가 많은데다가 아파서 누워 있는 것을 알자 재실로 찾아왔다. 주택은 크게 노하여 아내가 재실의 금하는 것을 범했다 하여 끌어다가 조옥(詔獄)으로 보내고 사죄하니 당시 세상에서는 그 지나치게 과격함을 보고 고의로 자기 결벽을 남에게 보이려 한다며 의심했다.

당시 사람들이 말하기를, "세상에 나서 때를 만나지 못하여 태상(太常)의 아내가 되었네. 1년 3백60일에 3백59일이 재(齋)이다(부부가 함께 있는 날은 단 하루뿐)."라고 했다. 뒤에 천자는 자주 삼로(三老)와 오경(五更)이라 하여 존경했다. 《한관의(漢官儀)》에 삼백오십일재(三百五十日齋)의 재(齋)자 아래의 주(注)에 말하기를, '하루라도 재(齋)를 올리지 않는 날조차 술취해서 엉망진창이었다'는 말이 있다.

原文 後漢周澤字穉都, 北海安丘人. 顯宗時爲司徒. 性簡忽威儀, 頗失宰相之望. 後爲太常, 淸潔脩行, 盡敬宗廟. 嘗臥疾齋宮. 其妻哀澤老病, 闚問所苦. 澤大怒, 以妻干犯齋禁, 收送詔獄謝罪. 當世疑其詭激. 時人爲語曰, 生世不諧作太常妻. 一歲三百六十日, 三百五十九日齋. 後數爲三老五更. 漢官儀, 於齋下云, 一日不齋醉如泥.

註解 ㅇ後漢(후한)－《후한서》〈열전〉 69에 있는 이야기임. ㅇ詔獄(조옥)－조서를 받드는 데 죄를 져서 생기는 옥사(獄事). ㅇ三老五更(삼로오경)－고대에 천자가 부형(父兄)의 예로써 우대한 노인인데 이들이 한 마을의 교화를 맡았다. 삼로(三老)와 오경(五更)이 각각 한 사람씩 있었다. ㅇ漢官儀(한관의)－한(漢)나라 관청의 의례(儀禮). ㅇ泥(이)－동해(東海)에서 난다는 뼈없는 벌레. 여기서는 고주망태를 뜻함.

229. 마후대련(馬后大練)

－마황후(馬皇后)가 거친 비단옷을 입다

후한(後漢) 명덕황후(明德皇后 : 馬皇后)는 복파장군(伏波將軍) 마원(馬援)의 작은딸이다. 나이 10세에 집일을 주장해 처리하여 성인(成人)과 같았다. 일찍이 오랫동안 병으로 고생한 적이 있다. 대부인(大夫人)이 무당에게 묻자 무당이 말하기를, "이 따님은 비록 오랫동안 병이 있어도 뒤에 마땅히 아주 귀하게 될 것이니 병의 조짐을 말할 수가 없습니다."라고 했다. 뒤에 또 관상보는 사람을 불러 여러 딸들을 보였는데 황후(皇后)를 보자 크게 놀라면서 말하기를,

"저는 장차 반드시 이 아가씨에게 신(臣)이라 일컬을 것입니다."라고 했다.

그후 뽑혀서 황태자 궁중에 들어갔는데 황태자가 즉위하여 현종(顯宗 : 明帝)이 되자 그녀로 귀인(貴人)을 삼았다. 이때 가씨(賈氏)가 숙종(肅宗 : 章帝)을 낳자 황제가 명하여 그를 기르게 하고 이르기를, "그대에게는 아이가 없는데 앞으로 반드시 아이를 낳는다는 보장이 없소. 그런즉 이 아이를 양자로 맞아 기르는 게 좋겠소이다. 그러나 친자식이 아니어서 사랑하는 것이 지극하지 못할 것을 근심할 뿐이오."라고 했다. 황후는 마음을 다하여 길러서 자기가 낳은 것보다 더했는데 숙종도 역시 효도의 성품이 순수하고 돈독하며 은혜와 정리가 천성으로 지극하여 어머니와 아들의 자애(慈愛)가 조그만치도 틈이 없었다.

이때 유사(有司)가 장추궁(長秋宮)을 황후(皇后)로 세우자고 상주(上奏)했는데 황제는 아무 말이 없었다. 황태후(皇太后)가 말하기를, "마귀인(馬貴人)은 덕(德)이 후궁(後宮) 중에서 뛰어났으니 곧 그 사람이 좋겠소."라고 했고 드디어 황후로 세웠다. 그녀는 정식으로 황후의 자리에 앉았건만 더욱 스스로 겸손하고 엄숙하여 능히 《역경(易經)》을 외우고 《춘추(春秋)》와 《초사(楚辭)》 읽기를 좋아했으며 더욱이 《주례(周禮)》와 동중서(董仲舒)의 글을 좋아하고 항상 거친 비단옷을 입고 치마에 선을 두르지 않았다.

原文 **後漢明德皇后, 伏波將軍援小女. 年十歲幹理家事, 同成人. 嘗久疾. 大夫人令筮. 筮者曰, 此女雖久疾, 後當太貴. 兆不可言. 後又呼相者, 使占諸女. 見后大驚曰, 我必爲此女稱臣. 後選入宮. 顯宗卽位, 以爲貴人. 時賈氏生肅宗. 帝命令養之謂, 女人未必當自生子. 但患愛子不至耳. 后盡心撫育, 過於所生. 肅宗亦孝性淳篤, 恩情天至. 母子慈愛, 無纖介之**

閒. 有司奏立長秋宮. 帝未有所言. 皇太后曰, 馬貴人德冠後宮. 卽其人也. 遂立爲皇后. 旣正位宮闈, 愈自謙肅. 能誦易經, 好讀春秋 · 楚辭, 尤善周官 · 董仲舒書. 常衣大練, 裙不加緣.

註解 ㅇ後漢(후한)－《후한서》〈황후기(皇后記)〉 제10에 있는 이야기임. ㅇ明德皇后(명덕황후)－명(明)은 명제(明帝), 즉 현종(顯宗)의 후(后)임을 나타낸 것이고, 덕(德)은 그 시호이다. ㅇ成人(성인)－어른이 된 사람. ㅇ大夫人(대부인)－남의 어머니를 존대하여 일컫는 말. ㅇ貴人(귀인)－여관(女官)으로서 황후(皇后)의 다음 자리. ㅇ長秋宮(장추궁)－황후(皇后)가 거처하는 궁(宮). 여기서는 마귀인(馬貴人). ㅇ易經(역경)－《주역(周易)》. ㅇ董仲舒(동중서)－전한(前漢) 무제(武帝) 시대의 대학자. 벼슬이 정승에 이르렀으나 이것을 그만두고 저술에 힘쓰다가 생을 마침. ㅇ大練(대련)－대백(大帛). 두꺼운 비단이나 거친 비단. 여기에서는 누빈 명주임.

230. 맹광형채(孟光荊釵)

－맹광(孟光)이 가시나무 비녀를 꽂다

후한(後漢) 양홍(梁鴻)의 자는 백란(伯鸞)이니 부풍(扶風) 평릉(平陵) 사람이다. 같은 고을의 맹씨(孟氏)에게 딸이 있는데 몸이 살찌고 용모가 추하고 검은데 힘은 돌절구를 들었다. 짝을 고르다가 나이 30이 되었는데 부모가 걱정이 되어 결혼 상대자의 조건을 물으니 대답하기를, "어질기가 양백란(梁伯鸞) 같은 자라야 하겠습니다."라고 했다. 양홍이 이 말을 듣고 맞아갔다. 시집을 가자 비로소 장식을 하고 문에 들어갔는데 7일이 되도록 양홍은 응대(應待)가 없었다.

이에 아내가 죄를 청하자 양홍이 말하기를, "나는 소박한 옷을 입은 사람과 같이 깊은 산에 숨으려고 했는데 비단옷에 분바르고 눈썹을 그린 사람이 어찌 내 소원이었겠소?"라고 하니 아내가 말하기를, "저도 그럴 속셈으로 숨어살 때 입는 옷을 가지고 있습니다."하고 이에 다시 머리를 묶은 차림에 무명옷을 입고 물긷는 모습으로 양홍 앞에 나왔다. 양홍은 크게 기뻐하며 말하기를, "진정 양홍의 아내로다."하고 그녀의 자를 덕요(德曜)라 하고 이름을 맹광(孟光)이라 하고 이에 함께 패릉산(覇陵山) 속으로 들어갔다.

原文 **後漢梁鴻字伯鸞, 扶風平陵人. 同縣孟氏有女. 狀肥醜而黑, 力擧石臼. 擇對至年三十. 父母問其故. 曰, 得賢如梁伯鸞者. 鴻聞而聘之. 及嫁始以裝飾入門. 七日而鴻不答. 妻請罪. 鴻曰, 吾欲裘褐之人, 可與俱隱深山者. 今乃衣綺縞傅粉墨. 豈所願哉. 妻曰, 妾自有隱居之服. 乃更爲椎髻布衣, 操作而前. 鴻大喜曰, 眞梁鴻妻也. 字之曰德曜. 名孟光. 乃共入霸陵山中.**

註解 ㅇ後漢(후한)-《후한서》〈열전〉 73 일민전(逸民傳)에 있는 이야기임.

231. **안숙병촉**(顔叔秉燭)

-안숙자(顔叔子)가 밤새 촛불을 들고 있었다

《모공시전(毛公詩傳)》에 말하기를, 옛날에 안숙자(顔叔子)가 홀로 방에 있는데 이웃집 과부도 홀로 방에 거처하고 있었다. 어느 날 밤에 폭풍우가 닥쳐와서 방이 무너지자 부인이 달려오니 안숙자는 그녀를 맞아 촛불을 들게 하고 해가 뜰 때까지 밤을 샜다. 그러는 동안 초가 다 닳으면 장작을 불사르고 장작이 다 타면 지붕의 이엉을 걷어다가 불을 밝혔다. 그러면서도 스스로 이르기를 혐의를 피하는 것이 제대로 되지 않았다고 했다. 만일 제대로 하려면 마땅히 노(魯)나라 사람과 같이 해야 할 것이라고도 했다.

노나라에 한 남자가 있어 홀로 방에서 거처하는데 이웃에 사는 과부도 또 홀로 방에서 거처하고 있었다. 어느 날 밤에 폭풍우가 있어 방이 무너져서 부인이 남자에게 가서 의탁하려 했으나 남자는 문을 닫고 들어오지 못하게 하면서 말하기를, "내가 들으니 남녀(男女)가 60이 되지 않으면 같이 있지 않는다고 했는데 지금 그대는 젊고 나도 또한 젊으니 받아들일 수가 없소."라고 했다. 이에 부인은 말하기를, "그대는 어찌해서 유하혜(柳下惠)와 같게 하지 못하시오? 유하혜는 길에서 만난 여인이더라도 추위로 고생하고 있으면 체온으로 덥혀주었건만 그래도 나라 사람들은 이것을 어지럽다고 말하지 않았소이다."라고 했다. 이에 남자는 말하기를, "유하혜는 덕이 있는 사람이기에 그런 짓을 해도 물론 상관없지요. 하지만 나처럼 부덕한 자는 유하혜의 흉내를 내도 안된다오."라고 했다. 공자(孔子)는 말하기를, "유하혜를 배우고자 하는 자는 이 노나라 사람처럼 하는 게 제일 좋다."라고 했다.

原文 **毛公詩傳曰, 昔者顔叔子獨處于室. 隣人嫠婦又獨處于室. 夜暴風雨之而室壞. 婦人趨而至. 叔子納之而使執燭放乎旦. 而蒸盡縮屋而繼之. 自以爲辟嫌之不審矣. 若其審者, 宜若魯人然. 魯有男子. 獨處于室. 隣人嫠婦又獨處于室. 夜暴風雨至而室壞. 婦人趨而託之. 男子閉户而不納. 曰, 吾聞之. 男女不六十不閒居. 今子幼, 吾亦幼. 不可以納子. 婦人曰, 子何不若柳下惠然. 嫗不逮門之女, 國人不稱亂. 男子曰,**

柳下惠固可. 吾固不可. 吾將以吾不可學柳下惠之可. 孔子曰, 欲學柳下惠者, 未有似於是也.

註解 ㅇ毛公詩傳(모공시전)－한(漢)나라 사람, 모형(毛亨)과 모장(毛萇)이 전한《시경(詩經)》. ㅇ柳下惠(유하혜)－춘추시대 노(魯)나라 사람. 곧 전금(展禽). 이름은 확(獲). 일찍이 벼슬하여 사사(士師)가 됨. 버드나무 아래〔柳下〕에 살았고 그의 시호(諡號)가 혜(惠)이기 때문에 유하혜(柳下惠)라고 일컫는다.

232. 송홍불해(宋弘不諧)

－송홍(宋弘)은 일이 이루어지지 않다

후한(後漢) 송홍(宋弘)의 자는 중자(仲子)이니 경조(京兆) 장안(長安) 사람이다. 광무(光武)가 즉위하자 대사공(大司空)이 되었다. 이때 황제의 누이 호양공주(湖陽公主)가 새로 과부가 되었는데 황제가 그녀와 함께 조정 신하들과도 의논하며 은밀히 그녀 뜻을 보았다. 이에 공주가 말하기를, “송공(宋公)의 위엄있는 얼굴과 덕이 있는 그릇은 여러 신하가 미칠 수가 없습니다.”라고 하자 황제는 말하기를, “바야흐로 또 도모하리라.”라고 했다.

뒤에 송홍을 불러서 보는데 황제는 공주로 하여금 병풍 뒤에 앉게 한 다음 송홍에게 이르기를, “속언(俗言)에 말하기를 귀하게 되면 사귀던 사람을 바꾸고 부자가 되면 아내를 바꾸는 것이 인정이라고 하지 않았던가?”라고 하니 송홍은 말하기를, “신(臣)은 듣자오니 가난하고 천할 때 사귄 사람은 가히 잊을 수가 없고 가난할 때 고생을 같이하던 아내는 당에서 내려가게 하지 않는다고 하였습니다.”라고 한다. 이때 황제는 공주를 돌아보고 이르기를, “일이 잘 되지 않는다."라고 했다.

송홍은 얻은 곡식을 구족(九族)에게 나누어 주어 집에 재산이 없으니 맑은 행동으로 일컬어졌다. 그가 사귀는 사람은 어진 선비 환량(桓梁) 등 30여명인데 혹 정승 및 공경(公卿)이 된 사람들이다.

原文 **後漢宋弘字仲子, 京兆長安人. 光武卽位爲大司空. 時帝姊湖陽公主新寡. 帝與共論朝臣, 微觀其意. 主曰, 宋公威容德器, 群臣莫及. 帝曰, 方且圖之. 後引見. 帝令主坐屛風後. 因謂弘曰, 諺言, 貴易交, 富易妻. 人情乎. 弘曰, 臣聞貧賤之交不可忘, 糟糠之妻不下堂. 帝顧謂主曰, 事不諧矣. 弘所得租奉, 分贍九族, 家無資産. 以淸行致稱. 所推進賢士桓梁三十餘人, 或相及爲公卿者.**

註解 ㅇ後漢(후한)-《후한서》〈열전〉 16에 있는 이야기임.

233. 등통동산(鄧通銅山)

-등통(鄧通)이 동산(銅山)을 하사받았다

전한(前漢) 등통(鄧通)은 촉군(蜀郡) 남안(南安) 사람이니 배를 잘 부려서 황두랑(黃頭郎 : 船長)이 되었다. 문제(文帝)가 일찍이 꿈을 꾸는데 하늘에 오르려 해도 되지 않더니 한 황두랑(黃頭郎)이 밀어서 하늘로 올라갔다. 문제가 돌아다보니 그 옷의 허리띠 뒤가 뚫어져 있었다. 깨어서 점대(漸臺)로 간 문제가 꿈에 본 사람을 남모르게 찾다가 보니 옷 뒤가 뚫어진 사람이 있는데 바로 꿈속에 본 사람이었다. 이에 불러서 그 성명을 물어보니 등통이라고 했다. 황제는 존경하고 사랑하여 상금으로 여러 만 냥씩 10여번을 주었는데 벼슬이 상대부(上大夫)에 이르렀다.

그러나 다른 재주와 능한 것이 없어서 능히 천거하여 통달하게 할 수가 없었다. 다만 몸을 삼가면서 황제의 눈치만 볼 뿐이었다. 황제가 상(相)보는 사람을 시켜 등통의 상을 보게 했더니 상보는 사람은 등통의 상을 보고 말하기를, "마땅히 가난하여 주려 죽을 것입니다." 라고 한다. 황제는 말하기를, "능히 능통을 부자가 되게 하는 것은 짐(朕)에게 달려 있다."하고 이에 촉(蜀)나라 엄도(嚴道)의 동산(銅山)을 하사하여 스스로 구리를 부어 돈을 만드는 특권을 주었다. 그리하여 당시 등씨(鄧氏)의 돈이 천하에 퍼졌으니 그 부(富)가 이와 같았다.

황제는 일찍이 악성의 종기를 앓았는데 등통은 황제를 위하여 입으로 종기를 빨았다. 이에 황제가 묻기를, "천하에서 누가 가장 짐을 사랑하겠는가?"하니 등통은 말하기를, "마땅히 태자(太子)만한 분이 없을 것입니다."라고 했다. 이때 마침 태자가 들어와서 병환을 묻자 황제가 종기를 입으로 빨라 하니 태자는 난처한 빛을 한다. 그러나 이윽고 등통이 일찍이 황제를 위하여 입으로 빨았다는 말을 듣고 태자는 부끄러워했다. 이로부터 마음속으로 등통을 원망했다. 문제의 뒤를 이어 경제(景帝)가 즉위하자 등통은 파면당했고 집에서 거처하는 것만 허용되었다. 어떤 사람이 등통이 나라 밖으로 돈을 빼낸다고 고발하자 그를 그 관계되는 관원에게 명하여 이 일을 조사토록 하는 한편 그의 재산을 모두 압수했다. 그는 마침내 남의 집에 얹혀 살다가 죽었다.

原文 前漢鄧通蜀郡南安人. 以濯船爲黃頭郎. 文帝嘗夢欲上天不能. 有一黃頭郎, 推上天. 顧見其衣尻帶後穿. 覺而之漸臺, 以夢中陰目求. 見通衣後穿. 夢中所見也. 召問其名姓. 帝悅尊幸之, 賞賜鉅萬以十數, 官至上大夫. 然無他伎能, 不

能有所薦達. 獨謹身媚上而已. 上使相者相通. 曰, 當貧餓死. 上曰, 能富通在我. 於是賜蜀嚴道銅山, 得自鑄錢. 鄧氏錢布天下. 其富如此. 上嘗病癰. 通爲上嗽吮之. 上問曰, 天下誰最愛我者. 通曰, 宜莫若太子. 太子入門疾. 上使齰癰. 太子色難之. 已而聞通嘗爲上齰之. 太子慙. 繇是心恨通. 景帝立, 通免家居. 人告通盜出徼外鑄錢. 下吏驗問, 盡沒入之. 竟寄死人家.

註解 ㅇ前漢(전한)—《전한서》〈열전〉63 영행전(佞幸傳)에 있는 이야기임. 《사기(史記)》〈영행전〉에도 있음. ㅇ黃頭郎(황두랑)—선박(船舶)을 관장하는 벼슬. ㅇ漸臺(점대)—미앙전(未央殿) 서쪽에 못이 있고 그 못 속에 점대(漸臺)가 있었다. ㅇ嚴道(엄도)—지명(地名).

234. 곽황금혈(郭況金穴)

—곽황(郭況)은 금구덩이이다

후한(後漢) 곽황(郭況)은 진정군(眞定郡) 고현(槀縣) 사람이니 광무제(光武帝)의 곽황후(郭皇后)의 아우이다. 황제는 곽황의 조심하고 근신하는 것을 좋게 여겼다. 나이 겨우 16세에 황문시랑(黃門侍郎)이 되었는데 황후의 아우라고 해서 귀중히 여겼다.

손님들이 많이 모여드는데 곽황은 겸손하고 공경하며 몸을 낮추어 자못 명성과 칭찬을 얻었다. 대홍려(大鴻臚)로 옮겼는데 황제가 자주 그 집에 거둥하여 제후(諸侯)와 친척들을 모아놓고 술을 마시며 잔치를 하곤 하는데 돈과 비단을 상으로 주었다. 그래서 풍성하기가 비할 데 없으니 도읍에서 곽황의 집을 금혈(金穴)이라고 일컬었다. 현종(顯宗)이 즉위한 후에도 자주 상으로 하사하는 것을 받아 은혜와 예의가 모두 두터웠다. 마침내 벼슬이 특진(特進)되었다.

原文 **後漢郭況眞定槀人, 光武郭皇后弟. 帝善況小心謹愼, 年始十六拜黃門侍郎. 以后弟貴重, 賓客輻湊. 況謙恭下士, 頗得聲譽. 遷大鴻臚. 帝數幸其第, 會諸侯親家飮燕. 賞賜金錢帛, 豊盛莫比. 京師號況家爲金穴. 顯宗卽位, 數受賞賜, 恩禮俱渥. 終特進.**

註解 ㅇ後漢(후한)－《후한서》〈황후기(皇后紀)〉 10 곽황후전(郭皇后傳)에 있는 이야기임. ㅇ金穴(금혈)－금구덩이. ㅇ特進(특진)－일정한 진급기간 안에 특별한 공로로 되는 진급.

235. 진팽반원(秦彭攀轅)

－진팽(秦彭)이 수레바퀴를 부여잡다

후한(後漢) 진팽(秦彭)의 자는 백평(伯平)이니 부풍(扶風) 무릉(茂陵) 사람이다. 한(漢)나라가 일어난 이후에 대대로 지위를 서로 계승하며 고위직에 있었다. 육세조(六世祖)인 진습(秦襲)이 영천태수(潁川太守)가 되었을 때 여러 일가 등 같은 때에 2천 석을 받는 태수(太守)가 된 자가 5명이었다. 이 까닭에 삼보(三輔) 지방에서 이름하여 '만석의 진씨'라고 하였다. 진팽(秦彭)도 영천태수가 되었고 계속하여 봉황(鳳凰)·기린(麒麟)·가화(嘉禾)·감로(甘露)의 상서로움이 그 고을의 경계에 모여 있었다.

숙종(肅宗)이 영천(潁川)에 거둥하여 문득 상으로 돈과 곡식을 하사하여 은혜와 사랑이 몹시 남과 달랐다. 《동관한기(東觀漢記)》에 말하기를, '진팽이 벼슬에서 떠나자 늙은이와 어린이까지 수레채를 만지면서 소리내어 울었다'고 했다.

原文 後漢秦彭字伯平, 扶風茂陵人. 自漢興之後, 世位相承. 六世祖襲爲潁川太守, 與群從同時爲二千石者五人. 故三輔號曰萬石秦氏. 彭爲潁川太守, 仍有鳳凰·騏麟·嘉禾·甘露之瑞, 集其郡境. 肅宗幸潁川, 輒賞賜錢穀, 恩寵甚異. 東觀漢記曰, 彭去任, 老幼攀轅號泣.

註解 ○後漢(후한)—《후한서》〈열전〉 66 순리전(循吏傳)에 있는 이야기임. ○嘉禾(가화)—좋은 벼를 말하는 것인데 여기에서는 아름다운 곡식으로서 상서로움의 뜻으로 쓰였다. ○甘露(감로)—단 이슬. 천하태평의 조짐으로서 하늘에서 내린다고 함. ○東觀漢記(동관한기)—동관(東觀)은 한(漢)나라 궁중의 서고(書庫). 한기(漢記)는 한(漢)나라의 기록.

236. 후패와철(侯霸臥轍)

—후패(侯霸)의 수레를 백성들이 누워서 가로막다

후한(後漢) 후패(侯霸)의 자는 군방(君房)이니 하남(河南) 밀현(密縣) 사람이다. 공경하고 엄숙하여 위엄스러운 얼굴이 있었다. 집에 천금이 있었으므로 산업(產業)을 일삼지 않고 돈독한 뜻으로 학문을 좋아했다. 왕망(王莽)의 말년에 회평태윤(淮平太尹)이 되었는데 정치를 다스려 능하다는 이름이 있었다.

왕망이 패하자 후패는 회평군을 보호하고 스스로 굳게 지켜 마침내 혼란에 빠지지 않도록 한 고을을 지켰다. 나라가 바뀌어 후패를 불렀는데 백성들이 늙은이와 약한 자까지 서로 이끌고 소리내어 울면서 사자(使者)의 수레를 막고, 혹 길에 누워 모두 말하기를, "비옵건대 후군(侯君)을 1년만 더 머물게 해주시옵소서."라고 했다. 광무제(光武帝) 때 대사도(大司徒)가 되었다.

原文 **後漢侯霸字君房, 河南密人. 矜嚴有威容. 家累千金, 不事産業. 篤志好學. 王莽末爲淮平太尹, 政理有能名. 及莽敗, 霸保固自守, 卒全一郡. 更始遣使徵霸. 百姓老弱, 相携號哭, 遮使者車, 或當道而臥. 皆曰, 願乞侯君復留朞年. 光武時爲大司徒.**

註解 ㅇ後漢(후한)－《후한서》〈열전〉 16에 있는 이야기임. ㅇ淮平太尹(회평태윤)－왕망(王莽)이 태수(太守)를 태윤(太尹)으로 고쳤다. ㅇ侯君(후군)－후패(侯霸)를 높여서 부른 말.

237. 순우자과(淳于炙輠)

－순우곤(淳于髡)은 기름통을 지지는 것과 같다

《사기(史記)》에 보면, 순우곤(淳于髡)은 제(齊)나라 사람이다. 널리 듣고 기억력이 좋았으나 학문에는 이렇다할 전공이 없었다. 그가 간(諫)하여 말하는 것이 안영(晏嬰)의 사람됨을 사모했다. 그러나 군주의 마음에 들게 하고 얼굴빛을 보는 것에 힘썼다.

어느 때 양혜왕(梁惠王) 앞에서 이야기했는데 3일 3야(夜)를 계속하면서도 싫증을 내지 않았다. 혜왕은 이에 경상(卿相)의 지위로 대우하려 했으나 순우곤은 그대로 사양하고 갔다. 이에 안거(安車)와 사마(駟馬)에 비단 다발과 구슬과 황금 백 일(鎰)을 보냈다. 그는 결국 몸이 마치도록 벼슬하지 않으니 제(齊)나라 사람들이 칭송해서 말하기를, "하늘을 말하는 추연(鄒衍)이요 용(龍)을 새기는 추석(鄒奭)이라 수레바퀴의 과(過 : 기름을 치는 도구)를 지지면서도 지치지 않는 것은 순우곤이다."라고 했다. 《유향별록(劉向別錄)》에 의하면 과(過)를 과(輠)로 적고 있다. 과(輠)는 수레에 기름을 넣는 그릇으로서 기름치는 도구를 가리킴이다. 지지기를 비록 기름을 다해도 오히려 남아 흐르는 것이 있을 것이니 순우곤의 지혜가 다하지 않는 것이 마치 기름통을 지지는 것과 같다는 말이다. 연(衍)과 석(奭)은 두 추씨(鄒氏)를 말한다.

原文 史記, 淳于髡齊人. 博聞强記, 學無所主. 其諫說慕晏嬰之爲人. 然而承意觀色爲務. 見梁惠王, 一語連三日三夜無倦. 惠王欲以卿相位待之. 髡因謝去. 送以安車駕駟, 束帛加璧, 黃金百鎰. 終身不仕. 齊人頌曰, 談天衍, 雕龍奭, 炙轂過髡. 劉向別錄, 過字作輠. 輠者車之盛膏器也. 炙之雖盡, 猶有餘流者. 言髡智不盡汝炙輠也. 衍·奭謂二騶.

註解 ㅇ史記(사기)―《사기》〈열전〉 14에 있는 이야기임. ㅇ晏嬰(안영)―춘추시대 제(齊)나라의 명신(名臣). 자는 평중(平仲). 제나라 3대의 임금을 섬겨 재상으로 있었고 공검역행(恭儉力行)으로 유명하다. ㅇ衍(연)―추연(鄒衍). 추연(騶衍)으로 쓰기도 한다. 전국시대 제(齊)나라 사람. 연(燕)나라 소왕(昭王)이 스승으로 섬겼다. 혜왕(惠王)이 참소를 듣고 옥에 가두었는데 여름철이건만 서리가 내려서 오곡이 나지 않았는데 그가 입으로 불어서 따뜻하게 하자 곡식이 자랐다.

238. 언국토설(彥國吐屑)

―언국(彥國)은 아름다운 말을 토했다

진(晉)나라 호모보지(胡毋輔之)의 자는 언국(彥國)이니 태산(泰

山) 봉고(奉高) 사람이다. 어렸을 때 사람을 잘 알아보는 안목이 있었는데 성질이 술을 좋아하고 조그만 절개에 구애받지 않았다.

왕증(王澄)・왕돈(王敦)・유애(庾敳)와 함께 모두 태위(太尉)가 되었는데 왕연(王衍)과 가까이하는 바가 되니 이들을 이름하여 사우(四友)라고 했다. 왕증이 일찍이 남에게 주는 글에서 말하기를, '언국은 아름다운 말을 하는 것이 마치 톱밥이 날아서 흩어지지 않는 것과 같으니 진실로 후진(後進)의 영수(領袖)가 될 것이다'라고 했다. 원제(元帝) 때 상주자사(湘州刺史)가 되었다.

原文 **晉胡毋輔之字彦國, 泰山奉高人. 少有知人之鑒. 性嗜酒, 任縱不拘小節. 與王澄・王敦・庾敳俱爲太尉王衍所昵. 號曰四友. 澄嘗與人書曰, 彦國吐佳言, 如鋸木屑, 霏霏不絶. 誠爲後進領袖也. 元帝時爲湘州刺史.**

註解 ㅇ晉(진)-《진서》〈열전〉 19에 있는 이야기임. ㅇ王澄(왕증)-진(晉)나라 사람. 왕연(王衍)의 아우. 혜제(惠帝) 만년에 벼슬이 형주자사(荊州刺史)가 됨. ㅇ王敦(왕돈)-진(晉)나라 임기(臨沂) 사람. 무제(武帝)의 딸에게 장가들어 부마도위(駙馬都尉)가 됨. 뒤에 양주자사(楊州刺史)가 되고 뒤에 두도(杜弢)의 난을 평정하고 시중(侍中)이 됨. ㅇ庾敳(유애)-진(晉)나라 사람. 벼슬이 이부랑(吏部郎)에 이름. ㅇ領袖(영수)-두목.

239. **태진옥대**(太眞玉臺)

-태진(太眞)의 옥경대(玉鏡臺)

《진서(晉書)》에 보면, 온교(溫嶠)의 자는 태진(太眞)이니 태원(太原) 기현(祈縣) 사람이다. 성질이 총명하고 민첩하며 도량이 많고 널리 배워 능히 글을 지었다. 그리고 어렸을 때 효도와 우애로 원근(遠近) 사람들에게서 칭찬을 받았다.

성제(成帝) 때 표기장군(驃騎將軍)이 되었다가 시안군공(始安郡公)이 되었다. 《세설신어(世說新語)》에 말하기를, 온교가 부인을 잃은 것은 서진(西秦)의 난(亂) 때이다. 이때 종고모(從姑母) 유씨(劉氏)네도 난리를 겪으면서 떠나거나 흩어지고 오직 한 딸이 있는데 모양이 아름답고 지혜가 있었다. 이때 종고모는 공(公)에 부탁하여 혼인할 곳을 주선해 달라고 했다.

그러나 공은 스스로 혼인할 뜻이 있어서 대답하기를, "아름다운 혼처는 얻기가 어렵지만 다만 저 같은 사람은 어떻겠습니까?"라고 하니 종고모는 이르기를, "초상으로 패한 나머지에 거칠은 것을 빌어 겨우 사는 처지지만 딸아이만은 편안하게 살 수 있는 집안으로 시집보내고 나의 남은 세월도 위로받아야겠는데 어찌 감히 너에게 비교하기를 바라겠는가?"라고 했다. 그후 며칠 있다가 공(公)이 종고모에게 이르기를, "이미 혼처를 얻었는데 문벌(門閥)이나 사위감의 몸매가 모두 저만 못하지 않습니다."라며 옥경대(玉鏡臺) 하나를 내려놓으니 종고모는 크게 기뻐했다. 이미 교례(交禮)를 끝내자 종고모의 딸은 손으로 긴 부채를 펴고 크게 웃기를, "나는 진실로 당신께서 친히 사위가 되시기를 자청하지 않을까 의심했었는데 역시 내 짐작이 맞았네요."라고 했다.

옥경대(玉鏡臺)는 곧 공(公)이 유월석(劉越石)의 장사(長史)로서 북쪽으로 유총(劉聰)을 정벌할 때 얻은 것이다.

原文 **晉書, 溫嶠字太眞, 太原祈人. 性聰敏有識量. 博學能屬文. 少以孝悌稱於邦族. 成帝時爲驃騎將軍始安郡公. 世說曰, 嶠喪婦. 從姑劉氏家, 經亂離散. 唯有一女, 甚有姿慧. 姑屬公覓婚. 公有自婚意. 答曰, 佳壻難得. 但如嶠云何. 姑**

云, 喪敗之餘, 乞粗存活. 便是慰吾餘年. 何敢希汝比. 後少日, 公報姑云, 已得婚所. 門地堺身, 盡不減嶠. 因下玉鏡臺一枚. 姑大喜, 旣交禮. 女以手披紗扇, 撫掌大笑曰, 我固疑是老奴. 果如所卜. 玉鏡臺是公爲劉越石長史, 北征劉聰所得也.

註解 ㅇ晉書(진서)－《진서》〈열전〉 37에 있는 이야기임. ㅇ世說(세설)－《세설신어(世說新語)》〈가휼편(假譎篇)〉에 있음. ㅇ玉鏡臺(옥경대)－온교(溫嶠)가 북쪽으로 유총(劉聰)을 정벌하러 갔을 때 얻은 경대. ㅇ交禮(교례)－혼인의 예(禮).

240. 무자금랄(武子金埒)

－무자(武子)는 금으로 담을 쌓다

진(晉)나라 왕제(王濟)의 자는 무자(武子)이니 태원(太原) 진양(晉陽) 사람이다. 젊었을 때부터 남보다 뛰어난 재주가 있고 풍채가 영특하고 시원하며 기개가 한 세상을 덮었다. 활쏘기와 말타는 것을 좋아하고 용력이 남보다 뛰어났으며 《주역(周易)》과 노장(老莊)의 학문에 능하고 문장이 빼어났으며 기예(技藝)가 출중하여 화교(和嶠)・배해(裵楷)와 이름이 가지런했다.

상산공주(常山公主)에게 장가들고 집안을 일으켜서 중서랑(中書郎)에 임명되었다가 시중(侍中)으로 옮겼는데 일에 연좌되어 벼슬에서 물러났다. 이에 북망산(北邙山) 아래로 집을 옮겼다. 그는 성질이 호탕하고 사치스러워서 좋은 옷에 아름다운 음식을 먹었다. 이때 도읍에 땅이 몹시 귀했는데 왕제는 땅을 사서 밖에 담을 쌓아 돈을 엮어 가득하니 당시 사람들이 이르기를 금구(金溝)라고 했다.

原文 晉王濟字武子, 太原晉陽人. 少有逸才. 風姿英爽, 氣蓋一時. 好弓馬, 勇力絶人. 善易及莊老. 文詞俊茂, 伎藝過人, 和嶠·裵楷齊名. 尙常山公主, 起家拜中書郞, 遷侍中. 坐免官, 乃移第北邙山下. 性豪侈, 麗服玉食. 時洛京地甚貴. 濟買地爲馬埒, 編錢滿之. 時人謂爲金溝.

註解 ㅇ晉(진)－《진서》〈열전〉 12에 있는 이야기임. ㅇ技藝(기예)－손재주.

241. 무마대성(巫馬戴星)
242. 복천탄금(宓賤彈琴)

－무마기(巫馬期)는 별을 이고, 복자천(宓子賤)은 거문고를 타다

《여씨춘추(呂氏春秋)》에 말하기를, 복자천(宓子賤)이 선보(單父)의 재(宰)가 되어 다스리는데 거문고를 타서 울리고 몸이 마루에서 내려가지 않고서도 선보 지방이 다스려졌다. 한편 무마기(巫馬期)도 그곳 재(宰)가 되어 다스리는데 별을 보고 나갔다가 별을 보고 들어가는데 밤낮으로 편안치 못하고 몸으로 친히 일했는데 복자천만큼 다스리지 못했다.

이에 무마기가 그 까닭을 묻자 복자천은 말하기를, "내가 하는 것은 사람을 골라서 쓰고 그 사람에게 맡기는 것인데 그대가 하는 것은 그대 한 사람의 힘에 맡기는 것이오. 힘에 의지하면 심히 피곤하고 남에게 맡기면 편안한 것이오."라고 했다.

原文 呂氏春秋曰, 宓子賤治單父, 彈鳴琴, 身不下堂, 而單

父治. 巫馬期以星出, 以星入, 日夜不居, 以身親之. 而單父亦治. 巫馬期問其故. 宓子曰, 我之謂任人. 子之謂任力. 任力者故勞, 任人者故逸.

註解 ㅇ呂氏春秋(여씨춘추)－진(秦)나라 여불위(呂不韋)가 편찬했다는 잡서(雜書). ㅇ單父(선보)－지명(地名).

243. 학렴유전(郝廉留錢)

－학렴(郝廉)이 돈을 두고 가다

《풍속통(風俗通)》에 말하기를, 학자렴(郝子廉)은 주려도 먹을 것을 얻지 못하고 추워도 옷을 얻지 못하는 처지이건만 한 가지도 남에게 받지 않았다. 일찍이 누이의 집을 지나다가 밥을 먹었는데 돈을 자리 밑에 두고 갔다. 언제나 길을 가다가 물을 마셔도 1전(錢)을 우물 속에 던졌다.

原文 **風俗通, 郝子廉飢不得食. 寒不得衣. 一介不取諸人. 曾過姊飯. 留錢席下而去. 每行飮水, 常投一錢井中.**

註解 ㅇ風俗通(풍속통)－정확한 명칭은 《풍속통의(風俗通義)》. 한(漢)나라 응소(應劭) 찬(撰). 10권. 전례(典禮)를 고증한 책이다.

244. 뇌의송금(雷義送金)

－뇌의(雷義)가 금을 돌려보내다

후한(後漢) 뇌의(雷義)의 자는 중공(仲公)이니 예장(豫章) 번양

(鄱陽) 사람이다. 처음에 군(郡)의 공조(功曹)가 되었는데 착한 사람을 발탁하여 천거했으나 그 공을 자랑하지 않았다. 뇌의가 일찍이 어떤 사람의 죽을 죄를 구제해 주었더니 그 죄인이 뒤에 금 두 근으로 사례했다. 그러나 그것을 받지 않았는데 그 사람은 뇌의가 집에 없는 틈을 타서 남몰래 방의 천장 위에 놓아두었다.

뒤에 지붕을 수리하다가 그 금을 발견했는데 금을 준 사람은 이미 죽어서 돌려줄 곳이 없자 이에 현조(縣曹)에 주었다. 그후 시어사(侍御史)에 임명되고 남돈령(南頓令)에 제수되었다.

原文 **後漢雷義字仲公，豫章鄱陽人. 初爲郡功曹，擢擧善人不伐其功. 義嘗濟人死罪. 罪者後以金二斤謝. 不受. 金主伺義不在，默投金於承塵上. 後葺理屋宇，乃得之. 金主已死，無所復還. 乃以付縣曹. 後拜侍御史，除南頓令.**

註解 ○後漢(후한)－《후한서》〈열전〉71 독행전(獨行傳)에 있는 이야기임. ○功曹(공조)－군(郡)의 녹사(錄事). ○縣曹(현조)－현(縣)의 관청.

245. 봉맹괘관(逢萌挂冠)

－봉맹(逢萌)이 관(冠)을 걸어놓다

후한(後漢) 봉맹(逢萌)의 자는 자경(子慶)이니 북해(北海) 도창(都昌) 사람이다. 장안(長安)에 가서 배워《춘추경(春秋經)》에 통달했다.

이때 왕망(王莽)이 자신의 비도(非道)함을 간하는 아들 왕우(王宇)를 죽이자 봉맹은 친구에게 이르기를, "삼강(三綱)이 끊어졌으니 가지 않으면 화가 장차 사람들에게 미칠 것이다."라 하고 즉시 관

(冠)을 벗어 동도(東都)의 성문에 걸어놓고는 집안 식구를 데리고 바다를 건너 요동(遼東)에서 나그네가 되었다.

봉맹은 본래 음양(陰陽)의 이치에 밝아 왕망이 세운 신(新)나라가 장차 패할 것을 알고 이에 머리에 기와 동이를 이고 저자에서 울며 말하기를, "신(新)이여 신(新)이여!"하고 드디어 자취를 감추었다. 뒤에 광무제(光武帝)가 불렀으나 나가지 않았다.

原文 **後漢逢萌字子慶, 北海都昌人. 之長安學, 通春秋經. 時王莽殺其子宇. 萌謂友人曰, 三綱絶矣, 不去禍將及人, 卽解冠挂東都城門, 將家屬浮海, 客於遼東. 萌素明陰陽. 知莽將敗, 及首戴瓦盎, 哭於市曰, 新乎新乎. 因遂潛藏. 後光武徵不起.**

註解 ㅇ後漢(후한)-《후한서》〈열전〉 73 독행전(獨行傳)에 있는 이야기임. ㅇ三綱(삼강)-군신(君臣)·부부(夫婦)·부자(父子) 사이의 도리를 말함. ㅇ陰陽(음양)-음(陰)과 양(陽)을 가지고 길흉(吉凶)을 점침. ㅇ新(신)-왕망(王莽)이 찬역(簒逆)하고 나라 이름을 신(新)이라고 불렀음.

246. 호소투잠(胡昭投簪)

-호소(胡昭)가 벼슬을 버리다

《위지(魏志)》에 보면, 호소(胡昭)의 자는 공명(孔明)이니 영천(潁川) 사람이다. 정신을 수양하고 벼슬하려고 하지 않았다. 처음에 기주(冀州) 땅으로 피했는데 원소(袁紹)의 명령을 사양하고 도망하여 고향으로 돌아갔다. 태조(太祖 : 曹操)가 처음에 정승이 되어 자주 예의로 부르자 호소는 가서 명령에 응하고 스스로 말하기를, “한낱 들에서 난 시골 사람으로서 군사와 나라에 쓰임이 되지 못하옵니다. 진정을 아뢰기 위해 온 것이니 가기를 구합니다.”라고 하자 태조는 말하기를, “사람은 각각 뜻이 있는 법인즉 나가고 돌아가는 것은 그 뜻에 따르는 법이오. 부름을 취소하여, 그대가 원하는 대로 살게 해 주겠소. 나는 권세를 가지고 그런 것을 굴복시키고 싶지는 않소이다.”라고 했다. 호소는 이에 육혼산(陸渾山) 속으로 옮겨가서 몸소 밭갈고 도(道)를 즐기면서 경적(經籍)으로써 스스로 즐기니 온 마을이 공경하고 사랑했다.

건안(建安) 말년에 백성 손랑(孫狼) 등이 반란을 일으켰는데 스스로 약속해 말하기를, “호거사(胡居士)는 어진 사람이니 그가 사는 부락을 범할 수가 없다.”고 하여 영천(潁川) 한 고을이 호소의 힘으로 모두 편안치 않은 일이 없었다. 뒤에 관청의 수레로 특별히 불렀으나 마침 졸(卒)했다. 지우(摯虞)가 호소의 찬(贊)을 지어 말하기를, ‘관(冠)에 꽂는 비녀를 던지고 띠를 말아두고서, 소리를 감추고 자취를 숨겼네’라고 했다.

原文 **魏志, 胡昭字孔明, 潁川人. 養志不仕. 始避地冀州, 辭袁紹之命, 遁還鄕里. 太祖爲相, 頻加禮辟. 昭往應命, 自陳一介野生無軍國之用, 歸誠求去. 太祖曰, 人各有志. 出處異趣. 免卒雅尙, 義不相屈. 昭乃轉居陸渾山中, 躬耕樂道, 以經籍自娛. 閭里敬愛之. 建安末民孫狼等叛亂. 自相約言, 胡居士賢者. 一不得犯其部落. 一川賴昭咸無怵惕. 後公車特徵. 會卒. 摯虞作昭贊曰, 投簪卷帶, 韜聲匿跡.**

註解 ㅇ魏志(위지)-《위지》 권11 왕열전(王烈傳)에 있는 이야기임.
ㅇ摯虞(지우)-진(晉)나라 장안(長安) 사람. 재주와 학문이 능히 통하고

넓어서 일찍이 《사유부(思遊賦)》를 지었다.

247. 왕교쌍부(王喬雙鳧)
-왕교(王喬)는 쌍오리를 타고 다녔다

후한(後漢) 왕교(王喬)는 하동(河東) 사람인데 섭령(葉令)이 되었다. 왕교는 신술(神術)이 있어서 매달 초하루와 보름이면 항상 스스로 대조(臺朝)에 나가는데 현종(顯宗)은 그가 자주 오건만 수레와 말이 보이지 않는 것을 괴상히 여겨 은밀히 태사(太史)로 하여금 살펴보게 했다. 그가 도착할 때를 살펴보니 문득 두 마리의 물오리가 남쪽으로부터 날아오는 것이었다.

이에 오리가 오기를 기다려 새그물을 쳐 잡았더니 다만 한 쌍의 까치를 얻었을 뿐이었다. 그 뒤에 하늘로부터 옥으로 만든 관(棺)이 현청 앞에 내려왔다. 왕교는 말하기를, "천제(天帝)께서 나만 홀로 부르느냐?"하고 이에 목욕한 다음 옷과 장식을 차리고 그 안에서 자더니 문득 덮개가 슬며시 덮여졌다. 성(城)의 동쪽에 장사지내고 백성들이 그를 위하여 사당을 세우니 이름을 섭군사(葉君祠)라고 했다.

原文 **後漢王喬河東人. 爲葉令. 喬有神術. 每月朔望, 常自詣臺朝. 顯宗怪其來數而不見車騎, 密令太史伺望之. 言其臨至, 輒有雙鳧, 自南飛來. 於是候鳧至, 擧羅張之, 但得一雙舃焉. 後天下玉棺於堂前. 喬曰, 天帝獨召我邪. 乃沐浴服飾寢其中. 蓋便立覆. 葬於城東. 百姓爲立廟, 號葉君祠.**

註解 ㅇ後漢(후한)-《후한서》〈열전〉72 방술전(方術傳)에 있는 이

야기임. ㅇ神術(신술)－신기한 술법(術法). ㅇ臺朝(대조)－대(臺)도 조정을 말함.

248. **화타오금**(華佗五禽)

－화타(華佗)는 오금(五禽)의 운동을 했다

후한(後漢) 화타(華佗)의 자는 원화(元化)이니 패국(沛國) 초현(譙縣) 사람이다. 수학(數學)과 경서(經書)에 모두 능통하고 장생술(長生術)을 터득하여 나이가 100세가 지났는데도 오히려 젊은 얼굴이 있으니 당시 사람들이 신선이라고 했다.

방약(方藥)에 정밀했는데 약을 조제(調劑)하는 데는 두어 종류에 지나지 않고 침을 놓고 뜸을 뜨는 곳도 두어 곳에 지나지 않았다. 만약 병이 속에서 나서 뭉치어 침과 약이 능히 미치지 못하는 곳이라면 이에 먼저 마비산(麻沸散)을 먹여서 이미 취하여 감각이 없게 한 다음 바로 등이나 배를 가르고 묵은 것을 꺼냈다. 만일 장(腸)이나 위(胃)에 병이 있을 때에는 자르고 씻어내어 병으로 더러워진 곳을 떼어 버리고 다시 꿰맨 다음 신고(神膏)를 붙이는데 4, 5일이면 다친 곳이 낫고 한 달이면 회복되었다.

사람됨이 성질이 악하고 또 의원으로 생업을 삼는 것을 부끄러워했다. 조조(曹操)가 여러 번 글을 보내서 불렀더니 그때마다 약속 기일에 돌아오지 않자 마침내 그를 죽였다.

광릉군(廣陵郡)의 오보(吳普)가 화타를 좇아 배웠는데 화타가 오보에게 이르기를, "사람의 몸이 건강하려면 노동(勞動)을 해야 한다. 다만 마땅히 지극하게 하지는 말아야 한다. 움직여 흔들면 곡식의 소화가 잘 되고 혈맥이 흐르고 통하여 병이 생기지 못하는 것이다. 비유컨대 문의 돌쩌귀가 썩지 않는 것과 같은 것이다. 옛날의 신선은 도인(導引)이란 것을 했었다. 그것은 공기를 깊이 들이마시어 배 속에 도입(導入)하고 웅경치고(熊經鴟顧)하며 허리를 펴서 관절(關節)을 움직임으로써 늙지 않는 법을 구하는 것이다. 나에게 한 가지 방법이 있으니 이름하여 오금(五禽)의 놀이라고 한다. 첫째는 범이요, 둘째는 사슴이요, 셋째는 곰이요, 넷째는 원숭이요, 다섯째는 새이니 역시 병을 없애고 겸해서 다리를 튼튼하게 하는 이로움이 있는데 이로써 도인(導引)을 당할 수가 있다. 몸이 불쾌(不快)하면 일어나서 한 짐승의 놀이를 하여 몸이 편안해지면서 땀이 나게 하고 계속하여 분(粉)을 바르면 몸이 편하고 음식이 먹고 싶어질 것이다." 라고 했다. 오보가 이것을 시행했더니 나이 90이 넘었는데도 귀와 눈이 밝고 치아도 완전히 견고했다.

原文 後漢華佗字元化, 沛國譙人. 兼通數經, 曉養性之術. 年且百歲, 猶有壯容. 時人以爲仙. 精於方藥, 處劑不過數種. 針灸不過數處. 若疾發結於內, 針藥所不能及者, 乃令先以酒服麻沸散, 旣醉無所覺, 因刳破腹背, 抽割積聚. 若在腸胃, 則斷截湔洗除去疾穢, 旣而縫合, 傅以神膏. 四五日創愈, 一月閒平復. 爲人性惡, 且恥以醫見業. 曹操累書呼之. 數期不反. 竟殺之. 廣陵吳普從佗學. 佗謂普曰, 人體欲得勞動. 但不當使極耳. 動搖則穀氣得銷, 血脈流通, 病不能生. 譬猶户樞終不朽也. 古之仙者爲導引之事, 熊經鴟顧, 引挽腰體, 動諸關節, 以求難老. 吾有一術, 名五禽之戲. 一曰虎, 二曰鹿, 三曰熊, 四曰猨, 五曰鳥. 亦除疾, 兼利蹏足, 以當導引. 體有不快, 起作一禽之戲, 怡而汗出. 因以著粉, 身體輕便而欲食. 普施行之, 年九十餘, 耳目聰明, 齒牙完堅.

註解 ㅇ後漢(후한)－《후한서》〈열전〉72 방술전(方術傳)에 있는 이

야기임. ㅇ方藥(방약)－의술의 방법과 약물. ㅇ痲沸散(마비산)－《수호전(水滸傳)》에 나오는 몽한약(蒙汗藥)과 같음. ㅇ關節(관절)－뼈와 뼈가 서로 맞닿는 부분. ㅇ導引(도인)－몸과 수족을 굴신(屈伸)하여 신선한 공기를 마시는 도가(道家)의 양생법(養生法).

249. 정막예서(程邈隸書)

－정막(程邈)은 예서를 고안해냈다

《전한서(前漢書)》〈예문지(藝文志)〉에 말하기를, 사주편(史籀篇)이란 것은 주(周)나라 때 사관(史官)인 주(籀)가 학동(學童)을 가르치던 서체로서 대전(大篆)이다. 공자(孔子)네 집의 벽 속에 있던 글과는 체(體)가 다르다고 했다. 또 〈예문지〉에 말하기를, 진(秦)나라 때 비로소 예서(隸書)가 만들어졌다고 했다. 이는 관청의 옥사(獄事)가 많아서 번잡한 대전(大篆)으로는 기록할 수 없으므로 서체를 간략하게 하여 이를 예서(隸書)를 쓰는 사람들에게 베풀었던 것이다.

原文 **前漢藝文志曰, 史籀篇者, 周時史官教學童書也. 與孔氏壁中古文異體. 又曰, 秦時始造隸書. 起於官獄多事, 苟趣省易, 施之於徒隸也.**

註解 ㅇ藝文志(예문지)－당시에 있는 서적 목록(目錄)을 수집, 기록해놓은 책. 《한서(漢書)》〈예문지〉가 그 효시(嚆矢)이며 또 가장 유명함. ㅇ史籀篇(사주편)－사주(史籀)는 주(周)나라 선왕(宣王) 때의 태사(太史). 고문(古文)을 고쳐 대전(大篆)을 만들었음.

250. 사주대전(史籒大篆)

—사관(史官)인 주(籒)가 대전(大篆)을 만들었다

진(晉)나라 위항(衛恒)이 초서(草書)와 예서(隷書)를 잘 썼다. 《자세(字勢)》라고 하는 서체의 설명서를 짓고 그 속에서 말하기를, 옛날 주(周)나라 선왕(宣王) 때에 사관(史官) 주(籒)가 비로소 대전(大篆) 15편(篇)을 저술했는데 그것은 옛것과 같은 것도 있었고 다른 것도 있었다. 세상에서 이것을 일러 주서(籒書)라고 한다.

혹은 이런 이야기도 있다. 진(秦)나라 때 하두(下杜) 사람 정막(程邈)이 관청의 옥리(獄吏)가 되었다가 죄를 짓고 운양(雲陽)의 옥에 갇힌 지 10년동안에 감옥 안에서 대전(大篆)을 만들어냈다. 이것은 고문(古文)에 비하여 필획(筆劃)이 적은 것은 더하고, 많은 것은 줄이고 감했으며 모난 것은 둥글게 하고, 둥근 것은 모나게 만들어 이것을 시황(始皇)에게 아뢰었더니 시황은 이것을 좋다고 했다. 그리고 그 죄를 용서해 주었으며 내보내서 어사(御史)로 엄명하여 천하의 문자를 정하게 했다. 일설에는 정막이 정한 것은 곧 예서(隷書)라고 한다. 진나라가 고문을 파괴한 이후로 여덟 가지 체(體)가 있는데 첫째는 대전(大篆)이요, 둘째는 소전(小篆)요, 셋째는 각부(刻符)요, 넷째는 충서(蟲書)요, 다섯째는 모인(摹印)이요, 여섯째는 서서(署書)요, 일곱째는 수서(殳書)요, 여덟째는 곧 예서(隷書)이다. 위항(衛恒)의 자는 거산(巨山)이니 황문랑(黃門郞)이 되었다. 그 아버지 위관(衛瓘)과 함께 해를 당했다.

原文 **晉衛恆善草隷書. 爲字勢曰, 昔周宣王時, 史籒始著大篆十五篇. 或與古同, 或與古異. 世謂之籒書. 或曰, 秦時下杜人程邈爲獄吏. 得罪幽繫雲陽十年, 從獄中作大篆, 少者增**

益, 多者損減, 方者使圓 圓者使方, 奏之始皇. 始皇善之, 出以爲御史, 使定書. 或曰, 邈所定乃隷字也. 自秦壞古文有八體. 一曰大篆, 二曰小篆, 三曰刻符, 四曰蟲書, 五曰摹印, 六曰署書, 七曰殳書, 八曰隷書. 恆字巨山, 爲黃門郞. 與父瓘同遇害.

註解 ㅇ晉(진)－《진서》〈열전〉 6에 있는 이야기임. ㅇ草(초)－초서(草書). 서체(書體)의 하나. 행서(行書)를 더 풀어서 자획(字畫)을 간략하게 흘려서 쓰는 글씨. ㅇ隷(예)－예서(隷書). 서체(書體)의 하나. 진(秦)나라의 정막(程邈)이 소전(小篆)을 간략히 하여 만든 것으로 지금의 해서체(楷書體)인데 한(漢)나라 이후에 많이 쓰여졌음. ㅇ大篆(대전)－자체(字體)의 하나. 사관(史官)인 주(籒)가 창작한 것이므로 주문(籒文)이라고도 함. 소전(小篆)은 진(秦)나라 이사(李斯)의 창작임. ㅇ始皇(시황)－진시황(秦始皇). 6국을 통일하여 황제가 된 사람. ㅇ刻符(각부)－대조각을 쪼갠 것 같은 글씨체. ㅇ蟲書(충서)－자체가 벌레모양 같으므로 이렇게 이름. 충전(蟲篆)이라고도 함. ㅇ摹印(모인)－찍어서 쓰는 글씨. ㅇ署書(서서)－현판(懸板) 등에 많이 쓰인 체.

251. 왕승어도(王承魚盜)

－왕승(王承)이 물고기 도둑을 용서케 하다

《진서(晉書)》에 보면, 왕승(王承)의 자는 안기(安期)이니 여남(汝南)의 내사(內史) 왕담(王湛)의 아들이다. 동해태수(東海太守)가 되었는데 정치가 맑고 고요한 것을 숭상하고 자세히 살피는 일을 하지 않았다. 지위가 낮은 벼슬아치 중 못 속의 물고기를 훔치는 자가 있어 이것을 법으로 다스리자 왕승은 말하기를, "문왕(文王)의 동산에서는 무리들과 같이했는데 못의 물고기를 어찌 족히 아낀단 말이냐?"라고 했다.

법을 범한 자가 관리에게 잡혀왔으므로 그 까닭을 물었더니 대답하기를, "스승을 좇아 글을 배우다가 해가 저무는 것을 깨닫지 못했습니다."라고 했다. 이에 왕승은 말하기를, "글 읽는 사람을 때려서 위엄있다는 이름을 세우는 것은 정치로 교화하는 근본이 아니다."하고는 관리로 하여금 집으로 돌려보내게 했으니 그 조용히 너그럽게 용서하는 것이 이와 같았다.

동진(東晉) 시대에 원제(元帝)의 진동부(鎭東府) 종사중랑(從事中郞)이 되어 심히 많은 대접을 받았다. 왕승은 젊었을 때 무거운 명예가 있었는데 정성을 다하여 사람들을 접대했으므로 모든 사람이 친히 하고 사랑했다. 명사(名士) 왕도(王導)·위개(衛玠)·주이(周顗)·유량(庾亮) 등의 무리가 모두 그 아래에 나왔고 동진(東晉) 중흥(中興)의 첫째 가는 명신(名臣)이 되었다.

原文 **晉書, 王承字安期, 汝南內史湛之子. 爲東海太守. 政尙淸靜, 不爲細察. 小吏有盜池中魚者. 綱紀推之. 承曰, 文王之囿與衆共之. 池魚何足惜邪. 有犯夜者, 爲吏所拘. 承問其故. 答曰, 從師受書, 不覺日暮. 承曰, 鞭撻寗越, 以立威名, 非政化之本. 使吏送令歸家. 其從容寬恕若此. 渡江爲元帝鎭東府從事中郞, 甚見優禮. 承少有重譽, 而推誠接物. 衆咸親愛. 名臣王導·衛玠·周顗·庾亮之徒, 皆出其下. 爲中興第一.**

註解 ㅇ晉書(진서)－《진서》〈열전〉45 왕담전(王湛傳)에 있는 이야기임. ㅇ渡江(도강)－동진(東晉)의 시대가 된 것을 가리킴. ㅇ中興(중흥)－국가나 집안이 다시 일어남.

252. 병길우천(丙吉牛喘)

–병길(丙吉)이 소가 헐떡이는 것을 묻다

전한(前漢) 병길(丙吉)의 자는 소경(少卿)이니 노(魯)나라 사람이다. 선제(宣帝) 때 승상(丞相)이 되어 일찍이 길에 나갔더니 청소하는 무리로서 싸우던 자가 죽고 상해서 길에 널려 있는데 병길은 지나가고 묻지 않았다. 병길이 다시 앞에 가다가 사람을 만났는데 소를 몰고 왔다. 그런데 그 소가 숨이 차서 혀를 내밀고 헐떡였다. 이에 병길은 수레를 멈추고 말 부리는 관리로 하여금 묻기를, "소를 끌고 몇 리(里)를 왔느냐?"라고 하자 연리(掾吏)는 혼잣말로 승상께서는 물어보는 것이 앞뒤를 잃었다고 하며 혹 병길을 나무라기도 했다.

이에 병길은 말하기를, "백성들이 싸우다가 서로 죽이거나 상하는 사건은 장안령(長安令)이나 경조윤(京兆尹)의 책무로서 마땅히 금하여 대비하고 쫓고 체포할 것이다. 승상의 책무는 그 해가 다 가면 관리들의 성적을 조사하고 위에 아뢰어 상을 주고 벌을 줄 뿐이니 재상은 사소한 일에 관여하지 않는 것인즉 마땅히 길에서 일어난 사건은 묻지 말아야 하는 것이다. 이제 바야흐로 봄철이어서 소양(少陽)의 기(氣)가 발동하는 계절이다. 아직 무덥지도 않고 소는 그다지 먼 곳에서 온 것 같지도 않은데 더워서 헐떡이고 있어. 그것은 시후(時候)가 계절을 벗어난 일로서 사람이 상하고 해로운 것이 있을까 두려운 것이다. 삼공(三公)은 음양(陰陽)을 조화(調和)시키는 일을 맡았으니 직책에 마땅히 근심해야 하느니라. 그런 까닭에 물었던 것이다."라고 했다. 이에 연리(掾吏)들은 병길이 대체(大體)를 아는 것에 탄복했다.

처음에 병길은 정위감(廷尉監)이 되어 무고(巫蠱)의 옥사(獄事)

를 다스렸는데, 이때 선제(宣帝)가 태어난 지 두어 달밖에 되지 않았었다. 그렇건만 황증손(皇曾孫 : 武帝의 증손)으로서 무고사건의 주모자로 지목된 위태자(衛太子)의 손자였으므로 옥에 갇히게 되었다. 병길은 그 죄가 없는 것을 슬프게 여겨, 삼가고 두터운 여자 죄수를 골라서 그로 하여금 보호하여 기르게 했다.

이때 무제(武帝)는 망기(望氣)하는 자가 말하기를 감옥 안에 천자의 기상(氣象)이 있다고 말하자 걱정하던 끝에 사자(使者)를 시켜 옥에 갇힌 자를 모두 죽이려고 했다. 한편 비밀히 황제를 뵙는 자가 감옥에 갔을 때 병길이 문을 닫고 막은 다음, 확신을 가지고 위에 아뢰자 황제는 깨닫고 천하를 용서하니 고을의 옥에 갇힌 사람들은 병길에 힘입어서 살아나고 온 천하에 은혜가 미쳤다. 증손(曾孫)도 병이 있었는데 병길이 모든 사람에게 몹시 은혜가 되었다.

병길은 사람됨이 깊고 두터우며 착한 일을 자랑하지 않았다. 증손의 앞에서는 입을 다물고 이전의 은혜를 말하지 않았었는데 그 뒤에 증손은 선제(宣帝)로 즉위한 다음 병길이 옛 은혜를 말하지 않는 것을 알고 심히 어질게 여겼거니와 조서를 내리어 박양후(博陽侯)에 봉했다.

原文 前漢丙吉字少卿, 魯國人. 宣帝時爲丞相. 嘗出逢淸道群鬪者死傷橫道. 吉過之不問. 吉前行, 逢人逐牛. 牛喘吐舌. 吉止駐. 使騎吏問, 逐行幾里矣. 掾史獨謂, 丞相前後失問. 或以譏吉. 吉曰, 民鬪相殺傷, 長安令·京兆尹職所當禁備逐捕. 歲竟丞相課其殿最, 奏行賞罰而已. 宰相不親小事, 非所當於道路問也. 方春少陽用事, 未可太熱. 恐牛近行, 用暑故喘. 此時氣失節, 恐有所傷害. 三公典調和陰陽, 職當憂. 是以問之. 掾史乃服以吉知大體. 初吉爲廷尉監, 治巫蠱郡邸獄. 時宣帝生數月, 以皇曾孫坐衛太子事繫. 吉哀其無辜, 擇

謹厚女徒, 令保養之. 武帝疾望氣者言獄中有天子氣, 遣使殺獄繫者. 内謁者令到獄. 吉閉門拒之. 乃劾奏吉, 上寤, 因赦天下. 郡邸獄賴吉得生, 恩及四海. 曾孫病, 吉視遇甚有思惠, 爲人深厚, 不伐善. 自曾孫遭遇絶口不道前恩. 後上問知吉有舊恩不言, 大賢之, 制詔封博陽侯.

註解 ㅇ前漢(전한)－《전한서》〈열전〉 44에 있는 이야기임. 《사기(史記)》〈열전〉 36에도 있음. ㅇ掾吏(연리)－속관(屬官). ㅇ長安令(장안령)－장안(長安)의 장관(長官). 장안은 옛 중국의 국도(國都). ㅇ京兆尹(경조윤)－경조(京兆)의 장관. 경조는 도읍이 있는 군(郡)의 이름. ㅇ少陽(소양)－여기에서는 조그만 양(陽)의 기운. ㅇ三公(삼공)－가장 높은 세 가지 벼슬. 대사도(大司徒)·대사마(大司馬)·대사공(大司空). 후한(後漢)에서는 태위(太尉)·사도(司徒)·사공(司空). ㅇ廷尉監(정위감)－형옥(刑獄)을 다스리는 벼슬의 책임자. ㅇ巫蠱(무고)－무당과 사람을 속이는 일. ㅇ望氣(망기)－하늘의 운기(雲氣)를 바라보고 길흉(吉凶)을 점침. 운기(雲氣)란 공중으로 떠오르는 기운. ㅇ曾孫(증손)－선제(宣帝)를 말함.

253. 가종건유(賈琮褰帷)

－가종(賈琮)이 수레의 장막을 걷다

후한(後漢) 가종(賈琮)의 자는 맹견(孟堅)이니 동군(東郡) 요성(聊城) 사람이다. 영제(靈帝) 때 기주자사(冀州刺史)가 되었는데 구전(舊典)에 의하면 전거참가(傳車驂駕)로서 붉은 장막을 드리운 수레를 준비하여 고을의 경계에서 맞는 것이 상례였다. 그런데 가종이 고을로 들어갈 때는 수레에 올라서 말하기를 "자사(刺史)는 마땅히 멀리 보고 넓게 들어서 아름답고 나쁜 것을 조사하고 살피는 게 임무이거늘 어찌 장막을 드리워서 스스로 가리고 막는단 말이냐?"하고 이에 말부리는 자에게 명하여 장막을 걷게 하였다. 그러자 모든 성안 사람들이 이 소식을 듣고 놀라고 떨었는데 과실이 있는 자들은 그만 인수(印綬)를 풀어놓고 가버렸다.

이보다 앞서 교지(交阯)에 주둔했던 군사가 반란을 일으켰는데 유사(有司)들이 가종을 청하여 자사(刺史)를 삼았다. 가종이 관청에 도착하여 그 반란을 일으킨 까닭을 묻자 모두 말하기를 세금 거두는 것이 지나치게 많아서 백성들이 능히 살아갈 수가 없었는데 그런 이유로 모여서 도적이 되었다고 했다. 가종은 이에 백성들에게 알려서 각각 그 생업(生業)을 편안하게 하고 흩어진 사람들을 불러서 부역을 면해주어 회복시키니 백성들이 이로써 편안해졌는데 노래하기를, '가부(賈父)가 오는 것이 늦어서 우리로 하여금 먼저 반란을 일으키게 했네. 이제 맑고 평화로운 것을 보니, 관리가 감히 힘을 다하지 않겠는가?'라고 했다. 이 일이 있은 지 3년만에 인근 13주(州)에서 성적을 으뜸으로 올렸다.

原文 **後漢賈琮字孟堅, 東郡聊城人. 靈帝時爲冀州刺史. 舊典, 傳車驂駕, 垂赤帷裳, 迎於州界. 及琮之部, 升車言曰, 刺史當遠視廣聽, 糾察美惡. 何有反垂帷裳, 以自掩塞乎. 乃命御者褰之. 百城聞風竦震. 其諸臧過者, 望風解印綬去. 初交阯屯兵反. 有司擧琮爲刺史. 琮到部訊其反狀. 咸言賦斂過重, 民不聊生. 故聚爲盜賊. 琮卽告示, 各使安其資業, 招撫荒散, 蠲復傜役. 百姓以安, 歌曰, 賈父來晩, 使我先反. 今見清平, 吏不敢飯. 在事三年, 爲十三州最.**

註解 ○後漢(후한)-《후한서》〈열전〉21에 있는 이야기임. ○傳車驂駕(전거참가)-역참(驛站)의 수레를 호위하는 임무. ○印綬(인수)-인

(印)과 인끈으로서 벼슬에 임명되었을 때 임금에게서 받는 표장(標章). ㅇ交阯(교지)－지금의 베트남. ㅇ賈父(가부)－가종(賈琮)을 높여서 부른 말.

254. 곽하노면(郭賀露冕)

－곽하(郭賀)가 면류(冕旒)를 드러내다

후한(後漢) 곽하(郭賀)의 자는 교경(喬卿)이니 낙양(雒陽) 사람이다. 건무(建武) 연중에 상서령(尙書令)이 되었는데 고사(故事)를 터득하고 익혀서 바르게 유익한 바가 많았다. 형주자사(荊州刺史)에 임명되어 임소(任所)에 도착하자 남다른 정치를 했는데 백성들이 이를 노래하기를, '그 덕이 어질고 밝으니 곽교경(郭喬卿)이요, 충성되고 바르니 위아래가 평탄하네'라고 했다.

현종(顯宗)이 순수(巡狩)하다가 남양(南陽)에 이르러 특별히 보고 탄식하여 삼공(三公)의 옷인 보불(黼黻)과 면류(冕旒)를 하사했는데 칙사(勅使)가 가지고 임소로 가서 수레 장막에 걸어놓음으로써 백성들로 하여금 그 모양과 복장을 보아 그 덕이 있는 것을 표창하게 했다. 그런 까닭에 언제나 그가 지나가는 곳마다 관리들이 서로 보는데 영화롭게 여기지 않는 자가 없었다. 하남윤(河南尹)에 임명되었는데 맑고 고요한 것으로 칭찬받았다.

原文 後漢郭賀字喬卿, 雒陽人. 建武中爲尙書令. 曉習故事, 多所匡益. 拜荊州刺史. 到官有殊政. 百姓便之, 歌曰, 厥德仁明郭喬卿, 忠正朝廷上下平. 顯宗巡狩到南陽. 特見嗟歎, 以三公之服黼黻冕旒, 敕行部去襜帷, 使百姓見其容服, 以章有德. 每所經過, 吏人指以相示, 莫不榮之. 拜河南尹, 以淸

靜稱.

註解 ㅇ後漢(후한)－《후한서》〈열전〉 16에 있는 이야기임. ㅇ故事(고사)－옛날부터 전해오는 유래(由來)있는 일. ㅇ巡狩(순수)－천자가 지방을 돌면서 시찰함. ㅇ黼黻(보불)－면류관(冕旒冠) 앞뒤에 늘어뜨린 주옥(珠玉). 천자는 12줄, 제후는 9줄, 상대부(上大夫)는 7줄, 하대부는 5줄임. ㅇ敕(칙)－칙(勅). 칙사(勅使). 칙명(勅命)을 받은 사신.

255. 풍원당웅(馮媛當熊)

－풍소의(馮昭儀)가 곰을 막다

전한(前漢) 원제(元帝)의 풍소의(馮昭儀)는 좌장군(左將軍) 풍봉세(馮奉世)의 딸이요, 평제(平帝)의 조모(祖母)이다. 첩여(倢伃)에 임명되어 특수한 임금의 사랑이 부소의(傅昭儀)와 같았다. 어느 때 황제가 호랑이의 우리로 짐승의 싸움을 구경하려고 거둥했는데 후궁(後宮)들도 모두 앉아있었다. 곰이 우리 속에서 달려나오더니 난간을 더듬고 어전으로 올라가려 하자 좌우의 귀인(貴人)들과 부소의 등은 모두 놀라 달아나는데 첩여는 바로 앞으로 나가서 곰을 마주 보고 서 있는 것이었다. 이에 황제가 묻기를, "사람들의 심정이 모두 놀라고 두려워하는데 무슨 까닭으로 앞에 나와 곰을 마주보았는가?"라고 하자 대답하기를, "사나운 짐승은 사람을 보면 멈추는 것이온데 저는 곰이 황제의 자리에 가는 것을 두렵게 여겼기 때문에 몸으로써 막은 것입니다."라고 하니 폐하는 감탄하여 갑절이나 공경하고 소중히 여겼다.

原文 **前漢元帝馮昭儀, 左將軍奉世女, 平帝祖母也. 拜倢伃, 內寵與傅昭儀等. 上幸虎圈鬪獸. 後宮皆坐. 熊佚出圈, 攀檻欲上殿. 左右貴人傅昭儀等皆驚走. 倢伃直前當熊而立.**

上問, 人情驚懼, 何故前當熊. 對曰, 猛獸得人而止. 妾恐熊至御坐. 故以身當之. 上嗟嘆, 倍敬重焉.

註解 ㅇ前漢(전한)-《전한서》〈외척전(外戚傳)〉 67에 있는 이야기임. 《열녀전(列女傳)》 권 8에도 보임. ㅇ倢伃(첩여)-한(漢)나라 무제(武帝) 때 둔 여관(女官)의 이름. ㅇ後宮(후궁)-후비(后妃). ㅇ貴人(귀인)-한대(漢代)의 여관(女官). 황후(皇后)의 다음.

256. 반여사연(班女辭輦)

-반첩여(班倢伃)가 연(輦)을 사양하다

전한(前漢) 성제(成帝) 때 반첩여(班倢伃)는 월기교위(越騎校尉) 반황(班況)의 딸이다. 황제가 어느 날 후정(後庭)에서 노는데 일찍이 같은 연(輦)에 타자고 했으나 사양하기를, "옛 그림을 보오니 어질고 성(聖)스러운 임금에게는 모두 이름난 신하가 옆에 있었습니다. 하온데 3대의 마지막 임금에게 사랑하는 여자가 있었고 그 곁에 총희들이 있었습니다. 이제 연을 같이 타고자 한다면 이는 그 암우(暗愚)한 군주와 가까운 일이 아니겠습니까?"하니 황제는 그 말을 옳게 여겨 중지했다. 태후(太后)가 이 말을 듣고 기뻐해서 말하기를, "옛날에는 번희(樊姬)가 있었고 지금은 반첩여가 있도다."라고 했다.

뒤에 조비연(趙飛燕)이 허황후(許皇后)와 첩여가 아첨하는 짓을 했다며 참고(譖告)했다. 즉 "후궁(後宮)들을 모두 죽이려고 귀신에게 빌고 있는데 그 화가 주상에게까지 미칠 것입니다."라고 아뢴 것이다. 황제가 첩여를 조사해 물었더니 대답하기를, "제가 듣자오니 죽고 사는 것은 명(命)에 있고 부자가 되고 귀하게 되는 것은 하늘에 있다 하오니 바른 도(道)를 행하여도 복을 받기란 매우 어려운 것입니다. 하물며 나쁜 짓을 하고 어찌 복을 바랄 수 있겠습니까? 만약 귀신에게 영험이 있다하더라도 어찌 주군을 저주하겠습니까? 만약 귀신이 알아듣지 못한다면 무슨 이익이 있겠습니까? 그래서 저는 저주 따위는 하지 않았습니다."하니 어여삐 여기고 민망히 여겨 황금 백 근을 하사했다.

原文 **前漢成帝班倢伃越騎校尉況之女. 帝游後庭, 嘗欲同輦載. 辭曰, 觀古圖畫, 賢聖之君皆有名臣在側. 三代末主廼有嬖女. 今欲同輦, 得無近似之乎. 上善其言而止. 太后聞之喜曰, 古有樊姬. 今有班倢伃. 後趙飛燕譖告, 許皇后與倢伃挾媚道, 祝詛後宮, 詈及主上. 考問倢伃. 對曰, 妾聞死生有命, 富貴在天. 修正尚未蒙福, 爲邪欲以何望. 使鬼神有知, 不受不臣之愬. 如其無知, 愬之何益. 故不爲也. 上善其對, 憐閔之, 賜黃金百斤.**

註解 ㅇ前漢(전한)－《전한서》〈외척전(外戚傳)〉에 있는 이야기임. ㅇ越騎校尉(월기교위)－월기(越騎)는 뛰어난 기병(騎兵)을 이름. ㅇ樊姬(번희)－초왕(楚王)이 사냥을 좋아했는데 번희(樊姬)는 이를 말리기 위해 금수의 고기를 먹지 않았다. ㅇ趙飛燕(조비연)－한(漢)나라 성제(成帝)의 황후. 태생이 미천하나 가무에 뛰어난 절세의 미인이었음. ㅇ許皇后(허황후)－한나라 성제의 황후. ㅇ譖告(참고)－거친 말로 고함. ㅇ詛(저)－저주(咀呪). 남이 못되기를 빔.

257. 왕충열시(王充閱市)

－왕충(王充)이 저자의 책을 뒤지다

후한(後漢) 왕충(王充)의 자는 중임(仲任)이니 회계(會稽) 상우현

(上虞縣) 사람이다. 집이 가난하여 책이 없어서 항상 낙양(洛陽)의 저자에 있는 서점에서 파는 책을 뒤져보는데 한번 보면 문득 능히 외우고 기억했다. 드디어 모든 갈래의 백가(百家)의 말에 능통했다.

이에 고을에 벼슬하여 공조(功曹)가 되었는데 왕충은 논설(論說)을 좋아하여 처음에는 괴이한 것 같았으나 마감에는 이치의 실상이 있었다. 그는 생각하기를, '속유(俗儒)들은 단지 문자에만 구애되어 그 참된 것을 잃는다'라며 이에 문을 닫고 잠잠히 있었다. 경조사(慶弔事)의 예절을 끊고 문이나 담이나 벽에 각각 글을 새기고 쓰는 칼과 붓을 놓아두고 마침내 《논형(論衡)》 85편(篇)을 저술했다. 이것은 물건의 종류의 같고 다른 것을 해석하고 때와 풍속의 의심나는 점을 바로잡은 것이었다. 자사(刺史)가 불러 종사(從事)를 삼았더니 치중(治中)으로 옮겼다가 스스로 벼슬을 내놓고 집으로 돌아갔다. 숙종(肅宗)이 조서(詔書)를 내리고 공거(公車)로 불렀으나 가지 않았다.

原文 **後漢王充字仲任, 會稽上虞人. 家貧無書. 常遊洛陽市肆, 閱所賣書, 一見輒能誦憶. 遂博通衆流百家之言, 仕郡爲功曹. 充好論說. 始若詭異, 終有理實. 以爲俗儒守文, 多失其眞. 乃閉門潛思, 絶慶弔之禮, 户牖牆壁, 各置刀筆, 著論衡八十五篇, 釋物類同異, 正時俗嫌疑. 刺史辟爲從事, 轉治中, 自免還家. 肅宗詔公車徵不行.**

註解 ㅇ後漢(후한)－《후한서》〈열전〉 39에 있는 이야기임. ㅇ百家(백가)－유가(儒家)의 정계(正系) 이외에 일가(一家)의 설(說)을 세운 많은 사람들. ㅇ功曹(공조)－군(郡)의 속리(屬吏)인 녹사(錄事). ㅇ論衡(논형)－후한(後漢)의 왕충(王充)이 지은 사상서(思想書). 잡가(雜家)에 속함. 모두 85편(篇).

258. 동생하유(董生下帷)
–동중서(董仲舒)가 장막을 내리다

전한(前漢) 동중서(董仲舒)는 광천(廣川) 사람이니 어려서 《춘추(春秋)》를 배워 익히어 효경왕(孝景王) 때에 박사(博士)가 되었다. 대단한 독학가(篤學家)로서 심기가 흐트러지지 않도록 발을 치고 강의를 했다. 제자(弟子)들이 전해가면서 오래인 차례대로 서로 글을 배우는데 그 중에는 동중서의 얼굴을 보지 못한 자도 있었다. 무려 3년동안 동산을 바라보지 않았으니 그 정려함이 이와 같았다. 나가고 물러가고 행동하는 것을 예법이 아니면 행하지 않아서 배우는 선비들이 모두 스승으로 존경했다.

무제(武帝) 때 현량(賢良)으로 뽑혀 대책(對策)으로 강도(江都)의 정승이 되어 역왕(易王)을 섬기는데 왕은 황제의 형으로서 본래 교만하고 용맹을 좋아했으나 동중서는 예의로써 의리가 바르므로 왕은 공경하며 소중히 여겼다. 나라 다스리는 방법은 《춘추(春秋)》의 천변지이(天變地異)의 변사(變事)를 예로 삼되 음양(陰陽) 이기(二氣)가 교체되는 원리를 추진시키는 데 있었다. 예컨대 비를 구하는 데는 모든 양(陽)은 닫는다. 그렇게 하려면 남쪽의 문은 닫고 화기(火氣)를 금하며 북쪽 문을 열고 물을 뿌리어 음기(陰氣)를 신장시킨다. 단, 비를 그치게 하려면 그와 반대로 했는데 행해서 뜻대로 되지 않는 것이 없었다.

당시 공손홍(公孫弘)은 《춘추(春秋)》를 가지고 다스리는 것이 동중서만 같지 못했지만 처세를 잘하여 권세를 부렸고 지위가 경상(卿相)에 이르렀다. 동중서는 공손홍이 아첨한다고 했는데 공손홍은 그를 미워하여 황제에게 말하여 그로 하여금 교서왕(膠西王)의 정승이 되게 했다. 그러나 교서왕도 역시 황제의 형으로서 더욱 방자했으나 동중서가 대유(大儒)라는 말을 듣고 잘 대우했다. 대체로 두 나라의 교만한 임금의 정승 노릇을 했으나 몸을 바르게 하여 아랫사람을 거느리고 자주 소(疏)를 올려 간하여 다투고 나라 안에 명령을 내려 그가 있는 곳마다 다스려졌다.

자리에서 떠나게 되자 집의 산업(産業)을 돌보지 않고 학문을 닦았다. 또 책을 저술하는 것으로 일을 삼고, 조정에 큰 의논이 있으면 사자(使者)로 하여금 가서 묻게 하는데 그 대답이 모두 밝은 법이 있었다. 위기후(魏其侯) 두영(竇嬰), 무안후(武安侯) 전분(田蚡)이 정승이 되자 선비를 높이 대접했고 동중서가 대책(對策)함에 이르러서는 공자(孔子)의 도(道)를 올려 밝히고 백가(百家)를 억제해서 내쫓았다. 또 학교와 관청을 세워 고을에서 무재(茂才)와 효렴(孝廉)을 천거했는데 이것은 모두 동중서로부터 시작된 것이었다. 수(壽)를 다하고 집에서 생을 마쳤는데 그의 집은 그후 무릉(茂陵)으로 옮겼고 아들 및 손자가 모두 대관(大官)에 이르렀다.

原文 前漢董仲舒廣川人. 少治春秋. 孝景時爲博士. 下帷講誦, 弟子傳以久次相授業. 或莫見其面. 蓋三年不窺園. 其精如此. 進退容止非禮不行. 學士皆師尊之. 武帝擧賢良對策. 爲江都相, 事易王. 王帝兄, 素驕好勇. 仲舒以禮誼正. 王敬重焉. 治國以春秋災異之變, 推陰陽所以錯行. 求雨閉諸陽縱諸陰. 其止雨反是. 行之得所欲. 公孫弘治春秋, 不如仲舒. 希世用事, 位至公卿. 仲舒以弘爲從諛. 弘嫉之. 乃言之於上, 使相膠西王. 王亦帝兄, 尤縱恣. 聞仲舒大儒, 善待之. 凡相兩國驕主, 正身以率下, 數上疏諫爭, 教令國中, 所居而治. 及去位, 不問家産業, 以修學著書爲事. 朝廷有大儀, 使使者就問之. 其對皆有明法. 自魏其武安侯爲相, 而隆儒, 及仲舒

對冊, 推明孔子, 抑黜百家, 立學校之官, 州郡擧茂才孝廉, 皆自仲舒發之. 以壽終家. 徙茂陵, 子及孫皆至大官.

註解 ㅇ前漢(전한)－《전한서》〈열전〉 26에 있는 이야기임. 《사기(史記)》〈열전〉 61 유림전(儒林傳)에도 있음. ㅇ春秋(춘추)－공자(孔子)가 저술한 노(魯)나라 역사책. ㅇ易王(역왕)－한(漢)나라 황제의 형. ㅇ公孫弘(공손홍)－한대(漢代)의 재상. 산동(山東) 치천(菑川) 사람. ㅇ對冊(대책)－대책(對策). 과거에서 정치 또는 경의(經義)에 대하여 문제를 내어 답안을 쓰게 하는 일. 한(漢)나라 무제(武帝)가 동중서(董仲舒)를 시험한 데서 시작됨. ㅇ茂才(무재)－재주가 뛰어남. 후한(後漢)의 관리 등용 과목의 이름.

259. 평숙부분(平叔傅粉)

－평숙(平叔)이 분을 발랐는가 의심함

《위지(魏志)》에 보면 하안(何晏)은 자를 평숙(平叔)이라 했고 남양(南陽) 완현(宛縣) 사람이다. 금향공주(金鄕公主)를 아내로 맞아 이부상서(吏部尙書)·부마도위(駙馬都尉)가 되었다.

《세설신어(世說新語)》에 말하기를, 평숙은 아름다운 얼굴이 지극히 희어서 명제(明帝)는 그가 분(粉)을 발랐는가 의심하여 여름날에 뜨거운 메밀국수를 먹게 했더니 땀이 나와서 수건으로 씻었는데 얼굴이 더욱 희었다.

原文 **魏志, 何晏字平叔, 南陽宛人. 尙金鄕公主, 爲吏部尙書·駙馬都尉. 世說曰, 平叔美姿, 面至白. 明帝疑其傅粉, 夏月令食湯麪. 汗出. 以巾拭之, 轉皎白也.**

註解 ㅇ魏志(위지)－《위지》 권9에 있는 이야기임. ㅇ金鄕公主(금향공주)－조조(曹操)의 여동생. ㅇ湯餠(탕병)－뜨거운 메밀국수.

260. 홍치응지(弘治凝脂)

－홍치(弘治)는 기름이 엉긴 것과 같았다

진(晉)나라 두애(杜艾)의 자는 홍치(弘治)이니 성공황후(成恭皇后)의 아버지다. 성질이 순수하고 화락하며 얼굴이 아름다운데 동진(東晉)에서 장한 이름이 있었다.

왕희지(王羲之)는 그를 지목하여 "피부는 마치 기름이 엉긴 것과 같고 눈은 칠을 한 것과 같으니 이는 신선계의 사람이다."라 했고 환이(桓彝)도 역시 말하기를, "위개(衛玠)는 정신이 맑고, 두애는 형체가 맑다."고 했다. 벼슬하여 단양승(丹陽丞)이 되었다.

原文 晉杜艾字弘治, 成恭皇后父也. 性純和美姿容. 有盛名於江左. 王羲之目之, 膚若凝脂, 眼如點漆, 此神仙人. 桓彝亦曰, 衛玠神淸, 杜艾形淸. 仕爲丹陽丞.

註解 ㅇ晉(진)－《진서》〈열전〉63 외척전(外戚傳)에 있는 이야기임. ㅇ江左(강좌)－양자강(揚子江) 동쪽, 즉 동진(東晉). ㅇ衛玠(위개)－진(晉)나라 안읍(安邑) 사람. 어려서부터 풍신이 맑고 뛰어나서 옥인(玉人)이라는 지목을 받았다. 태자세마(太子洗馬)가 되었다가 난을 피하여 집을 건업(建業)으로 옮기는데 경향(京鄕)의 인사(人士)들이 그의 소문을 듣고 구경나온 자가 길을 메웠다.

261. 양보황작(楊寶黃雀)
—양보(楊寶)와 누런 참새

《속제해기(續齊諧記)》에 보면 양보(楊寶)의 나이 9세 때 화음산(華陰山)에 이르니 누런 참새 한 마리가 올빼미에게 공격을 받아 나무 밑에 떨어져 있는 것을 개미들이 괴롭히고 있었다. 양보는 이 새를 주워 가지고 돌아와서 상자 속에 두었더니 오직 국화꽃만 먹었다. 그러더니 백여 일이 되자 털과 날개가 생겨나서 비로소 날아갔다.

그날 밤에 한 황의동자(黃衣童子)가 양보를 향하여 두 번 절하고 말하기를, "나는 서왕모(西王母)의 사자(使者)인데 그대의 어질고 사랑스러움으로 구제함을 입었으니 실로 감동함을 이루었기에 흰 고리 4개를 그대에게 주는 것이니 그대의 자손으로 하여금 깨끗이 삼공(三公)에 올라 마땅히 이 고리와 같이 되리라."고 했다.

이에 양보는 애제(哀帝)·평제(平帝)의 시대에 숨어 살면서 사람들을 가르치다가 왕망(王莽)이 부르자 드디어 숨어 도망하니 광무제(光武帝)가 그 지조를 높이 여겨 공거(公車)를 보내서 특별히 불렀으나 가지 않았다. 아들 양진(楊震)은 안제(安帝) 때 태위(太尉)가 되었고, 양진의 아들 양병(楊秉)은 환제(桓帝) 때 태위가 되었다. 또 양병의 아들 양사(楊賜)는 영제(靈帝) 때 태위가 되었으며 양사의 아들 양표(楊彪)는 헌제(獻帝) 때 태위가 되었다. 또 위(魏)나라 문제(文帝) 때 다시 태위가 되어 양진으로부터 양표에 이르기까지 4세(四世)에 태위가 되어 덕행의 사업이 서로 이어졌다.

原文 續齊諧記, 楊寶年九歲時, 至華陰山北, 見一黃雀爲鴟梟所搏墜於樹下, 爲螻蟻所困. 寶取之以歸, 置巾箱中, 唯食黃花. 百餘日毛羽成, 乃飛去. 其夜有黃衣童子. 向寶再拜曰, 我西王母使者. 君仁愛救拯. 實感成濟. 以白環四枚與寶, 令君子孫潔白位登三事, 當如此環矣. 寶哀平世隱居教授. 王莽徵之, 遂逃遁. 光武高其節, 公車特徵不到. 子震安帝時爲太尉. 震子秉桓帝時爲太尉. 秉子賜靈帝時爲太尉. 賜子彪獻帝時爲太尉, 魏文帝時復爲太尉. 震至彪四世太尉, 德業相繼.

註解 ㅇ續齊諧記(속제해기)－양(梁)나라 오균(吳均) 찬(撰). 송(宋)나라 동양무의(東陽无疑)의 《제해기(齊諧記)》가 산일(散佚)되어 전하지 않으므로 오균이 그것을 이어서 찬했다 하여 이런 책 이름으로 불린다. 내용은 《이원(異苑)》과 마찬가지로 괴이설화(怪異說話)를 담고 있다.
ㅇ黃花(황화)－국화꽃.

262. 모보백귀(毛寶白龜)
－모보(毛寶)의 흰 거북

진(晉)나라 모보(毛寶)의 자는 석진(碩眞)이니 형양(滎陽) 양무(陽武) 사람이다. 정로장군(征虜將軍)에 예주자사(豫州刺史)가 되어 서양태수(西陽太守) 번준(樊峻)과 함께 1만 명을 데리고 주성(邾城)을 지켰는데 석호(石虎)가 2만의 기병(騎兵)을 보내서 성을 치니 성이 함락되었다. 모보 등은 좌우를 거느리고 포위를 뚫고 나와서 강으로 나갔는데 죽은 자가 6천 명이요 모보도 또한 빠져 죽었다.

처음에 모보가 무창(武昌)에 있을 때 군인(軍人)이 저자에서 흰 거북 한 마리를 사왔는데 길이가 4~5촌(寸)이나 되었다. 그 사람이 이것을 기르니 점점 커지므로 강 속에 놓아주었다. 주성에서 패했을 때 거북을 기르던 사람이 투구를 쓰고 칼을 들고서 스스로 물속에 몸을 던졌는데 마치 하나의 돌 위에 떨어지는 것과 같았다. 자세히 살펴보자 그것은 기르던 흰 거북으로서 길이가 5~6척이나 되게 자라 있었다. 그는 이 거북이 실어다가 동쪽 언덕까지 데려다주어 마침내 죽음을 면했다.

原文 晉毛寶字碩眞, 滎陽陽武人. 進征虜將軍·豫州刺史, 與西陽太守樊峻以萬人守邾城. 石虎遣二萬騎攻之. 城陷. 寶等率左右突圍出, 赴江死者六千人, 寶亦弱死. 初寶在武昌, 軍人有於市買得一白龜長四五寸養之. 漸大放諸江中. 邾城之敗, 養龜人被鎧持刀, 自投於水中, 如覺墮一石上. 視之乃先所養白龜. 長五六尺. 送至東岸, 遂得免焉.

註解 ㅇ晉(진)-《진서》〈열전〉 51에 있는 이야기임. ㅇ石虎(석호)-후조(後趙)의 주군. 제3세. 석륵(石勒)의 양자.

263. 숙류채상(宿瘤採桑)

-숙류(宿瘤)가 뽕을 따다

《고열녀전(古列女傳)》에 말하기를, 제(齊)나라 민왕(閔王)의 황후(皇后)의 목에 큰 혹이 있는데 그녀를 이름하여 숙류(宿瘤)라고 했다. 처음에 민왕(閔王)이 나가 놀다가 동곽(東郭)에 이르렀는데 백성들이 모두 보았다. 그러나 숙류는 그대로 뽕을 따고 있었다. 민왕은 괴이하게 여겨 묻기를, "내가 나와서 노는 것을 백성들이, 젊은이나 어른할 것 없이 모두 와서 보았는데 그대는 한번도 보지 않으니 무슨 까닭인고?"라고 하자 대답하기를, "저는 부모에게서 뽕을 따라는 가르침을 받았는데 그 가르침을 지키지 않고 어찌 대왕(大王)을 보겠습니까?"라고 했다. 왕은 말하기를, "이것은 기이한 여자이나 애석하다. 그러나 애석하게도 혹이 있구나."라고 했다. 여인은 말하기를, "천한 계집인 저는 뽕따는 것이 임무이며 그밖의 것은 생각하지 않습니다. 저는 그 일만 잊지 않고 하면 될 것인즉 혹 따위가 무슨 상관이겠습니까?"라고 했다.

왕은 크게 기뻐하여 말하기를, "이는 어진 여자이다."하고 명하여 "뒤에 태워가지고 가자."라고 했다. 그러나 여인은 말하기를, "부모가 안에 있는데 저로 하여금 가르침을 받지 않고 전하를 따라가게 한다면 이는 도망하는 계집이오니 왕께서 어디에 쓰시렵니까?"라고 했다. 이에 왕은 크게 부끄러워하여 집에 돌아가게 하고 사자(使者)로 하여금 예를 받들어 금 백일(百鎰)을 더하여 가서 맞아오게 했다.

이에 부모는 놀라고 황송해서 목욕을 시키고 새옷을 입히려 했으나 여인은 말하기를, "이와같이 하고 대왕을 보았는데 얼굴을 바꾸고 옷을 갈아입으면 알아보지 못할 것입니다."라고 했다. 이에 전과 같이 하고 사자(使者)를 따라가자 민왕은 그를 후(后)로 삼고 영(令)을 내려 궁실(宮室)을 낮게 하고 못을 메우고 반찬을 줄이고 음악을 줄이고 후궁(後宮)들은 비단옷을 겹쳐서 입지 못하게 했다. 그 결과 한 달 안에 교화가 이웃나라에까지 행해져서 제후(諸侯)들이 조공(朝貢)을 했다. 삼진(三晉)을 침공했는데 강국인 진(秦)과 초(楚)까지 두려워했거니와 이는 숙류(宿瘤)의 힘이 컸었다. 그가 죽은 후에는 연(燕)나라가 드디어 제나라를 쳐서 민왕이 도망하다가 밖에서 시해(弑害)당했다.

原文 古列女傳, 齊閔王之后, 頸有大瘤. 號曰宿瘤, 初閔王出遊至東郭. 百姓盡觀. 宿瘤採桑如故. 王怪問曰, 寡人出遊, 百姓無少長皆來觀. 汝不一視何也. 對曰, 妾受父母教採桑.

不受教觀大王. 王曰, 此奇女. 惜哉宿瘤. 女曰, 婢妾之職, 屬之不二. 予之不忘中心謂何. 宿瘤何傷. 王大悅曰, 此賢女也. 命後乘載之. 女曰, 父母在內. 使妾不受教而隨王, 是奔女也. 王安用之. 王大慙, 遣歸, 使使者奉禮加金百鎰, 往聘贈之. 父母驚惶, 欲洗浴加衣裳. 女曰, 如是見王. 變容更服, 不見識也. 於是如故隨使者至. 閔王以爲后. 出令卑宮室, 塡池澤, 損膳減樂, 後宮不得重采. 期月之閒化行隣國, 諸侯朝之. 侵三晉懼秦楚, 宿瘤有力焉. 及死後, 燕遂屠齊, 閔王逃亡而弒於外.

註解 ㅇ古列女傳(고열녀전)-《고열녀전》 권6에 있는 이야기임. ㅇ宿瘤(숙류)-어려서부터 있는 혹. ㅇ百鎰(백일)-1일(鎰)은 20냥. 또는 30냥이라고도 함. ㅇ三晉(삼진)-한(韓)·위(魏)·조(趙).

264. 칠실우규(漆室憂葵)

-칠실읍(漆室邑)의 여인이 아욱을 보고 근심하다

《고열녀전(古列女傳)》에 보면 노(魯)나라 칠실읍(漆室邑)의 여자가 때가 지나도록 시집을 가지 못했는데 목공(穆公)의 때를 당하여 임금은 늙고 태자(太子)는 어렸었다. 그녀는 기둥에 기대어 한숨을 크게 내쉬니 이웃 여자가 말하기를, "어찌해서 한숨 소리가 그렇게 슬픈고? 그대는 시집가고 싶은가?"라고 하자, 여인은 말하기를, "내가 어찌 시집을 가지 못해서 슬퍼하겠는가? 나는 노나라 임금님은 늙고 태자님은 어리기 때문에 그러하오."라고 했다. 이에 이웃 부인은 웃으면서 말하기를, "그것은 노나라 대부(大夫)의 근심거리이지 그대와 무슨 관계가 있는가?"라고 했다.

그러나 처녀는 말하기를, "그렇지 않소이다. 옛날 진(晉)나라에서 온 나그네가 내 집에 기숙하고 있었습니다. 그때 말을 동산 속에 매어놓았는데 그 말이 달려가서 우리 아욱밭을 짓밟았지 뭡니까. 그래서 나로 하여금 그 해가 다가도록 아욱을 먹지 못하게 했습니다. 또 어느 때 이웃 여인이 웬 남자를 따라 집을 나가서 도망쳤었습니다. 그 집에서는 우리 오빠를 고용하여 뒤쫓게 했는데 오빠는 장마비를 만나서 그만 물에 빠져 죽었습니다. 그 결과 나는 평생동안 오빠없이 살았습니다. 나는 들으니 '하수가 9리를 물에 잠기는 것은 3백보(步)에 이른다'고 했습니다. 대체로 노(魯)나라에 근심이 있으면 군신(君臣)과 부자(父子)가 모두 그 욕을 당하고 화가 모든 백성에게 미칠 것인데 홀로 편안히 모면할 수 있겠습니까?"라고 했다.

3년이 되자 과연 노나라에 내란(內亂)이 생기고 제(齊)나라와 초(楚)나라는 이를 공격했다. 그리고 계속 침입해와서 남자들은 나가 싸우고 부인들은 무기와 군량을 운반하기에 소식을 듣지 못하게 되었다.

原文 **古列女傳, 魯漆室邑之女. 過時未適人. 當穆公時, 君老太子幼. 女奇柱而嘯. 隣婦曰, 何嘯之悲. 子欲嫁耶, 女曰, 吾豈爲不嫁而悲哉. 吾憂魯君老而太子幼也. 隣婦笑曰, 此魯大夫之憂. 婦人何與. 女曰, 不然. 昔晉客舍吾家, 繫馬園中. 馬佚馳走踐吾葵, 使我終歲不食葵. 隣女奔隨人亡. 其家倩吾兄行追之. 逢霖水出溺死, 令吾終身無兄. 吾聞河潤九里, 漸洳三百步. 夫魯國有患, 君臣父子皆被其辱, 禍及衆庶. 婦人獨安所逃乎. 居三年魯果內亂, 齊楚攻之, 連有寇. 男子戰鬪, 婦人轉輸不得息.**

註解 ○古列女傳(고열녀전)－《고열녀전》 권3에 있는 이야기임. ○葵

(규)−아욱.

265. 위현만영(韋賢滿籯)

−위현(韋賢)이 생각하는 황금 상자

전한(前漢) 위현(韋賢)의 자는 장유(長孺)이니 노(魯)나라 추현(鄒縣) 사람이다. 사람됨이 질박하고 욕심이 적으면서 학문에 뜻이 도타웠는데 겸하여《예서(禮書)》·《상서(尙書)》에 통하고《시경(詩經)》을 교수(敎授)하니 그를 이름하여 추로(鄒魯)의 대유(大儒)라고 했다. 선제(宣帝) 때에 승상(丞相)이 되었으나 늙고 병들었다고 사직하기를 청하니 황금 1백 근에 상저택(上邸宅) 한 곳을 더 주었다. 승상으로 벼슬을 내놓은 것은 위현에게서 시작되었다.

그의 작은아들 위현성(韋玄成)의 자는 소옹(少翁)이니 학문을 좋아하여 아버지의 사업을 이었다. 더욱이 겸손하고 선비에게 몸을 낮추었는데 다시 경서에 밝은 것으로 여러 지위를 거쳐 승상(丞相)에 이르렀다. 그런 까닭에 추로(鄒魯)의 속담에 말하기를, '황금이 상자에 가득한 것이 한 경서만 못하다'라고 했다. 현성은 원제(元帝) 때 정승으로 10년 동안 있었는데 바른 것을 지키고 몸가짐을 신중히 하는 것이 그 아버지에 미치지 못했어도 당당한 풍채는 아버지를 능가했다.

原文 **前漢韋賢字長孺 魯國鄒人. 爲人質朴少欲. 篤志於學, 兼通禮·尙書, 以詩敎授. 號稱鄒魯大儒. 宣帝時爲丞相, 以老病乞骸骨. 賜黃金百斤, 加第一區. 丞相致仕自賢始. 少子玄成字少翁, 好學修父業, 尤謙遜下士. 復以明經, 歷位至丞相. 故鄒魯諺曰, 遺子黃金滿籯, 不如一經. 玄成相元帝十**

年, 守正持重不及父. 而文采過之.

註解 ㅇ前漢(전한)－《전한서》〈열전〉 43에 있는 이야기임. ㅇ鄒魯(추로)－추(鄒)나라는 맹자(孟子)의 고향이요, 노(魯)나라는 공자의 고향이기 때문에 공맹(孔孟)의 이칭(異稱), 또는 그들이 제창(提唱)한 유교(儒教)의 이름으로 쓰임. ㅇ大儒(대유)－학식이 높은 선비.

266. 하후습개(夏侯拾芥)

－하후승(夏侯勝)이 쓰레기를 줍다

전한(前漢) 하후승(夏侯勝)의 자는 장공(長公)이니 동평(東平) 사람이다. 어렸을 때 학문을 좋아했다. 사람됨이 질박하고 바른 것을 지키며 간단하고 평이하게 행동하여 예의에 구애받지 않았다. 선제(宣帝) 때 태자태부(太子太傅)로 옮겼다가 조서를 받아《상서(尙書)》와《논어(論語)》의 해설을 지어 황금 백 근을 하사받았다. 나이 90에 벼슬을 마쳤다.

처음에 하후승이 태후(太后)에게《상서》를 강의한 적이 있었기 때문에 그가 죽었을 때 돈 2백만 냥이 내려졌고 5일동안 흰옷을 입음으로써 사부(師傅)의 은혜에 보답하니 선비들이 이것을 영화롭게 여겼다. 처음에 하후승이 언제나 사람들을 가르칠 때 제생(諸生)들에게 이르기를, "선비는 경학(經學)에 밝지 못한 것을 병으로 여기는 것이니 경학에 진실로 밝으면 공경(公卿)의 자리에 오르는 것이 마치 엎드려서 땅의 쓰레기를 줍는 것과 같은 것이다. 경학 배운 것이 밝지 못하면 돌아가서 밭을 가는 것만 같지 못할 것이다."라고 했다.

原文 前漢夏侯勝字長公, 東平人. 少好學. 爲人質朴守正,

簡易亡威儀. 宣帝時遷太子太傅. 受詔撰尚書·論語說, 賜黃金百斤. 年九十卒官. 初勝授太后尚書. 故賜錢二百萬, 素服五日, 以報師傅之恩. 儒者以爲榮. 始勝每講授, 常謂諸生曰, 士病不明經術. 經術苟明, 其取靑紫如俛拾地芥. 學經不明, 不如歸耕.

註解 ㅇ前漢(전한)－《전한서》〈열전〉 45에 있는 이야기임. ㅇ靑紫(청자)－푸른 것과 붉은 것. 여기에서는 공경(公卿)의 옷에 비유한 것임.

267. **완간광달**(阮簡曠達)

－완간(阮簡)의 활달함

《몽구》 구주(舊注)에 죽림칠현론(竹林七賢論)을 인용하여 말하기를, '완간(阮簡)은 완함(阮咸)의 조카로서 역시 광달(曠達)한 것으로 자처했다. 아버지 초상에 가다가 큰 눈을 만나서 추위에 얼었다. 이에 드디어 준의령(浚儀令)의 관사에 도착했다. 현령(縣令)은 그를 위하여 손님을 위해 준비했던 기장밥을 베풀자 완간은 그 음식을 먹고 득의의 청담(淸談)을 지껄였다고 한다. 그런 성품이었기에 세상에 쓰임받지 못한 것이 무려 20년에 이르렀다.

原文 **舊注, 引竹林七賢論曰, 阮簡咸之從子. 亦以曠達自居. 父喪行遇大雪寒凍. 遂詣浚儀令. 令爲他賓設黍. 簡食之, 以致淸議. 廢頓幾二十年.**

註解 ㅇ舊注(구주)－《고주몽구(古注蒙求)》에 같은 글의 주(注)가 기록되어 있다. ㅇ曠達(광달)－활달. ㅇ淸議(청의)－청담(淸談).

268. 원탐준매(袁耽俊邁)

–원탐(袁耽)은 걸출하고 고매(高邁)함

진(晉)나라 원탐(袁耽)의 자는 언도(彦道)이니 진군(陳郡) 양하(陽夏) 사람이다. 어려서부터 재기(才氣)가 있고 뜻이 컸으며 기개가 있어서 남의 구속을 받지 않으므로 선비들의 일컫는 바가 되었다. 환온(桓溫)이 젊었을 때 노름꾼 틈에서 놀아 가산을 모두 탕진했으나 오히려 노름 밑천은 있어서 스스로 없앤 돈을 찾을 방도를 생각했으나 방법을 알 수가 없었다. 그래서 구제할 방도를 원탐에게 요구하려 했으나 원탐은 상중(喪中)에 있었다.

이에 시험삼아 말했더니 원탐은 어려워하는 빛도 없이 드디어 상복을 벗고 변장한 다음 베로 만든 모자를 품속에 지니고 환온을 따라 채권자와 노름을 하러 갔다. 원탐은 본래 재주꾼이란 이름이 있었는데 상대편 채권자도 그런 말은 들은 바 있지만 서로 얼굴은 알지 못했다.

이에 상대편 채권자가 이르기를, "그대는 마땅히 이기지 못할 것이오. 원언도와 같은 재주는 없을 것이니까요."하고 드디어 판을 벌였다. 그는 계속해서 이겼고 마침내 10만 냥의 판을 벌이다가 곧 백만 냥으로 올렸는데 원탐은 주사위의 패를 던지면서 크게 부르짖고 베모자를 땅에 던지면서 말하기를, "이제 마침내 원언도를 알겠느냐?"라고 했으니 그 소탈하기가 이와 같았다. 벼슬하여 종사중랑(從事中郎)이 되었다.

原文 **晉袁耽字彦道, 陳郡陽夏人. 少有才氣. 倜儻不羈. 爲士類所稱. 桓溫少時游于博徒, 資産俱盡, 尙有負進. 思自報之方, 莫知所出. 欲求濟於耽. 而耽在艱. 試以告焉. 耽略無**

難色. 遂變服壞布帽, 隨溫與債主戲. 耽素有藝名. 債主聞之, 而不相識. 謂之曰, 卿當不辨作袁彦道也. 遂就局. 俄頃十萬一賭, 直上百萬耽投馬絶叫, 探布帽擲地曰, 竟識袁彦道不. 其通脫如此. 仕爲從事中郎.

註解 ㅇ晉(진)－《진서》〈열전〉 53에 있는 이야기임.

269. 소무지절(蘇武持節)

－소무(蘇武)가 절개를 갖다

전한(前漢) 소무(蘇武)의 자는 자경(子卿)이니 두릉(杜陵) 사람이다. 무제(武帝) 때 중랑장(中郎將)으로서 부절(符節)을 가지고 흉노(匈奴)에 사신으로 갔는데 선우(單于)가 그를 항복시키려고 큰 웅덩이 속에 가두고 음식을 주지 않았다. 눈이 내리자 소무는 누워서 눈을 입에 물고 깔개인 모직물의 털과 눈을 같이 삼켜서 수일동안 허기를 면했다. 이에 흉노는 그를 신(神)이라 하여 북해(北海) 가장자리로 옮기고 숫양[羝]을 기르게 했는데 숫양이 새끼를 낳으면 비로소 돌려보내 주겠노라고 했다. 소무는 한(漢)나라 부절을 꼭 쥐고 양을 기르는데 눕고 일어나는 일에도 부절을 놓지 아니하여 그 부절의 털이 다 떨어졌다.

소제(昭帝)가 즉위하면서 흉노와 한나라의 화친이 이루어지자 한나라에서 소무 등을 보내라고 요구하니 흉노는 거짓말로 소무가 죽었다고 했다. 그러나 소무와 함께 붙잡혀 있던 상혜(常惠)란 사람이 한나라에서 온 사자(使者)에게 말하기를, "천자가 상림원(上林苑) 속에서 활을 쏘다가 기러기를 쏘아 떨어뜨렸는데 그 기러기 발에 백서(帛書)가 매어 있는 것을 보니 거기에 말하기를, 소무가 어느 못가에 있다."고 말하게 하였다. 이 까닭에 소무는 고국으로 돌아올 수가 있었고 전속국(典屬國)에 임명되었다. 봉급은 2천 석을 주고 돈 2백만 냥과 공전(公田) 2경(頃)과 집 한 채를 하사했다.

소무가 흉노에게서 머무른 것이 19년이었다. 처음에 강하고 씩씩한 모습으로 나갔는데 돌아올 때는 수염과 머리털이 다 희어졌다. 선제(宣帝) 때에 이르러 소무는 충절에 뛰어난 노신(老臣)이라 하여 초하루와 보름에만 입궐토록 했고 좨주(祭酒)란 직함으로 부르게 했다. 80여세에 졸(卒)하니 그 뒤에 기린각(麒麟閣)에 그의 초상화를 그려서 걸었고 그의 관작과 성명을 써놓았다.

原文 **前漢蘇武字子卿, 杜陵人. 武帝時中郎將持節使匈奴. 單于欲降之, 迺幽武置大窖中, 絶不飮食. 天雨雪. 武臥齧雪, 與旃毛幷咽之, 數日不死. 匈奴以爲神, 乃徒武北海上使牧羝, 羝乳乃得歸. 武杖漢節牧羊, 臥起操持, 節旄盡落. 昭帝立, 匈奴與漢和親. 漢求武等. 匈奴詭言武死. 常惠敎漢使者言, 天子射上林中得鴈. 足有係帛書. 言在某澤中. 由是得還. 拜爲典屬國. 秩中二千石, 賜錢二百萬·公田二頃·宅一區, 武留匈奴十九歲. 始以强壯出, 及還鬚髮盡白. 至宣帝時, 以武著節老臣, 令朝朔望, 號稱祭酒. 年八十餘卒. 後圖畫於麒麟閣, 法其形貌, 署其官爵姓名.**

註解 ㅇ前漢(전한)-《전한서》〈열전〉 24에 있는 이야기임. ㅇ中郎將(중랑장)-진대(秦代)로부터 당대(唐代) 이전까지 전문(殿門)과 숙위(宿衛)를 맡은 벼슬아치의 장관. ㅇ匈奴(흉노)-인종의 이름. 기원전 3세기경부터 약 3백년간 지금의 몽고 지방에서 유목하던 터키족의 일종. ㅇ單于(선우)-흉노(匈奴) 왕의 칭호. ㅇ上林(상림)-임금의 동산. 원(苑)과 같다. ㅇ帛書(백서)-비단에 쓴 편지. ㅇ典屬國(전속국)-속국(屬國)의

일을 맡은 벼슬. ㅇ頃(경)-1경(頃)은 백묘(百畝).

270. 정중불배(鄭衆不拜)

-정중(鄭衆)이 절하지 않다

후한(後漢) 정중(鄭衆)의 자는 중사(仲師)이니 하남(河南) 개봉(開封) 사람이다. 학문에 정력을 다하여 세상에 이름이 알려졌다. 영평(永平) 초년에 명경과(明經科)에 합격하여 급사중(給事中)이 되었다. 영평 8년에 정중은 부절(符節)을 가지고 흉노(匈奴)에 사신으로 갔다. 정중이 흉노의 관청에 이르자 오랑캐들은 절을 하게 했으나 정중은 굽히지 않았다. 이에 선우(單于)는 크게 노하여 그를 포위 유폐시키고 포위하고 수화(水火)도 주지 못하게 하여 협박으로 복종시키려 했다. 이에 정중은 칼을 뽑아 스스로 맹서하니 선우는 두려워서 중지했다.

뒤에 다시 정중을 흉노에 사신으로 보내려고 하자 정중이 말하기를, "신(臣)이 전에 사신으로 갔을 때 흉노에게 절을 하지 않았더니 선우가 성내고 군사를 보내어 신을 포위케 했사옵니다. 이제 다시 명령을 받고 흉노에게 간다면 이번에는 반드시 굴복시키려고 할 것이니이다. 신은 진실로 한(漢)나라 부절(符節)을 가지고 차마 오랑캐를 대하여 홀로 절할 수가 없사옵니다."라고 했으나 황제는 이를 허락하지 않았다. 정중이 이미 길을 떠나자 길에서 연달아 글을 올려 같은 내용을 주장했다. 황제는 노하여 그를 쫓아가서 잡아다가 정위(廷尉)에게 넘겨 옥에 가두었다. 그후 용서받고 집으로 돌아갔다. 한편 황제가 흉노에서 온 자에게 정중이 선우와 예를 다투던 모양을 물었더니 모두 말하기를, "정중은 의기가 씩씩하고 용감해서 비록 소무(蘇武)도 그에게 미치지 못한다고 전합니다."라고 했다. 다시 불러서 군사마(軍司馬)를 삼았는데 벼슬이 대사농(大司農)으로 끝났다.

原文 後漢鄭衆字仲師, 河南開封人. 精力於學, 知名於世. 永平初以明經科給事中. 八年遣衆持節使匈奴. 衆至北庭, 虜欲令拜. 衆不爲屈. 單于大怒, 圍守閉之, 不與水火, 欲脅服. 衆拔刀自誓. 單于恚而止. 後復遣衆. 衆言臣前奉使不爲匈奴拜, 單于恚恨, 遣兵圍臣. 今復銜命, 必見陵折. 臣誠不忍持大漢節, 對氈裘獨拜. 帝不聽. 衆旣行, 在路連上書固爭. 詔追還繫廷尉. 會赦歸家. 後帝見匈奴來者, 問衆與單于爭禮之狀. 皆言重意氣壯勇, 雖蘇武不過. 復召爲軍司馬. 終大司農.

註解 ㅇ後漢(후한)－《후한서》〈열전〉 26에 있는 이야기임. ㅇ明經科(명경과)－경서(經書)의 뜻을 명백히 함. 과거의 과목. ㅇ北庭(북정)－한대(漢代)의 북방, 즉 흉노(匈奴)의 땅. ㅇ水火(수화)－물과 불. 일상생활에 없어서는 안되는 물건. ㅇ軍司馬(군사마)－사마(司馬)는 한대(漢代)의 삼공(三公)의 하나. ㅇ大司農(대사농)－곡화(穀貨)를 맡은 벼슬.

271. 곽거장갱(郭巨將坑)

－곽거(郭巨)가 장차 자식을 구덩이에 묻으려 하다

《몽구》 구주(舊注)에 〈효자전(孝子傳)〉을 인용(引用)해서 말하기를, 후한(後漢)의 곽거(郭巨)는 집이 가난한데도 늙은 어머니를 봉양하는데 아내가 한 아들을 낳아 3세가 되었다. 이에 그 어머니는 자기의 먹을 것을 어린 손자에게 주었다.

이에 곽거는 아내에게 이르기를, "가난하여 아무것도 없어서 능히 물건을 대주지 못하니 그대와 함께 자식을 묻어 버립시다. 자식은 다시 둘 수가 있지만 어머니는 다시 얻을 수가 없소."하니 아내는 감히 그 말을 어길 수가 없었다. 곽거가 드디어 구덩이를 두 자 남짓하게 파자 갑자기 황금(黃金) 한 솥[釜]이 보이는데 솥 위에 쓰기를, '하늘이 효자 곽거에게 주는 것이니 관청에서도 뺏을 수가 없고 사람들도 갖지 못할 것이다'라고 했다.

原文 **舊注引孝子傳云, 後漢郭巨家貧養老母. 妻生一子. 三歲. 母常減食與之. 巨謂妻曰, 貧乏不能供給. 共汝埋子. 子可再有. 母不可再得. 妻不敢違. 巨遂掘坑二尺餘, 忽見黃金一釜. 釜上云, 天賜孝子郭巨. 官不得奪, 人不得取.**

註解 ㅇ舊注(구주)-《고주몽구(古注蒙求)》의 글 말미에 '출효자전(出孝子傳)'이라 하고 이 내용이 소개되어 있음. ㅇ孝子傳(효자전)-한(漢)나라 유향(劉向)이 지은 것으로서 역대(歷代) 효자의 사적을 기록했음. 이밖에도 나라마다 각각 지은 효자전(孝子傳)이 있다.

272. 동영자매(董永自賣)

-동영(董永)이 스스로 자기 몸을 팔다

《몽구》 구주(舊注)에 말하기를, 한(漢)나라 동영(董永)은 젊었을 때 어머니를 잃고 아버지를 봉양했다. 집이 가난해서 품팔이를 하는데 농사철이 되면 조그만 수레에 아비를 태워다가 밭머리의 나무 그늘 밑에 놓아두고 농사일을 했다. 그러다가 아비가 죽자 밭주인에게 가서 돈 1만 냥을 빌리면서 자기 몸을 팔아 종이 되기로 약속했다. 이에 드디어 돈을 받아 아비를 장사지내고 돌아오다가 길에서 갑자기 한 부인을 만났다. 모양과 얼굴이 단정하고 아름다운데 동영의 아내가 되기를 요구한다. 동영은 그와 함께 주인에게 가서 동영의 아내로 하여금 비단을 짜게 했다. 주인은 비단 3백 필을 짜면 부부를 놓아주겠다고 했다. 이에 한 달에 그것을 다 짜놓자 주인은 그 빠른 것을 괴상히 여기면서도 약속했던 일인지라 드디어 놓아보냈다. 두 사람이 전에 만나던 곳에 이르자 여인은 동영을 작별하면서 말하기를, "나는 하늘의 직녀(織女)인데 그대의 지극한 효성으로 인연하여 천제(天帝)께서 그대를 도와 빚을 갚게 한 것이오."하고 하늘로 올라가 버렸다.

原文 舊注云, 漢董永少失母養父. 家貧傭力. 至農月, 以小車推父, 置田頭陰樹下而營農作. 父死. 就主人貸錢一萬, 約賣身爲奴. 遂得錢葬父. 還於路忽遇婦人. 姿容端美. 求爲永妻. 永與俱詣主人. 令永妻織縑, 三百匹放汝夫妻. 乃織一月而畢. 主人怪其速, 遂放之. 相隨至舊相遇處. 辭永曰, 我天之織女也. 緣君至孝, 天帝令助君償債. 言訖凌空而去.

註解 ㅇ舊注(구주)-《고주몽구(古注蒙求)》에서는 출전(出典)을 《한서(漢書)》라 했고 거의 비슷한 글을 싣고 있음. ㅇ織女(직녀)-직녀성(織女星). 은하(銀河)를 끼고 견우성(牽牛星)과 마주 대하는 별.

273. 중련도해(仲連蹈海)

-중련(仲連)이 바다에 빠지려고 했다

《사기(史記)》에 의하면, 노중련(魯仲連)은 제(齊)나라 사람으로서 기이하고 크며 뛰어난 계획을 세우기 좋아하고 벼슬하는 것을 좋아하지 않았다. 어느 때 조(趙)나라에 갔는데 마침 진(秦)나라가 한단(邯鄲)을 포위하고 위(魏)나라 사자(使者)인 신원연(新垣衍)을 시켜 조나라로 하여금 진(秦)나라 소왕(昭王)을 높여 황제로 삼으려고 했다.

노중련은 이에 조나라 재상인 평원군(平原君)을 보고 말하기를, "위나라 사자 신원연이 어디에 있습니까? 내가 그대를 위하여 책망해서 돌려보내고자 합니다. 평원군께서는 청컨대 알선해서 신원연을 만나게 해주십시오."라고 했다. 평원군은 승낙하고 그를 신원연과 만나게 해주었다.

이에 신원연은 말하기를, "내가 보건대 이 성 안에 포위된 자는 모두 평원군에게 구하는 것이 있는데 지금 선생의 옥같은 용모를 보니 구하는 것이 있는 것 같지 않습니다. 어찌해서 오랫동안 포위된 성 안에 있으면서 가지 않는 것입니까?"라고 하자 노중련은 말하기를, "세상에서는 그 청렴결백한 포초(鮑焦)가 죽었다고 하는데 그것은 모두 잘못인 것이오. 사람들은 그의 참마음을 모르기 때문에 자기 일신을 위해서 죽었다고 하는 것이외다. 나 역시 포위당한 성 안에 있는 것은 의(義)를 위한 것이지 한 몸을 위한 것은 아닙니다. 저 진(秦)나라는 예의(禮義)를 버리고서 적군의 머리를 베는 것만을 최고의 공(功)으로 삼는 무도한 나라요. 계략으로 그 선비들을 부리고 그 백성들을 포로로 하여 부리고 있는데 그런 진나라가 이제 황제가 된다면 나는 동쪽 바다에 빠져서 죽을 뿐이지 차마 그를 위해서 백성이 되지는 않겠습니다."라고 했다. 이에 신원연은 감히 다시 진(秦)나라를 황제로 삼자는 말을 하지 못했다. 평원군은 그를 봉하려고 했으나 드디어 사양하고 가서 몸이 마치도록 다시 나타나지 않았다.

原文 史記, 魯仲連齊人. 好奇偉俶儻之畫策, 不肯仕宦. 游於趙. 會秦圍邯鄲, 而魏使新垣衍欲令趙尊秦昭王爲帝. 仲連乃見平原君曰, 梁客新垣衍安在. 吾請爲君責而歸之. 平原君請爲紹介見衍. 衍曰, 吾視居此圍城之中者, 皆有求於平原君. 今觀先生之玉貌, 非有求者, 曷爲久居此圍城之中而不去. 仲連曰, 世以鮑焦爲無從頌而死者皆非也. 衆人不知則爲一身. 彼秦弃禮義上首功之國也. 權使其士, 虜使其民. 彼卽爲帝, 則連蹈東海而死耳, 不忍爲之民也. 於是衍不敢復言帝秦. 平原君欲封之. 遂辭去, 終身不復見.

註解 ㅇ史記(사기)－《사기》〈열전〉 23에 있는 이야기임. ㅇ邯鄲(한단)－전국시대 조(趙)나라의 도읍. ㅇ新垣衍(신원연)－신원(新垣)은 성(姓), 연(衍)은 이름. ㅇ平原君(평원군)－전국시대(戰國時代) 조(趙)나라 무령왕(武靈王)의 아들. 이름은 승(勝). 평원에 봉군(封君)되었기 때문에 평원군이라고 한다. 문객(門客)을 좋아하여 문하(門下)에 식객(食客) 수천 명이 있었음.

274. 범려범호(范蠡泛湖)

－범려(范蠡)가 호수에 뜨다

《사기(史記)》에 보면, 범려(范蠡)가 월왕(越王) 구천(勾踐)을 섬겼는데 마음과 힘을 합해서 구천과 함께 깊이 계획한 지 20여년에 마침내 회계(會稽)의 수치를 씻고 이르기를, "큰 명성(名聲)을 이룬 후에는 그 자리에 오래 있지 말아야 한다. 또 구천과는 가히 근심을 같이 할지언정 편안한 곳에 함께 있을 수는 없다."하고 이에 가벼운 보석과 구슬과 옥(玉)을 꾸리고 그 가족과 종들과 함께 배를 타고 바다를 건너 월나라를 떠났다. 그는 끝내 돌아오지 않고 제(齊)나라로 가서 성명을 바꾸어 치이자피(鴟夷子皮)라 하고 숨었다. 그리고 바닷가에서 농사지어 부자(父子)가 재산 수천 만을 이루었다.

이에 제나라 사람들이 그의 어질다는 말을 듣고 정승으로 모시려고 하니 범려가 탄식하기를, "집에 있어서 천금을 이루고 벼슬해서 경상(卿相)에 이르렀으니 이는 포의(布衣)로서 지극한 것이다."하고 이에 정승의 도장을 돌려주고 그 재산을 모두 흩어서 이것을 아는 벗들과 고향 마을 사람들에게 주고 그 소중한 보배만을 가지고 샛길로 가서 도(陶) 땅에 이르렀다. 그리고 말하기를 이곳은 천하의 중앙으로서 물품의 있고 없는 것을 통하니 가히 부자를 이룰 수 있을 것이라며 스스로 도주공(陶朱公)이라고 일컫더니 얼마 안되어 재산 여러 만금(萬金)을 이루었는데 천하에서 도주공이라 일컬었다. 이처럼 범려는 세 번 옮겨서 천하에 이름을 이루었다. 늙어서 도(陶) 땅에서 죽었다.

原文 史記, 范蠡事越王勾踐, 苦身戮力, 與勾踐深謀二十餘年. 竟滅吳, 報會稽之恥. 以爲大名之下難以久居. 且勾踐可與同患, 難與處安. 乃裝其輕寶珠玉, 與其私徒屬乘舟浮海以行, 終不反. 適齊變姓名, 自謂鴟夷子皮. 隱耕于海畔, 父子致產數千萬. 齊人聞其賢以爲相. 蠡嘆曰, 居家致千金, 居官至卿相. 此布衣之極也. 乃歸相印, 盡散其財以分與知友鄉黨, 懷其重寶, 閒行以去, 止于陶. 以爲此天下之中交易有無之路通. 可以致富. 自謂陶朱公. 居無何, 致貲累巨萬. 天下稱陶朱公. 故范蠡三徙, 成名於天下. 老死于陶.

註解 ㅇ史記(사기)－《사기》〈월세가(越世家)〉에 있는 이야기임. ㅇ越王勾踐(월왕구천)－춘추시대의 월(越)나라 제2대 왕. 와신상담(臥薪嘗膽) 끝에 마침내 오왕(吳王) 부차(夫差)에게 당한 치욕을 씻었음. ㅇ會稽之恥(회계지치)－오왕 부차와 회계산(會稽山)에서 싸우다가 지고 잡

혀가서 굴욕을 당했던 월왕(越王) 구천(勾踐)의 이야기다. ㅇ范蠡(범려)－춘추전국시대의 초(楚)나라 사람으로 월왕 구천을 도와, 오(吳)나라를 멸망시켜서 회계(會稽)의 치욕을 씻었음. ㅇ布衣(포의)－벼슬하지 않은 사람. ㅇ陶朱公(도주공)－월왕 구천의 신하 범려의 변명(變名).

275. 문보집류(文寶緝柳)

－문보(文寶)는 버들을 엮어 글을 썼다

《초국선현전(楚國先賢傳)》에 보면, 손문보(孫文寶)가 낙양(洛陽)에 이르러 태학(太學) 가까이에 있는 작은 집에서 그 어머니를 편안하게 있도록 하고 태학에 입학했는데 버드나무를 엮어서 나무쪽을 만들어 경서(經書)를 썼다.

原文 **楚國先賢傳, 孫文寶到洛陽, 在太學左右, 得一小屋, 安止母. 然後入學, 編楊柳爲簡, 以寫經.**

註解 ㅇ楚國先賢傳(초국선현전)－진(晉)나라 장방현(張方賢)이 찬(撰)한 이름난 어진 사람들의 전기(傳記).

276. 온서절포(溫舒截蒲)

－온서(溫舒)가 부들을 자르다

전한(前漢) 노온서(路溫舒)의 자는 장군(長君)이니 거록(鉅鹿) 동리(東里) 사람이다. 아버지가 마을의 감문(監門)이 되어 그로 하여금 양(羊)을 치게 했는데 온서(溫舒)는 못 속의 부들을 꺾어서 이것으로 나무쪽을 만들어 엮어 가지고 글을 쓰니 차츰 잘 쓰게 되었다.

이에 청하여 감옥의 낮은 관리가 되었고 계속해서 옥리(獄吏)가 되니 고을 안의 의심스러운 일은 모두 그에게 물었다. 태수(太守)가 고을 안을 다니다가 보고 이것을 이상히 여겨 결조리(決曹吏)에 임명했다. 여기에서 또 《춘추(春秋)》를 배워 큰 뜻을 통하자 효렴(孝廉)에 천거되어 산읍현(山邑縣) 보좌관이 되었다. 선제(宣帝) 때에 임회태수(臨淮太守)로 옮겼는데 다스리는 것이 현저한 자취가 있었다.

原文 **前漢路溫舒字長君, 鉅鹿東里人. 父爲里監門. 使牧羊. 溫舒取澤中蒲, 截以爲牒, 編用寫書, 稍習善. 求爲獄小吏, 因學律令, 轉爲獄史. 縣中疑事皆問焉. 太守行縣, 見而異之, 署決曹史. 又受春秋通大義. 擧孝廉, 爲山邑丞. 宣帝時遷臨淮太守, 治有異迹.**

註解 ㅇ前漢(전한)—《전한서》〈열전〉 21에 있는 이야기임. ㅇ決曹史(결조사)—한(漢)나라의 벼슬 이름. 형법(刑法)을 주관했다. ㅇ山邑丞(산읍승)—산읍(山邑)은 고을 이름. 승(丞)은 현령의 보좌관.

277. 백도무아(伯道無兒)

—백도(伯道)는 아이가 없었다

《진서(晉書)》에 보면 등유(鄧攸)의 자는 백도(伯道)이니 평양(平陽) 양릉(襄陵) 사람이다. 하동태수(河東太守)가 되었다가 난리통에 후조(後趙) 석륵(石勒)에게 붙잡혔다. 그러나 도망쳤는데 수레가 망가졌으므로 소와 말에 처자(妻子)를 싣고 도망치다가 또 적을 만나 소와 말을 빼앗기고 걸어서 달아났다. 그는 자기 아이와 아우의 아들 수(綏)를 업고 가다가 능히 두 아이를 모두 온전히 데리고 갈 수가 없다고 생각하고 이에 아내에게 이르기를, "내 아우는 일찍 죽고 오직 한 아들이 있을 뿐이니 그의 대(代)를 끊을 수가 없은즉 응당 우리 아이를 버립시다. 우리가 다행히 살아 남게 되면 우리는 뒤에 마땅히 자식이 있게 될 것이오."하니 아내는 울면서 그 말을 좇아 자기네 아이를 버렸다. 그런데 아침에 버린 것이 저녁에 따라오므로 이튿날은 나무에 매어놓고 길을 갔다.

강동(江東)에 이르러 벼슬하여 우복야(右僕射)가 되었는데 등유가 아들을 버린 후로는 아내가 다시 애를 갖지 못했다. 동진(東晉)시대가 되자 첩(妾)을 맞아 몹시 사랑했다. 첩에게 그 가속(家屬)을 물어보았더니 말하기를, 그는 북쪽 사람으로서 난리를 만났으나 부모의 성명(姓名)은 기억한다는데 그는 곧 등유의 조카로서 등유가 본래 덕과 행동이 있다고 들었다고 한다. 이를 듣고 감동하고 한스럽게 여겨 드디어 다시 첩을 두지 않으니 마침내 아들이 없었다. 당시 사람들이 의롭게 여기고 슬퍼하여 말하기를, "하늘의 도(道)가 등유의 의(義)를 모르는가? 등백도(鄧伯道)로 하여금 아이가 없게 하다니."라고 했다.

原文 晉書, 鄧攸字伯道, 平陽襄陵人. 爲河東太守, 沒于石勒. 乃斫壞車, 以牛馬負妻子而逃. 又遇賊掠其牛馬, 步走擔其兒及其弟子綏, 度不能兩全, 乃謂妻曰, 吾弟早亡, 惟有一息. 理不可絶. 止應自弃我兒耳. 幸而得存, 我後當有子. 妻泣而從之. 乃弃之. 朝弃而暮及. 明日繫之於樹而去. 至江東, 仕爲尚書右僕射. 攸弃子之後, 妻不復孕. 過江納妾, 甚寵之. 訊其家屬, 說是北人遭亂. 憶父母姓名. 乃攸之甥. 攸素有德行. 聞之感恨, 遂不復畜妾. 卒以無嗣. 時人義而哀之曰, 天道無知, 使鄧伯道無兒.

註解 ㅇ晉書(진서)-《진서》〈열전〉60 양리전(良吏傳)에 있는 이야기임. ㅇ石勒(석륵)-후조(後趙)를 창립한 임금. 갈인(羯人). 일찍이 장사도 하고 도둑질도 하다가 유연(劉淵)의 부하가 되어 많은 공을 세웠으며 뒤에 유요(劉曜)를 죽이고 대신하여 제(帝)라고 참칭함.

278. 혜소불고(嵇紹不孤)

-혜소(嵇紹)는 고아가 아니다

진(晉)나라 혜소(嵇紹)의 자는 연조(延祖)이다. 아버지 혜강(嵇康)이 산도(山濤)와 가까웠는데 참살(斬殺)당하기에 이르러 혜소에게 이르기를, "거원(巨源 : 산도)이 있으니 너는 외롭지 않으리라."고 했다. 뒤에 산도가 천거하여 비서승(秘書丞)이 되어 비로소 낙양(洛陽)에 들어갔는데 어떤 사람이 왕융(王戎)에게 말하기를, "어제 수많은 사람들 속에서 혜소를 보니 높이 뛰어난 것이 마치 들의 학(鶴)이 닭의 무리에 있는 것과 같았습니다."라고 했다.

배위(裵頠)도 또한 그를 기량(器量)이 있는 사람으로 여겨 늘 말하기를, "연조(延祖)로 이부상서(吏部尙書)를 삼아 가히 천하를 부리게 한다면 남겨두는 인재가 없을 것이다."라고 말했다. 여러 번 벼슬이 옮겨져서 시중(侍中)이 되었다. 혜제(惠帝)가 피난하게 되자 행재소(行在所)에 달려갔는데 제왕의 군사가 패하고 백관(百官)과 시위(侍衛)도 모두 패하여 무너졌다. 오직 혜소만이 근엄하게 단정한 관을 쓴 몸으로 황제를 막아 보호했다. 군사들이 황제의 수레에 침입하고 날아오는 화살이 비오듯 하는데 드디어 황제의 곁에서 죽음을 당하여 피가 황제의 옷에까지 젖으니 황제가 몹시 슬퍼하고 탄식했다. 난(亂)이 평정되자 좌우 사람들이 황제의 옷을 빨려고 하자 황제는 말하기를, "이것은 혜시중(嵇侍中)의 피이니 버리지 마라."

고 했다. 원제(元帝)가 태위(大尉)를 증직(贈職)하고 시호를 충목(忠穆)이라 하고 대뢰(大牢)로 제사를 지냈다.

原文 **晉嵇紹字延祖. 父康與山濤善. 臨誅謂紹曰, 巨源在. 汝不孤矣. 後濤薦爲祕書丞. 始入洛, 或謂王戎曰, 昨於稠人中始見嵇紹, 昂昂然若野鶴之在雞群. 裵頠亦深器之. 每曰, 使延祖爲吏部尚書, 可使天下無復遺才. 累遷侍中. 及惠帝蒙塵, 馳詣行在所, 王師敗績, 百官及侍衛散潰. 唯紹儼然端冕, 以身捍衛. 兵交御輦, 飛箭雨集, 遂被害於帝側, 血濺於服. 帝深哀嘆之. 及事定, 左右欲浣衣. 帝曰, 此嵇侍中血. 勿去. 元帝表贈大尉, 諡忠穆, 祠大牢.**

註解 ㅇ晉(진)－《진서》〈열전〉 59 충의전(忠義傳)에 있는 이야기임. ㅇ山濤(산도)－죽림칠현(竹林七賢)의 한 사람. ㅇ巨源(거원)－산도(山濤)의 자. ㅇ秘書丞(비서승)－기밀문서를 맡아보는 사무의 책임자. ㅇ延祖(연조)－혜소(嵇紹)의 자. ㅇ行在所(행재소)－거둥 때의 임금이 머무르는 곳. ㅇ侍衛(시위)－임금을 모시어 호위하는 사람.

279. **녹주추루**(綠珠墜樓)

－녹주(綠珠)가 다락에서 떨어지다

《진서(晉書)》에 보면, 석숭(石崇)의 자는 계륜(季倫)이니 발해(渤海) 남피(南皮) 사람이다. 위위(衛尉)에 임명되었는데 이때 기생 하나가 있어 이름을 녹주(綠珠)라 하며 아름답고 고운 데다가 피리를 잘 불었다. 중서령(中書令) 손수(孫秀)가 사람을 시켜 그 기생을 요구했다. 석숭은 이때 금곡(金谷)의 별관(別館)에서 양대(涼臺)에 올라 청류(清流)에 있고 녹주가 곁에서 모시고 있는데 사자(使者)가 이 말을 고했다. 이에 석숭이 자기의 비첩(婢妾) 수십 명을 내다가 보이는데 모두 난사향(蘭麝香)을 몸에 지니고 가벼운 비단을 입었다. 석숭이 말하기를, "마음대로 고르라."고 하니 사자(使者)는 말하기를, "명령을 받았습니다. 특히 녹주를 찾아서 데려오라고 하셨는데 누가 녹주입니까?"라고 했다.

이때 석숭은 버럭 화를 내며 말하기를, "녹주는 내가 사랑하는 사람이니 데려갈 수 없다."라고 했다. 손수는 이 말을 듣고 노하여 이에 조왕(趙王) 윤(倫)에게 석숭을 베라고 청했고 드디어 거짓 조서를 꾸미어 석숭을 붙잡으려고 했다. 이때 석숭은 다락 위에서 잔치를 열고 있었는데 무사(武士)가 문에 이르자 석숭은 녹주에게 이르기를, "내가 이제 너 때문에 죄를 얻었다."고 하니 녹주는 울면서 말하기를, "마땅히 나리 앞에서 죽을 것입니다."하고 즉시 다락 아래에 몸을 던져 죽었다. 석숭은 동시(東市)에 나가서 탄식하기를, "손수란 놈이 내 집 재산을 뺏었다."라고 하자 관리가 말하기를, "재물을 좋아하면 해를 당하는 법인데 어찌해서 일찍 헐어버리지 않았는가?"라고 했다. 석숭은 능히 대답하지 못하고 드디어 해를 당했다.

原文 晉書, 石崇字季倫, 渤海南皮人. 拜衛尉. 有妓曰綠珠. 美而艷, 善吹笛. 中書令孫秀使人求之. 崇時在金谷別館. 方登凉臺臨清流, 婦人侍側. 使者以告. 崇盡出其婢妾數十人以示之. 皆蘊蘭麝被羅縠. 曰, 在所擇. 使者曰, 受命指索綠珠, 不識孰是. 崇勃然曰, 綠珠吾所愛. 不可得也. 秀怒, 乃勸趙王倫誅崇. 遂矯詔收之. 崇正宴樓上, 介士到門. 崇謂綠珠曰, 我今爲爾得罪. 綠珠泣曰, 當致死於君前. 因自投于樓下而死. 崇詣東市嘆曰, 奴輩利吾家財. 收者曰, 知財致害, 何不早散之. 崇不能答. 遂被害.

註解 ㅇ晉書(진서)－《진서》〈열전〉 3에 있는 이야기임. ㅇ婢妾(비첩)－계집종. 시비(侍婢). ㅇ麝(사)－사향(麝香). 사향노루의 배꼽과 불두덩의 중간에 있는 포피선(包皮腺)을 쪼개어 말린 것. 향료(香料)로 쓰임. ㅇ東市(동시)－죄인을 죽이는 곳.

280. 문군당로(文君當壚)

－문군(文君)이 목로에 앉다

전한(前漢) 탁문군(卓文君)은 촉군(蜀郡) 임공(臨邛)의 부자로 사는 탁왕손(卓王孫)의 딸이다. 과부가 되었는데 음악을 좋아했다. 어느 날 사마상여(司馬相如)가 손님과 같이 그 집에 이르렀는데 술이 얼큰하여 거문고를 탔다. 그 거문고 소리는 탁문군의 마음을 부추겼다. 사마상여는 가난하여 빌린 수레를 타고 갔는데도 모양이 온화하고 한가로워 몹시 아름다웠다. 탁문군은 조용히 창틈으로 훔쳐보고 그를 좋게 여겼으나 만나볼 수가 없다.

이에 밤에 도망하여 사마상여에게로 가자 사마상여는 그와 함께 달려서 집으로 돌아가보니 집에는 한갓 사방 벽만 서있는 것이었다. 이에 탁왕손은 크게 노했고 탁문군도 오래 되자 즐거워하지 않아 장경(長卿 : 사마상여)에게 이르기를, "이제라도 임공(臨邛)에 가서 형제들에게 돈을 빌리면 오히려 족히 삶을 이룰 수 있지 않겠습니까?" 라고 했다. 그리고 바로 임공에 가서 수레와 말을 모두 팔아서 술집을 사가지고 탁문군이 목로에 앉고 사마상여는 스스로 쇠코잠방이를 입고 품팔이꾼과 함께 저자 속에서 그릇을 닦았다.

탁왕손은 이를 부끄러워하여 문을 닫고 나가지 않았다. 이것을 보고 여러 형제들과 공(公)들이 교대로 찾아와서 탁왕손에게 이르기를, "당신에게는 1남 2녀가 있을 뿐입니다. 당신이 부족하게 여기는 것은 재물이 아닐 것입니다. 이제 탁문군은 이미 장경에게 절개를 잃었습니다. 장경은 짐짓 학문에 싫증이 난 것이니 비록 가난하지만 그 인재는 족히 아껴야 합니다."라고 했다. 이에 탁왕손은 재산을 나누어 가동(家僮) 1백 명과 돈 백만 냥을 주었다. 탁문군 부부는 성도(成都)로 돌아가서 밭과 집을 사가지고 부자가 되었다.

오랜 후에 촉(蜀)나라 사람 양득의(楊得意)가 구감(狗監)이 되어 무제(武帝)를 모시게 되었는데 무제(武帝)가 〈자허부(子虛賦)〉를 읽다가 칭찬하기를, "짐(朕)이 어찌해서 이 사람과 같은 때에 나지 못했단 말이냐?"라고 했다. 이에 양득의가 말하기를, "신(臣)의 마을 사람 사마상여가 스스로 말하기를 이 부(賦)를 지었다고 합니다."라고 했다. 황제는 놀라 그를 불러서 물어보고 낭(郎)을 삼았다.

原文 前漢卓文君蜀郡臨邛富人卓王孫女. 新寡. 好音. 司馬相如與客至其家. 酒酣鼓琴, 而以琴心挑之. 相如從車騎, 雍容閑雅甚都. 文君竊從戶窺之, 心悅而好之, 恐不得當, 夜亡奔相如. 相如與馳歸成都. 家徒四壁立. 王孫大怒. 文君久之不樂. 謂長卿曰, 第俱如臨邛, 從昆弟假貸, 猶足以爲生. 乃之臨邛, 盡賣車騎, 買酒舍, 令文君當壚, 相如自著犢鼻褌, 與庸保雜作, 滌器於市中. 王孫恥之, 杜門不出. 昆弟諸公更謂王孫曰, 有一男兩女. 所不足者非財也. 今文君旣失身於長卿, 長卿故倦游, 雖貧其人材足依也. 王孫分與文君僮百人·錢百萬. 歸成都, 買田宅爲富人. 久之蜀人楊得意爲狗監, 侍武帝. 帝讀子虛賦而善之曰, 朕獨不得與此人同時哉. 得意曰, 臣邑人司馬相如自言, 爲此賦. 上驚, 召問以爲郎.

註解 ㅇ前漢(전한)－《전한서》〈열전〉 27에 있는 이야기임. 《사기(史記)》〈열전〉 57에도 보임. ㅇ司馬相如(사마상여)－전한(前漢)의 문인.

자는 장경(長卿). 사부(詞賦)에 능하여 한위육조(漢魏六朝)의 문인의 모범이 됨. ㅇ長卿(장경)－사마상여(司馬相如)의 자. ㅇ狗監(구감)－천자가 사냥할 때 쓰는 개를 맡은 벼슬. ㅇ子虛賦(자허부)－사마상여(司馬相如)가 지은 글. ㅇ郎(낭)－숙위(宿衛)를 맡은 벼슬.

281. 이윤부정(伊尹負鼎)

－이윤(伊尹)이 솥[鼎]을 지다

《사기(史記)》에 보면, 이윤(伊尹)이 탕왕(湯王)에게 벼슬을 하고자 했으나 벼슬할 길이 없었다. 이에 유신씨(有莘氏)의 딸이 탕왕에게 시집간다는 말을 듣고 그의 잉신(媵臣)이 되어 솥과 도마를 지고 맛있는 음식을 만들다가 탕왕에게 접근하여 왕도(王道)에 이르게 되었다.

혹은 말하기를, 이윤이 처사(處士)로 있을 때 탕왕이 사람을 보내서 맞았는데 다섯 번 온 뒤에 즐겨 가서 탕왕을 좇아 소왕(素王) 및 구주(九主)의 일을 말하자 탕왕이 올려 써서 나라의 정사를 맡겼다고 한다.

原文 **史記, 伊尹欲干湯而無由. 乃爲有莘氏媵臣, 負鼎俎, 以滋味說湯, 致於王道. 或曰, 伊尹處士. 湯使人聘迎之. 五反然後肯往從湯, 言素王及九主之事. 湯擧任以國政.**

註解 ㅇ伊尹(이윤)－상(商 : 殷)나라의 현상(賢相). ㅇ湯(탕)－탕왕(湯王). 은왕조(殷王朝)의 시조(始祖). ㅇ媵臣(잉신)－시집가는 사람을 따라가는 신하. ㅇ素王(소왕)－태고(太古) 때 검소했던 임금. ㅇ九主(구주)－삼황(三皇)·오제(五帝)와 하(夏)나라 우왕(禹王)을 말함.

282. 영척구각(甯戚扣角)

—영척(甯戚)이 소의 뿔을 두드리다

《삼제약기(三齊略記)》에 보면, 제(齊)나라 환공(桓公)이 밤에 가까운 민가(民家)에 나갔더니 영척(甯戚)이 병이 들어 소의 뿔을 두드리면서 노래하기를, '남산(南山)은 깨끗하고 흰 돌은 빛나네. 살아서 요(堯)임금과 순(舜)임금의 물려줌을 받지 못하고 짧은 옷 홑옷이 정강이에 닿았네. 어두울 때부터 소에게 밥을 먹여 밤중에 그치니, 긴 밤이 길고 길어 어느 때나 아침이 될까?'라고 했다. 이에 환공이 불러서 같이 말해보고 기뻐하며 그를 대부(大夫)로 삼았다.

原文 **三齊略記, 齊桓公夜出近舍. 甯戚疾擊其牛角, 高歌曰, 南山矸. 白石爛. 生不遭堯與舜禪. 短布單衣適至骭. 從昏飯牛薄夜半. 長夜曼曼何時旦. 桓公召與語, 說之, 以爲大夫.**

註解 ㅇ齊桓公(제환공)—진(晉)나라 문공(文公)과 함께 춘추시대의 오패(五霸) 중에서 가장 강했던 사람.

283. 조일감람(趙壹坎壈)

—조일(趙壹)의 세상길이 험하다

후한(後漢) 조일(趙壹)의 자는 원숙(元叔)이니 한양(漢陽) 서현(西縣) 사람이다. 몸과 모양이 장대(壯大)하여 보기에 세상 사람들과 다른 점이 있었다. 그 자신도 자기 재능만 믿고 오만불손했으므로 고향사람들의 배척을 몹시 받자 그 배척을 변명하는 글을 지었다. 그후 여러 번 죄를 지어 거의 죽기에 이르렀는데 친구들의 구제로 죽음을 면했다. 이에 글을 보내서 은혜에 사례하고 〈궁조부(窮鳥賦)〉를 지었다.

뒤에 군(郡)의 상계(上計)에 천거되어 경사(京師)에 이르렀는데 이때 사도(司徒) 원봉(袁逢)이 각 군(郡)의 상계(上計)를 받고 공세(貢稅)를 받았다. 계리(計吏) 수백 명이 모두 뜰안에 절하고 엎드렸는데 조일(趙壹)이 홀로 길게 읍(揖)만 하니 원봉은 이를 이상히 여겨 좌우로 하여금 물었더니 대답하기를, "옛날 역이기(酈食其)는 한왕(漢王)을 보고서도 길이 읍(揖)만 했는데 지금 삼공(三公)에게 읍한 것이 어째서 괴이합니까?"하자 원봉은 당(堂)에서 내려와 그의 손을 잡고 끌어올려서 상좌(上座)에 앉혔다.

이에 하남윤(河南尹) 양척(羊陟)이 원봉과 함께 그를 칭찬하여 천거하니 이름이 경사(京師)를 움직여서 사대부(士大夫)들이 그 풍채를 흠모했다. 그 뒤에 주군(州郡)에서 다투어 예의를 갖추어 부르고 관청에서 열 번이나 불렀지만 모두 나가지 않았다. 처음에 원봉이 상을 잘 보는 사람으로 하여금 조일의 상(相)을 보게 했더니 말하기를, "벼슬이 군리(郡吏)에 지나지 못했소이다."라고 하더니 마침내 그 말과 같았다.

原文 後漢趙壹字元叔, 漢陽西縣人. 體貌魁梧, 望之甚偉. 恃才倨傲, 爲鄕黨所擯. 乃作解擯. 屢抵罪, 幾至死. 友人救得免. 乃貽書謝恩, 爲窮鳥賦. 後擧郡上計到京師. 時司徒袁逢受計. 計吏數百人, 皆拜伏庭中, 壹獨長揖. 逢異之, 令左右讓之. 對曰, 昔酈食其長揖漢王, 今揖三公. 何遽怪哉. 逢下堂, 執手延置上坐. 河南尹羊陟與逢共稱薦之. 名動京師. 士大夫想望其風采. 後州郡爭致禮命, 十辟公府 並不就. 初逢使善相者相壹. 云, 仕不過郡吏. 竟如其言.

註解 ㅇ後漢(후한)－《후한서》〈열전〉 75 문원전(文苑傳)에 있는 이야기임. ㅇ上計(상계)－한대(漢代)에 군국(君國)에서 매년 회계장부를 조정에 올리던 일. ㅇ袁逢(원봉)－후한(後漢) 사람. 자는 주양(周陽). 여러 대에 걸쳐 삼공자(三公子)로 내려옴. 관후(寬厚)하고 독신(篤信)하기로 이름이 났음. 영제(靈帝) 때 사공(司空)에 오름. ㅇ酈食其(역이기)－한초(漢初)의 책사(策士). 고양(高陽) 사람. ㅇ三公(삼공)－전한(前漢)의 승상(丞相)·태위(太尉)·어사대부(御史大夫). 후한(後漢) 이후에는 대사도(大司徒)·대사마(大司馬)·대사공(大司空)으로 개칭.

284. 안사건박(顔駟蹇剝)

－안사(顔駟)가 고생하고 떨어짐

《한무고사(漢武故事)》에 말하기를, 황제가 낭서(郎署)에 갔다가 그곳에서 한 낭(郎)을 보니 눈썹과 수염이 모두 희었다. 이에 묻기를, "언제 낭관(郎官)이 되었는가?"하니 그는 대답하기를, "신(臣)의 성(姓)은 안(顔)이요 이름은 사(駟)이온데 문제(文帝)께서는 문(文)을 좋아하시고 신(臣)은 무(武)를 좋아했으므로 승진하지 못했사옵고 경제(景帝)께서는 늙은이를 좋아하셨는데 신은 젊었을 때인지라 역시 승진하지 못했사옵고, 폐하께서는 젊은이를 좋아하시는데 신이 이미 늙었나이다. 하오니 3대에 걸쳐 때를 만나지 못한 것이옵지요."라고 했다.

이에 황제는 그 말에 감동하여 발탁해서 회계도위(會稽都尉)를 삼았다. 다른 책에는 '경제(景帝)께서는 아름다운 것을 좋아하시는데 신(臣)은 모양이 추했습니다'라고 되어 있다.

原文 **漢武故事曰, 上至郎署舍, 見一老郎鬚眉皓白. 問何時爲之. 對曰, 臣姓顔名駟, 文帝時爲郎. 文帝好文而臣好武.**

景帝好老而臣尚少. 陛下好少而臣已老. 是以三葉不遇也. 上感其言, 擢爲會稽都尉. 一本作景帝好美臣貌醜.

註解 ㅇ漢武故事(한무고사)－한무제(漢武帝)의 후궁(後宮)의 비사(秘事)를 적은 책. 후한(後漢)의 반고(班固)가 지었다고 하나 확실치 않음. ㅇ郎署(낭서)－상서랑(尙書郎)이 있는 관서(官署).

285. 공수권농(龔遂勸農)

－공수(龔遂)가 농사를 권하다

전한(前漢) 공수(龔遂)의 자는 소경(少卿)이니 산양(山陽) 남평양(南平陽) 사람이다. 명경(明經)으로 관리가 되었는데 선제(宣帝) 때 발해(渤海)의 좌우 고을에 흉년이 들어 도둑이 사방에서 일어나 태수(太守)가 능히 검거하고 제어할 수가 없었다. 이에 황제는 능히 다스릴 수 있는 자를 고르다가 공수로 발해태수(渤海太守)를 삼았다.

이때 공수의 나이 70여세가 넘었었다. 그는 경계에 이르러 글을 보내어 속현(屬縣)에 명하였다. 도둑을 쫓아 잡는 관리를 모두 파면하고 호미와 낫과 밭에 쓰는 기구를 가진 자는 모두 양민(良民)으로 간주하되 관리들은 이들을 함부로 나무라지 마라. 무기를 가진 자는 이제 모두 도둑으로 간주한다. 이렇게 해서 도둑이 모두 평정되고 백성들이 땅에 정착하여 편안하게 생업(生業)을 즐겼다. 이에 공수는 창름(倉廩)을 열어 가난한 백성들에게 꾸어주고 착한 관리를 뽑아서 목축(牧畜)하는 자들을 위로하여 편안하게 했다.

공수가 보니 제(齊)나라 풍속이 사치스럽고, 쓸모없는 기술을 좋아하고 농사를 짓지 않는다. 이에 몸소 검소하고 절약하며 백성들에게 농사짓고 뽕나무 가꾸는 일에 힘쓰게 하고, 백성들 중에 칼찬 자가 있으면 긴 칼은 팔아 소를 사게 하고, 보통칼은 팔아서 송아지를 사게 하니 관리와 백성이 모두 부귀하게 되고 감옥의 송사가 중지되어 쉬게 되었다. 그후에 조정에서 공수를 불렀는데 의조(議曹) 왕생(王生)이 수행하게 되었다. 왕생은 본래 술을 좋아하여 절도(節度)가 없는 사람인데 공수를 좇아 경사(京師)에 이르게 되었다.

이에 공수가 그를 데리고 대궐에 들어가게 되었는데 왕생이 말하기를, "천자께서 어떻게 발해(渤海)를 잘 다스렸느냐고 물으시거던 마땅히 말하기를, 모두 성상(聖上)의 덕이요 소인의 힘이 아니었습니다라고 하십시오."라고 했다. 공수가 이 말을 받아서 그대로 대답하자 황제는 기뻐하여 웃으면서 말하기를, "그대는 어떻게 그처럼 유덕자(有德者)의 말을 할 수가 있는가?"라고 하자 대답하기를, "신(臣)이 이것을 안 것이 아니옵고 곧 의조인 왕생이 가르쳐 주면서 신(臣)을 경계한 것이옵니다."라고 했다. 황제는 공수를 공경(公卿)에 임명코자 했으나 그가 너무 늙어서 공경의 책임을 맡길 수 없다며 수형도위(水衡都尉)에 임명하고 왕생은 승(丞)을 시켰으며 공수를 상주고 나타내 주었다고 한다.

原文 **前漢龔遂字少卿, 山陽南平陽人. 以明經爲官. 宣帝時渤海左右郡歲饑. 盜賊並起. 二千石不能禽制. 上選能治者, 以遂爲渤海太守. 年七十餘. 遂至界, 移書勑屬縣, 悉罷逐捕盜賊吏, 諸持鉏鉤田器者皆爲良民. 吏毋得問, 持兵者迺爲盜賊, 盜賊悉平, 民安土樂業. 遂乃開倉廩假貧民, 選用良吏尉安牧養焉. 遂見齊俗奢侈好末技不田作, 迺躬率以儉約, 勸民務農桑, 民有帶刀劒者, 使賣劒買牛, 賣刀買犢. 吏民皆富貴, 獄訟止息. 後徵遂. 議曹王生素嗜酒亡節度. 從至京師. 會遂引入宮, 王生曰, 天子卽問君何以治渤海, 宜曰皆聖主之德, 非小臣之力也. 遂受其言以對. 上説笑曰, 君安得長者之言而**

稱之. 對曰, 臣非知此. 乃議曹敎戒臣也. 上以遂老不任公卿, 拜水衡都尉, 王生爲丞, 以褒顯遂云.

註解 ㅇ前漢(전한)-《전한서》〈열전〉 59에 있는 이야기임. ㅇ明經(명경)-경서의 뜻을 명백히 함. 과거의 과목. ㅇ渤海(발해)-요동반도(遼東半島)와 산동반도(山東半島)에 둘러싸인 나라. 고구려 사람 대조영(大祚榮)이 세웠음. ㅇ良民(양민)-국법을 지키고 생업에 힘쓰는 백성. ㅇ倉廩(창름)-곡식 창고. ㅇ牧養(목양)-소·양·말 등을 먹여 기르는 것. ㅇ議曹(의조)-군수(郡守)의 속리(屬吏). ㅇ王生(왕생)-의조(議曹)의 한 직원. ㅇ長者(장자)-덕망이 있고 나이 먹은 사람.

286. 문옹흥학(文翁興學)

-문옹(文翁)이 학교(學校)를 일으키다

전한(前漢) 문옹(文翁)은 여강(廬江) 서현(舒縣) 사람이다. 젊어서 학문을 좋아하여 《춘추(春秋)》에 능통했다. 경제(景帝) 말년에 촉군(蜀郡)의 군수(郡守)가 되었는데 성격이 인애(仁愛)로워서 교화(敎化)를 좋아했다. 그러나 촉현(蜀縣) 땅이 궁벽하고 좁아서 오랑캐의 풍속이 있는 것을 보고 권고하여 교화시켜 나가고자 했다. 이에 군현(郡縣)의 하급 관리 중에서 민첩하고 재주가 있는 자를 뽑아가지고 친히 스스로 신칙하여 힘쓰게 했고 그 사람을 도읍으로 보내어 박사(博士)에게서 학업(學業)을 배우게 했는데 두어 해가 되면 촉(蜀) 땅의 학생들이 모두 성취하여 높은 벼슬에 오르게 되었다. 이렇게 하여 벼슬이 군수자사(郡守刺史)에 이르는 자도 있었다.

여기에서 또 관립(官立) 학교(學校)를 성도의 시중(市中)에 세우고 군(郡)의 산하의 자제(子弟)들을 불러 학관(學官)의 제자를 삼아 부역(賦役)을 면해주되 성적이 높은 자는 군현(郡縣)의 관리에 보충

시키고 다음은 효도하고 우애하며 농사에 힘쓰게 했다. 또 언제나 고을을 돌 때면 더욱 학관의 제생 중 경서(經書)에 밝고 힘써 행하는 자들을 데리고 다녔다. 한편 교령(敎令)을 전하여 자기 침실 안에까지 자유롭게 출입하도록 했는데 관리와 백성들이 이것을 보고 영화롭게 여겨서 다투어 학관(學官)의 제자가 되고자 했다. 부자인 사람은 심지어 돈을 내어 구하기도 하니 이로 인해서 크게 교화가 행해졌다.

이에 촉 땅에서 도읍으로 유학가는 자는 제(齊)나라 노(魯)나라 등 학문열이 높은 곳과 같았다. 무제(武帝)는 이에 천하의 군국(郡國)에 명령하여 모두 학교를 세우게 했으니 이것은 문옹이 촉 땅에서 학교를 세웠던 것이 촉발제가 되었던 것이다. 그는 촉 땅에서 삶을 마치니 관리와 백성들이 그를 위하여 사당을 세우고 해마다 제사가 끊어지지 않았다. 지금에 이르기까지 파촉(巴蜀)에서 문아(文雅)를 사랑하는 것은 실로 문옹의 교화 덕택이다.

原文 **前漢文翁廬江舒人. 少好學, 通春秋. 景帝末爲蜀郡守. 仁愛好敎化. 見蜀地辟陋, 有蠻夷風, 欲誘進之. 乃選郡縣小吏開敏有材者, 親自飭厲, 遣詣京師, 受業博士. 數歲蜀生皆成就還歸, 爲右職, 官有至郡守刺史者. 又修起學官於成都市中, 招下縣子弟, 爲學官弟子, 爲除更繇, 高者以補郡縣吏, 次爲孝悌力田. 每行縣, 益從學官諸生明經飭行者與俱, 使傳敎令, 出入閨閤. 吏民見而榮之, 爭欲爲學官弟子, 富人至出錢以求之. 繇是大化, 蜀地學於京師者比齊魯焉. 武帝乃令天下郡國皆立學校, 自文翁始. 文翁終於蜀. 吏民爲立祠堂, 歲時祭祀不絶. 至今巴蜀好文雅, 文翁之化也.**

註解 ㅇ前漢(전한)－《전한서》〈열전〉 59에 있는 이야기임. ㅇ敎化(교

화)－교육하여 감화시킴. ㅇ學官(학관)－지금의 학교. ㅇ巴蜀(파촉)－촉지(蜀地)에 파(巴)가 있는데 촉지는 지금의 중경성도지방(中慶成都地方).

287. 안어양양(晏御揚揚)

－안영(晏嬰)의 말 부리는 자가 의기양양했다

《사기(史記)》에 보면, 안평중영(晏平仲嬰)은 제(齊)나라 정승인데 어느 날 외출을 했다. 그 말부리는 자의 아내가 문틈으로 그 남편을 엿보니 그 남편이 정승을 위해서 말을 부리는데 큰 일산을 쓰고 사마(駟馬)를 몰면서 몹시 잘난 체했다. 이윽고 집에 돌아오자 그 아내는 집을 나가겠다고 했다. 남편이 그 까닭을 묻자 아내가 말하기를, "안자(晏子)는 키가 6척도 되지 못하건만 제(齊)나라의 정승이 되어 이름을 제후(諸侯)들에게 나타내고 있습니다. 그렇건만 내가 그분이 나갈 때를 보니 뜻이 깊어서 항상 스스로 몸을 낮추는 모습이 있었는데 이제 그대는 키가 8척이나 되면서 남의 종이 되어 말을 몰면서도 당신은 뜻은 스스로 만족해하였습니다. 나는 그 까닭에 집 나가기를 청하는 것입니다."라고 했다. 그로부터 그 남편은 스스로 억제하여 몸을 굽혔다. 안자(晏子)가 괴이하게 여겨 물어보니 말부리는 자는 사실대로 대답했다. 이에 안자가 천거하여 대부(大夫)로 삼아주었다.

原文 史記, 晏平仲嬰爲齊相出. 其御之妻從門閒而闚其夫. 其夫爲相御, 擁大蓋, 策駟馬, 意氣揚揚, 甚自得也. 旣而歸. 其妻請去. 夫問其故. 妻曰, 晏子長不滿六尺. 身相齊國, 名顯諸侯. 妾觀其出, 志念深矣. 常有以自下者. 今子長八尺, 乃爲人僕御. 然子之意, 自以爲足. 妾是以求去也. 其後夫自抑損. 晏子怪問之. 御以實對. 晏子薦以爲大夫.

註解 ㅇ史記(사기)－《사기》 〈열전〉 2에 있는 이야기임. ㅇ晏平仲嬰(안평중영)－평(平)은 시호요, 중(仲)은 자(字)이며 영(嬰)은 이름이다. ㅇ駟馬(사마)－네 필의 말. ㅇ晏子(안자)－안영(晏嬰)을 줄여서 부르는 말. ㅇ諸侯(제후)－봉건시대에 봉토(封土)를 받아 그 영내의 백성을 지배하던 작은 나라의 임금.

288. 오록악악(五鹿嶽嶽)

－오록(五鹿)은 의젓한 뿔이 꺾였다

전한(前漢)의 오록충종(五鹿充宗)의 자는 군맹(君孟)이다. 당시 소부(少府)가 되어 귀히 여김을 받았다. 그는 양구하(梁丘賀)의 역설(易說)을 수득(修得)하고 있었다. 한대(漢代)에서는 선제(宣帝) 때로부터 양씨(梁氏)의 설(說)을 좋아했다. 원제(元帝)도 이것을 좋아하여 그 다르고 같은 것을 비교하고자 했다. 그래서 오록충종으로 하여금 여러 역가(易家)와 의논하게 했다.

이에 오록충종은 귀한 사람의 변론을 빌어서 하니 여러 선비들이 능히 대항하지 못했는데 모두 병(病)이라 칭하고 감히 모이지도 않았다. 이때 주운(朱雲)을 천거하는 자가 있어 그를 불러들였다. 그는 옷자락을 잡고 당(堂)에 올라갔고 두려워하는 기색도 없이 고개를 들고 토론하기를 청했다. 그 목소리가 좌우를 움직였다. 이미 오록충종을 비방하며 그의 짧은 학설을 나무라니 오록충종은 입도 못 열었다. 이에 모든 선비들이 이를 위하여 말하기를, "오록(五鹿)은 그 이름처럼 의젓한 뿔이 있었지만 주운 때문에 그 뿔이 꺾였다."라고 했다. 주운은 드디어 박사(博士)가 되었다.

原文 前漢五鹿充宗字君孟. 時爲少府貴幸. 爲梁丘易. 自宣帝時善梁丘氏說. 元帝好之, 欲考其異同, 令充宗與諸易家論. 充宗乘貴辯口. 諸儒莫能與抗. 皆稱疾不敢會. 有薦朱雲者. 召入, 攝齋登堂, 抗首而請. 音動左右. 旣論難, 連拄五鹿君. 諸儒爲之語曰, 五鹿嶽嶽. 朱雲折其角. 遂爲博士.

註解 ㅇ前漢(전한)－《전한서》〈열전〉 37에 있는 이야기임. ㅇ少府(소부)－천자가 쓰는 물건을 넣어두는 창고. 또는 그 창고를 맡은 벼슬. ㅇ梁丘易(양구역)－양구씨(梁丘氏)가 전하는《주역(周易)》. 양구씨는 제(齊)나라 대부(大夫). ㅇ朱雲(주운)－한(漢)나라 노현(魯縣) 사람.《주역(周易)》과《논어(論語)》에 능통했다.

新完譯 蒙 求 上

初版 印刷●2002年 11月 25日
初版 發行●2002年 12月 1日

譯 者●李 民 樹
發行者●金 東 求

發行處●明 文 堂
서울특별시 종로구 안국동 17~8
대체 010041-31-001194
전화 (영) 733-3039, 734-4798
(편) 733-4748
FAX 734-9209
Homepage www.myungmundang.net
E-mail mmdbook1@myungmundang.net
등록 1977. 11. 19. 제1~148호

값 15,000원
ISBN 89-7270-704-X 04190
ISBN 89-7270-052-5 (세트)